呂思勉全集

17

# 本 册 總 目

章

句

論

# 前　言

　　《章句論》成稿於一九二三年至一九二五年間，原是吕思勉先生在蘇州江蘇省立第一師範學校、上海滬江大學任教講授文字學課程的講義，後經修訂成書，於一九二六年六月收入上海商務印書館“國學小叢書”初版發行，同月便刊印了第二版。《章句論》出版後，吕先生又作過較多的修訂、增補。先生晚年曾計劃再做一次較大的修訂增補，已搜集摘録一大包資料，可惜未能完成。先生晚年自評此书：“論章句二字之本義，即今之標點符號。中國古時亦有標點符號，而後鈔寫、印刷時，逐漸失之。今鈎求得若干種，于讀古書時補上，可使意義較爲明顯，此事前人雖略引端倪，從未暢論。拙作出版後，亦未見有續論者；至少值得一覽也。”①

　　《章句論》曾有多种再版或重印本，如商務印書館“萬有文庫”版（一九三〇年四月出版）、臺灣商務印書館“國學基本叢書”版（一九六五年出版）、臺灣商務印書館“人人文庫”版（一九七七年出版）等。一九八五年六月，上海教育出版社出版吕先生的《文字學四種》，收入了修改增補後的《章句論》、《中國文字變遷考》、《字例略説》和《説文解字文考》四種。二〇〇九年八月，又收入上海古籍出版社“吕思勉文集”的《文字学四种》。② 此次將《章句論》收入《吕思勉全集》重印出版，我們按吕先生的修改稿整理校對，除了訂正個別錯字外，其他均不做改動。

李永圻　張耕華

二〇一四年七月

---

　　①　吕思勉：《三反及思想改造學習總結》，參見《吕思勉全集》之《吕思勉論學叢稿》下。
　　②　有關《章句論》在大陸、港臺的再版、重印情況，詳見《吕思勉全集》之《吕思勉先生編年事輯》附録二《吕思勉先生著述繫年》的記録。

# 目　　録

# 章 句 論 序

　　少時讀書，不知有所謂章句也。遇有疑義，則求之詁訓而已。昔人論詁訓，多僅及一字及一成語，或則間及句法，及於篇章者蓋罕。然予竊疑古書編次之錯亂，行款之混淆，有非加以是正，則其義不明者。遇古書此等處，後人妄爲之説；世俗論文之家，反謂古人有意爲之，可見其文字之妙。心竊非之，而未敢發也。中歲以後，用力稍深，益覺向説之不可易。并覺如畫段點句等，後世所用符號，古代實皆有之，後乃亡失。頗思專作一書，以明其説。惜乎迫於人事，讀書已不能如少日之專精。不能徧讀古書，一一蒐集證據，亦遂閣置之矣。近七八歲來，世之言新符號者日益衆。其法多取諸西籍，實亦未能盡善；淺者顧囂然以是爲吾國人所不知，心竊悼之。民國十二三四年間，講學於江蘇省立第一師範學校之專修科。爲及門諸子講小學，既舉向所得者，成《中國文字變遷考》、《字例略説》、《説文解字文考》三篇。因念古書編次之錯亂，行款之混淆，非藉章句則不明，既相傳失之，而世之言詁訓者，亦罕及此義，於讀古書亦殊窒礙也。乃就記憶所及，粗述其概，并及今後用符號者之所宜，名之曰《章句論》。疾病相迫，未能有成。是歲秋，復講小學於上海滬江大學，乃取向所論者卒成之。篇中所論，考古之詞爲多，然不名之曰考，而名之曰論者，意在兼論今後用符號者之所宜，不專於考古也。考證之事，貴於詳密，必能徧讀羣書，蒐集證據，乃可以無遺憾。此篇之作，僅憑記憶所及，翻檢得之，其不能無掛漏錯誤，固不待言。然古書之難讀，由於章句之不傳，前人及此義者頗少。是書雖不能密，而粗引其端，亦未始非讀古書者之一助也。世有殫見洽聞之士，出其所學，以正鄙説之疎謬者乎？跂予望之已。民國十四年十月二十四日，思勉自識。

# 章　句　論

　　中國舊書，除便蒙之本外，大率無圈點句讀；他種符號，更無論矣。近今肄外國文者日多，乃有謂我國文字，意義不明，宜加符號，以求清晰者。其徒既自命爲新知；而守舊之徒，又深閉固拒，謂若加符號，意義轉將因之而晦。其實符號乃我國文字所固有。特當傳鈔翻刻之時，所據者未必善本，從事者又多苟簡，古書符號，遂至漸次亡失。後世用諸便蒙之本者，體例未能盡善，通人達士，訾其陋而不敢用，遂變而爲無符號。若推原其朔，則符號固我所自有也。符號維何？則古所謂章句是。

　　顧考諸古書，則古人所謂章句，似即後世之傳注。《漢書·藝文志》：《易》、《書》、《春秋》三經，除經文外，施、孟、梁丘、歐陽、大小夏侯、公羊、穀梁，皆別有章句。《夏侯勝傳》：從父子建，“自師事勝及歐陽高，左右采獲。又從五經諸儒，問與《尚書》相出入者，牽引以次章句，具文飾說。勝非之，曰：建所謂章句小儒，破碎大道。”《後漢書·章帝紀》：建初四年，以中元元年詔書，《五經》章句頗多，議欲減省。永平元年，長水校尉樊儵，又奏言先帝大業，當以時施行，遂會諸儒，講《五經》同異於白虎觀。《楊終傳》：終言“宣帝博徵諸儒，論定五經於石渠閣。方今天下少事，學者得成其業，而章句之徒，破壞大體。宜如石渠故事，永爲後世則。於是詔諸儒於白虎觀論考同異焉。”八年，詔以五經剖判，去聖彌遠。章句遺辭，乖疑難正。恐先師微言，將遂廢絕。令羣儒選高才生，受學《左氏》、《穀梁春秋》、《古文尚書》、《毛詩》。其見於列傳者：樊儵刪定《公羊嚴氏春秋章句》，世號樊侯學。張霸以猶多繁辭，減定爲二十萬言。更名張氏學。曹褒父充，持《慶氏禮》，作《章句辨難》。於是有慶氏學。牟長少習《歐陽尚書》，著《尚書章句》，皆本之歐陽氏。俗號爲《牟氏章句》。浮辭繁多，有四十五萬餘言。張奐減爲九萬言。奏之桓帝，詔下東觀。包咸習《魯詩》、《論語》，建武中，入授皇太子《論語》，又爲其章句。伏恭父諶之弟黯，以明《齊詩》，改定章句，作《解説》九篇。景鸞作《月令章句》。薛漢世習《韓詩》，父子以章句著名。杜撫受業於漢，定

《韓詩章句》。鍾興少從丁恭受《嚴氏春秋》，詔令定《春秋章句》，去其複重，以授皇太子。又使宗室諸侯，從興受章句。程曾作《孟子章句》。皆章句即傳注之徵。其僅存於今，及爲他書所徵引者，猶可考見。如王逸《楚辭章句》、薛君《韓詩章句》是。《後漢書·鄭玄傳論》曰："自秦焚六經，聖文埃滅。漢興，諸儒頗修藝文。及東京，學者亦各名家。而守文之徒，滯固所稟，異端紛紜，互相詭激，遂令經有數家，家有數說。章句多者，或乃百餘萬言，學徒勞而少功，後生疑而莫正。鄭玄括囊大典，網羅衆家，删裁繁蕪，刊改漏失。自是學者，略知所歸。"亦以其能芟正章句許之。謂章句即今之符號，似近於鑿空也。

雖然，此未考章句之朔也。章句之朔，則今符號之類耳。何以言之？案《說文》，章之義爲樂竟。則章本樂曲之名。故《左氏》已有"揚水卒章"之言，《曲禮》亦有"喪復常讀樂章"之語。引而申之，則凡陳義已終，說事已具者，皆得謂之爲章。《繫辭傳》所謂"《易》六畫而成章"也。又《說文》句下云："曲也。"鉤下云："曲，鉤也。"丨下云："鉤，逆者謂之丨。"乚下云："鉤，識也。"四字音近義通；後雖殊文，始實一語。鉤識之乚，即章句之句。段氏曰："章句之句，亦取稽留可鉤乙之意，古音總如鉤。後人句曲音鉤，章句音屨；又改句曲字爲勾：此淺俗分別，不可與道古也。"又曰："鉤識者，用鉤表識其處也。褚先生補《滑稽傳》：東方朔上書，凡用三千奏牘。人主從上方讀之，止，輒乙其處。二月乃盡。此非甲乙字，乃正乚字也。今人讀書有所鉤勒，即此。《內則》魚去乙。鄭曰：乙，魚體中害人者名也。今東海鰫魚，有骨名乙，在目，狀如篆乙，食之鯁人，不可出。此亦非甲乙字，乃狀如篆乚也。"予案《說文》、下云："有所絕止而乙之也。""尺"下云："从尸从乙。乙所識也。"此乙亦鉤識字，非甲乙之乙。"鉤識也"三字，當如王氏句讀之例，以鉤字爲一讀。謂爲表識之曲形也。爲表識之曲形，以丨象之。書寫形狀小異，即成乙。然則、與乚，並古斷句之符號矣。章句二字，本義如此。知古所謂章句者，實後世畫段點句之類。故《論衡》謂"文字有意以立句，句有數以連章，章有體以成篇"也。《正說篇》。

去古漸遠，語法漸變；經籍之義，非復僅加符號所能明，乃不得不益之以說。類乎傳注之章句，由是而興。此可取譬於漢代之法令以明之。漢代法令沿革，見於漢、晉二書《刑法志》。《漢志》曰："高祖初入關，約法三章，曰：殺人者死，傷人及盜抵罪。蠲削煩苛，兆民大說。其後四夷未附，兵革未息，三章之法，不足以禦姦。於是相國蕭何攈摭秦法，取其宜於時者，作律九章。據《晉志》，則此章字當作篇字。孝武即位，外事四夷之功，內盛耳目之好；徵發煩數，百姓貧耗。窮民犯法，酷吏擊斷，姦軌不勝。於是招進張湯、趙禹之屬，條定法令，作見知、故縱、監臨、部主之法；緩深故之罪，急縱出之誅。其後姦猾巧法，轉相比況，禁網寖密。律、令凡三百五十九章。大辟四百九條，千八百八十二事。死罪決事比，萬三千四百七十二事。"《晉志》曰："秦漢舊律，其文起自魏文侯師李悝。悝撰次諸國法，著《法經》。以爲王者之政，莫急於盜賊，故其律始於盜賊。盜賊須劾捕，故著網、捕二篇。其輕狡、越城、博戲、借假、不廉、淫侈、踰制，以爲雜律一篇。又以其律具其加減，是故所著六篇而已，然皆罪名之制也。商君受之以相秦。漢承秦制，蕭何定律，除參夷、連坐之罪，增部主、見知之條。案《漢志》以部主、見知，爲張湯、趙禹之屬所作，而此云蕭何所增。蓋湯等條定法令，固有新增，而於舊法倫次，亦有改易。所謂"世有增損"者，固包篇章之改易言之也。益事律興、廐、户三篇，合爲九篇。叔孫通益律所不及傍章爲十八篇。張湯越宮律二十七篇。趙禹朝律六篇。合六十篇。又漢時決事，集爲令甲以下三百餘篇。及司徒鮑公嫁娶辭訟決爲法比，都目凡九百六卷。世有增損，集類爲篇，結事爲章。一章之中，或事過數十。事類雖同，輕重乖異，而通條聯句，上下相蒙。雖大體異篇，實相采入。盜律有賊傷之例，賊律有盜章之文，興律有上獄之法，廐律有逮逋之事。若此之比，錯糅無常。後人生意，各爲章句。叔孫宣、郭令卿、馬融、鄭玄諸儒，章句十有餘家，家數十萬言。凡斷罪所當由用者，合二萬六千二百七十二條，七百七十三萬二千二百餘言。言數既繁，覽者益難。天子於是下詔，但用《鄭氏章句》，不得雜用餘家。""集類爲篇，結事爲章"八字，實能使後人曉然於篇章二字之義。《漢志》所謂三百五十九章者，即《晉志》所謂六十篇。均計之，篇當得六十章弱也。觀此，知《高祖本紀》"與父老約法三章耳"實當於約字句絕，法字又一讀。謂於《秦法》六篇中，祇取此三章也。下文云："餘悉除去秦法。"餘字即指六篇之法，在三章以外者言。故《漢志》稱其"蠲削煩苛"，世因漢人常用"約法三章"語，遂多以八字作一句讀，一若此爲漢高新立之法者，則餘字何指；傷人及盜，所抵何罪邪？觀《晉志》之說，則知章句之興，實由文字之蕪穢。使其時法令本簡，或雖繁而未甚錯糅，固不必爲之章句。然則儒家之事，亦可借鏡而明矣。章句之初，蓋僅如今之符號，其後加之以說，實由經義之難明。正猶法令蕪穢，而爲之章句者遂十餘家也。然此事當漢初似尚未有。故徐防謂"漢承秦亂，經典廢絶，本文略存，或無章句"。《漢志》謂"古之學者耕且養，三年而通一經，存其大體，玩經文而已"也。然去古既遠，經義既晦，符號之外，更加解說，亦出於勢不得已。故夏侯勝斥夏侯建爲"章句小儒，破碎大道"；而建亦非勝"爲學疏略，難以應敵"。應敵者，辯論求勝之謂，正《漢志》所謂"碎義逃難，便辭巧說，破壞形體"者也。

破壞形體,對上存大體言。其極,遂至"說五字之文,至於二三萬言"。使天下之士,舉以章句爲苦。石渠、虎觀,以人主下侵司業之權,實當時之儒生,有以啓之。馴至《左氏》、《穀梁》、《古文尚書》、《毛詩》,由是建立,爲異家之所乘,豈不哀哉!

　　然當時爲學,究以博士所傳爲正宗,故凡見於《後書》,不守章句者,皆好治古學之徒,如桓譚、班固、王充、荀淑、盧植之類是也。《譚傳》云:"博學多通,徧習五經。皆詁訓大義,不爲章句。"《固傳》云:"所學無常師。不爲章句,舉大義而已。"《充傳》云:"師事扶風班彪,好博覽而不守章句。"《淑傳》云:"博學而不好章句,多爲俗儒所非。"《植傳》云:"少與鄭玄俱事馬融。能通古今,學好研精而不守章句。"否則本非承學之士,不求甚解者流,如馬援是也。《援傳》云:"嘗受齊詩,意不能守章句。乃辭況,欲就邊郡田牧。況曰:汝大才,當晚成。良工不示人以樸,且從所好。"前者乃不信博士所傳之說,後者則不能遵循爲學途轍者耳。《吳志·呂蒙傳注》引《江表傳》:"初權謂蒙及蔣欽曰:卿今並當塗掌事,宜學問以自開益。蒙曰:在軍中常苦多務,恐不容復讀書。權曰:孤豈欲卿治經爲博士邪?但當令涉獵,見往事耳。"此即馬援之類。猶今主於事功者,其讀書但隨意流覽,不必恪循途轍也。夫開卷有益,此等讀書,原未嘗不足益人神智。然事功學問,究屬殊途。謂爲學方法,即當如是,則不然也。《儒林傳》以本初以後,章句漸疏,致慨於儒者之風益衰。則精研章句,實承學之士所當務。猶考證之學,每爲流俗所厭。然學問實離不開考據。後世顧以"不守章句"爲美談,誤矣。《鄭興傳》云:"晚善《左氏傳》,遂積精深思,通達其旨,同學者皆師之。天鳳中,將門人從劉歆講正大義。歆美興才,使撰《條例》、《章句》、《訓詁》。"則知古學家亦未嘗不撰章句。然章句之名,卒爲博士之學所專有。《儒林傳》孔僖:"自安國以下,世傳《古文尚書》、《毛詩》。"二子,"長彥,好章句學。季彥,守其家業。"此以博士所傳爲章句學,與其世傳古文之學對舉也。甚至以章句二字,爲其人之稱謂。《公孫述傳》謂隗囂"欲爲西伯之事,尊師章句,賓友處士"。此章句即指博士之流。則知顛倒五經之徒,究不足與學有淵源之士相比。而當時所謂章句之學者,雖以繁蕪爲世詬病,究自有其傳授之真,亦可見矣。

　　《徐防傳》云:"防以五經久遠,聖意難明,宜爲章句,以悟後學。上疏曰:臣聞《詩》、《書》、《禮》、《樂》,定自孔子;發明章句,始於子夏。其後諸家分析,各有異說。漢承亂秦,經典廢絕。本文略存,或無章句。收拾缺遺,建立明經。博徵儒術,開置大學。孔聖既遠,微旨將絕,故立博士十有四家,設甲乙之科,以勉勸學者,所以示人好惡,改敝就善者也。伏見大學試博士弟子,皆以意說,不修家法。私相容隱,開生姦路。每有策試,輒興諍訟。論議紛錯,互相是非。孔子稱述而不作,又曰:吾猶及史之闕文,疾史有所不知而不肯闕也。今不依章句,妄生穿鑿,以尊師爲非義,意說爲得理,輕侮道術,寖以成俗，誠非詔書實選本意。改薄從忠，三世常道。專精務本，儒學所先。臣以爲博士及甲乙策試，宜從其家章句，開五十難以試之。解釋多者爲上第，引文明者爲高説。若不依先師，義有相伐，皆正以爲非。《五經》各取上第六人，《論語》不宜對策，雖所失或久，差可矯革。”觀此，可知當時學者，背棄師説，以意穿鑿之風。蓋去聖既遠，疑滯自多；疑滯既多，勢須考證；既云考證，勢不免炫博矜奇。末流馳逐，遂至於此！夫仲尼没而微言絶，七十子喪而大義乖，今文之學，誠亦不能無所闕失。然就其書之存者，若韓太傅之《詩外傳》，伏生之《書大傳》，董子之《春秋繁露》，何君之《公羊解詁》，皆陳義深美，足饜人心。《白虎通義》一編，尤爲末繋本明之作。斷非費直之《易》，竟無章句；毛公之《詩》，徒傳訓詁者比也。經之所貴者義。自今日言之，固非通訓詁，無以求經義矣。然自漢時言之，徒傳訓詁，豈得謂之傳經邪？學必有師，正以貴其口説。《十翼》解經，目治之學，其誰不能。徒以“章句小儒，破碎大道”，遂致爲異家所乘，可哀也夫！然今人或謂古學家能求真，今學家失之武斷，則不知當時之今學，所以爲人厭苦者，正以其煩碎太甚；而破壞家法，偏重古學之鄭君，所以能爲一世所宗仰者，正以其能以意去取，删繁就簡也。

典午喪亂，經籍淪亡。今學家浩瀚煩碎之章句，既一不可復覩。況於遐稽其朔，更欲考其類乎今之符號之章句邪？雖然，固猶有可徵者。

《晉志》謂漢時法令，“集類爲篇，結事爲章”，則一篇之中，事必相類。然考之古籍，十九不然。蓋由煨燼之餘，佚亡之後，隨其所得，即纂爲篇。故有一篇之中，事類錯雜者，如今《禮記》之《郊特牲》是也。又有前後舛錯者，則如《玉藻》是也。若論倫次之義，固當離析篇章，重行編纂。然古人於此，多病未能。不過各就成篇，爲之章句而已，或亦傳疑不敢輒定之意也。

古書凡篇皆有標題，即所謂篇名也。篇名例居全篇文字之前。古書標題，皆小題在上，大題在下，小題即篇名也。篇名多無所取義，即緣篇必有之之故。章則或有標題，或無標題。有標題者，例居全章文字之後。《禮記·文王世子疏》曰：“此篇之内，凡有五節。從文王之爲世子，下終文王之爲世子也，爲第一節。從凡學世子至周公踐阼，爲第二節。”云云。案義疏之分節，實即古書之分章。今此篇第一節末句“文王之爲世子也”下，注曰：“顯上事。”第二節中“教世子”句，及節末“周公踐阼”句下，皆注曰：“亦題上事。”則此《疏》分節，實與古人分章不合。古蓋以《疏》所謂第二節者爲兩章，或尚不止兩章。自“教世子”以上爲一章；“周公踐阼”以上，又爲一章也。《樂記》一篇，據《疏》實包含十一篇。今舊篇名，仍有存於其中者，如篇末之《子貢問樂》是。皆題於每事之後。蓋既合十一篇爲一篇，仍依舊篇分爲十一章也。合十一篇爲一篇，所謂

“集類爲篇”；仍分爲十一章，所謂“結事爲章”也。此等章名，古書强半奪落。其幸存於今者，惟《吕氏春秋》，最爲整齊。此書分《八覽》、《六論》、《十二紀》，凡二十六篇。每篇之下，又各有分目。蓋《覽》、《論》、《紀》其篇名，以下之分目，則其章名也。參看篇末附録。此爲章之有標題者。其無標題者，以今提行之法别之，古人謂之跳出。《左》襄二十六年之前，别有“會於夷儀之歲”一節。《注》曰：“《傳》爲後年修成起本，當繼前年之末，而特跳此者，傳寫失之。”《疏》曰：“魏晉儀注，寫章表别起行頭者，謂之跳出，故杜以跳言之。”所謂别起行，即今之提行也。此等區别，後世亦多泯滅。今各史書志，大都逐段接寫，提行另寫者甚稀。然日本《影唐寫漢書食貨志》。“漢興”，“宣帝即位”，“元帝即位”，“成帝時”，“哀帝即位”，“王莽因漢承平之業”俱提行。惟“文帝即位”，“至武帝之初”，二處又不一律。《古逸叢書》。王先謙謂“後人轉寫改之”。又謂據“唐本，猶可想見當日《班志》面目，各卷不異。刊本改爲首尾相銜，非復舊式。《禮樂志》今海内更始，官本提行，猶其痕迹之未盡泯者也”。見《漢書補注》。予案中國刻書之業，始於隋、唐，而盛於五代、宋之際。當時雖有官本及私家刻本較精善者，然流傳散布，究以坊本爲多。坊刻但圖節省工料，可以牟利，他事皆所弗問，古書格式，爲所淆亂遺落者甚多。提行改爲接寫，特其一端耳。予故曰：章句爲吾國所固有，因傳鈔翻刻，漸次亡失也。

又有提行之别雖存，然實以意爲之，絶非舊式者。此觀於今之《左氏》而可知。俞氏樾《左傳古本分年考》曰：“凡作傳之例，每年必冠以年，每月必冠以月，此紀事之定例也。然事有緣起，不能一例冠以年月。如陳及鄭平，十二月，陳五父如鄭涖盟。五父如鄭，雖在十二月，而其事不始於十二月，故於十二月之前，先書陳及鄭平也。又如鄭伯請釋泰山之祀而祀周公，以泰山之祊易許田，三月，鄭伯使宛來歸祊。宛之來雖在三月，而其事不始於三月，故於三月之前，先書鄭伯請釋泰山之祀而祀周公，以泰山之祊易許田也。如此之類，學者皆以爲當然，未嘗謂每篇必當從某月起，而某月之前，不容著一字也。夫年之與月亦等耳。乃月之前不礙有文，而年之前不容有字。每年必以某年建首；而某年之前，所有文字，必截附上年之末。於是文義之不通者多矣，此編次之失也。”案此特其顯而易見者耳。其類此而較難知者，蓋不知凡幾矣。

篇以類從，章以事别，蓋羣書之通例，惟《詩》獨不然。夫如羣書之例，則《詩》當以《風》、《雅》、《頌》分篇，以一詩爲一章。然古書皆稱《詩》三百篇，是即以一詩爲一篇也。《詩疏》論《詩》之章曰：或重章共述一事，或一事疊爲數章，或事訖而更申，或章重而事别。則與結事爲章者，分法亦異。蓋《詩》本歌辭，分章當應樂節，故與他書不同也。然凡篇名例居全篇文字之前，而《詩》之篇名，獨題於全詩之後。則以文字格式論，實不害以風、雅、頌分篇，以一詩爲一章矣。《漢書·禮樂志·郊祀歌》"馮馮翼翼"之上，衍"桂華"二字。"磑磑即即"之上，衍"美芳"二字。劉奉世曰："美芳乃美若之誤。皆前章之名，後人誤書於後章之首也。"此亦詩篇之名，在全詩之後之一證。又漢時閭里書師合《倉頡》、《爰歷》、《博學》三篇爲一，斷六十字爲一章。則分章多少，專計字數。蓋由字書惟取記字，非以述事也。外此則皆循結事爲章之例，分章之法，觀趙邠卿之《孟子注》，最可見之。邠卿此《注》，分七篇爲二百六十一章，又每章各述其旨，亦可見古人之重視分章矣。

句亦稱讀。《公羊》定元年："主人習其讀而問其傳。"何君《解詁》曰："讀謂經，傳謂訓詁。"此讀即章句之句，二者爲疊韻字也。何君《自序》："援引他經，失其句讀。"則合兩字爲複音詞，其意亦與獨稱讀或獨稱句者同。非如後世，以語意已完者爲句，口中誦之當停頓而意尚未完者爲讀也。《詩疏》論《詩》之句曰：句者，聯字以爲言，則一字不制也。故詩之見句，少不減二，即"祈父"、"肇禋"之類也。三字者，"綏萬邦"、"屢豐年"之類也。四字者，"關關雎鳩"、"窈窕淑女"之類也。五字者，"誰謂雀無角"、"何以穿我屋"之類也。六字者，"昔者先王受命"、"有如召公之臣"之類也。七字者，"如彼築室於道謀"、"尚之以瓊華乎而"之類也。八字者，"十月蟋蟀入我牀下"、"我不敢效我友自逸"是也。其外更不見九字、十字者。摯虞《流別論》云："《詩》有九言者，洞酌彼行潦挹彼注茲是也。"徧檢諸本，皆云洞酌三章章五句，則以爲二句也。顏延之云："詩本無九言者，將由聲度闡緩，不協金石。仲洽之言，未可據也。"案如摯仲洽說，則必語意已完，乃謂之句；如孔穎達說，則在所勿論。諸本無同仲洽者，可知古無後世所謂句讀之別矣。句亦謂之絕，《周官·宮正》"春秋以木鐸脩火禁"注謂"鄭司農讀火絕之"是也。

以上所述，爲章句二字之本義，蓋即今之畫段點句。引而申之，則凡今所謂符號者，亦皆謂之章句，蓋以偏名爲全名。豈以章句二者，在符號中關係最大，故舉以概其餘，抑章句最先有，其餘皆後起，故遂蒙其名邪？未可定也。然古所謂章句，必不僅指分章斷句二者，則可斷言。今就記憶所及，略舉如下。

古書原式，爲後人淆亂最甚者，莫如正文與注語之別。此例隨處可見，如《史記·李將軍列傳》："孝景崩，武帝立。左右以爲廣名將也，於是廣以上郡太守爲未央衛尉。而程不識亦爲長樂衛尉。程不識，故與李廣俱以邊太守將軍屯。及出擊胡，而廣行無部伍行陳。就善水草屯，舍止人人自便，不擊刁斗以自衛，莫府省約文書籍事，然亦遠斥堠，未嘗遇害。程不識正部曲行伍營陳，擊刁斗，士吏治軍簿，至明，軍不得休息，然亦未嘗遇害。不識曰：李將軍極簡易，然虜卒犯之，無以禁也。而其士卒亦佚樂，咸樂爲之死。我軍雖煩擾，然虜亦不得犯我。是時漢邊郡，李廣、程不識皆爲名將。然匈奴畏李廣之略，士卒亦多樂從李廣而苦程不識。程不識，孝景時，以數直諫，爲大中大夫。爲人廉，謹於文法。"自"而苦程不識"以上，以李廣與程不識相比較，爲《廣傳》正文。此下二十二字，專述不識事，與廣無關，蓋注語也。以此推之，《檀弓》："仲尼之畜狗死，使子貢埋之，曰：吾聞之也，敝帷不棄，爲埋馬也。敝蓋不棄，爲埋狗也。丘也貧，無蓋，於其封也，亦予之席，毋使其首陷焉。路馬死，埋之以帷。"末七字可謂之類記，亦可謂之注語矣。此等處今皆混淆不別，然此尚無大礙。而如《淮南子·精神訓》："人大怒破陰，大喜墜陽，大憂內崩，大怖生狂。除穢去累，莫若未始出其宗，乃爲大通。清目而不以視，靜耳而不以聽，鉗口而不以言，委心而不以慮。棄聰明而反太素，休精神而棄知故。覺而若昧，以生而若死，以字疑衍。終則反本。未生之時，而與化爲一體。死之與生一體也。""未生之時"四字，"死之與生一體也"七字，於義殊爲冗贅。此處意義明白，後人未必加注。蓋作者言之不足，故更申言之。亦自注也。今亦誤入正文，則語氣殊覺不貫；即以意義論，亦轉以滋疑矣。此例舉不勝舉。世多謂自注始於《漢志》。其實凡古書皆有之，特其別未泯者，惟《漢志》耳。參看俞氏樾《古書疑義舉例·兩義傳疑而並存例》。

後人注語，混入正文者，其例亦多。《史記·殷本紀》："湯歸至於泰卷陶。"《集解》："徐廣曰：一無此陶字。"《索隱》："鄒誕生卷作坰，又作泂，則卷當爲坰，與《尚書》同。解《尚書》者以大坰今定陶是也。舊本或旁記其地名，後人轉寫，遂衍斯字也。"今世童蒙讀本，有所謂旁訓者，音義皆注於正文之旁，蓋即所謂旁記。《漢書·食貨志》："天下大抵無慮皆鑄金錢矣。"大抵無慮，複重不可通。蓋亦後人以"大抵"釋"無慮"，旁記之，而遂誤入正文者也。《古書疑義舉例》有《以旁記字入正文例》，可參看。又其《兩字義同而衍例》，及《兩字形似而衍例》，實亦以旁記字入正文之類。義同而衍，乃旁記其義；形似而衍，則旁記異字者也。

又古人之於成書，往往續有纂輯。其中孰爲新增，孰爲故有，初亦有以爲別。傳之久而其別遂亡，則古語今言，合居一簡，後人讀之，復滋眩惑矣。《顏氏家訓》："或問《山海經》夏禹及益所記，而有長沙、零陵、桂陽、諸暨，如此郡縣不少，以爲何也？答曰：史之闕文，爲日久矣。復加秦人滅學，董卓焚書，典籍錯亂，非止於此。譬猶《本草》神農所述，而有豫章、朱崖、趙國、常山、奉高、真定、臨淄、馮翊等郡縣名，出諸藥物。《爾雅》周公所作，而云張仲孝友。仲尼脩《春秋》，而《經》書孔丘卒。《世本》左丘明所書，而有燕王喜、漢高祖。《汲冢瑣語》，乃載《秦望碑》。《倉頡篇》李斯所造，而云漢兼天下，海内并廁，豨黥韓覆，畔討滅殘。《列仙傳》劉向所造，而贊云七十四人出佛經。《列女傳》亦向所造，其子歆又作《頌》。終於趙悼后，而《傳》有更始韓夫人、明德馬后及梁夫人嬺，皆由後人所羼，非本文也。”案古書如此者，十而八九，顏氏所舉，猶未一二耳。後世於此等，大抵指爲僞書。殊不知作僞者必多方彌縫，以揜其迹，安肯留此罅隙，授人攻駁。蓋皆初固有別，後乃亡之者也。即如《本草》，爲新舊淆亂最甚之書。然陶弘景修輯此書，固嘗以朱字墨字爲別。《神農本經》用朱字。後人所增用墨字。開寶《重定序》所謂“朱墨雜書，時謂明白”者也。然據此序所言，則當時既以“朱字墨字，無本得同”爲苦。重定之後，改用黑白文爲別。唐慎微《證類本草》，猶沿其例。而幾經傳刻，又復混淆。清《四庫》著録此書，謂當時所得，凡有二本：一與陳振孫《書録解題》所著録之本同，黑白文之別猶存。一與晁公武《郡齋讀書志》所著録之本同，則其別不可復睹矣。蓋章句之易譌如此。顏氏所舉諸書，安知其始不亦有此等區別，而後乃亡之哉？吾故曰：中國舊有之符號，多經傳鈔翻刻而失之也。凡備檢查之書，其遭後人竄亂最易。非必有意竄亂，蓋皆續輯以備用也。《本草》、《説文》，即其明證。清儒於校勘輯佚，用力最勤。獨於《神農本經》，幾於束手無策。用力最劬，用心最苦者，當推孫星衍、顧尚之二家，然二家輯本，大相逕庭。莫能定其孰是也。《説文解字》一書，尤爲清儒心力所萃。究之本來面目，不知尚存幾分之幾，亦治是書者所共訒也。

　　新符號中，最有用者，莫如引號及删節號，二者似古亦有之。《禮記·禮器》：“孔子曰：我戰則克，祭則受福，蓋得其道矣。”《注》曰：“我，我知禮者也。”鄭以此八字爲傳語，而孔子引之。其所以知，疑亦必有所據。案古書曰字，脱漏者極多。如《左》哀七年：“魯德如邾，而以衆加之，可乎。”上無曰字。服虔并上文亦以爲孟孫之言。杜預則以上文爲魯大夫之言，此十一字爲孟孫忿答大夫之語。涵詠文義，杜説爲長，蓋上漏曰字也。《正義》曰：“《傳》於異人之言，更應加曰，今無曰者，作《傳》略之。”説殊未安，此直是傳鈔脱落耳。引用異人之言，而漏其記號，正猶敍述異人之言，而脱去曰字。蓋古人讀當時文字，非如後世之難明。究爲異人之辭，抑爲一人之語，究系引用成説，抑或自述所懷，即無符號，亦不虞其淆混。故曰字等每多略去。此則古有引號，可以推想而得者也。《史記·汲黯列傳》：“上曰：吾欲云云。”此云云二字，後人皆謂以代所言之語。其實史公之意，乃表武帝語未及竟，而汲黯先已攙言。正猶今新符號於語未及竟者，連作密點。故云云二字，每有用諸句中者。《三傳疏》

敍會盟征伐之事,此例最多。此亦古人已有删節號之證也。參看《古書疑義舉例·一人之辭而加曰字》、《兩人之辭而省曰字》兩例。

古書符號,有傳之千年,仍未失墜者,則誤書之字,加點於上是已。《爾雅·釋器》:"滅謂之點。"注曰:"以筆滅字爲點。"《疏》曰:"今猶然。"案今亦猶然也。蓋他種符號,可以略去,誤書加點,則必不容已,故相沿弗失也。

趙氏翼《陔餘叢考》曰:"一字數音者,漢時但借他字比其音,鄭康成所謂倉卒無字,以音類比方假借者也。至魏孫炎始作反音,則今反切之學也。張守節云:初音者皆爲正字,不須點發。字或數音,觀義點發,皆依平上去入。若發平聲,每從左起。然則非本音而假借從他音者,古人皆用點也。顏師古《匡繆正俗》,謂副本音劈。後人誤以爲副貳之副,係其本音;而於《詩》坼副讀爲劈者,轉以朱點發,失其本矣。此亦用點別他音之據。今人於字之讀作別音者,各於平上去入方位,或用點,或用圈,本古法也。"予案《九經三傳沿革例》曰:"監蜀諸本,皆無句讀。惟建監本始仿館閣校書式,從旁加圈點,開卷瞭然,於學者爲便。"《增韻》曰:"今祕省校書式,凡句讀則點於字之旁,分讀則微點於字之中間。"此即今者句讀之分,非古所有,説已見前。然其所用之圈點,則圈即點之變,點即説文"所有絶止而乙之"之、,則其所由來者舊矣。

《陔餘叢考》又云:"《天禄識餘》云:今人書某爲厶,皆以爲俗從簡便,其實即古某字也。《穀梁》桓公二年:蔡侯鄭伯會於鄧。范《注》云:鄧,厶地。陸德明《釋文》曰:不知其國,故云厶地,本又作某。"案以六書之例論之,則厶爲本字,某爲借字。然以厶形爲今某字之義,於造字之例不可通。故知厶實非字,亦符號之類也。《古書疑義舉例·闕字作空圍而致誤例》云:"校書遇有缺字,不敢臆補,乃作□以識之,亦闕疑之意也。乃傳寫有因此致誤者。《大戴記·武王踐阼篇》:《機之銘》曰:皇皇惟敬,口生㖫,口戕口。盧《注》曰:㖫,恥也。言爲君子榮辱之主,可不慎乎? 㖫,㖫詈也。孔氏廣森《補注》曰:㖫有兩訓,疑《記》文本作㖫生㖫,故盧意謂君有㖫恥之言,則致人之㖫詈也。按此説是也。惟其由㖫生㖫,故謂之口戕口,今作口生㖫者,蓋傳寫奪㖫字,校者作空圍以記之,則爲□生㖫,遂誤作口生㖫矣。"又有本無闕文,而誤加空圍例。案以空圍代闕字,今日猶然,與口字極易相誤。又有實作方形以代闕字者,似較此爲優。□與厶形甚近,厶豈□之變邪? 或曰:俞氏《寓名例》曰:"《史記·萬石君傳》:長子建,次子甲,次子乙,次子慶。甲乙非名也,失其名而假以名之也。《漢書·魏相傳》:中謁者趙堯舉春,李舜舉夏,兒湯舉秋,貢禹舉冬。不應一時四人,同以堯、舜、禹、湯爲名,皆假以名之也。"然則古人行文,遇空闕處,皆假名以實之,不作厶也。不知此爲數名并闕者,若皆作某,慮其混淆,故假字以代相。若其獨闕一名,或雖并闕數名,而不須立別者,則皆代以某字。獨闕一名,即范《注》之"鄧厶地"是。并闕數名,而不須立別者,如《論語》之"某在斯某在斯"是也。

又云:"凡奏事遇至尊,必高其字於衆行之上,蓋自古已然。《魏志》:景元元年,詔尊崇燕王之禮。凡奏事上書稱燕王者皆上平。可見古時凡稱君上,高出本文之上。今曰上平,蓋另行起,而與本文相平,以殺於天子之式耳。"案此條可與前所引跳出一條參看。另行起而與本文相平,即後世所謂平擡也。後世又有所謂單擡、雙擡、三擡者,不知古已有之否?而平擡爲古所已有,則可徵矣。此亦古書格式,傳之久而未變者。

或謂:子之所云,焉知非後世格式,適與古合,而斷爲古代之遺邪?不知文字之作,本求共喻,格式亦然。既求共喻,則循故最便,創新實難。苟無必不得已之端,決無舍而更作之理。日用行習之間,積世流傳之事,實爲不少,特人莫之察耳。苟加察焉,固不以文字格式,千載相沿,爲足怪矣。

以上論古書章句,僅據記憶所及者言之。若能專事搜羅,所得必尚不止此。然以予所見,古書因章句失傳,而致詞義晦昧,或生誤解,其數已不少矣。亦就記憶所及,略舉數事如下。《古書疑義舉例》亦有《分章錯誤》、《分句錯誤》兩例,然未及十一。

〔《尚書·金縢》〕:

既克商二年,王有疾,弗豫。二公曰:"我其爲王穆卜。"周公曰:"未可以戚我先王。"公乃自以爲功,爲三壇同墠,爲壇於南方北面,周公立焉,植璧秉珪,乃告大王、王季、文王。史乃册祝曰:"惟爾元孫某,遘厲虐疾。若爾三王,是有丕子之責於天,以旦代某之身。予仁若考,能多材多藝,能事鬼神。乃元孫不若旦多材多藝,不能事鬼神。乃命於帝廷,敷佑四方。用能定爾子孫於下地,四方之民罔不祇畏。嗚呼!無墜天之降寶命,我先王亦永有依歸。今我即命於元龜。爾之許我,我其以璧與珪,歸俟爾命。爾不許我,我乃屏璧與珪。"乃卜三龜,一習吉。啓籥見書,乃并是吉。公曰:"體,王其罔害。予小子,新命於三王,惟永終是圖,兹攸俟能念予一人。"公歸,乃納册於金縢之匱中。王翼日乃瘳。武王既喪,管叔及其羣弟,乃流言於國,曰:"公將不利於孺子。"周公乃告二公曰:"我之弗辟,我無以告我先王。"周公居東二年,則罪人斯得。於後,公乃爲詩以貽王,名之曰《鴟鴞》。王亦未敢誚公。秋,大熟,未穫。天大雷電以風。禾盡偃,大木斯拔,邦人大恐。王與大夫盡弁,以啓金縢之書。乃得周公所自以爲功,代武王之説。二公及王,乃問諸史與百執事。對曰:

爲避，以居東爲避居"。《詩·鴟鴞序疏》。謂"我今不避孺子而去，我先王以謙謙爲德，我反有欲位之謗，無告於我先王；言愧無辭也。居東者，出處東國，待罪以須君之察己"。《七月序疏》。釋"罪人斯得"曰："罪人，周公之屬黨，與知居攝者。周公出，皆奔。今二年，盡爲成王所得。周公傷其屬黨無罪將死，恐其刑濫，又破其家，而不敢正言，故作《鴟鴞》之詩以貽王。"釋"王亦未敢誚公"曰："成王非周公意未解。今又爲罪人言，欲讓之，推其恩親，故未敢。"皆《鴟鴞序疏》。釋"秋大熟未穫"曰："秋，謂周公出二年之後明年秋也。"《豳譜疏》。釋"惟朕小子其新迎"曰："新迎，改先時之心，更自新，以迎周公於東，與之歸，尊任之。"《東山序疏》。以爲"明年迎周公而反，反則居攝之元年"。《禮記·明堂位疏》。是不以今經文之敍事爲不備。此古文家說也。夫功高震主，古今所同。處身係安危之地，進退不能自由，良以所關者大，所謂騎虎之勢不得下，非無欲位之心，遂可脫屣而去也。古今人不甚相遠。今所傳堯、舜禪讓，伊、周攝位，證以後世之事，皆爲情理所無。良由古人述作，輕事重言。《史通·疑古篇》之說。四代之事，本無信史。孔子欲明禮讓爲國之義，因如舊說傳之，非事實也。周公之於成王，視宇文護之於武帝，事頗相類。還政之後，被讒出奔，理所可有？昔人說楚，皆以爲受封之初，即在江陵。宋氏翔鳳始明其實在丹、淅之間，所謂丹陽也。《過庭録·楚鬻熊居丹陽》《武王徙郢考》。其地逼近武關，爲自周東出之要道。韓嬰說周南，謂在南陽、南郡間。《水經注》三十五。文王所以能三分天下有其二者，實以化行江、漢故，則楚之從爲之也。知楚之初封在丹、淅，則知昭王時漢正楚境。南征不復，蓋伐楚而敗。周室威靈之失墜，實自兹始，則楚之叛爲之也。驪山之役，申侯實召犬戎。申國在南陽，距楚初封之地甚邇。觀此，知丹、淅之間，形勢所係甚重。周公奔楚，亦事勢宜然。《左》昭七年，公將適楚，"夢襄公祖。梓慎曰：襄公之適楚也。夢周公祖而行。子服惠伯曰：先君未嘗適楚，故周公祖以道之，襄公適楚矣，而祖以道君。"俞正燮《癸巳類稿》，引以證周公之實嘗適楚，其說極確。《史記·蒙恬列傳》載恬對二世使者語，述周公奔楚事，亦與《魯世家》大同。恬，秦人，梓慎、子服惠伯皆周人，其說周公事，不應反不如漢人之晰。可見周公奔楚，事極確鑿。不應以經典無文，疑爲後人妄造也。誚周說，見《史記索隱》。然此事必在還政之後，乃合情理。若如《論衡》所謂古文家言，一聞流言，遽爾奔避，其說已不近情。如鄭玄說，棄宗周可恃之資，東寄於傾危之地，尤與事勢不合。且成王既能執周公之屬黨，又能感雷風而自新，而猶不自爲政，必有待於周公之居攝，於理亦不可通也。故知鄭所云出處待罪，屬黨見執，皆周公奔楚時事。古文家不知經文有闕，"秋大熟"

以下,當別爲一章,不能相連釋之,遂以居東與奔楚,并爲一談。鄭玄更因經無奔楚之文,遂將奔楚時事,悉係之於居東時,失之遠矣。然推原其故,不過因不知分章之義致之。此可見章句之要,亦可見今文家章句之學,傳授自有其真矣。

〔《詩序》〕:

《關雎》,后妃之德也,風之始也,所以風天下而正夫婦也。故用之鄉人焉,用之邦國焉。風,風也,教也。風以動之,教以化之。詩者,志之所之也。在心爲志,發言爲詩。情動於中,而形於言。言之不足,故嗟歎之;嗟歎之不足,故永歌之;永歌之不足,不知手之舞之,足之蹈之也。情發於聲,聲成文,謂之音。治世之音,安以樂,其政和。亂世之音,怨以怒,其政乖。亡國之音,哀以思,其民困。故正得失,動天地,感鬼神,莫近於詩。先王以是經夫婦,成孝敬,厚人倫,美教化,移風俗。故詩有六義焉:一曰風,二曰賦,三曰比,四曰興,五曰雅,六曰頌。上以風化下,下以風刺上。主文而譎諫,言之者無罪,聞之者足以戒,故曰風。至於王道衰,禮義廢,政教失,國異政,家殊俗,而變風變雅作矣。國史明乎得失之迹,傷人倫之廢,哀刑政之苛,吟詠情性,以風其上,達於事變,而懷其舊俗者也。故變風,發乎情,止乎禮義。發乎情,民之性也;止乎禮義,先王之澤也。是以一國之事,繫一人之本,謂之風。言天下之事,形四方之風,謂之雅。雅者,正也。言王政之所由廢興也。政有小大,故有小雅焉,有大雅焉。頌者,美盛德之形容,以其成功,告於神明者也。是謂四始,詩之至也。然則《關雎》、《麟趾》之化,王者之風,故繫之周公。南,言化自北而南也。《鵲巢》、《騶虞》之德,諸侯之風也;先王之所以教,故繫之《召公》。《周南》、《召南》,正始之道,王化之基。是以《關雎》樂得淑女以配君子。憂在進賢,不淫其色。哀窈窕,思賢才,而無傷善之心焉。是《關雎》之義也。

此篇之可疑者三:舊説云,起至"用之邦國焉",名《關雎序》,謂之《小序》。"風,風也"訖末,名爲《大序》。或謂此序止是《關雎》之序,總論《詩》之綱領,無大小之異。見《釋文》。後之論者,各有所主。主有大小之分者,分法亦各不同,一也。《序》稱《詩》有六義,而詩止風、雅、頌三體。因有賦、比、興究爲文辭之異,抑篇卷之別之疑。詳見《正義》。謂其篇卷有別,則説苦無徵;謂止文辭之異,則序不應以六者並列,二也。四始之説,三家以風、小雅、大雅、頌之首篇當之。此序乃即以風、小雅、大雅、頌爲四始。夫此四體，總包全《詩》。以此爲始，其末安在？三也。此三義也，説者甚多，然能愜心者蓋寡。予謂此亦但知古人章句之法，將全篇分作若干章讀之，即無可疑矣。蓋古人著書，大抵稽撰衆説，非必其所自爲。而其稽撰衆説，又多各如其辭録之，並不加以改削，使之如出一手。故其文往往前後不相蒙，或且自相矛盾。觀予論《説文解字序》，已可見之。見《中國文字變遷考》。此篇亦猶是也，此篇自起至"用之邦國焉"，專論《關雎》一詩。自"然則《關雎》、《麟趾》之化"以下，論二南。自"《周南》、《召南》，正始之道"以下，又因二南而及《關雎》。其餘皆論《詩》之綱領。而"風，風也"十三字，承上專論《關雎》之"風之始也"句，順遞而及全《詩》之義，實爲文字轉捩。其所論義有廣狹，而文氣一線相承。謂當分爲大小序可；謂實止一序，兼論《關雎》一詩之義，及全《詩》綱領，亦無不可也。何則？一就意義言，一就文字言，其説皆可通也。其六義之説，與論風、雅、頌之説，則各有所本，絶不相蒙。蓋此《序》中專論全《詩》綱領者，亦當分爲數章。自"詩者，志之所之也"至"聲成文謂之音"，論詩樂之原。自"治世之音"至"移風俗"，論聲音之道與政通，大抵取諸《樂記》。"故《詩》有六義焉"至"六曰頌"，取諸《周官》。"上以風化下"至"告於神明者也"，蓋取諸三家。魏源説，見《詩古微》。二者各不相蒙，故上言六義，下止申風、雅、頌也。"是謂四始"以上，蓋有奪文。《序》論風雅頌之義，既取諸三家，其論四始，不當有異。且以《關雎》爲風之始，固已同乎三家矣。故知其論雅、頌之始，亦必同也。"憂在進賢，不淫其色"，亦三家義。三家以此爲刺康王晏起之詩也。主古文者，必以序意異於三家，章太炎乃以哀窈窕附會九侯之女，可謂善於鑿險矣。然則不知古人章句之例，則如《許序》之忽以篆書爲李斯造，忽以爲程邈造，及《詩序》四始、六義之説，皆足滋疑。苟其知之，則此等疑竇，皆不煩言而解。讀書之必審章句，誠不誣矣。

〔《史記·五帝本紀》〕：

> 軒轅之時，神農氏世衰。諸侯相侵伐，暴虐百姓，而神農氏弗能征。於是軒轅乃習用干戈，以征不享。諸侯咸來賓從。而蚩尤最爲暴，莫能伐。炎帝欲侵陵諸侯，諸侯咸歸軒轅。軒轅乃修德振兵，治五氣，藝五種，撫萬民，度四方，教熊、羆、貔貅、貙、虎，以與炎帝戰於阪泉之野，三戰然後得其志。蚩尤作亂，不用帝命。於是黄帝乃徵師諸侯，與蚩尤戰於涿鹿之野。遂禽殺蚩尤，而諸侯咸尊軒轅爲天子，代神農氏。

案上云"諸侯相侵伐，暴虐百姓，神農氏弗能征"，下云"炎帝欲侵陵諸侯”，數行之間，立説矛盾，未有若斯之甚者也。炎帝姜姓，蚩尤者九黎之君。《吕刑》、僞《孔傳》，又《釋文》引馬説，《秦策》高誘《注》皆同。《禮記·緇衣正義》引《吕刑》鄭注曰：“苗民”，謂九黎之君。《書·堯典釋文》引馬、王曰：“三苗，縉雲氏之後。”《吕刑正義》引韋昭曰：“三苗炎帝之後。”《五帝本紀集解》引賈逵曰：“縉雲氏，姜姓也，炎帝之苗裔。”然則蚩尤亦姜姓。近人崔𤦌甫，謂《易繫辭》之“黄帝垂衣裳”，《風俗通聲音》引作“皇帝”。《繁露·三代改制質文篇》，以軒轅爲皇帝。可徵皇、黄二字，古可通假。《吕刑》之“皇帝哀矜庶戮之不辜，遏絶苗民，無世在下”，即黄帝戰炎帝於阪泉之事。今案《五帝本紀》，多同《大戴記》。今檢《大戴記》，止有與赤帝戰於阪泉之説，更無與蚩尤戰於涿鹿之文。而涿鹿阪泉，注家又皆以爲同地。然則蚩尤、炎帝，即是一人；涿鹿、阪泉，即是一役。《史記》此文，蓋亦並存兩説。頗疑“蚩尤作亂”，當接“莫能伐”之下，後人疑既代神農，不應復與炎帝戰而移之。今若將“炎帝欲侵陵諸侯”以下五十六字，移至“代神農氏”之下，而加“一曰”二字於其上，則明白無疑矣。曰字亦符號之類，説見前。曰字可奪，一曰二字，亦可奪也。參看《古書疑義舉例·兩義傳疑而並存例》。

〔又《老子韓非列傳》〕：

老子者，楚苦縣厲鄉曲仁里人也。姓李氏，名耳，字伯陽，謐曰耼，周守藏室之史也。孔子適周，將問禮於老子。老子曰：“子所言者，其人與骨，皆已朽矣；獨其言在耳。且君子得其時則駕；不得其時，則蓬累而行。吾聞之：良賈深藏若虚；君子盛德，容貌若愚。去子之驕氣與多欲，態色與淫志，是皆無益於子之身。吾所以告子，若是而已。”孔子去，謂弟子曰：“鳥，吾知其能飛；魚，吾知其能游；獸，吾知其能走。走者可以爲網，游者可以爲綸，飛者可以爲矰。至於龍，吾不能知，其乘風雲而上天？吾今日見老子，其猶龍邪！”老子修道德，其學以自隱無名爲務。居周久之，見周之衰，迺遂去。至關，關令尹喜曰：“子將隱矣！彊爲我著書。”於是老子迺著書上下篇，言道德之意五千餘言而去，莫知其所終。或曰：老萊子亦楚人也，著書十五篇，言道家之用，與孔子同時云。蓋老子百有六十餘歲，或言二百餘歲，以其修道而養壽也。自孔子死之後百二十九年，而史記周太史儋見秦獻公，曰：“始秦與周合，合五百歲而離。離七十歲，而霸王者出焉。”或曰：儋即老子；或曰：非也，世莫知其然否。老子，隱君子也。老子之子名宗，宗爲魏將，封於段干。宗子注。注子宫。宫玄孫假，假仕於漢孝文帝。而假之子解，爲膠西王卬太傅，因家於齊焉。世之學老子者，則絀儒學；儒學亦絀老子。道不同，不相爲謀，豈謂是邪？李耳無爲自化，清靜自正。

此後人識語，混入本文，以致不可解者也。此傳惟"莫知其所終"以上，及"老子之子"至"因家於齊焉"一段爲原文。其中"字伯陽諡曰聃"六字，亦後人所改，原文當作"字聃"，觀《索隱》自明。惟此爲有意改易，與失其符號，以致混淆者不同。餘悉後人記識之語。老萊子與老子，毫無干涉，史公不應牽合。若謂附之《老子傳》中，則上不當加"或曰"二字。或曰與一曰同，皆存異説之辭。全書之例，可覆按也。史公傳老子，並無荒怪之語，安得有百六十餘歲，或二百餘歲之説。古書爲魏、晉後言神仙者所竄亂甚多。《太史公自序》載其父談論六家要旨，至"光耀天下，復反無名"，意已具矣。下忽接"凡人所生者神也"一段，全係貪生怯死之談，與上文絶不類。亦爲神仙家言者所竄也。太史儋事，《周秦紀》皆載之，絶未疑爲老子，此傳何得忽作兩岐之談？"世莫知其然否"六字，豈西漢人文義邪？"老子隱君子也"，"世之學老子者則絀儒學"云云，及"李耳無爲自化，清靜自正"，皆評論之語。此等評論之語，夾入敍事中，《史記》時有之。蓋皆全録舊文，不加删削。然必與敍事之文相連；既不删削其文，亦不移易其次也。觀下所引《扁鵲列傳》可見。安得敍老子事時不之及，逮敍其後世之事既竟，乃忽焉錯出邪？此數節爲後人之辭，蓋無疑義矣。然必謂其有意竄亂，則亦非是。蓋皆記識之語混入者也。"或曰老萊子"云云，蓋一人所記。因老萊子與老子同爲楚人，故附識之。"蓋老子百有六十餘歲"云云，又一人所記。此人蓋信神仙家之説者，疑老子即太史儋者亦然。"老子隱君子也"六字，與"李耳無爲自化"十字，爲稱美老子之言。"世之學老子者"云云，則慨歎之辭也。古人讀書，多用丹黄，此等記識之語，疑亦如陶隱居之修《本草》，有朱字墨字等區别，而後乃亡之者也。

〔又《扁鵲倉公列傳》〕：

扁鵲者，渤海郡鄭人也，姓秦氏，名越人。少時爲人舍長。舍客長桑君過，扁鵲獨奇之，常謹遇之，長桑君亦知扁鵲非常人也。出入十餘年，乃呼扁鵲私坐，間與語，曰："我有禁方，年老，欲傳與公，公毋泄。"扁鵲曰："敬諾。"乃出其懷中藥予扁鵲，"飲是以上池之水，三十日，當知物矣。"乃悉取其禁方書，盡與扁鵲。忽然不見，殆非人也。扁鵲以其言飲藥。三十日，視見垣一方人，以此視病，盡見五藏癥結，特以診脈爲名耳。爲醫或在齊，或在趙。在趙者名扁鵲。當晉昭公時，諸大夫彊而公族弱，趙簡子爲大夫，專國事。簡子疾，五日不知人，大夫皆懼。於是召扁鵲。

扁鵲入視病，出。董安于問扁鵲，扁鵲曰：“血脈治也，而何怪。昔秦穆公嘗如此，七日而寤。寤之日，告公孫支與子輿曰：‘我之帝所，甚樂。吾所以久者，適有所學也。帝告我：“晉國且大亂，五世不安，其後將霸，未老而死。霸者之子，且令而國男女無別。”’公孫支書而藏之。《秦策》於是出。夫獻公之亂，文公之霸，而襄公敗秦師於殽，而歸縱淫，此子之所聞。今主君之病與之同，不出三日必閒，閒必有言也。”居二日半，簡子寤，語諸大夫曰：“我之帝所，甚樂。與百神遊於鈞天，廣樂九奏萬舞，不類三代之樂，其聲動心。有一熊欲援我，帝命我射之，中熊，熊死。有羆來，我又射之，中羆，羆死。帝甚喜。賜我二笥，皆有副。吾見兒在帝側。帝屬我一翟犬，曰：‘及而子之壯也，以賜之。’帝告我：‘晉國且世衰，七世而亡。嬴姓將大敗周人於范魁之西，而亦不能有也。’”董安于受言，書而藏之。以扁鵲言告簡子，簡子賜扁鵲田四萬畝。其後扁鵲過虢，虢太子死。扁鵲至虢宮門下，問中庶子喜方者，曰：“太子何病？國中治穰，過於衆事。”中庶子曰：“太子病血氣不時，交錯而不得泄，暴發於外，則爲中害。精神不能止邪氣，邪氣積畜而不得泄。是以陽緩而陰急，故暴蹷而死。”扁鵲曰：“其死何如時？”曰：“雞鳴至今。”曰：“收乎？”曰：“未也，其死未能半日也。”言“臣齊勃海秦越人也，家在於鄭，未嘗得望精光，侍謁於前也。聞太子不幸而死，臣能生之”。中庶子曰：“先生得毋誕之乎？何以言太子可生也。臣聞上古之時，醫有俞跗。治病不以湯液醴灑。鑱石撟引，案杌毒熨，一撥見病之應，因五藏之輸，乃割皮、解肌、訣脈、結筋、搦髓腦、揲荒爪幕、湔浣腸胃、漱滌五藏、練精易形。先生之方能若是，則太子可生也。不能若是，而欲生之，曾不可以告咳嬰之兒。”終日，扁鵲仰天歎曰：“夫子之爲方也，若以管窺天，以郤視文。越人之爲方也，不待切脈、望色、聽聲、寫形，言病之所在。聞病之陽，論得其陰；聞病之陰，論得其陽。病應見於大表，不出千里，決者至衆，不可曲止也。子以吾言爲不誠，試入診太子，當聞其耳鳴而鼻張，循其兩股以至於陰，當尚温也。”中庶子聞扁鵲言，目眩然而不瞚，舌撟然而不下。乃以扁鵲言入報虢君。虢君聞之，大驚，出見扁鵲於中闕。曰：“竊聞高義之日久矣，然未嘗得拜謁於前也。先生過小國，幸而舉之。偏國寡臣幸甚。有先生則活，無先生，則棄捐填溝壑，長終而不得反。”言未卒，因噓唏服臆，魂精泄橫，流涕長潸，忽忽承睞，悲不能自止，容貌變更。扁鵲曰：“若太子病，所謂尸蹷者也。夫以陰入陽中，動胃，繵緣，中經維絡，別下於三焦膀胱。是以陽脈下遂，陰脈上爭，會氣閉而不通，陰上而陽内行，下内鼓而不起，上外絶而不爲使。上有絶陽之絡，下有破陰之紐，破陰絶陽之色已廢，脈亂，故形靜如死狀。太子未死也。夫以陽入陰支蘭藏者生，以陰入陽支蘭藏者死。凡此數事，皆五藏蹷中之時暴作也。良工取之，拙者疑殆。"扁鵲乃使弟子子陽，厲鍼砥石，以取外三陽五會。有間，太子蘇。乃使子豹爲五分之熨，以八減之齊和煑之，以更熨兩脅下。太子起坐，更適陰陽，但服湯二旬而復故。故天下盡以扁鵲爲能生死人。扁鵲曰："越人非能生死人。此自當生者，越人能使之起耳。"扁鵲過齊，齊桓侯客之。入朝，見曰："君有疾在腠理，不治將深。"桓侯曰："寡人無疾。"扁鵲出，桓侯謂左右曰："醫之好利也，欲以不疾者爲功。"後五日，扁鵲復見，曰："君有疾在血脈，不治恐深。"桓侯曰："寡人無疾。"扁鵲出，桓侯不悦。後五日，扁鵲復見，曰："君有疾在腸胃間，不治將深。"桓侯不應。扁鵲出，桓侯不悦。後五日，扁鵲復見，望見桓侯而退走，桓侯使人問其故。扁鵲曰："疾之居腠理也，湯熨之所及也。在血脈，鍼石之所及也。其在腸胃，酒醪之所及也。其在骨髓，雖司命無奈之何。今在骨髓，臣是以無請也。"後五日，桓侯體病，使人召扁鵲。扁鵲已逃去，桓侯遂死。使聖人預知微，能使良醫得蚤從事，則疾可已，身可活也。人之所病，病疾多；而醫之所病，病道少。故病有六不治：驕恣不論於理，一不治也。輕身重財，二不治也。衣食不能適，三不治也。陰陽并，藏氣不定，四不治也。形羸不能服藥，五不治也。信巫不信醫，六不治也。有此一者，則重難治也。扁鵲名聞天下。過邯鄲，聞貴婦人，即爲帶下醫；過雒陽，聞周人愛老人，即爲耳目痺醫；來入咸陽，聞秦人愛小兒，即爲小兒醫：隨俗爲變。秦太醫令李醯，自知伎不如扁鵲也，使人刺殺之。至今天下言脈者由扁鵲也。

此篇似係自注之辭，混入正文，以致不可解者。此篇可疑之處有三：趙簡子不在晉昭公時，一也。虢之亡，先於趙簡子百二十餘年，二也。當趙簡子時，齊無桓侯，三也。或云："史公既云'爲醫或在齊或在趙'，則扁鵲明非一人。蓋扁鵲爲治是術者之公稱，秦越人特其中之一耳。如是，治趙簡子、虢太子之疾，與客齊桓侯者，無妨各爲一人；則全篇惟一晉昭公之昭爲誤字，此事亦見《趙世家》，故知趙簡子非誤。餘皆無可疑矣。"此説誠爲有見，然猶有未盡者。則史公於"扁鵲過虢"之上，加以"其後"二字，明承視趙簡子疾之事言之，然虢決不能至趙簡子時猶存也。予謂扁鵲視趙簡子疾及客齊桓侯事，實爲文中之夾注。此篇當分五章：自起至"或在趙"爲一章，述扁鵲受術之由，及其術後此之流布。自"在趙者名扁鵲"至"簡子賜扁鵲田四萬畝"爲一章，述扁鵲視簡子疾。自"其後扁鵲過虢"至"越人能使之起耳"爲一章，述扁鵲起虢太子。自"扁鵲過齊"至"則重難治也"爲一章，述齊桓侯不聽扁鵲，因論病有六不治。自"扁鵲名聞天下"至末爲一章，述有一扁鵲，嘗過邯鄲、洛陽入咸陽，爲李醯所殺也。第二章及第四章，蓋承"爲醫或在齊或在趙"言之，即此八字之注語。第三章實承第一章，全篇述扁鵲事，惟此二章稱越人，其明證也。古人著書，其辭多非己出，不過采舊文而排比之。故太史公作《史記》，自稱"論次舊聞"。論，類也；次，序也。論次，猶今言類纂矣。類纂舊文，其例有二：一如後世之輯書者然，一一著其所自來，而不易其辭。一則當改其辭，使之如自己出。二者必居其一，否則足以滋疑。然古人則皆不然。此非其條理之疏，乃當時有章句與之相輔而行，而後世亡之，故覺其不可通也。然則章句誠讀書所不可少矣。此篇如後世例，第二章及第四章，當并入第一章下爲夾注。否則并第二章亦當類次於後，既皆不然，而又未嘗自言之，豈有胡塗至是者。故知當時必有一種符號以明之也。

　　以上所舉五事，皆因章之別亡，以致昧其意義者。後人注語混入正文，自別爲一事。然章之爲別，所以表明上下之不相蒙也。後人注語混入正文，亦不過誤連其所不當連者耳。其致誤之由不同，其所致之誤則一也。故并論之。句讀之誤，似不若是之易。然習慣相沿，誤者亦復不少。試就記憶所及略舉之：如《洪範》："身其康强，子孫其逢，吉。"逢字當絕，與强爲韻。今皆連吉字讀，則失古書之韻矣。《孟子》："使弈秋誨二人弈。其一人專心致志，惟弈秋之爲聽。一人雖聽之，一心以爲有鴻鵠將至，思援弓繳而射之。雖與之俱，學弗若之矣。"昔人引用，皆於俱字爲句。今人乃連學字讀。"晉人有馮婦者，善搏虎。卒爲善，士則之。野有衆逐虎，虎負嵎，莫之敢攖。望見馮婦，趨而迎之。馮婦攘臂下車，衆皆悅。其爲士者笑之。""卒爲善"句絕，"士則之"與"其爲士者笑之"相應。今讀乃以"卒爲善士"爲句，則昧古書之語法矣。甚有眼前虛字，亦誤讀者。如後世夫字，用於句首者，大都爲拓開口氣，虛無所指。古書則不然，大抵可代彼字用。司馬子長《報任少卿書》："而事乃有大謬不然者夫！僕與李陵，俱居門下"云云。夫字當上屬，《選注》不誤。今人乃多讀屬下句，則義不可解。此類誤讀尚多。《論語》："唐棣之華。偏其翻而。豈不爾思，室是遠而。子曰：未之思也夫，何遠之有。"《孟子》："王說曰，詩云：他人有心，予忖度之，夫子之謂也夫，我乃行之，反而求之，不得吾心。""孔子曰：仁不可爲衆也夫，國君好仁，天下無敵。"夫字皆當上屬，今皆誤屬下。甚至如歐公《釋祕演詩集序》："嗟夫，二人者，予乃見其盛衰，則予亦將老矣夫。"亦將夫字屬下句，作"夫曼卿詩辭清絕，尤稱《祕演》之作，以爲雅健有詩人之意。"不特全失神理，而如此用夫字，下文必有相應之辭，今乃無之，則文義直不通矣。或曰：《論語》："子貢方人。子曰：賜也賢乎哉，夫我則不暇。"亦以夫我二字連用。安見《孟子》"夫我乃行之"之夫字，必當上屬邪？不知《論語》此文，當於夫字一逗，即指方人之事言之，言彼方人之事，我則有所不暇也。用諸《孟子》此處，神理全然不合。又如焉字，古人用之，多作"於是"解；有在句末，亦有在句首者。《孟子》："聖人既竭目力，焉繼之以規矩準繩，以爲方圓平直，不可勝用也。既竭耳力，焉繼之以六律正五音，不可勝用也。既竭心思，焉繼之以不忍人之政，而仁覆天下矣。"焉字皆當下屬，與《禮記·三年問》"故先王焉爲之立中制節"之焉字同。今誤屬上句，焉字亦遂虛無所指。焉字作於是解，屬下句讀，則所謂是者，即指"竭目力"、"竭耳力"、"竭心思"言之，焉字與既字相呼應也。屬上句讀，則上文更無可指爲是之事，即虛無所麗矣。《莊子·則陽篇》："長梧封人問子牢曰：君爲政焉，勿鹵莽，治民焉，勿滅裂。"焉字上屬，亦作於是解。即指子牢所治之地。文中不明子牢所治之地者，長梧封人謂子牢爲政於是，治民於是，則子牢所治，自即長梧，不待言也。若作虛字，即漏敍子牢所治之地矣。又如《説文》："余，語之舒也。"《左》僖九年，王使宰孔賜齊侯胙。曰："以伯舅耋老，加勞賜一級，無下拜。對曰：天威不違顔咫尺；小白，余，敢貪天子之命，無下拜。"此余即《説文》所謂語之舒。蓋齊桓年老，語時氣竭，故自名之後，繼之余以舒之；非既稱名，又自稱余也。《杜注》誤訓爲身，今人遂皆連下六字爲句，則全失其旨矣。以上所引，多前人成説，不能一一記其所出矣。要之古人語簡，後世語繁。惟語簡，故句短。惟語繁，故句長。後人每以當時語法讀古書，故時失其句。觀王氏筠所發明《説文句讀》之例而可知也。斷句當否，於意義之合否，大有關係。如《檀弓》"喪，三年以爲極，亡，則弗之忘矣"，鄭以"極亡"二字連讀。王本極亡之亡亦作忘，以極字爲句，遠勝於鄭。

古書有既經斷句，則上下文絶不相蒙者。《史記·周本紀》："封棄於邰，號曰后稷，別姓姬氏。后稷之興，在陶唐、虞、夏之際，皆有令德。后稷卒，子不窋立。"此三十字中，后稷二字，凡有三解："號曰后稷"之后稷指棄。"后稷之興"之后稷，指棄以後，不窋以前居稷官者。"后稷卒"之后稷，則不窋之父也。此本無甚難解，然後人誤解者頗多，戴東原已辨之。近人猶有據此疑周之世數不合者，亦可見章句一失，貽誤之大也。

《莊子·養生主篇》"指窮於爲。薪，火傳也，不知其盡也"，當以爲字絶句。爲通譌，變化之意。指者，向方之謂。《淮南·齊俗訓》："江南河北，不能易其指。"《氾論訓》："此見隅曲之一指，而不知八極之廣大也。故東面而望，不見西牆；南面而視，不覩北方；惟無所嚮者，則無所不通。"兩用指字，義最明顯。《莊子·齊物論篇》："天地一指也，猶言天地亦一隅曲。萬物一馬也。"《天下篇》"指不至，至不絶"，暨此篇"指窮於爲"之指字，義皆與《淮南》所用同。"指窮於爲"，言向方迷於變化，意謂天下事變化無窮，轉瞬即失其原形，欲即一事而究其終極，卒不可得也。《釋文》引崔氏，訓"薪火"爲"爝火"，則崔氏本以爲字斷句。自《郭注》訓“爲薪”爲“前薪”，世遂皆以薪字爲句，雖指字之義，明見《莊子》他篇，亦不知參考矣。此又可見章句失傳，詒誤之大也。

因句之失傳，以致不可解者，莫如《北史·鐵勒傳》。《傳》曰：“鐵勒之先，匈奴之苗裔也，種類最多。自西海之東，依山據谷，往往不絶。獨洛河北，有僕骨、同羅、韋紇、拔也古、覆，並號俟斤。蒙陳吐如紇斯結、渾、斛薛等諸姓，勝兵可二萬。伊吾之西，焉耆之北，傍白山，則有契弊、薄落職乙咥蘇婆那曷烏護紇骨也咥於尼護等，勝兵可二萬。金山西南，有薛延陀咥勒兒十槃達契等，一萬餘兵。康國北，傍阿得水，則有訶咥曷截撥忽比干具海曷比悉何嵯蘇拔也末謁達等，有三萬許兵。得嶷海東西，有蘇路羯三素咽篾促薩忽等諸姓，八千餘。拂菻東則有恩屈阿蘭北褥九離伏嗢昏等，近二萬人。北海南則都波等。雖姓氏各別，總謂爲鐵勒。”此中諸部落之名，多無義可解。故除僕骨、同羅、韋紇、拔也古、斯結、渾、斛薛、契弊、薛延陀、都波等，名號又見他書者，皆不能得其句讀，即無從知其分部。使作史時本有章句，傳之至今，又何至是哉？亦足見章句關係之大矣。

《禮記·曾子問》：“昔者史佚有子而死，下殤也，墓遠。召公謂之曰：何以不棺斂於宮中？史佚曰：吾敢乎哉？召公言於周公。周公曰：豈，不可。史佚行之。”鄭於“豈不可”下注曰：“言是豈，句於禮不可。”於“史佚行之”下注曰：“失指；以爲許也，遂用召公之言。”《疏》曰：“豈者，怪拒之辭。先怪拒之，又云不可。不可是不許之辭。召公述周公曰豈不可之辭，以語史佚。史佚不達其指，猶言周公豈不可是許之之辭，故行棺衣宮中之禮也。”然則周公之言，本於豈字句絶；史佚誤以豈不可三字爲一句，遂致有此誤會。蓋人之言語，本來不甚完全，故有此等誤會也。及其筆之於書，欲盡袪此等誤會，勢非盡改爲完全之語不可。然既失神理，又病繁重，勢亦有不可行者。則斷句之符號，不可少矣。

古代之章句，既已失傳，後人欲讀古書，非將已失者恢復不可。從事於此者，莫如宋儒之勤。朱子爲宋學大宗。其注《大學》，即以己意分別經傳，顛倒次序。注《中庸》，雖未顛倒次序。亦不依《鄭注》分章。故朱子注《四書》、《論語》、《孟子》，皆稱集注；《大學》、《中庸》，則稱章句。明其注此二書，在章句上亦曾用過一番功力也。此猶僅就一篇之內，改正其章也。其注《易》，用呂祖謙本，別《彖》、《象》、《繫辭》、《文言》、《說卦》、《序卦》、《雜卦》於上下經，欲以復十二篇之舊，《十翼》爲後出之說。《漢志》載諸家《易傳》及施、孟、梁丘章句，各止二篇。可見今通行之本，實爲古本。諸家別《十翼》於經，轉失之也。則并篇次亦加改定矣，然猶在一書之中也。其於《儀禮》，則病經不分章，記不隨經；欲以《儀禮》爲經，而取《禮記》及諸經史雜書，附載其下，見《乞修三禮劄子》。劄不果上，晚乃本此意，修《儀禮經傳通解》，後此之修禮書者，悉沿其制焉。則并欲合古代羣書，重行編纂矣。自宋迄明，此風皆盛。吳澄作《易》、《書》、《詩》、《禮記》、《春秋纂言》。於經文皆有顛倒離合；以爲有闕文處，且皆補以空圍。此風傳入醫家，而《傷寒六經》之編次，且與《周官》、《冬官》之補亡，同爲一聚訟之公案焉。此外改定古書之篇章者，難可枚舉。雖其所定未必皆是，然其法則不能謂之不合也。世人每訾宋儒憑臆見以正古書，殊不知所正當否是一事，古書之當正與否又是一事；況乎宋儒之所正，未必無可采邪？皮氏錫瑞《三禮通論》引《困學紀聞》云：“《魏徵傳》曰：以《小戴禮》綜彙不倫，更作《類禮》二十篇，數年而成。太宗美其書，録置内府。《藝文志》云：次《禮記》二十卷，舊史謂採先儒訓注，擇善從之。《諫録》載詔曰：以類相從，別爲篇第。並更注解，文義粲然。《會要》云：爲五十篇，合二十卷。《元行沖傳》：開元中，魏光乘請用《類禮》列於經，命行沖與諸儒集議作疏，將立之學。乃采獲刊綴，爲五十篇。張説言：戴聖所録，向已千載。與經並立，不可罷。魏孫炎始因舊書，摘類相比，有如鈔綴，諸儒共非之。至徵更加整次，乃爲訓注，恐不可用。帝然之，書留中不出。行沖著《釋疑》曰：鄭學有孫炎，雖扶鄭義，乃易前編。條例支分，箴石閒起。馬仙增革，向踰百篇。葉遵删修，僅全十二。魏氏采衆説之精簡，刊正芟藟。朱文公惜徵書之不復見。此張説文人不通經之過也。行沖謂章句之士，疑於知新，果於仍故。比及百年，當有明哲君子，恨不與吾同世者。觀文公之書，則行沖之論信矣。”皮氏錫瑞又曰：“案《戴記》不廢，張説有存古之功；《類禮》不傳，説亦有泥古之失。當時若新舊並行，未爲不可。朱子惜《類禮》不復見，是以有《儀禮經傳通解》之作。吳澄作《禮記纂言》，更易次序，各以類從。近人懲於宋儒之割裂聖經，痛詆吳澄，並疑《通解》之雜合《經》、《傳》。平心而論，《禮記》非聖人手定，與《易》、《書》、《詩》、《春秋》不同。且《禮經》十七篇，已有附記。《禮記》文多不次，初學苦其難通。若加分別部居，自可事半功倍。據《隋志》‘《禮記》三十卷，魏孫炎注’，則其書唐初尚存。炎學出鄭門，必有依據。魏徵因之，更加整比。若書尚在，當遠勝於《經傳通解》、《禮記纂言》，而大有益於初學矣。”原注：“陳澧云：《孔疏》每篇引鄭目録云：此於《別録》屬某某，《禮記》之分類，不始於孫炎、魏徵矣。今讀《禮記》，當略放《別録》之法，分類讀之，則用志不紛，易得其門徑。”觀此，可知統合古籍，更定篇章，實不始於宋儒。類聚羣分，承學者固人同此心也。惜乎數千年來，殫心疏注者多，用力於此者殊少耳。古書即不作注，但能正其章句，已足有益初學,如姚鼐之《老子章義》是也。

今之所謂新符號者,以引用及刪節二號爲最有用,前已言之。句讀之別,我
所固有。近人於文字總冒下文,或總結上文處;又一語已完,而全意未竟者,亦
皆爲之號以別之。其分別固較前人爲細,然於用尚不甚亟。且文之美者,變化
無方。往往有以一語而總冒全篇,總結全篇,或以中間數語爲全篇關鍵者;又有
似連非連,似斷非斷者。總冒總結之號,實不易施。欲詳別句讀,使之毫髮無
憾,事亦不易。深於文者自知之。若謂此等文字,不合論理,則文貴變化,不貴
板滯;下喬入幽之論,實非所敢聞。若謂符號之施,本限講學論事之作,變化無
方之美文,非其所及,則不施之難明之籍,而轉用之易解之書,揆以愚衷,亦非所
喻。故冒號、總結號及於句讀二者之外,更施細別之號,究竟有用與否,尚屬可
疑。若引用及刪節二號,則爲用甚大,顯而易見。昔日以無引用號故,文中引成
説,即入本人口氣者,固苦難知;即其明言徵引者,原文起訖之處,亦不易辨。此
凡讀舊籍者,所同覺其不便者也。刪節之號,非徒曰以存其真,亦可以減少差
誤。蓋引書雖不加增改,但施刪節,已足使意義不同。若直録原文,則此弊較
少。有刪節號,則書中引用成説處,是否須核對原書,較爲易知。而輾轉引用
時,不致誤以既經刪節之文爲原作,尤其小焉者也。引用號及刪節號,於輯佚書關係尤
大。輯佚書所最苦者,即在孰爲原書,孰爲引用者之辭不易辨,及所引用是否曾經刪節不可知。即明知
之,亦不知其如何刪節。若向來有此兩符號,則此二弊皆免矣。

昔人行文,以無符號故,艱困實甚。至不得已處,乃以文字代之。《周
官·司刑注》:"夏刑大辟二百,臏辟三百,宮辟五百,劓墨各千,周刑變焉。所
謂刑罰世輕世重者也。"《正義》:"世輕世重者,《吕刑》文,故云所謂。"此"所
謂"二字,即具引用號之用者也。韓退之《張中丞傳後序》:"愈嘗從事於汴、徐二府,屢道於兩
府間,親祭於其所謂雙廟者。"此"所謂"二字,明雙廟爲汴、徐人之稱,亦具引用號之用。義疏之體,
於所疏之語,上加曰字,下加者字,不論文義合否,必施之,亦具引用號之用,
然此等皆有時而窮。至必不得已,乃於其下更加注曰:"以上皆某書之文。"或
曰:"某書之文止此。"則未免拙笨矣。刪節之處,舊以云云二字表之。大抵用
諸句末。句中用者甚罕,句首則絶無矣,此亦未免有闕。故此二號在今日,實
相需最亟者也。後世習於不用符號,故其行文,往往較古人爲密。如前所引《北史·鐵勒傳》,使
更後之人爲之,必於各部名之上,皆冠以曰字矣,然總不如有符號之爲便也。

疑問一號,在現今文字中,用處甚少,在古代則不然。蓋人之言語,本來
不甚完全。疑問之語,與決定之語,往往出諸口者相同,特以其聲氣及神色別
之耳。後世不用符號,凡此等處,在文中皆改爲完全之句,在古代則不然也。

《古書疑義舉例》謂《書·西伯戡黎》"我生不有命在天"，《史記》句末有乎字。《吕刑》"何擇非人，何敬非刑，何度非及"，《史記》作"何擇非其人，何敬非其刑，何居非其宜乎"。《老子》第五章："天地之間，其猶橐籥乎。"易州唐景龍二年刻本無乎字。第十章"載營魄抱一，能無離乎"六句，河上公本並無乎字。蓋無乎字者古本，有乎字者，後人以意加之也。七十七章："是以聖人爲而不恃，功成而不處，其不欲見賢。"當云"其不欲見賢乎"，各本皆未增加，猶《老子》之舊也。予案此等處甚多，俞氏特就校勘有據者言之耳。如前所引《老子韓非列傳》："至於龍，吾不能知，其乘風雲而上天。""上天"下可補耶字。《莊子·齊物論》："吾誰與爲親？汝皆説之乎？其有私焉？如是皆有爲臣妾乎？其臣妾不足以相治乎？其遞相爲君臣乎？其有真君存焉？"兩焉字下，亦皆可補乎字也。此等處與其臆改古書，自不如加一符號之爲得矣。

　　文中有一種反語，與疑問相似而實不同。如《檀弓》"子游曰知禮"是也。若求完善，當爲作一專號。

　　又有當補作者，韻號是也。協韻之句，與尋常之句不同，古人亦已言及。《爾雅》"爰粤于那都繇於也"，《郭注》謂之"韻絕"是也。後世文字用韻者少，而古代則極多。今韻易知，古韻難曉。然讀古書而不知其韻，不徒不能領略其文字之美，并有不能明其義者。且古書校勘，資於韻者極多。故此號斷宜補作也。

　　夾注之法：近人於兩端加一直，或加括弧。或於有注之處，加"注一"、"注二"等字，而注則并寫於後。實不如舊式雙行書寫，即寫在加注之處爲得。以兩直及括弧易奪；雙行與大字難譌。夾注及正文相隨，讀書不勞翻檢；另書於後者則不然。若欲先讀正文，後讀注語，雙行大字，眉目亦極清晰；括弧兩直及旁注小字，均較難尋覓也。

　　圈點之法，昔日通人，已訾其陋。今日而稱揚其美，益將見笑於時賢，然此實一偏之見也。曾國藩《經史百家簡編序》曰："自六籍燔於秦火，漢世掇拾殘遺，徵諸儒能通其讀者，支分節解，於是有章句之學。劉向父子，勘書祕閣，刊正脱誤，稽合同異，於是有校讎之學。梁世劉勰、鍾嶸之徒，品藻詩文，褒貶前哲。其後或以丹黃識別高下，於是有評點之學。三者皆文人所有事也。前明以四書經義取士，我朝因之。科場有句股點句之例，蓋猶古者章句之遺意。試官評定甲乙，用朱墨旌別其旁，名曰圈點。後人不察，輒放其法，以塗抹古書。大圈密點，狼藉行間。故章句者，古人治經之盛業也，而今專以施之時文；圈點者，科場時文之陋習也，而今反以施之古書。末流之遷變，何可勝道?"曾氏知句股點句,爲古代章句之遺,可謂卓識。然謂圈點不宜施之古書,則尚未免知二五而不知十。圈點之用,所以抉出書中緊要之處,俾人一望而知。足補章句所不備,實亦可爲章句之一種。徒以章句爲古人所用而尊之,圈點起於近世而訾之,實未免蓬之心也。即以圈點評隲文字,亦實足以顯出精彩,開示後學,遠非濫加評語者所及。故曾氏雖訾圈點爲科場陋習,而其評隲詩文,仍沿用之。姚氏《古文辭類纂》,初刻,即康刻本,有圈點,而其定本,即吳刻本去之。然其初刻之圈點,實津逮後學不少,治斯業者之公言也。至世俗所用圈點,誠十九妄陋可笑,然此乃用之者不善,非圈點之咎也。

古人評隲,雜用丹黄。至於刻板術行,複印數次不易。故朱墨本、五色本等,用者甚希。必須立別者,乃變爲黑白文。套板之法,以工料太大故,除圖畫之書,誠不能用。然黑白文之別,則斷宜存之。此法用諸輯佚最便。昔人引用古書,大抵不仍其語,而以己意爲之刪易。故欲別其孰爲原書之語,孰爲引用者之詞甚難。即能別之,而古書既經刪節,有非并引用者之語觀之則不明者。清儒於輯佚,用力最勤,然誤定處仍不少。今後若能廣黑白文之用,凡輯佚者,并援據之書悉録之;而於吾意以爲佚書者,別之以白文,則於事尤審慎,而於讀者亦尤便也。前所論《書古微》誤輯《援神契》,即誤輯之一例,見《字例略説》。

注語兩端加括弧,不如雙行夾注之善。然古書注語與正文相混者,卻可以此別之。其疑爲後人僞竄者,可於四周界以墨線。王氏筠《説文句讀》,即用此法。

大小字間刊之法,昔人惟於標題等處用之,此亦未盡其用。人之言語,本有高下疾徐;至變爲文字,則皆無之。大小字間刊,即所以彌此闕憾也。此法不宜施之古書;精簡而須細讀之文,亦可不必。而施之報章雜誌等,忽促閲看之物,則甚宜。最好將緊要之語句字眼,悉行摘出,用較大之字刊刻。此等較大之字,讀之亦可成文。則事務繁冗者,不必徧讀全文,但一覽其大字,已可得其大略矣。此實於節省時間,大有裨益者也。

附録　讀《吕氏春秋》

《吕氏春秋》二十六篇:凡爲《紀》者十二,爲《覽》者八,爲《論》者六。其編次,實當以《覽》居首,《論》次之,《紀》居末。《史記·本傳》稱此書爲《吕氏春秋》,《漢志》同,蓋此書之本名。《史公自序》及《報任少卿書》,又稱此書爲《吕覽》。蓋以《覽》居全書之首,故有是簡稱,一也。古書自序,率居全書之末,今此書《序意》,實在《十二紀》後,二也。《有始覽》從天地開闢説起,宜冠全書之首,三也。畢氏沅泥《禮運注疏》,謂以《十二紀》居首,爲《春秋》所由名;説本王應麟,見《玉海》。梁氏玉繩,初本謂《覽》當居首,後乃變其説,自同於畢氏。非也。《禮運》鄭《注》,並無以《春秋》名書,由首《十二紀》之意。古人著書,以春秋名者多矣,豈皆有十二紀以冠其首邪?

　　此書二十六篇,《漢志》以下皆同。庾仲容子鈔陳振孫《書録解題》作三十六,三蓋誤字。《文獻通考》作二十,則又奪六字也。今本諸《覽》、《論》、《紀》之下,又各有其所屬之篇,都數凡百六十,與《玉海》引王應麟之説相符。盧氏文弨曰:"《序意》舊不入數,則尚少一篇。此書分篇極爲整齊,《十二紀》紀各五篇,《六論》論各六篇,《八覽》覽當各八篇。今第一覽止七篇,正少一。考《序意》本明《十二紀》之義,乃末忽載豫讓一事,與《序意》不類。且舊校云一作《廉孝》,與此篇更無涉。即豫讓亦難專有其名。竊疑《序意》之後半篇俄空焉;別有所謂《廉孝》者,其前半篇亦簡脱;後人遂强相附合,并《序意》爲一篇,以補總數之闕。《序意》篇首無'六曰'二字,後人于目中專輒加之,以求合其數。"案盧説是也。古書之存於今者,大率掇拾於叢殘煨燼之餘,編次錯亂,略無法紀。此書獨不然。即就此一端論,已爲藝林之瑰寶矣。

　　《八覽》、《六論》、《十二紀》之分,必此書所固有。其下各篇細目,不知其爲固有,抑爲後人所爲;然要得古人分章之意。《四庫提要》謂惟夏令多言樂,秋令多言兵,似乎有意,其餘絕不可曉。繆矣。今試略論之:《八覽》爲全書之首,《有始覽》又居《八覽》之首,故從天地開闢説起。其下《應同》,言禎祥感應之理,因天以及人也。《去宥》、《聽言》、《謹聽》三篇,論人君馭下之道。《務本》言人臣事君之理。《諭大》言大小交相恃,猶言君臣交相資。此篇蓋總論君若臣治國之道,而本之於天者也。《孝行覽》言天下國家之本在身,身之本在孝。其下各篇,多論功名所由成。蓋從創業時説起,故追念及於始祖也。《慎大覽》言居安思危之義。所屬各篇,言人君用賢,人臣事君及治國之道,皆守成之義。《先識覽》專從識微觀變立論。《審分覽》明君臣之分職。《審應覽》言人君聽説之道。《離俗覽》言用人之方。《恃君覽》言人之樂羣,由羣之能利人;羣之能利人,由君道之立。因論人君不當以位爲利;及能利民者當立,不利民者當替之道,并博論國家之所謂禍福,凡八《覽》。蓋本之於天,論國家社會成立之由,及其治之之術者也。《六論》:《開春論》言用人之術。《慎行論》明利害之辨。《貴直論》言人君當求直臣。《不苟論》言當去不肖。《似順論》言百官之職,無可不慎,因及謹小慎微之義。《士容論》首二篇言人臣之道,下四篇言氓庶之事。六論蓋博言君臣氓庶之所當務者也。《十二紀》者,古明堂行政之典。《禮記・月令》，《管子・幼官》，《淮南・時則》，皆是物也。
後人以呂氏書有之，疑爲秦制，非也。古代政事，統於明堂。明堂出令，必順
時月。故舉十二紀，則一國之政，靡不該焉。所屬諸篇：《孟春紀》言治身之
道。春爲生長之始，故本之於身也。《仲春》、《季春》二紀，論知人任人之術，
因身以及人也。《孟夏紀》言尊師、取友、教學之法。夏主長大，人之爲學，亦
所以廣大其身也。《禮記・文王世子》："況于其身以善其君乎。"鄭注："于讀爲迂。迂猶廣也，大
也。"《仲夏》、《季夏》，皆論樂。樂盈而進，率神而從天，故於盛陽之時論之也。
《孟秋》、《仲秋》二紀皆言兵，其理顯而易見。《季秋》所屬《順民》、《知士》二
篇，乃用兵之本；《審己》者，慎戰之道；《精通》者，不戰屈人之意也。《孟冬紀》
皆論喪葬。葬者藏，冬閉藏物也。《仲冬》、《季冬》二紀，論求知及知人。人能
多所畜藏則知。所謂"多識前言往行以畜其德"，抑知莫大於知人也。《覽》始
於天地開闢，而《紀》終之以一國之政，先理而後事也。《序意》一篇，當兼該全
書，而但及《十二紀》者，以有缺脱也。始乎理，終乎事，同條共貫，綱舉目張。
古書之編次，信無如此書之整齊者已。

中國文字變遷考

# 前　　言

　　《中國文字變遷考》成稿於一九二三年至一九二五年間，原是吕思勉先生在蘇州江蘇省立第一師範學校、上海滬江大學任教講授文字學課程的講義，後經修訂成書，於一九二六年由上海商務印書館收入"国学小丛书"初版。《中國文字變遷考》出版後，吕先生曾做過較多的修訂、增補。先生自評此書："論篆隸真行草之變遷，其中論漢代所謂古文一段，自謂頗有價值。"①

　　一九三〇年四月，《中國文字變遷考》曾收入商務印書館的"万有文库"，一九三三年五月国难后第一版，一九三四年一月国难后第二版。上世纪八十年代后，《中國文字變遷考》先后收入上海教育出版社的《文字学四种》②（一九八五年六月出版）、上海书店《民国丛书》（第一编，一九八九年十月影印出版）、上海古籍出版社"吕思勉文集"《文字学四种》（二〇〇九年八月出版）、上海三联书店"民国沪上初版书·复制版"（二〇一四年三月出版）等。港台方面，《中國文字變遷考》曾收入台湾台中市文听阁图书公司"民国时期语言文字学丛书"（二〇〇九年十月出版）。③

　　此次我们将《中國文字變遷考》收入《吕思勉全集》重印出版，按吕先生的修改稿整理校对，除訂正个别错字外，其他如行文遣句、概念術語等，均不做改动。

李永圻　張耕華

二〇一四年七月

---

　　①　吕思勉：《三反及思想改造學習總結》，參見《吕思勉全集》之《吕思勉論學叢稿》下。

　　②　即吕先生的《章句論》、《中國文字變遷考》、《字例略説》和《説文解字文考》的合刊。

　　③　有關《中国文字变迁考》在大陸、港臺的再版、重印情况，詳見《吕思勉全集》之《吕思勉先生編年事辑》附録二《吕思勉先生著述繫年》的記錄。

# 目　　録

# 一、論文字變遷之理

文字遷變，其途甚多。今音、古音，截然不同，此音之變也；今義、古義，鑿然各別，此義之變也。至於同一字也，而其構造不同，如奇字之无，篆文之夋，構造絕不相蒙是。或筆畫體勢有異，如篆取圓筆，隸取方筆；又如今人作正書，筆畫或圓或方，結體或長或扁，初無一定；而作刻板書之宋體字者，則筆畫無不平直，結構率皆正方是。此則形體之變。音義皆無迹可見，今音既出，古音遂亡；今義既行，古義旋晦。不知文字之學者，每執今音、今義，謂古音、古義即係如此。夫且不知古今音義之異，自無從知其有變遷矣。惟字形則有迹可徵，稍一搜考，今古之異，即可立見。此世之言文字變遷者，所以不數音義，而專舉字形之變以當之也。

一事之成與變，皆有其所以然之故。其成也，大抵因眾所共須，無形之中，合力創造，積累而成；其變也，則出於事勢之遷流，雖有大力，莫之能遏。夫其變也，如日之西，如水之東，無一息之停，而人莫之覺，及其久而回顧焉，則判然若二物矣。王國維《史籀篇疏證序》云：“不知自其變者觀之，則文字殆無往而不變。故有一卷之書而前後異文；一人之作而器蓋殊字。自其不變者而觀之，則文字之形與勢，皆以漸變。凡既有文字之國，未有能以一人之力創造一體者。許君謂史籀大篆與古文或異，則固有不異者；且所謂異者，亦由後人觀之；在作書時，亦祇用當世通行之字，有所取舍，而無所謂創作及增省也。”“所謂異者，由後人觀之”一語，最爲通論。至謂“既有文字之國，未有能以一人之力，創造一體者”，則尚有所未盡。即無文字之國，亦未有能以一人之力，創造一體者。契丹字之因漢文，滿洲字之因藏文，皆實有所承，非真創作也。固非有一人焉，能憑空創造；亦非有一人焉，能獨力改革也。顧知識簡陋之世，其論積累而成，逐漸而變之事，亦必以歸諸一人。一部《世本·作篇》，皆可作如是觀。倉頡造書，程邈立隸，皆是物矣。倉頡作書，説出《世本》；顧《世本》之不足信，昔人久已言之。《詩·何人斯正義》云：“《世本》云：暴辛公作塤，蘇成公作篪。譙周《古史考》云：古有塤篪，尚矣。周幽王時，暴辛公善塤，蘇成公善篪，記者因以爲作，謬矣。《世本》之謬，信如周言。”夫此特其有可考者耳，其他無可考者，何一非此類邪？

欲考文字變遷之理，必合形、音、義三者觀之。一字也，博考其古今構造之不同，音、義之各異；以及舊字之廢、新字之增者；此中包含兩事：一、有所增、無所廢者,此言語逐漸增加,文字之所以孳乳寖多也。一、有所增、即有所廢者,此則同一義也,古今人謂之之音不同、因而表其音之形亦異,可謂形音皆變,而義未變。及因筆畫形狀之不同,積久而成爲兩體者,如篆、隸、行、草之變遷是。乃得謂之該備。專論形體,未足盡文字變遷之理也。顧繆説不去,則真理不明。向之論文字變遷者,既皆執形體一端當之,而又有種種附會繆誤之説;不能廓而清之,真相固無從而見。兹篇所論,亦但見舊時文字創造變遷之説,有所未當耳。至於自立條例,足以説明文字變遷之理,則固有所未能也。

# 二、論文字之始

　　欲論文字之變遷，必先及文字之創造；顧文字之創造，不可說也。豈惟文字，凡事皆然。許慎《說文解字序》曰："黃帝之史倉頡，見鳥獸蹏迒之迹，知分理之可相別異也，初造書契。"夫其鑿言倉頡造書非；其言分理之可相別異，爲文字之原則是也。然則必欲鑿言文字之所自始，亦曰與人之知分理之可相別異，同時並起耳。夫人之知分理之可相別異，孰能鑿指其所自始乎？顧習俗相沿，既皆以文字爲有一創造之人，固不得不即其說而一考之。

　　言中國文字原起者，莫古於《易》。《易·繫辭傳》曰："上古結繩而治，後世聖人易之以書契，百官以治，萬民以察，蓋取諸《夬》。"此但渾言後世聖人，而未嘗鑿指爲何人者也。《漢書·藝文志》全祖此說。《漢志》曰："《易》曰：'上古結繩以治，後世聖人易之以書契，百官以治，萬品以察，蓋取諸《夬》。'‘夬，揚於王庭’，言宜揚於王者朝廷，其用最大也。"“揚於王庭”，《易·夬》卦辭。

　　其以爲倉頡造書者，說亦出自先秦：《荀子·解蔽篇》："故好書者衆矣，而倉頡獨傳者，壹也。"《韓非子·五蠹篇》："倉頡之作書也，自環者謂之私，背私者謂之公。"《呂氏春秋·君守篇》："倉頡作書。"是也。

　　以倉頡爲黃帝史，說出《說文解字序》。《序》曰："古者庖犧氏之王天下也，仰則觀象於天，俯則觀法於地，觀鳥獸之文，與地之宜，近取諸身，遠取諸物，於是始作《易》八卦，以垂憲象。及神農氏，結繩爲治，而統其事。庶業其繁，飾僞萌生。黃帝之史倉頡，見鳥獸蹏迒之迹，知分理之可相別異也，初造書契。百工以乂，萬品以察。蓋取諸《夬》。夬"揚於王廷，言王者宣教明化於王者朝廷，君子所以施祿及下，居德則忌也"。此說亦出《易·繫辭傳》，特連引伏犧、神農，又鑿言造字者爲倉頡，與《漢志》異。《莊子·胠篋篇》："昔者容成氏、大庭氏、伯皇氏、中央氏、栗陸氏、驪畜氏、軒轅氏、赫胥氏、尊盧氏、祝融氏、伏羲氏、神農氏，常是時也，民結繩而用之。"此以結繩在神農時之說所由來也。《盜跖篇》曰："神農之世，臥則居居，起則于于。民知其母，不知其父。與麋鹿共處。耕而食，織而衣。無有相害之心。此至德之隆也。然而黃帝不能致德，與蚩尤戰於涿鹿之野，流血百里。"《商君書·畫策篇》曰："神農之世，男耕而食，婦織而衣，刑政不用而治,甲兵不起而王。神農既殁,以彊勝弱,以衆暴寡,故黄帝内行刀鋸,外用甲兵。"《戰國策·趙策》曰:"宓羲、神農教而不誅;黄帝、堯、舜誅而不怒。"《春秋繁露·堯舜不擅移湯武不專殺篇》曰:"今足下以湯、武爲不義,然則足下之所謂義者,何世之王也。""則答之以神農"。蓋舊説相傳,以炎、黄之際爲世運之一大變,故謂易結繩以造字,亦在此時,亦推理爲説耳,非真有史實爲據也。

《尚書》僞《孔安國傳序》特創異説,以伏犧爲造字之人。其説曰:"古者伏犧氏之王天下也,始畫八卦,造書契,以代結繩之政,由是文籍生焉。伏犧、神農、黄帝之書,謂之三墳,言大道也。少昊、顓頊、高辛、唐、虞之書,謂之五典,言常道也。"與諸家説皆不同。

伏犧造字之説,前無所承。或謂實出許《序》;顧許意特以見"庶業其繁",其來有漸,伏犧垂憲,僅資畫卦,其治較結繩更簡耳,非以作八卦爲造書契張本也。然《僞孔》之説,亦有由來。彼其意蓋欲以三墳、五典爲三皇、五帝之書,又欲以伏犧、神農、黄帝爲三皇,少昊、顓頊、高辛、唐、虞爲五帝。其説實遠本賈、鄭,特賈、鄭雖以三墳、五典爲三皇、五帝之書,而未鑿言三皇時有文字,雖於五帝之中增一少昊,而未去三皇中之燧人,升五帝中之黄帝耳。《左氏》昭公十二年:"是能讀三墳、五典、八索、九丘。"杜《注》但云:"皆古書名。"《疏》引《僞孔序》外,又曰:"《周禮》外史掌三皇、五帝之書。鄭玄云:楚靈王所謂三墳、五典是也。賈逵云:三墳,三皇之書;《文選·閒居賦注》引多"墳大也"三字。五典,五帝之典;八索,八王之法;《選注》作"素王之法"。九丘,九州亡國之戒。《選注》無"九州"二字,蓋奪。延篤言:張平子説,三墳,三禮,禮爲大防。《爾雅》曰:墳,大防也。《書》曰:誰能典朕三禮。三禮,天、地、人之禮也。五典,五帝之常道也。八索,《周禮》八議之刑。索,空,空設之。九丘,《周禮》之九刑。丘,空也,亦空設之。馬融説:三墳,三氣,陰陽始生,天、地、人之氣也。五典,五行也。八索,八卦。九丘,九州之數也。"據此,《僞孔序》説八索、九丘同馬融;《僞孔序》曰:"八卦之説,謂之八索,求其義也。九州之志,謂之九丘。丘,聚也。言九州所有,土地所生,風氣所宜,皆聚此書也。"其説三墳、五典,則同賈逵。延篤説五典亦同,而説三墳則異。《周官疏》云:"延叔堅、馬季長等所説不同,惟孔安國《尚書序》解三墳、五典與鄭同",是《僞孔》三墳、五典之説,實本賈、鄭也。三皇之説,《尚書大傳》、《含文嘉》、《風俗通》引。《甄耀度》宋均注《援神契》引之,見《曲禮正義》。皆以爲燧人、伏羲、神農,《白虎通》亦同。惟又列或説,以爲伏羲、神農、祝融。《元命苞》、《運斗樞》則以爲伏羲、女媧、神農。《元命苞》見《文選·東都賦注》引。《運斗樞》則鄭玄注《中候勑省圖》引之,見《曲禮正義》。按司馬貞《補三皇本紀》言"共工氏與祝融戰,頭觸不周山崩,天柱折,地維缺。女媧乃鍊五色石以補天,斷鼇足以立四極"云云。上言祝融,下言女媧,則祝融、女媧一人。《白虎通》或説,與《元命苞》、《運斗樞》同。

其五帝，則《大戴記》、《世本》、《史記》皆以爲黃帝、顓頊、帝嚳、唐堯、虞舜，蓋今文家之説如此。緯書多用今文説。鄭玄注《中候勑省圖》引《運斗樞》，其三皇之説，亦同今文，而五帝加一金天氏，遂成六帝。按《後漢書·賈逵傳》，逵奏《左氏》大義長於《二傳》者曰："五經家皆言顓頊代黃帝，而堯不得爲火德。《左氏》以爲少昊代黃帝，即圖讖所謂帝宣也。如令堯不得爲火，則漢不得爲赤。"此爲古文家於黃帝、顓頊之間，增一少昊之由。然"實六人而爲五"，於理殊不可通。雖《曲禮正義》曲爲之説曰："以其俱合五帝座星。"亦終不免牽强。至《僞孔》説出，乃去三皇中之燧人，而升一黃帝，以足其數。於是黃帝、顓頊之間，雖增一少昊，而五帝仍爲五人矣，此實其説之彌縫而益工者也。然《周官疏》云："文字起於黃帝。今云三皇之書者，以有文字之後，仰録三皇時事。"則賈、鄭雖以三墳、五典爲三皇、五帝之書，猶未言三皇時有文字；而伏犧造字之説，實出《僞孔》矣。

伏犧造字之説，鑿空附會如此，故後人多不之信；而信文字始於黃帝時，倉頡爲黃帝史官之説。然夷考其實，則其鑿空附會，亦與伏犧造字之説同。夫漢儒所以主文字始於黃帝時者，以緯書云"三皇無文"，而黃帝爲五帝之首耳。《周官·保氏疏》："按《孝經緯·援神契》，三皇無文，則五帝以下始有文字，故説者多以倉頡爲黃帝史，而造文字起在黃帝。"既以文字爲始於黃帝，因以黃帝釋《易》之後世聖人，《周易集解》："虞翻曰：後世聖人，謂黃帝、堯、舜也。"孔《疏》於"黃帝、堯、舜垂衣裳而天下治"下亦云："自此已下，凡有九事，皆黃帝、堯、舜取《易》卦以制象。連云堯、舜者，謂此九事，黃帝制其初，堯、舜成其末。皇甫謐《帝王世紀》載此九事，亦皆爲黃帝之功。"并以倉頡爲黃帝史官。皆以意言之，非有所據也。《周官·外史疏》引《孝經緯》云："三皇無文，五帝畫象，三王肉刑。"《公羊》襄公二十九年《解詁》引《孝經説》云："孔子曰：三皇設言民不違，五帝畫象世順機，三王肉刑揆漸加，應世黠巧姦僞多。"皆指文法而言，非謂文字。漢儒據此，謂文字始於五帝，殊爲附會。因此釋《易》之"後世聖人"爲黃帝，則尤爲武斷矣。《書序疏》駁之曰："《繫辭》先歷説伏犧、神農蓋取，下乃云黃帝、堯、舜垂衣裳而天下治，蓋取諸乾坤，是黃帝、堯、舜之事也。又舟楫取渙，服牛取隨，重門取豫，臼杵取小過，弧矢取睽，此五者時無所繫，在黃帝、堯、舜時以否，皆可以通也。至於宫室、葬與書契，皆先言上古。古者，乃言後世聖人易之，則別起事之端，不指黃帝、堯、舜時。"其説允矣。《義疏》强申《僞序》不足論，然其言自有平允處，不得抹殺也。《序疏》云："班固、馬融、鄭玄、王肅諸儒，皆以爲文籍初自五帝。"又云："司馬遷、班固、韋誕、宋衷、傅玄皆云：倉頡黃帝之史官。"一似主其説者甚多，且其説甚舊。然《路史》辨之曰："《管氏》、《韓子》、

《國語》、《史記》，俱無史官之説。《世本》云‘史皇、倉頡同階’，又云‘沮誦、倉頡作書’，亦未嘗言爲史官也。及韋誕、傅玄、皇甫謐等，遂以爲黃帝史官，蓋肇繆於宋衷。衷之《世本注》云：倉頡、沮誦，黃帝史官。抑不知衷何所據而云？末代儒流，更望望交引，以爲《世本》之言。《世本》曷嘗有是哉？”則以倉頡爲黃帝史官，特東漢後人附會之説，西漢固無是矣。今據《路史》所引：《春秋演孔圖》及《春秋元命苞》敍帝王之相云：“倉頡四目，是謂并明。”與顓帝、帝佶、堯、舜、禹、湯、文、武並舉。《河圖玉版》云：“倉頡爲帝，南巡狩，登陽虛之山，臨於玄扈、洛汭之水，靈龜負書，丹甲青文以授。”《河圖説徵》云：“倉帝起，天雨粟，青雲扶日。”亦見《洛書説河》。《春秋河圖·揆命篇》云：“倉、羲、農、黃，三陽翊天德聖明。”皆不以爲人臣。緯候之作，僞起哀、平，猶且如是，則知黃帝史官之説，其出甚晚。先漢人著述，如《淮南子·本經訓》云：“昔者倉頡作書，而天雨粟，鬼夜哭。”與《河圖説徵》同。《修務訓》云：“史皇産而能書。”亦見《隨巢子》，見《路史》及《北堂書鈔》七。皆無史官之説也。熹平六年所立倉頡碑云：“天生德於大聖，四目重光，爲百王作憲。”尚與《演孔圖》、《元命苞》同。《書序疏》云：“崔瑗、曹植、蔡邕、索靖皆云：古之王也。徐整云：在神農、黃帝之間。譙周云：在炎帝之世。衞氏云：當在庖犧、倉帝之世。慎到云：在庖犧之前。張揖云：倉頡爲帝王，生於禪通之紀。”則東漢、魏、晉人沿襲舊説者尚多。知許《序》所詆俗儒鄙夫，見《倉頡篇》而以爲古帝作者，其説亦有由來也。然則文字始於黃帝時，倉頡爲黃帝史官之説，亦一伏犧造字之説而已矣。

然則倉頡爲古帝王之説，其可信歟？曰：實不足信也。緯候之説，多涉荒怪，何足置信？試觀《荀》、《韓》、《吕覽》，皆不言倉頡爲何如人，亦不言爲何時人可知也。且觀荀子之説，則造書者不獨一倉頡，固已明矣。

然則如《易傳》之渾言後世聖人者，其最得乎？曰：《易傳》非説造字也。李鼎祚《周易集解》引《九家易》曰：“古者無文字。其有約誓之事，事大大其繩，事小小其繩，此語古書多引之，惟《易·繫辭疏》作“事大大結其繩，事小小結其繩”，最完全。其他蓋略辭也。結之多少，隨物衆寡，各執以相考，亦足以相治也。夬者，決也。取百官以書治職，萬民以契明其事。”明爲既有書契，乃從而用之，而非造爲書契。《墨子·公孟篇》：“是數人之齒而以爲富。”俞氏樾《諸子平議》曰：“齒者，契之齒也。古者刻竹木以記數，其刻處如齒，故謂之齒。《易林》所謂符左、契右，相與合齒是也。”《列子·説符篇》：“宋人有遊於道，得人遺契者，歸而藏之，密數其齒，曰：吾富可待矣。此正數人之齒以爲富者。”觀此，知契之初興，止有刻齒而無文字。《書序疏》曰：“言書契者，鄭云：書之於木，刻其側爲契，各持其一，後以相考合。"乃後來之事也。《周官·小宰》："以官府之八成經邦治"，"四曰聽稱責以傅別"，"六曰聽取予以書契，七曰聽賣買以質劑。"鄭司農曰："傅別，謂券書也。傅，傅著約束於文書；別，別爲兩，兩家各得一也。""書契，符書也。質劑，謂市中平價，今時月平是也。"康成曰："傅別，謂爲大手書於一札，中字別之。書契，謂出予受入之凡要。凡簿書之最目，獄訟之要辭，皆曰契。""質劑，謂兩書一札，同而別之，長曰質，短曰劑。傅別、質劑，皆今之券書也，事異，異其名耳。"後鄭所謂質劑，殆即先鄭所謂傅別；而其所謂傅別，則先鄭所謂符書。蓋漢時券書，有此二者，而兩家各據爲説。《地官·質人》曰："凡賣價者質劑焉，大市以質，小市以劑。"質劑明人民所爲，非月平，後鄭之説殆是。而其説傅別、質劑爲券書，不及書契，尤爲精審。《管子·輕重甲篇》：桓公欲賞死事之後，問於管子。管子教以："朝功臣世家，遷封食邑。及積餘藏羨蹛蓄之家曰：子大夫有五穀菽粟者，勿敢左右，請以平賈取之子。與之定其券契之齒，釜鏂之數，不得爲侈弇焉。困窮之民，聞而糶之。釜鏂無止，遠通不推。國粟之粟，坐長而四十倍。君出四十倍之粟，以振孤寡，牧貧病，視獨老，窮而無子者，靡得相鬻而養之，勿使赴於溝澮之中。若此，則士爭前戰爲顏行，不偷而爲用。輿死扶傷，死者過半。此何故也？士非好戰而輕死，輕重之分使然也。"此文有難解處，其大意自可知。蓋謂官定糶粟之價，及其出糶之數，而士乃如其價以糶之。觀此，知契爲官民相與之約，非如傅別、質劑，徒人民之所爲，故鄭言券書不之及。質人職云"掌稽市之書契，同其度量，壹其淳制"，固皆公家之事。士師職云"凡以財獄訟者，正之傅別、約劑"。約劑蓋即質劑，亦不及書契也。鄭注《質人》云："書契，取予市物之券也。其券之象，書兩札，刻其側。"此蓋公家所用。書而刻其側，蓋後來之事，其初則但刻爲齒耳。古書、契皆分言，後契多用書，説者乃昧其爲兩物，如《路史》引《帝王世紀》云"黃帝史官倉頡，取象鳥迹，始作文字，記其言動，象而藏之，名曰書契"是也，謬矣。《後書·烏桓傳》：大人"有所召呼，刻木爲信"。《遼史·儀衞志》："自大賀氏，八部用兵，則合契而動，不過刻木爲牉合，太祖受命，易以金魚。"此亦古所謂契，皆無文字也。

然則字爲誰造，竟不可知乎？曰：不可知也。文字者，藉符號以達意，此盡人之所能，固不待誰爲之，亦不得云誰爲之也。斯理也，先民有言之者矣。《書序疏》云："《陰陽書》稱天老對黃帝云：鳳皇首文曰德，背文曰義，翼文曰順，膺文曰仁，腹文曰信。又《易·繫辭》云：河出圖，洛出書，聖人則之，是文字與天地並興焉。"張懷瓘《書斷》曰："萬事皆始自微漸，至於昭著。道之昭興，自然玄應，前聖、後聖，合矩同規。雖千萬年，至理斯會，必然而出，豈在考其甲之與乙邪？道家相傳，則有天皇、地皇、人皇之書，各數百言，其文猶在。象如符印，而不傳其音指。且戎狄異音各邈，會於文字，其指不殊。禽獸之情，悉應若是。觀其趣向，不遠於人。則知凡庶之流，有如草木、鳥獸之類，或蘊文章。又霹靂之下，乃時有字；或錫覜之瑞，往往銘題，以古書考之，皆可識也。又豈學之於人乎？又詳釋典，或沙劫以前，或他方怪俗，云爲事況，與即意無殊。是知天之妙道，施於萬類一也，但感有淺深耳，豈必在乎羲、軒、周、孔將釋、老之教乎？"《陰陽書》等自不足據，道家所傳天皇、地皇、人皇之字，尤必爲僞造無疑。然此二説，論文字出於自然，爲人心之所同，非必聖哲乃能創造，則於理極合，理不誤而所引證之事不足據。"霹靂之下，乃時有字；錫覜之瑞，往往銘題，考以古書皆可識"者，非無知之物，能與人造之字相符；乃人造之字，不得不有取於自然之文耳。夫自然之文，則所謂分理之可相別異者也。故文字之興，必欲鑿言之，則祇可云與圖畫同科。古者書籍通稱爲志。"孔子曰：大道之行也，與三代之英，丘未之逮也，而有志焉。"《禮記·禮運》，鄭《注》："志，謂識古文。"《莊子》曰"《春秋》經世，先王之志"是也。"志"、"識"二字古通，"識"、"幟"實爲一字。《檀弓》："孔子之喪，公西赤爲志焉。""子張之喪，公明儀爲志焉。"《注》皆曰："志爲章幟。"《史記·叔孫通傳》"張旗志"，《集解》徐廣曰："一作幟"，《漢書》同，師古亦曰："志與幟同。"《左》宣十二年"百官象物而動"。《疏》曰："百官尊卑不同，所建各有其物，象其所建之物而行動。"夫幟各有所畫之物以爲識，此一姓之興，所以必"殊徽號"也。《大傳》："立權度量，考文章，改正朔，易服色，殊徽號，異器械，別衣服，此其所得與民變革者也。"《注》："徽號，旌旗之名也。"刻石記識，理亦同此。《書序疏》云："依《易緯·通卦驗》，燧人在伏羲前。表計寘其刻曰：蒼牙通靈昌之成，孔演命，明道經。鄭玄《注》云：刻，謂刻石而記識之。又《韓詩外傳》稱：古封太山、禪梁甫者萬餘人，仲尼觀焉，不能盡識。又《管子》書稱管仲對齊桓公曰："古之封太山者七十二家，夷吾所識，十二而已。"夫此七十二家者，孰能辨其所刻者爲文字，抑即旗幟所畫之物乎？然則文字圖畫之興，皆不外取象自然之文以爲識，二者孰能別其先後？然見物而知象其形；與雖欲象其形，而知少簡略之，僅存其意，固當略有早晚，則以圖畫爲兄、文字爲弟可也。

# 三、文字變遷舊説

　　論中國文字之變遷者，莫早於《漢書·藝文志》。《説文解字序》與《漢志》大同小異，而其説尤詳。今以許《序》爲本，加以辨證焉。許《序》曰："倉頡之初作書，蓋依類象形，故謂之文。其後形聲相益，即謂之字。文者，物象之本。六字段玉裁《注》依《左》宣十五年《正義》補，按此語《書序疏》亦引之，段氏補之是也。字者，言孳乳而寖多也。箸于竹帛謂之書，書者，如也。以迄五帝、三王之世，改易殊體，封于泰山者七十有二代，靡有同焉。《周禮》：八歲入小學，保氏教國子，先以六書。一曰指事，指事者，視而可識，察而見意，上、下是也。二曰象形，象形者，畫成其物，隨體詰詘，日、月是也。三曰形聲，形聲者，以事爲名，取譬相成，江、河是也。四曰會意，會意者，比類合誼，以見指撝，武、信是也。五曰轉注，轉注者，建類一首，同意相受，考、老是也。六曰假借，假借者，本無其字，依聲託事，令、長是也。及宣王太史籀，箸大篆十五篇，與古文或異。至孔子書六經，左丘明述《春秋傳》，皆以古文，厥意可得而説。其後諸侯力政，不統于王，惡禮樂之害己，而皆去其典籍。分爲七國，田疇異畝，車塗異軌，律令異法，衣冠異制，言語異聲，文字異形。秦始皇帝初兼天下，丞相李斯乃奏同之，罷其不與秦文合者。斯作《倉頡篇》，中車府令趙高作《爰歷篇》，大史令胡母敬作《博學篇》，皆取史籀大篆，或頗省改，所謂小篆者也。是時秦燒滅經書，滌除舊典；大發隸卒，興役戍，官獄職務繁，初有隸書，以趣約易，而古文由此絶矣。自爾秦書有八體：一曰大篆，二曰小篆，三曰刻符，四曰蟲書，五曰摹印，六曰署書，七曰殳書，八曰隸書。漢興有草書。《尉律》：學僮十七已上始試，諷籀書九千字，乃得爲史。又以八體試之。郡移大史并課，最者以爲尚書史。書或不正，輒舉劾之。今雖有《尉律》不課，小學不修，莫達其説久矣。孝宣皇帝時，召通《倉頡》讀者，張敞從受之。涼州刺史杜業、沛人爰禮、講學大夫秦近，亦能言之。孝平皇帝時，徵禮等百餘人，令説文字未央廷中。以禮爲小學元士。黄門侍郎揚雄采以作《訓纂篇》：凡《倉頡》已下十四篇，凡五千三百四十字。羣書所載，略存之矣。及亡新居攝，使大司空甄豐等校文書之部。自以爲應制作，頗改定古文。時有六書：一曰古文，孔子壁中書也。二曰奇字，即古文而異者也。三曰篆書，即小篆，秦始皇帝使下杜人程邈所作也。四曰左書，即秦隸書。五曰繆篆，所以摹印也。六曰鳥蟲書，所以書幡信也。壁中書者，魯恭王壞孔子宅，而得《禮》、《記》、《尚書》、《春秋》、《論語》、《孝經》。又北平侯張蒼獻《春秋左氏傳》。郡國亦往往于山川得鼎彝，其銘即前代之古文，皆自相似。雖叵復見遠流，其詳可得略而说也。而世人大共非訾，以爲好奇者也。故詭更正文，鄉壁虛造，不可知之書，變亂常行，以燿於世。諸生競逐，说字解經誼。稱秦之隸書爲倉頡時書，云：父子相傳，何得改易？乃猥曰：馬頭人爲長，人持十爲斗，蟲者屈中也。廷尉说律，至以字斷法，苛人受錢，苛之字，止句也。若此者甚衆。皆不合孔氏古文，謬於史籀。俗儒啚夫，翫其所習，蔽所希聞；不見通學，未嘗覩字例之條。怪舊埶而善野言，以其所知爲祕妙，究洞聖人之微恉。又見《倉頡篇》中幼子承詔，因曰：古帝之所作也，其辭有神僊之術焉。其迷誤不諭，豈不悖哉？《書》曰：‘予欲觀古人之象，言必遵修舊文而不穿鑿。’孔子曰：‘吾猶及史之闕文，今亡矣夫！’蓋非其不知而不問。人用己私，是非無正。巧说衺辭，使天下學者疑。蓋文字者，經埶之本，王政之始；前人所以垂後，後人所以識古。故曰：本立而道生，知天下之至嘖而不可亂也。今敍篆文，合以古籀。博采通人，至于小大，信而有證。稽譔其说，將以理羣類，解謬誤，曉學者，達神恉。分別部居，不相雜廁，萬物咸覩，靡不兼載。厥誼不昭，爰明以諭。其偁《易》孟氏、《書》孔氏、《詩》毛氏、《禮周官》、《春秋左氏》、《論語》、《孝經》，皆古文也。”云云。許氏之说如此。據其说，則自皇古以迄後漢，中國文字，變遷凡七：始有文字以後，形聲相益，孳乳寖多；而五帝、三王之世，又有改易，凡此許統謂之古文。一也。史籀著大篆十五篇，與古文或異，二也。六國之世，言語異聲，文字異形，三也。秦有天下，李斯奏同之，罷其不與秦文合者，又頗省改大篆，以爲小篆，四也。因官獄職務之繁，初有隸書，以趨約易，五也。漢興而有草書，六也。史籀大篆，雖與古文或異，然孔子書六經，左丘明述《春秋傳》，皆以古文，則古文初未嘗廢，至秦而絕，賴有壁中書及張蒼所獻《左氏傳》，乃得復見，至王莽好古，而其所謂六書中乃復有古文、奇字，七也。其中可疑之處甚多，今一一辨之。

# 四、論古文籀篆

封於泰山者七十二代，説見《管子》及《韓詩外傳》，已見前。《路史》引《河圖真紀鉤》亦曰："王者封泰山，禪梁父，易姓奉度，繼典崇功者，七十有二君。"管仲所識十二家：曰無懷氏、曰虙犧、曰神農、曰炎帝、曰黃帝、曰顓頊、曰帝佶、曰堯、曰舜、曰禹、曰湯、曰周成王。然則七十二代，多在五帝三王之前。倉頡爲黃帝史官，黃帝乃特五帝之首耳。許以此語系"五帝三王之世，改易殊體"之下，一似此七十二代，皆在五帝三王之世者，未免滋疑。蓋古人文字，往往鈔撮衆説而成，許所謂稽譔其説。非必自作。此説與前黃帝之史倉頡云云，蓋各爲一説。前説以倉頡爲黃帝史，此説自謂倉頡遠在無懷、伏羲之前，説本不可相通，而許並存之，故不免矛盾也。然許書爲後人竄亂極多，即《序》亦非故物。觀下文自見。《魏書·江式傳》，式上表請修古今文字，其語多本許《序》。此處作"迄於三代，厥體頗異，雖依類取制，未能悉殊倉氏矣"，語意與"以迄五帝三王之世，改易殊體"相反，則許《序》此處，或遭後人改竄邪。然"孳乳寖多，改易殊體"八字，説文字變遷之理，固確不可易。斯語也，姑存而勿論可也。

六書之説，爲許氏全書經緯，此蓋許氏所謂"字例之條"者也。然六書實非古説，《周官》之六書、亦未必許氏所言之六書，別詳拙撰《字例略説》，今亦姑措勿論。

許氏謂史籀大篆與古文或異；又謂《倉頡》、《博學》、《爰歷》三篇，皆取史籀大篆，或頗省改。夫"或異"者，不盡異之辭；小徐本作"與古文或同或異"，《江式傳》同，疑大徐本奪二字。"或頗省改"者，不皆省改之謂，則謂古文、大小篆，截然不同，原非許意。然許既以大小篆並列爲秦書八體之二，又謂古文絶於秦時，則亦謂三者自有其不可混者在也。然謂史籀有意改變字體，上異古文；而李斯等又改變字體，不同史籀，恐亦子虛烏有之談也。

今試先就字數及字體論之。按史籀以後、《説文》以前之字書，《漢志》備列其名，則有漢閭里書師合《倉頡》、《爰歷》、《博學》所成之《倉頡篇》；有司馬相如之《凡將篇》；有史游之《急就篇》；有李長之《元尚篇》；有揚雄之《訓纂篇》；有班固之《十三章》。《漢志》云："閭里書師合《倉頡》、《爰歷》、《博學》三篇，斷六十四字以爲一章，凡五十五章，并爲《倉頡篇》。"是《倉頡》、《爰歷》、《博學》三書，合三千三百字也。且有複字。又云：《凡將篇》"無複字"，《急就篇》、《元尚篇》"皆《倉頡》中正字"，"《凡將》則頗有出矣"，《訓纂篇》"順續《倉頡》，又易《倉頡》中重複之字，凡八十九章；臣復續揚雄作十三章，凡一百二章，無複字"。是雄所作《訓纂》凡三十四章，二千四十字。合五十五章，三千三百字，正八十九章、五千三百四十字。與許氏所謂"凡《倉頡》以下十四篇，凡五千三百四十字"者，字數相合。惟許未列舉書名；且《倉頡》、《爰歷》、《博學》、《凡將》、《急就》、《元尚》、《訓纂》，共止七書，而又析之爲十四，未知何故耳。按未舉書目，而言都凡，所謂凡者，知其何指？此亦許《序》奪誤之一證也。許書則九千三百十三文。蓋五千三百四十字之外，他采者又三千有十三字。以上本段氏説。字數之以漸而增如此，則因許《序》"諷籀書九千字"句，誤謂籀文字有九千者固非。然今籀文見於《説文》者，祗二百二十餘字，謂其數止如此，亦決不可通。故段氏謂許所列小篆，不云古文作某、籀文作某者，古籀皆同小篆也。王國維《史籀篇疏證序》曰："《史篇》文字，就其見於許書者觀之，固有與殷、周間古文同者。然其作法，大抵左右均一，稍涉繁複，象形象事之意少，而規旋矩折之意多。推其體勢，實上承《石鼓文》，下啓秦刻石，與篆文極近。考戰國時秦之文字，如傳世秦大良造鞅銅量，乃孝公十六年作，其文字全同篆文。《詛楚文》摹本，文字亦多同篆文。而橐、殼、爹、剬、意五字，則同籀文。則李斯以前，秦之文字，謂之用篆文可也，謂之用籀文亦可也。"此尤足證籀篆字體，不能分立矣。

　　更就字書體例言之。段氏云："漢初蓋《倉頡》、《爰歷》、《博學》爲《三倉》。班於《倉頡》一篇自注云上七章，則《爰歷》爲中，《博學》爲下，可知也。自揚雄作《訓纂》以後，班固作《十三章》；和帝永元中，郎中賈魴又作《滂喜篇》。梁庚元成云：《倉頡》五十五章爲上卷，揚雄作《訓纂》記《滂喜》爲中卷，賈升郎更續記《彥均》爲下卷，人稱爲《三倉》。江式亦云是爲《三倉》。揚雄《訓纂》，終於"滂熹"二字，賈魴用此二字爲篇目，而終於"彥均"二字。故庚氏云揚記《滂喜》，賈記《彥均》；《隋志》則云揚作《訓纂》，賈作《滂喜》，其實一也。自《倉頡》至《彥均》，章皆六十字，凡十五句，句皆四言；《凡將》七言；《急就》前多三言，後多七言；惟《元尚》無考耳。"以上皆段説。又《倉頡》三篇，皆四字爲句，二句一韻，近世敦煌所出隸書殘簡，足以證之。見姬覺彌《重輯倉頡篇敍録》。蓋古之字書，《説文》、《玉篇》等説字形者爲一類；《急就》與南北朝之《千字文》等便諷誦者又爲一類。羅迦陵《重輯倉頡篇序》。以字形分別部居，實始於許。《籀篇》在字書中最古,其體例不應與後來之《三倉》等有殊。故羅振玉《殷商貞卜文字考》謂"予意《史籀》十五篇,亦由《倉頡》、《爰歷》、《凡將》、《急就》等,取當世用字,編纂章句,以便誦習,實非書體之異名"。王國維則更疑史籀非人名。其說曰:"籀、讀二字,同音同義。又古者讀書皆史事。昔人作字書者,其首句蓋云大史籀書,以目下文,後人因取句中史籀二字名其篇;大史籀書,猶言大史讀書。劉、班諸氏不審,乃以史籀爲著此書之人,其官爲大史,其生當宣王之世。不知大史籀書,乃周世之成語;以首句名篇,又古書之通例。然則《史籀》一書,殆秦人作之以教學童。""《倉頡》文字既取諸史篇,文體亦當仿之。"云云。按《漢志》明言《史籀篇》爲周時史官教學童之書,王氏鑿空疑爲秦人所作,似非。然謂《籀篇》爲書名、非字體,《史籀》亦書名、非人名,則其說允矣。《漢志》可以爲證也。《漢志》曰:"古者八歲入小學,故《周官》保氏掌養國子,教之六書,謂象形、象事、象意、象聲、轉注、假借,造字之本也。漢興,蕭何草律,亦著其法。曰:太史試學童,能諷書九千字以上,乃得爲史。又以六體試之,課最者以爲尚書、御史史書令史。吏民上書,字或不正,輒舉劾。案許《序》此處,亦有奪文。

江式表云:"吏民上書,省字不正,輒舉劾焉。"許《序》無"吏民上書"四字,則義不可通。六體者:古文、奇字、篆書、隸書、繆篆、蟲書,皆所以通知古今文字,摹印章,書幡信也。古制,書必同文,不知則闕,問諸故老。至於衰世,是非無正,人用其私。故孔子曰:吾猶及史之闕文也,今亡矣夫! 蓋傷其窬不正。《史籀篇》者,周時史官教學童書也,與孔氏壁中古文異體。《倉頡》七章者,秦丞相李斯所作也;《爰歷》六章者,車府令趙高所作也;《博學》七章者,太史令胡母敬所作也。文字多取《史籀篇》,而篆體復頗異,所謂秦篆者也。是時始造隸書矣,起於官獄多事,苟趣省易,施之於徒隸也。""謂象形、象事、象意、象聲、轉注、假借,造字之本也"十八字,"與孔氏壁中古文異體"九字,蓋皆後人竄入。此節文意,一綫相承,"教之六書"之六書,"又以六體試之"之六體,事蓋相類,故云:"亦著其法。"夾入"謂象形"云云十八字,則六書、六體,絕不相蒙,不可云亦矣。以六書爲造字之本,其說實不可通,故許《序》尚無此說。又事、意、聲皆不可云象,竄此十八字者,於小學蓋實無所知;然後人認爲班書原文,於"造字之本也"五字,亦不敢疑,而說文字遂又添一重繆輠矣,詳見《字例略說》。"皆所以通知古今文字",指古文、奇字、篆書、隸書;"摹印章"指繆篆;"書幡信"指蟲書,所以總結上文。下文"古制書必同文"至"蓋傷其窬不正",說古文、奇字。《史籀篇》者,周時史官教學童書也",及《倉頡》七章者",至"所謂秦篆者也",釋篆書;"是時始造隸書矣"以下釋隸書。夾入"與孔氏壁中古文異體"一語,前無所承,後亦不及,成何文體? 又《史籀》十五篇下自注"周宣王大史作《大篆》十五篇"十一字,恐亦後人竄入。下文但言爲周時史官教學童書,此處何由知其作者? 此處已言其作者,下文何須再言?王氏謂《籀篇》本以首句名篇,漢人誤以爲著書之人。所疑如確,則其致誤之由,正以其爲周時史官教學童書故也。此亦可見王氏以《史籀篇》爲秦人所作之誤。下文但稱李斯等所作爲秦篆,《漢志》亦無八體之名,此處何由忽出大篆二字? 十五篇之數,正文已有,注中何待複舉哉? 漢律皆沿自秦,見《晉書·刑法志》,漢之六體,蓋亦承秦之舊。即王莽之六體,實亦沿襲漢制。莽之所以異於漢者,則自以爲應運制作,頗改定古文耳。然則安有秦書八體之名? 而古文、奇字,當秦時亦何嘗絕哉?參看後論科斗文字處。

　　許氏謂七國之時,"諸侯力政,不統于王。惡禮樂之害己,而皆去其典籍",以致"言語異聲,文字異形",其説亦不足信。夫惡禮樂之害己而去其籍者,以其害己故也。田疇異畝,車塗異軌,以其或有利於戎事,或則便於土宜,如《左氏》載鞌之戰,晉人欲使齊之封内盡東其畝,國子駁以"惟吾子戎車是利,無顧土宜"是也。律令異法,衣冠異制,則所謂"脩其教不易其俗,齊其政不易其宜",此并不得指爲不統於王之證。至於言語、文字,則我以是喻諸人,人亦以是喻諸我;我以是喻諸人,固求人之能共喻;人以是喻諸我,我亦惟求其易喻。今世界各國,言語、文字,異聲、異形,不能相喻者,皆出於事之無可如何,而豈有矯同立異,自求隔閡者耶? 言語、文字爲社會公器,其成其毁,各有其所以然之故,既非一手足之烈所能創制,亦非一二人之力所能變更;七國之君,有何神力,能使之異聲、異形耶? 許氏之言,蓋因秦兼天下後,李斯奏罷六國之文不與秦合者,又信古文與秦篆不同,遂附會而爲此説。殊不知當時文字之紛繁,實因文明日啓,用字日多,舊有之字不給於用,不得不别造新字;而新造之字,則彼此各不相謀之故。初非因諸侯有意立異,舍舊謀新也。春秋、戰國時,聲明文物之國,溯其始,大抵漢族所分封。故其文字、語言,咸同一本,故《中庸》謂:"今天下書同文。"其逐漸變遷暌隔,不過聲讀之異;及新造之字,彼此不同。《周官》外史,掌達書名;大行人九歲屬瞽史喻書名,即求泯此暌隔。然言語文字之遷變,出於自然,初非人力所能止遏。《周官》固學者虛擬之書,未必見諸施行。即能行焉,其異亦終不可泯,此七國之世言語異聲、文字異形之所自來也。然其流雖異,其原則同,故其所謂異聲者,亦不過如今日方言之殊,所謂異形者,亦不過如今日以閩、粤、蘇白著書,間有異於官話之字耳。《倉頡》、《爰歷》、《博學》三篇,不過三千三百字,而許書三倍之,王氏謂許書所多皆六藝中字,非是,見下。其中所收列國因異聲之言語所造異形之文字蓋多矣。今觀許書文字,大抵同一條理,能通六書之例,即無不可通。所不可解者,反在許氏所斤斤自詡之奇字耳。聲讀之殊,莫如楚、夏。故《荀子》謂"居夏語夏,居楚語楚"。《孟子》謂"一齊人傅之,衆楚人咻之,雖日撻而求其齊也,不可得矣",又詆許行爲"南蠻鴃舌之人"。子元之伐鄭也,鄭人楚言而出。項羽夜聞漢軍四面皆楚歌,驚曰:"漢皆已得楚乎?是何楚人之多也?"古代楚、夏言語不同之證,不可枚舉。然《説文》牛部:"㹇,黄牛虎文,讀若塗。"王氏筠謂《左氏》楚人謂虎於菟,《釋草》蒤虎杖,皆與㹇同音。又口部:"咷,楚謂兒泣不止曰噭咷。"亦與《易》"先號咷而後笑"同。《左氏》:吳人獲衛侯,衛侯歸,效夷言。必其言語本無大異,乃能暫聞而即效之。《穀梁》:"吳謂善伊,謂稻緩。"《説文》:"沛國謂稻曰稬。"《釋文》引李登《聲類》,以秔爲不黏稻,江東呼爲稬,此即今日之糯字也。然則當時所謂言語異聲,亦不過如《方言》之所載,而新造之字隨。此豈諸侯統於王,不力政,遂能無此異哉?《論語》:"子曰:吾猶及史之闕文也,有馬者借人乘之,今亡已夫!"班、許二氏皆引之,説以"人用其私,是非無正",其解最確。包氏曰:"古之良史,於書字有疑,則闕之以待知者;有馬不能調良,則借人乘習之。"二句固一意也。《梁書·曹景宗傳》:"景宗爲人,自恃尚氣,每作書,字有不解,不以問人,皆以意造。"可見此等事後世尚有。蓋前此用字少,所用之字,皆古所已有,故不知可問諸人;此時用字多,所需者皆前此所無,問諸人亦無益,故不得不別造。如今循舊體撰作文字,有所不習,可問諸老師宿儒;譯外國語而無相當之詞,則老師宿儒,亦不知也。孔子猶及史之闕文,而歎後之無有,可見春秋戰國,乃造新字最盛之時矣。此時所造,自然各率其俗,不復顧其統一;新造之字,遂至彼此不能相知。即不造字而假借爲之,自他國之人視之,亦將以爲異聲、異形矣。即舊有之字,亦或因歷年久遠,形體漸變,音讀不同,遂至本同也而亦與異等。即形音皆同,而義訓漸變,不知者視之,亦將以爲異。此則異聲、異形之原,而非如許氏所説也。

然則秦兼天下,李斯奏同文字,罷六國之文不與秦合者,不過廢六國新造之字耳。若夫前此之字,爲秦與六國所同承用者,必無廢之之理。若謂歷時既久而自廢,則與秦無涉。大篆與古文,既不過"或異";小篆於大篆,又不過"或頗省改",篆、隸之殊,則筆畫之形狀耳。數種文字,仍係一種文字。秦人所用文字與六藝等文字,仍係一貫相承。故不信古文者,"稱秦之隸書爲倉頡時書,云:父子相傳,何得改易"也。即"燒滅經書,滌除舊典",古文安得由此而絶哉?吾知之矣,許氏之説,蓋全因其信漢世所謂古文者係出於壁中書等而起也。許《序》云:"及孔子書六經,左丘明作《春秋傳》,皆以古文。"此語根據,蓋在下文"壁中書者,魯恭王壞孔子宅,而得《禮》、《記》、《尚書》、《春秋》、《論語》、《孝經》,又北平侯張蒼獻《春秋左氏傳》"二語。許《序》又云："又郡國往往於山川得鼎彝，其銘即前代之古文，皆自相似。按後世所得鼎彝之類甚多，其文實與《説文解字》所載不合。《殷商貞卜文字考》曰："今以許書所載古籀，證以古金文字，合者殆寡。"古物固多僞造，決不能盡爲僞物。且作僞者必求其於古有徵，《説文解字》爲載古文最古之書，作僞者安得不求合之以自重邪？故許《序》此語，後人頗多疑之者。吳氏大澂《説文古籀補敍》曰："有古器習見之形體，不載於《説文》。"許書古籀，"以古器銘文偏旁證之，多不相類。全書屢引秦刻石，而不引某鐘、某鼎之文。然則郡國所出鼎彝，許氏實未之見"。陳氏介淇《序》亦謂：《説文》中古文，"多不似今之古鐘鼎；亦不説某爲某鐘、某鼎字，必響搨以前，古器字無氈墨傳布，許君未能足徵。"王國維《説文所謂古文説》曰："吳説是也。拓墨之法，始於南北朝之拓《石經》，浸假而用以拓秦刻石。至拓彝器文字，趙宋以前，未之前聞。"王氏誤以陳説爲吳説。愚按許氏言鼎彝之銘，與古文相似，而不言有所取，則此語第以證孔壁書及張蒼所獻《左氏傳》確爲古文，本不謂《説文解字》中，有得自鼎彝之文字。嚴氏可均曰："《汗簡》引《説文》此語，無'其銘'二字"，又"皆下空白，蓋舊本爛闕，二徐肊補自相似"三字；又江《表》多取許《序》，而此處作"形體與孔氏相類，即前代之古文矣。"則此語爲許《序》原文與否，尚未可知。王氏謂全書古文，皆出壁中書及張蒼所獻《左氏傳》，據許《序》推之，其説固當。然則漢人所稱得古文經者，事之信否，即許《序》所述文字源流信否之徵也。

孔壁得書一役，許《序》而外，見於《漢書·藝文志》、《楚元王傳》、《景十三王傳》。《藝文志》所著錄者，有《尚書古文經》四十六卷、《禮古經》五十六卷、《春秋古經》十二篇、《論語》古二十一篇、《孝經》古孔氏一篇。除《春秋經》不言所自來外，於《書》則云："《古文尚書》者，出孔子壁中。武帝末，魯共王壞孔子宅，欲以廣其宮，而得《古文尚書》及《禮》、《記》、《論語》、《孝經》，凡數十篇，皆古字也。共王往入其宅，聞鼓琴瑟鐘磬之音，於是懼，乃止不壞。孔安國者，孔子後也。悉得其書，以考二十九篇，得多十六篇。安國獻之，遭巫蠱事，未列於學官。劉向以中古文校歐陽、大小夏侯三家經文，《酒誥》脱簡一，《召誥》脱簡二。率簡二十五字者，脱亦二十五字；簡二十二字者，脱亦二十二字。文字異者七百有餘，脱字數十。"於《禮》則云："《禮古經》者，出於魯淹中，及孔氏學七十篇，劉敞云：當作十七。文相似，多三十九篇，及《明堂陰陽》、《王史氏記》。"於《論語》，自注云："出孔子壁中，兩《子張》。"於《孝經》云："二十二章。"師古曰："劉向云：古文字也。《庶人章》分爲二也，《曾子敢問章》爲三，又多一章，凡二十二章。"又云：

"漢興,長孫氏博士江翁、少府后倉、諫大夫翼奉、安昌侯張禹傳之,各自名家,經文皆同。惟孔氏壁中古文爲異。""父母生之,續莫大焉,及親生之膝下,諸家說不安處,古文字讀皆異。"此可見造古文經者,因諸家說不安而改之。《楚元王傳》:"歆因移書太常博士責讓之,曰:及魯共王壞孔子宅,欲以爲宮,而得古文於壞壁之中,《逸禮》有三十九,《書》十六篇。天漢之後,孔安國獻之。遭巫蠱倉卒之難,未及施行。及《春秋左氏》,丘明所修。皆古文舊書。多者二十餘通,藏於祕府,伏而未發。孝成皇帝閔學殘文缺,稍離其真,乃陳發祕藏,校理舊文,得此三事。以考學官所傳,經或脱簡,傳或間編。"《景十三王傳》云:"恭王初好治宮室,壞孔子舊宅,以廣其宮。聞鐘磬琴瑟之聲,遂不敢復壞,於其壁中得古文經傳。"除《景十三王傳》渾言古文經傳外,《志》所謂"劉向以中古文校三家經文,《酒誥》脱簡一,《召誥》脱簡二"者,即歆所云"以考學官所傳,經或脱簡"。《禮古經》多三十九篇,數與劉歆所言《逸禮》合,則淹中、孔壁非二事。歆不及《論語》、《孝經》者,以僅欲立《逸禮》、《古文尚書》故。然則班《志》之"《古文尚書》及《禮》、《記》、《論語》、《孝經》",許《序》之"《禮》、《記》、《尚書》、《春秋》、《論語》、《孝經》",禮、記二字,皆當分讀。或本皆重禮字,今奪。古書重字奪者最多。《禮》指三十九篇,《記》指《明堂陰陽》、《王史氏記》。班《志》、《傳》及許《序》三說相較,許多一《春秋經》也。班《志》箸錄《春秋古經》十二篇,《左氏傳》三十卷,皆不言其所自來。又《易》無古經,而亦云"劉向以中古文《易經》校施、孟、梁丘經",蓋承上"及秦燔書,而《易》爲卜筮之事,傳者不絕"言,謂中祕自有此經也。劉歆移太常博士,"及《春秋左氏》,丘明所修",意亦不承上魯恭王得古文言,是《春秋古經》及《左氏傳》,劉、班並不謂得自孔壁也。**按述得古經事者**,班、許而外,又有《論衡》之《正說》、《案書》二篇。《正說篇》云:"孝景帝時,魯共王壞孔子教授堂以爲殿,得百篇《尚書》於牆壁中。武帝使使者取視,莫能讀者。遂祕於中,外不得見。"《案書篇》云:"《春秋左氏傳》者,蓋出孔子壁中。孝武皇帝時,魯共王壞孔子教授堂以爲宮,得佚《春秋》三十篇,《左氏傳》也。"其說又與班、許牴牾。夫漢代果得古文經,自爲一大事,安得互相違異如此? 即曰:傳聞之譌,事所或有。古書記事,如此者多,小小乖迕,不足深較。然其闕漏,仍有斷難彌縫者。崔氏適曰:"《五宗世家》:魯共王用孝景前二年立,二十六年卒。景帝在位十六年,則共王卒於武帝即位之十一年,即元光五年。武帝在位五十四年,則末年安得有共王?《孔子世家》但曰:安國爲今皇帝博士,遷臨淮太守,蚤卒。《漢書·倪寬傳》,寬詣博士受業,受業孔安國。補廷尉史,廷尉張湯薦之。《百官表》:湯遷廷尉,在元朔三年。是安國爲博士,在元朔三年以前。使其年甫踰二十,至巫蠱禍作,已過五十,是時尚在,安得云蚤卒？荀悦《漢紀》云：安國家獻之。此家字亦知安國之年不及巫蠱禍作而增。然安國有子邛，何不曰孔邛獻之，而於安國下增家字，彌縫之跡甚彰。"《史記探原》卷一。今觀《景十三王傳》，先敍魯共王事處，絕不及得古文一語。既歷敍其後嗣，乃補出"王初好治宮室"云云，不獨如此大事，簡略言之爲不合理，且上文已云好治宮室矣，何不接敍得古文事，而必於後文補敍乎？則此數語爲後人竄入，亦無疑義。《景十三王傳》既不足信，則得古文經事見於《漢書》者，惟《藝文志》及《楚元王傳》兩處。移讓太常博士，乃劉歆之言；《志》亦本諸歆之《七略》者也。不獨此也，即以破壞孔壁論，事亦不近情理。《史記·孔子世家》："孔子葬魯城北泗上。弟子及魯人往從冢而家者，百有餘室，因命曰孔里。魯世世相傳，以歲時奉祠孔子冢；而諸儒亦講禮、鄉飲、大射於孔子冢。孔子冢大一頃。故所居堂弟子內，後世因廟藏孔子衣冠琴車書，至於漢，二百餘年不絕。高皇帝過魯，以大牢祠焉。諸侯、卿、相至，常先謁然後從政。"史公自言"適魯觀仲尼廟堂車服禮器，諸生以時習禮其家"。此外漢人之言，及文學者，必稱鄒、魯。鄒、魯所以爲文學之鄉，以其近聖人居故也。聲靈赫濯如此，共王雖荒淫，安敢遽壞其宅？孔子宅果見壞，安得他處無一語及之乎？然則孔壁得書一事，殆子虛烏有之談也。至於《左氏》，劉歆、班固，皆不言其所自來；《論衡》謂出孔壁，顯係影響之談。許《序》謂獻自張蒼，考《史記·張丞相列傳》不言其事，似因其"好書無所不觀"而託之。《太史公自敍》曰："左丘失明，厥有國語。"其《報任安書》亦云。下文又曰："左丘明無目。"宋祁曰："越本無明字。"王氏念孫曰："越本是也，景祐本及《文選》皆無明字。"見《讀書雜志》。《論語》："子曰：巧言、令色、足恭，左丘明恥之，丘亦恥之，匿怨而友其人，左丘明恥之，丘亦恥之。"崔氏適曰："《集解》錄孔安國注，則此章亦出《古論語》。"見《春秋復始》卷一。則本有左丘而無左丘明，有《國語》而無《春秋左氏傳》。《國語》與《左氏春秋》係一書，而非《春秋》之傳，見下。《楚元王傳》曰："初，《左氏傳》多古字古言，學者傳訓詁而已。及歆治《左氏》，引傳文以解經，轉相發明，由是章句義理備焉。"此語實歆作僞顯證。何者？傳本解經，何待歆引？曰歆引以解，則傳之本不解經明矣。然則所謂《左氏傳》者，恐《春秋》實無此傳；而其得自何所，更不必論也。孔壁得書事，可參看拙撰《燕石札記》"孔壁"條，較此爲詳。

然則漢時之所謂古文經者，果何從而來哉？曰：皆通知古字之人所造也。蓋吾國之有文字舊矣！自皇古以至秦、漢，猶之自秦、漢以至今日也。今試一繙閱字書，自秦、漢至今日，字之廢而不用者幾何？夫自皇古以至秦、漢，則亦若是矣。然自秦、漢至今日，書籍之傳者既多，又有字書以蒐輯之，故字之廢而不用者，仍有可考。自皇古至秦、漢，則又異是，故歷時雖多，而廢而不用之字，爲人所識者甚少，此即今《說文》中所載之古文、奇字也。縱有遺漏，亦必不多。一種學術之初興，必以爲己；而既爲顯學，則終必至於爲人。《漢書·藝文志》言：“古之學者耕且養，三年而通一藝。承其大體，玩經文而已。是故用日少而畜德多，三十而五經立也。後世經、傳既已乖離，博學者又不思多聞闕疑之義，而務碎義逃難，便辭巧說，破壞形體。說五字之文，至於二三萬言。後進彌以馳逐。故幼童而守一藝，白首而後能言。安其所習，毀所不見，終以自蔽，此學者之大患也。”問其何以至此，亦曰：求自異以徼名而已。立說以求異於人甚難，而改竄文字則甚易，此古文經所自起。適會其時，王莽、劉歆，志在變法，與謂斷自寸衷，毋寧謂原於古昔。儒爲當時顯學，託之自尤足自重。此古文學之所由盛也。說既盛行，則傅會之辭，悉成史實矣。夫何以知史籀有作，或異古文？以孔子書六經，左丘明作《春秋傳》，所用之字，與《籀篇》不同故也。何以知古文至秦而絕？以孔子書六經，左丘明述《春秋傳》，所用之字，秦時不行故也。何以知孔子書六經，左丘明述《春秋傳》皆以古文？以得壁中書及張蒼所獻《左氏傳》故也。然則許《序》所述史籀而後文字變遷，悉係根據古經追溯而得。後人謂許氏於字之變遷甚明，而不知許氏亦受人之欺；彼方自謂根據古經，得通古字，而不知當時所謂古經者，正據古字偽造也。

　　故漢時所謂古文學者，究其極，實不過一小學家之業。現《志》述小學始末曰：“元始中，徵天下通小學者以百數，各令記字於庭中，揚雄取其有用者以作《訓纂篇》。”又曰：“《倉頡》多古字，俗師失其讀。宣帝時，徵齊人能正讀者。張敞從受之。傳至外孫之子杜林，爲作訓故。”與許《序》所述，小異大同。《孝平紀》：“元始五年，徵天下通知逸經、古記、天文、曆算、鍾律、小學、史篇、方術、本草，及以五經、《論語》、《孝經》、《爾雅》教授者，在所爲駕一封軺傳，遣詣京師，至者數千人。”《王莽傳》：“元始四年，徵天下通一藝，教授十一人以上，及有《逸禮》、古書、《毛詩》、《周官》、《爾雅》、天文、圖讖、鍾律、月令、兵法、史篇文字、通知其意者，皆詣公車。網羅天下異能之士，至者前後千數，皆令記說廷中，將令正乖繆，壹異說云。”此與《志》所謂徵通小學者以百數，許《序》所謂徵禮等百餘人者，皆係一事。許所稱爰禮，僅《說文》平字下一引其說，他無可考。秦近，或云：“即桓譚《新論》秦近君，能說《堯典》篇目兩字之誼至十餘萬言，但說‘曰若稽古’三萬言者。《後漢書》云：信都秦恭延君守小夏侯說，增師法至百萬言。延君、近君是一人。”未知信否。而講學大夫，則莽所置官，歐陽政、徐宣等皆嘗爲之，見《前書·儒林傳》、《後書·徐防傳》。揚雄、張敞，尤爲古學大宗。《雄傳》云："不爲章句，訓詁通而已。"此即雄不守師法，專研小學之證。張敞者，杜鄴外祖，《漢書》作鄉，《説文序》作業。《漢書・郊祀志》稱其"好古文字"，載其按美陽鼎銘上議事。《杜鄴傳》："從敞子吉學問，得其家書。吉子竦，又從鄴學問，尤長小學。子林，正文字過於鄴、竦，故世言小學者由杜公。"《後書・林傳》："林於西州得漆書《古文尚書》一卷，嘗寶愛之，雖遭難困，握持不離身。"《儒林傳》謂衞宏、徐巡，皆從之受。"賈逵爲之作訓，馬融作傳，鄭玄注解，由是《古文尚書》遂顯於世。"賈逵則許慎之師，衞宏又作《毛詩序》之人也。後漢明《左氏》及《周官》者，莫早於鄭興，興之學出於劉歆。揚雄固劉歆、王莽之徒也。然則後漢時所謂古學者，推其原本，固皆出於數通小學之人。緯候之作，僞起哀、平，與古文經同時並出，然其説多本今文。則知所謂古文説者，實亦後出之物。當古學之初興，其與今學異者，不過文字之間耳。以經説非一時可造也。此尤足證古學爲小學家之業矣。盧植謂"古文科斗，近於爲實，而厭抑流俗，降在小學"。當時之人之遇古學家，則誠得其實也。

即以文字論，當時所謂古文經，異於今文者，亦必寥寥無幾。何也？今許《書》中所載古文、奇字，固寥寥無幾也。夫使誠如王充之説，"百篇之書，莫能讀者"，又如《僞孔傳序》之説："科斗書廢已久，時人無能知者"，必"以所聞伏生之書，考論文義"，乃得"定其可知者"，"增多伏生二十五篇"，試問向、歆何由知之？可知所謂古文經，其異字實不多也。班《志》謂"揚雄取其有用者以作《訓纂篇》"，有用二字，最可玩味。《訓纂》字數，合《倉頡》、《爰歷》、《博學》凡五千三百四十，此蓋人人之所知，日用之所亟。其出於此者，則《揚雄傳》所謂劉棻從雄問奇字，而亦即莽六書中之所謂古文、奇字者也。今鄭注《儀禮》備載今古文異字，所謂古經，猶可窺見。班《志》謂劉向以《古文尚書》校三家經文，文字異者七百有餘。《後書・劉陶傳》："推三家《尚書》及古文，是正文字三百餘事，名曰《中文尚書》。"知當時所謂古文經，異於今文者，不過如此而已。

夫使真有古書爲據，則所謂"出於屋壁，朽折散絶"者，其物之古近，夫豈口舌所能爭？博士"而無從善服義之公心，或懷妒嫉，不考情實"，劉歆但出其書以示之可矣，何待引魯國柏公、趙國貫公、膠東庸生等以爲徵驗？且以"先帝所親論，今上所考視"相脅制哉？衞恆《四體書勢》："魏初傳古文者，出於邯鄲淳。恆祖敬侯，嘗寫淳《尚書》，後以示淳，而淳不別。至正始中，立《三字石經》，轉失淳法，因科斗之名，遂效其形。"可知所謂古文經者，皆係時人手寫之本，其真僞實不易究詰。王國維《漢時古文諸經有轉寫本説》謂古文經皆有寫本，所見甚是；然其有無原本，則不可知也。而其字體亦不能無出入。江式《表》謂邯鄲淳《三字石經》，"校之《說文》，隸篆大同，而古字以異"是也，張參《五經文字》，上列《說文》，下書《石經》，可見二者字體有異。此王莽之所以可改定古文也。

然則所謂古文者，特以其作法或與時俗不同而名之，猶今好古者每字皆照《說文》作之，世遂稱其所寫多古字耳。《倉頡篇》乃李斯作，而《漢志》謂其多古字；《王莽傳》：徵天下通史篇文字者，"孟康曰：史籀所作十五篇，古文書也"。可知古文即在籀、篆之中。以之與籀、篆分立爲三體，實爲後來之事。

康有爲曰："五經中無籀、篆、隸三字，惟《周官》有卿乘篆車，又多隸字，可見籀、篆、隸三字，其出甚晚，以之爲書體之名，必後人所爲。"見《新學僞經考》。誠不爲無見矣。此不信古文者所以稱秦之隸書爲倉頡時書；予所以謂許述文字變遷，皆古文既出後之說也。許氏之說，較班氏爲詳，即其逐漸增造之證。《後書·光武紀注》："漢制度曰：策書者，編簡也。其制長二尺，短者半之。篆書。起年月日，稱皇帝以命諸侯王。三公以罪免，亦賜策，而以隸書。用尺一木兩行。"《馬援傳》注："《東觀記》曰：援上書：臣所假伏波將軍印，書伏字犬外嚮。成皋令印。皋字爲白下羊，丞印四下羊，尉印白下人，人下羊。即一縣長吏，印文不同，恐天下不正者多。符印所以爲信也，所宜齊同。薦曉古文字者，事下大司空，正郡國印章。奏可。"然則篆、隸、古文，皆漢時所行用，便習史書者，皆能知之。試以六體，則皆知古文矣。特此輩徒能書寫，一入古學家之手，遂能用之以造僞經耳。不龜手之藥一也，或以封，或不免於洴澼絖，豈其所挾持之具，果有以異於人哉？

然則漢時之古學家，皆作僞欺世之徒，一無足取乎？曰：是亦不然。古學家之罪，在造僞經以淆亂學術；而其功，則在發明小學。天下事莫不有例行乎其間，然人知即事以求例，恆爲後起之事；其初則但率由之而不自知。文字之學，亦猶是也。吾國之有文字，蓋自三古以來，然研求其例，實始於漢，觀予所論六書爲漢時之說可知。前此之所謂小學者，蓋特能諷其文，自許以前，字書皆韻語，故九千字可諷也。知其義，筆之於書而已。自有許氏所謂通人者流，相繼研求，乃有所謂字例之條者；而小學之面目，乃煥然丕變焉。此輩所識之字，亦未必多於當時精習史書者，然其於小學，固不能謂其無功也，具詳拙撰《字例略說》。

然則古文、籀、篆之變遷，可知已矣。自有文字以來，所謂"改易殊體"之事甚多。周人字書，存於秦、漢時者，厥惟《籀篇》。即《籀篇》中字異於秦、漢時通行者，而指目之，時曰籀書。又歷古相傳之字，既異《籀篇》，又殊秦篆者，則曰古文。古文之形體，有不與常行之字相中者，則曰奇字。此其名皆後人所立，其在當時，亦不過循文字變遷之公例，逐漸改易。以爲有一人焉，有意改制，皆屬後人誤會。謂《籀篇》可考周時文字與周以前之不同，《倉頡》、《爰歷》、《博學》等篇可考周、秦文字之不同則可；謂有史籀作《籀篇》，李斯、趙高、胡母敬作《倉頡》、《爰歷》、《博學》等篇而字體因之改易則不可。文字之變遷，自有其公例，非一人所能爲。此皆字體既異，作字書者，乃就當時所行之體書之耳。至於古文，其年代縣遠者，或爲後人所不能識，如封泰山、禪梁父者，仲尼、夷吾不能盡識是。若夫東周以後，則距秦、漢時代較近，學術傳授，迄未嘗絶，即有古書，字體决不能與秦漢大異，决非漢人所不能識。既知字體之改變非一人所爲，即知孔子書六經、左丘明述《春秋傳》皆以古文之說之誣。何者？籀書所著，必當時通行文字。孔子、左丘，豈有舍通行文字而獨寫古字之理邪？況乎漢人得古文經一事，核其事實，全屬子虛，其爲通知古字之人所造，更無疑義。然即此，却又可覘小學之進步。此予所論自漢以前文字變遷之大略也。

# 五、續論古文籀篆

漢代得古文之説，本極支離，稍深思之，即知其誤。乃自晚近治金石文字者，以許書所載古文爲周末文字，更進而分古籀爲東西二土文字，而其説轉若可信，是亦不可不辨也。

晚近疑許書古文，言之成理者，當首推吳氏大澂。吳氏撰《説文古籀補》，其《自序》謂許書所引之古籀，有不類《周禮》六書者，"古器習見之字，即成周通用之文，皆許氏古文所無。然則郡國所出鼎彝，許氏實未之見"。又曰"竊謂許氏以壁中書爲古文，實乃周末所作，言語異聲，文字異形，非復孔子六經之舊簡"也。陳氏介淇《序》亦謂許書"所引古文，校以今傳周末古器，字則相似，疑孔壁古經，亦周末人傳寫"。羅振玉治殷虛龜甲文，所撰《殷商貞卜文字考》，亦謂："許書所載之籀與古或異之字，證以刻辭文字，往往古、籀本合。"然則史篇之文，與壁中或異，"非籀與古之異，乃古文自異也"。許"所謂與古文或異者，乃就當世僅存之《史籀九篇》以校壁中古文。許君蓋知大篆即古文，而後著其異於古文者，猶篆文之下，並載或體。其曰籀文作某，猶云史篇作某。古語簡質，後人遂至誤會"也。夫文字公器，其存其廢，一隨社會爲轉移。周宣王時既行籀文，孔子、左丘，安得生今反古？此許説最可疑之處也，自得此説而此疑解矣。然謂此説可信，則必信七國時諸侯力政，不統於王，言語異聲，文字異形之説。其説之不可信，已辨於前。且李斯之奏同文字也，罷六國文之不與秦合者。斯及趙高、胡母敬作字書，又皆取史籀大篆，是六國皆詭更正文，秦獨不然也。又何説以解？王國維乃復立《説文》所載古、籀爲周、秦間東西二土文字之説。《戰國時秦用籀文六國用古文説》曰：古文籀文，"其源皆出於殷、周古文；而秦居宗周故地，其文字猶有豐、鎬之遺，故籀文與自籀文出之篆文，其去殷、周古文，反較東方文字爲近"。"刻辭文字，同於篆文者十五六；而合於許書所載之古籀，乃十無一二。蓋相斯所罷，皆列國詭更之文，所存多《倉史》之舊"。《史籀篇疏證序》曰："《史籀》一書，殆出宗周文勝之後，春秋、戰國之間；秦人

作之以教學童,而不行於東方諸國。故齊、魯間文字,作法體勢,與之殊異。王
氏謂許書古文,與籀文、篆文頗不相近,六國遺器亦然。諸儒著書口説,亦未有及之者。惟
秦人作字書,乃獨取其文字,用其體例。”《戰國時秦用籀文六國用古文説》又
曰:“《倉頡》三篇未出,大篆未省改以前,所謂秦文,即籀文也。司馬子長曰:
秦撥去古文。揚子雲曰:秦剗滅古文。許叔重曰:古文由秦絶。秦滅古文,史
無明文;有之惟一文字與焚詩書二事。六藝之書,行於齊、魯,爰及趙、魏,而
罕流布於秦。其書皆以東方文字書之,漢人以其用以書六藝,謂之古文。而
秦人所罷之文,與所焚之書,皆此種文字,是六國文字,即古文也。觀秦書八
體中,有大篆,無古文。而孔子壁中書與《春秋左氏傳》,凡東土之書,用古文
不用大篆,是可識矣。”《説文所謂古文説》又曰“《説文》古文,又自成一系,與
殷、周古文,截然有别。當無出壁中書及《春秋左氏傳》以外者。即有數字,不
見於今經文,亦當在逸經中。或因古今經字有異同之故”,謂“亦戰國文字,非
孔子及丘明時文字也”。《戰國時秦用籀文六國用古文説》又曰:“自秦滅六
國,襲百戰之威,行嚴峻之法,以同一文字。凡六國文字之存於古籍者,已焚
燒剗滅,而民間日用文字,又非秦文不得行。觀傳世秦權量等,始皇廿六年詔
後,多刻二世元年詔,雖亡國一二年中,而秦法之行如此,則當日同文字之效
可知矣。故自秦滅六國,以至楚、漢之際,十餘年間,六國文字,遂過而不行。
漢人以六藝之書,皆用此種文字,又其文字爲當日所已廢,故謂之古文。此語
承用既久,遂若六國之古文即殷、周古文,而篆、籀皆在其後。”《説文所謂古文
説》又曰:其實《敍》“所謂籀文與古文或異者,非謂《史籀》大篆與《史籀》以前
之古文或異,而實謂許君所見《史籀》九篇,與其所見壁中書,時或不同。以其
所見《史籀篇》爲周宣王時書,所見壁中古文爲殷、周古文,乃許君一時之疎失
也”。王氏之説如此。得此以資調停,而秦與六國文字之不同,其疑亦若可
釋。而漢人所謂古文經者,雖非孔子、左丘之遺,亦若不失爲六國時物矣。

　　然漢人得古文經之説,有最不可通者。夫以古文經爲盡人所能識,則不
足以傲今文家。若其不然,則古文必大異於籀篆而後可,然今《説文》中古文,
寥寥可數也。今若按《説文》寫經,有古文者皆寫古文,無古文者乃寫籀、篆,
其去全以籀篆寫之者無幾也,安得爲恆人所不識? 謂古經實多古字,《説文》
所載僅此耶? 則自古經之出,至於許君,經學、字學傳授皆有端緒,遺佚安得
如此其多? 自東周以後,文化日蒸,學術傳授迄未嘗絶。謂孔子、左丘所用文
字,爲漢人所不識,已不近情,況乎秦有天下,僅十五年,六國之民,存者何限,
豈六國時字,漢人亦不能識耶? 秦人法令雖酷,然天下之大,終必有威力所不

及者。謂經焚書一役，古書存者，遂爾絕無僅有，雖傳授之廣如六經，亦必待屋壁之藏而後備，《史記·六國表》："秦既得意，燒天下詩書。諸侯史記尤甚，爲其有所刺譏也。《詩》、《書》所以復見者，多藏人家；而史記獨藏周室，以故滅。"可見當時所盡，惟在官書，私家之書，原不能盡。亦決非情理也。王氏於此乃又爲之説，其《説文今敍篆文合以古籀説》曰："許君《説文敍》云：今敍篆文，合以古、籀。段君玉裁注之曰：小篆因古、籀而不變者多。其有小篆已改古、籀，古、籀異於小篆者，則以古、籀附小篆之後，曰古文作某，籀文作某。此全書之通例也。其變例則先古、籀，後小篆。"又於"皆取史籀大篆或頗省改"下注曰："許所列小篆，固皆古文大篆。其不云古文作某、籀文作某者，古、籀同於小篆也。其既出小篆，又云古文作某，籀文作某者，則所謂或頗省改者也。"此數語可謂千古卓識。雖然段君所舉二例，猶未足以盡《説文》。何則？如段君之説，必古、籀所有之字，篆文皆有而後可。然秦易籀爲篆，不獨有所省改，抑且有所存廢。凡三代之制度名物，其字僅見於六藝，而秦時已廢者，李斯輩作字書時必所不取也。今《倉頡》三篇雖亡，然足以窺其文字及體例者，猶有《急就篇》在。《急就》一篇，其文字皆《倉頡》中正字。其體例，先名姓字，次諸物，次五官，皆日用必需之字，而六藝中正字，十不得四五。故古、籀中字，篆文固不能盡有。且《倉頡》三篇，五十五章，章六十字，凡三千三百字，且尚有複字，加以揚雄《訓纂》，亦祇五千三百四十字，而《説文》正字，多至九千三百五十三。此四千餘字者，許君何自得之乎？曰：此必有出於古文、籀文者矣。故《説文》通例：如段君説，凡古、籀與篆異者，則出古文、籀文；至古、籀與篆同，或篆文有而古、籀無者，則不復識別。若夫古、籀所有，而篆文所無，則既不能附之於篆文後，又不能置而不録，又無於每字下各注此古文、此籀文、此篆文之例，則此種文字，必爲書中之正字審矣。故《敍》所云今敍篆文合以古、籀者，當以正字言，而非以重文言。重文中之古、籀，乃古、籀之異於篆文及其自相異者。正字中之古、籀，則有古、籀、篆文俱有此字，亦有篆文所無，而古、籀獨有者。全書中引經以説之字，大半當屬第二類矣。《史記所謂古文説》又曰：漢初古文、籀文之書未嘗絕也。太史公修《史記》時所據古書，若《五帝德》，若《帝繫姓》，若《諜記》，若《春秋歷譜諜》，若《國語》，若《春秋左氏傳》，若《孔氏弟子籍》，凡先秦六國遺書，非當時寫本者，皆謂之古文。其文字雖已廢不用，然當時尚非難識。故《太史公自序》云，年十歲則誦古文。惟六藝之書，爲秦所焚，故古寫本較少。然漢中祕有《易古文經》；河間獻王有古文先秦舊書《周官》、《尚書》、《禮》、《禮記》，固不獨孔壁書爲然。至孔壁書出，於是《尚書》、《禮》、《春秋》、《論語》、《孝經》，皆有古文。孔壁書之可貴，以其爲古文經故，非徒以其文字爲古文故也。蓋漢景、武間，距用古文之戰國不及百年，其識古文，當較今日之識篆隸爲易。乃《論衡·正説篇》謂魯恭王得百篇《尚書》於屋壁中，使使者取視，莫能讀者。作僞《孔安國尚書序》者仍之，謂科斗書廢已久，時人莫能知。衛恆《四體書勢》亦云：漢武時，魯共王壞孔子宅，得《尚書》、《春秋》、《論語》、《孝經》，時人已不復知有古文，謂之科斗書。是亦疎矣。自武、昭以後，先秦古書，傳世益少，其存者往往歸於祕府。於是古文之名，漸爲壁中書所專有。然祕府古文之書，學者亦類能讀之。如劉向以中古文《易經》校施、孟、梁丘經及費氏經，以中古文《尚書》校歐陽，大、小夏侯三家經文，又謂《禮古經》與十七篇文相似，多三十九篇，謂《孝經》諸家説不安處，古文字讀皆異。劉歆校祕書，見《古文春秋左氏傳》，大好之。子政父子，皆未聞受古文字學，而均能讀其書，是古文訖於西京之末，尚非難識如王仲任輩所云也。王氏《漢書所謂古文説》又云："《漢書·藝文志》所録經籍，冠以古文二字若古字者，惟《尚書古文經》四十六卷，《禮古經》五十六卷，《春秋古經》十一篇，《論語》古二十一篇，《孝經古孔氏》一篇。然中祕古文之書，固不止此。如《六藝略》所録《孔子徒人圖法》二卷，未必非太史公所謂《弟子籍》；《數術略》所録《帝王諸侯世譜》二十卷、《古來帝王年譜》五卷，未必非太史公所謂《諜記》及《春秋歷譜諜》。而志於諸經外書，皆不著古今字。蓋諸經之冠以古字者，所以别其家數，非徒以其文字也。"王氏此説，謂《説文》正字中亦有古文，則古字太少之疑解。謂古文非恆人所不能識，漢初古籀之書亦未嘗絶，則漢人不識六國時字，及六國時書經秦一焚而即盡之疑亦解。古文書之奇祕，大減於前，然其説則較前平易可信。漢人之所謂得古文經者，真若有六國時物爲其所得矣。然予終疑漢人所謂古文經爲漢人用古字僞造，即王氏之説，亦未允也。何以明之？

　　按王氏之説，最緊要之關鍵，在"六藝之書，行於齊、魯，爰及趙、魏，而罕流布於秦，其書皆以東方文字書之"，及《史籀》一書，"秦人作之以教學童，而不行於東方諸國"二語。使此二語而確，則謂周、秦間東西文字有異可也。然所謂六藝之書，以東方文字書之者，乃即藉漢人"孔子書六經，左丘明述《春秋傳》"之説爲證；"行於齊、魯，爰及趙、魏，而罕流布於秦"，則更無確據，安足取信？秦焚詩書，以非博士官所職爲限。此博士官所職，一切得自六國，而秦固無有邪。吕不韋集知略之士以造《春秋》，其中儒家言實最多。如王氏説，《二戴記》亦古文，見下。而吕氏《十二紀》，即大同《戴記·月令》；然則不韋之書，秦亦無人能讀邪？籀文不傳東方諸國，其根據，當在"齊、魯間文字，作法、體勢，與之殊異"一語。此語之根據，又當在"許書所出古文，與籀文、篆文頗不相近，六國遺器亦然"一語。見《史籀篇證序》。然古器傳於今者甚少，其中且有偽物；字跡輾轉相放，古字之可考者，亦極有限耳。執此有限之字，遂定當日文字東西不同，亦未免早計也。王氏既謂六國文字與篆、籀不近，又謂《說文》正字中亦有古文。然則此古文即六國文字之在《說文》正字中者，作法、體勢，何以又與籀、篆相近乎？且謂李斯等作字書，不能盡六藝中字，許書引經以說之字，大抵屬於古文，亦未思班固續《訓纂》作《十三章》，明言"六藝羣書，所載略備"，《十三章》字數，少於許書者尚三千餘也。謂諸儒著書、口說，不及《籀篇》，則古代之書，爲諸儒所未及者何限？可一舉而偽之乎？古書率詳經世之業，皆成人之事，涉小學者極少，安所取而及識字之書哉？秦書八體，說不足信，辨已見前。據其中無古文爲秦廢六國文字之證，亦不可信也。文字公器，其存其廢，一隨社會爲轉移，本非官力所能强制。即曰能之，亦能及公，不能及私。權量、刻石，皆官物也。王氏於"秦文不得行"上，加以"民間日用"四字，秦人果有何權力而能及此乎？謂"漢初古文、籀文之書未嘗絕"，又謂"六國文字之存於古籍者，已焚燒劃滅"，說亦矛盾。若謂"六藝之書，爲秦所焚，故古寫本較少"，則秦人焚書，固兼及百家語也。至謂"先秦六國遺書，非當時寫本者，皆謂之古文"，則說尤牽强。王氏所舉證，如《漢志》等，皆古經既出後之說，不足爲據。其最足據者，則《史記》也。按古文二字，見於《史記》者凡八，據《新學偽經考》。今不避繁冗，一一辨之：

《五帝本紀》："太史公曰：學者多稱五帝，尚矣。然《尚書》獨載堯以來，而百家言黃帝，其文不雅馴，薦紳先生難言之。孔子所傳《宰予問五帝德》及《帝繫姓》，儒者或不傳。余嘗西至空桐，北過涿鹿，東漸於海、南浮江、淮矣，至長老皆各往往稱黃帝、堯、舜之處，風教固殊焉。總之不離古文者近是。予觀《春秋》、《國語》，其發明《五帝德》、《帝繫姓》，章矣，顧第弗深考，其所表見皆不虛。書缺有間矣，其軼乃時時見於他說。非好學深思，心知其意，固難爲淺見寡聞道也。余并論次，擇其言尤雅者，故著爲本紀書首。"

按古書之遭竄亂，校識之語，混入正文者甚多，此贊即其顯然可見者也。此篇述五帝事，多同《大戴記·帝德》、《帝繫》，此處何得忽作不信之辭？史公遊蹤，具見《自序》，距空桐、涿鹿甚遠。爲此游者，恐別有其人。而觀《春秋》、《國語》，及歎書缺有間者，又各爲一人，則此贊凡有四人之語竄入矣。傳學者必以後承前，不以前承後，宰予之問，反云孔子所傳，語甚突兀。"顧第弗深考，其所表見皆不虛"，語尤難解，恐傳鈔又有譌誤，并非盡作此識語者之元文也。

《三代世表》：太史公曰："余讀《諜記》，黃帝以來，皆有年數。稽其曆譜諜，終始五德之傳，古文咸不同，乖異。"

按此謂諜記皆有年數，與《十二諸侯年表》云"譜諜獨記世謚"矛盾。

《十二諸侯年表》："太史公曰：儒者斷其義，馳説者騁其辭，不務綜其終始。曆人取其年月，數家隆於神運，譜諜獨記世謚，其辭略，欲一觀諸要難。於是譜十二諸侯，自共和訖孔子，表見《春秋》、《國語》，學者所譏盛衰大指著於篇，爲成學治古文者要删焉。"《集解》："徐廣曰：一云治國聞者也。"

按《春秋》之作，蓋以明義。故曰："其事則齊桓、晉文，其文則史，其義則丘竊取之矣。"太史公亦曰"《春秋》文成數萬，其指數千"也。此篇上文云："孔子明王道，千七十餘君，莫能用。故西觀周室，論史記舊聞，興於魯，而次《春秋》，上記隱，下至哀之獲麟，約其辭文，去其煩重，以制義法，王道備，人事浹。七十子之徒，口受其傳指，爲有所刺譏、褒諱、挹損之文辭。不可以書見也。魯君子左丘明，懼弟子人人異端，各安其意，失其真，故因孔子史記，具論其語，成《左氏春秋》。鐸椒爲楚威王傅，爲王不能盡觀《春秋》，采取成敗，卒四十章，爲《鐸氏微》。趙孝成王時，其相虞卿，上采《春秋》，下觀近勢，亦著八篇，爲《虞氏春秋》。呂不韋者，秦莊襄王相，亦上觀尚古，删拾《春秋》，集六國時事，以爲八覽、六論、十二紀，爲《呂氏春秋》。及如荀卿、孟子、公孫固、韓非之徒，各往往捃摭《春秋》之文以著書，不可勝記。漢相張蒼曆譜五德。上大夫董仲舒推《春秋》義，頗著文焉。"所謂"孔子次《春秋》，七十子之徒口受其傳指"，"董仲舒推《春秋》義，頗著文焉"，以及鐸氏、虞氏、呂氏、荀、孟、公孫固、韓非之徒，苟所采摭而出於孔子所修《春秋》之傳指，皆所謂"儒者斷其義"也。苟僅采摭行事，以助辭説，則所謂"馳説者騁其辭"也。"魯君子左丘明"以下三十五字，必遭後人竄改。意與《漢志》論《左氏》之語略同。然彼云"論本事而作傳"，此云"成《左氏春秋》"，即其竄改未盡之迹。蓋因與《虞氏春秋》、《呂氏春秋》竝舉，故得不改也。《左氏》元書，蓋其所記之事，與孔子託以明義之事略同；而其書則與孔子所修之《春秋》無涉。故必待劉歆"引傳文以解經"也，見前。以其分國編纂也，則謂之《國語》；以其著書之人名之，則謂之《左氏春秋》，猶《呂氏春秋》又稱《呂覽》，蓋亦所謂"馳説者騁其辭"也。張蒼曆譜五德，則所謂"數家隆於神運"者也。儒者、馳説者，既不綜事之終始；數家及譜諜，雖具朝代、世次，而亦不詳年月；惟曆人獨有取焉。《十二諸侯年表》，蓋取此數家之朝代、世系、事迹，一一以曆人之年月編排之。故此表未成以前，欲"一觀諸要難"；既成以後，則此數家所記，一一挈其綱領，得所會歸，故曰"爲成學治國聞者要删焉。""國聞"者，對野獲之辭。

若有如今之《左氏傳》，則固已綜其事之終始，具其世次、年月，太史公何得一筆抹殺，自專“要刪”之功？若云當作古文，他書固勿論，豈張蒼、董仲舒著書，亦寫以古文邪？

《封禪書》：“羣儒既已不能辨明封禪事，又牽拘於《詩》、《書》古文而不能騁。”

按崔氏適謂此書已亡，後人録《漢書·郊祀志》補之，是也。如王氏説，古書概稱古文，則《詩》、《書》亦已該於古文之中，而此及《自序》之“秦撥去古文，焚滅《詩》、《書》”，又皆以《詩》、《書》與古文對舉，何邪？

《吳太伯世家》：太史公曰：“余讀《春秋》古文，乃知中國之虞與荊蠻句吳兄弟也。”

按王氏謂此語乃據《左氏》宮之奇謂“太伯、虞仲、太王之昭”者爲説，似矣。然不曰《左氏春秋》，亦不曰《春秋左氏傳》，而曰《春秋》古文，以王氏之詁解之，則爲《春秋》古書矣，毋乃不辭乎？

《仲尼弟子列傳》：“太史公曰：學者多稱七十子之徒，譽者或過其實，毀者或損其真，鈞之未覩厥容貌，則論言弟子籍，出孔氏古文近是。余以弟子名姓、文字，悉取《論語》弟子問并次爲篇，疑者闕焉。”

按以貌取人，古人所戒，毀譽失實，即覩其容貌何益？且“鈞之未覩厥容貌”，與“則論言弟子籍”句，如何相接？此贊文義之不通，更甚於《五帝本紀贊》，其必非史公原文，更不待論也。仲尼弟子，《史記》而外，惟王肅所定《家語》有之，正僞造孔氏古文之人也，此語殆亦此類人所竄？

《太史公自序》：“太史公既掌天官，不治民。有子曰遷。遷生龍門，耕牧河、山之陽。年十歲則誦古文。二十而南遊江、淮，上會稽，探禹穴，闚九疑，浮於沅、湘。北涉汶、泗，講業齊、魯之都，觀孔子之遺風，鄉射鄒、嶧。戹困鄱、薛、彭城，過梁、楚以歸。於是遷仕爲郎中，奉使西征巴、蜀以南，南略邛、筰、昆明，還報命。”

按前後各句皆地名，史公自述經歷，所重在地也。屬入“則誦古文”一語，僞造之跡甚顯。若史公自述所學，則當如述其父談之例，列舉“學天官於唐都，受易於楊何，習道論於黃子”等事，何得但舉幼學時所誦習邪？

又：“維我漢繼五帝末流，接三代統業。周道廢，秦撥去古文，焚滅《詩》、《書》，故明堂、石室、金匱、玉版圖籍散亂。於是漢興，蕭何次律令，韓信申軍法，張蒼爲章程，叔孫通定禮儀，則文學彬彬稍進，《詩》、《書》往往間出矣。自曹參薦蓋公，言黃老，而賈生、晁錯明申、商，公孫弘以儒顯，百年之間，天下遺文古事,靡不畢集太史公。太史公仍父子相續,纂其職。"

按"撥去古文"句之不可信,已辨於前。曰"遺文古事、靡不畢集太史公",則古書之不可但稱古文也審矣。

以上皆《史記》中古文字不能作爲古書解者。即求之《漢書·郊祀志》:張敞上議曰:"臣愚不足以迹古文。"則承上"今鼎出於郊東,中有刻書曰"云云言之也。《藝文志》:劉向"以中古文《易經》校施、孟、梁丘經",以中古文冠《易經》。又云:"以中古文校歐陽,大、小夏侯三家經文",則承上文安國獻之言之。云《孝經》"經文皆同,唯孔氏壁中古文爲異",則承上經文言之也。《楚元王傳》:"而上方精於《詩》、《書》,觀古文",則承《詩》、《書》言之也。云"及歆校祕書,見古文《春秋左氏傳》","及歆親近,欲建立《左氏春秋》及《毛詩》、《逸禮》、《古文尚書》",則以古文冠《春秋左氏傳》及《尚書》也。歆移書太常博士曰:"而得古文於壞壁之中,《逸禮》有三十九,《書》十六篇。"則以古文冠《逸禮》及《書》。曰"其古文舊書,皆有徵驗",則"古文舊書"四字連言。曰:"夫禮失求之於野,古文不猶愈於野乎?"則承上文諸書名言之也。《景十三王傳》:"河間獻王所得,皆古文先秦舊書,《周官》、《尚書》、《禮》、《禮記》、《孟子》、《老子》之屬",則"古文先秦舊書"六字連言,下乃列舉其書名也。曰魯共王餘"壞孔子舊宅,於其壁中得古文經傳",則"古文經傳"四字連言也。《楊胡朱梅云傳》:"推迹古文,以《左氏》、《穀梁》、《世本》、《禮記》相明。"則冒《左氏》、《穀梁》、《世本》、《禮記》言之也。即《地理志》於《古文尚書》家說,但謂之"古文",亦以《序》已有"采獲舊聞,考迹《詩》、《書》,推表山川,以綴《禹貢》、《春秋》"之言故也。亦未有逕以古文二字爲古書者。王氏據《史記》僞誤之文,別生新解,不亦鑿乎?

王氏又博考諸經之古文本。其中除《易》中古文本、費氏本、《書》孔氏本、《禮》孔壁淹中本,《春秋》孔壁本、《左氏》孔壁本、《論語》、《孝經》,皆見《志》及許《序》,前已辨其不足信外,《孝經》又見許沖《表》,其不足信與許《序》同。其謂書有伏氏本,本《史記·儒林傳》。《儒林傳》云:"伏生者,濟南人也。故爲秦博士。孝文帝時,欲求能治《尚書》者,天下無有。乃聞伏生能治,欲召之。是時伏生年九十餘,老,不能行,於是乃詔太常,使掌故朝錯往受之。秦時焚書,伏生壁藏之。其後兵大起,流亡。漢定,伏生求其書,亡數十篇,獨得二十九篇,即以教於齊、魯之間,學者由是頗能言《尚書》。諸山東大師,無不涉《尚書》以教矣。伏生教濟南張生及歐陽生,歐陽生教千乘兒寬。"云云,自"秦時焚書"以下六十三字,與上下文絕不聯屬。《太史公自序》云"晁錯明申、商",《漢書》作"申、韓"。今觀《錯傳》,凡所建白,多法家及兵家言,絕無及《尚書》者。古人學問,皆由口耳相傳,不恃竹帛。伏生傳《書》,何至專恃壁藏;壁藏有亡,遂獨以二十九篇爲教乎？今《逸書》篇名見於《書大傳》者甚多,何至獨能憶二十九篇哉？《逸書》篇名,見於《書大傳》者,有:《九共》、《帝告》、《說命》、《大誓》、《嘉禾》、《臩命》、《大戰》、《揜誥》、《多政》,凡九。然此乃《逸書》,伏生所傳之《書》,固無不備;猶《詩》三百五篇,而佚詩散見者亦甚多也。既云"漢定,伏生即以教於齊、魯之間",又云"文帝時求能治《尚書》者,天下無有",然則山東大師及伏生所教者何往邪？《史記》此節,爲後人僞竄,殆無疑義矣。其云《書》、《禮》、《禮記》之河間本及《周官》,同本《漢書·景十三王傳》。《傳》云:"獻王所得,皆古文先秦舊書,《周官》、《尚書》、《禮》、《禮記》、《孟子》、《老子》之屬,皆經、傳、說、記七十子之徒所論。"此三句文義亦不相聯屬。《老子》並非經、傳、說、記七十子之徒所論也。且此事不見《史記》,其爲傅會,亦屬顯然。《隋書·經籍志》:"漢初,河間獻王又得仲尼弟子及後學者所記一百三十一篇,獻之,時亦無傳之者。至劉向考校經籍,檢得一百三十篇,向因第而敍之;而又得《明堂陰陽記》三十三篇、《孔子三朝記》七篇、《王史氏記》二十一篇、《樂記》二十三篇,凡五種,合二百十四篇。戴德刪其繁重,合而記之,爲八十五篇,謂之《大戴記》。而戴聖又刪大戴之書爲四十六篇,謂之《小戴記》。漢末,馬融遂傳小戴之學。融又作《月令》一篇、《明堂位》一篇、《樂記》一篇,合四十九篇。而鄭玄受業於融,又爲之注。"王氏謂"《經典釋文敍錄》引劉向《別錄》云:古文記二百十四篇,數正相合。則獻王所得《禮記》,蓋即《別錄》之古文記。是大、小《戴記》本出古文。《史記》以《五帝德》、《帝繫姓》,孔氏弟子籍爲古文,亦其一證也。"按《釋文敍錄》云:"劉向《別錄》云古文記二百四篇。"又引"陳邵《周禮論序》云:戴德刪古禮二百四篇爲八十五篇,謂之《大戴禮》。戴聖刪《大戴禮》爲四十九篇,是爲《小戴禮》。後漢馬融、盧植,考諸家同異,附戴聖篇章,去其繁重,及所敍略,而行於世,即今之《禮記》是也。鄭玄亦依盧、馬之本而注焉"。兩說皆謂古文記二百四篇;王氏謂《釋文》引《別錄》云二百十四篇者誤也。然此二百四篇中,百三十一篇,實爲今學;陳邵《隋志》謂刪古文記爲之,亦誤也。《漢志》:《禮》家:"《記》百三十一篇。"自注:"七十子後學者所記也。"此爲今學,即諸家所謂《大戴記》百三十一篇者。又"《明堂陰陽》三十三篇"、"《王史氏》二十一篇",此即所謂"多三十九篇及《明堂陰陽》、《王史氏記》者"。見前。此外《曲臺后倉記》,乃漢師所撰;《中庸說》、《明堂陰陽說》皆說;《周官經》、《周官傳》,別爲一書;《軍禮司馬法》,班氏所入;《封禪議》、《封禪羣祀議奏》,皆漢時物。惟《古封禪羣祀》,可以相加。

其書凡十九篇，合《記》百三十一篇及《明堂陰陽》、《王史氏記》凡二百七。如《隋志》言《月令》、《明堂位》、《樂記》爲後加，則正二百四也。然《樂記正義》引《別錄》"《禮記》四十九篇"。《後書·橋玄傳》："七世祖仁，著《禮記章句》四十九篇。"仁即《前書·儒林傳》所謂小戴授梁人橋仁季卿者。《曹褒傳》：父充，治慶氏禮。褒"又傳《禮記》四十九篇，慶氏學遂行於世"。一似《禮記》四十九篇，爲大、小戴，慶氏所共者，抑又何邪？按陳邵言馬融、盧植，去其繁重，及所敍略，而不言更其篇數，明有所加亦有所減，而篇數則仍相同。今《禮記》、《曲禮》、《檀弓》、《雜記》，皆分上下，實四十六篇。四十六加《大戴記》八十五，正百三十一。然則《別錄》所謂二百四篇者，其目已具《漢志》。其中百三十一篇，實博士相傳之舊，無所謂刪古記而爲之也。然今《禮記》四十九篇，其中多雜古文説，何也？曰：記與傳不同。孔子刪定之書，名之曰經；後學釋經之書，稱之曰傳。經以明義，傳以釋經，於事固不能盡具。夫其不能盡具者，或本諸義以爲推，此即《漢志》所譏后倉等"推士禮而致於天子"之説，實即《禮運》所謂"禮雖先王未之有，可以義起"也。或取舊制以資補苴，此則《儀禮正義》所謂"凡記皆補經所不備"，今《禮記》中多有"記曰"字，《疏》皆以爲舊記是也。諸經皆所重在義，義得則事可忘。惟禮須見諸施行，雖可本諸義以爲推，苟有舊記以資參證，事亦甚便。此《禮》家先師，所以視記獨重；諸經皆無所謂記，而《禮》獨有之也。然則今文《禮》家，固不妨兼有古文之記。此正可見今文先師之弘通博洽矣。今《禮記》中《奔喪》、《投壺》，鄭皆謂同《逸禮》。則古文家所謂《逸禮》，原不過拾今文之唾餘，而轉訾今文家於國家大禮，幽冥而莫知其原，可謂善誣矣。然則安有所謂刪古禮而爲百三十一篇者？而王氏以《二戴記》原出古文，不愈疏乎？至於《毛詩》，則漢人本不言有古文本，即王氏亦謂無之。《漢志》："又有毛公之學，自謂子夏所傳，而河間獻王好之。"自謂云者，不信之之詞也。此亦可見河間得舊書云云，爲子虛烏有之詞矣。據杜林漆書《古文尚書》、鄭玄注《禮》以古校今，而謂古文經有轉寫本，則愈疏矣。元本且不可信，況轉寫本乎？漢代之所謂古文經者如此，故予終疑其係用古字僞造也。

古、籀、大小篆，少數人雖以此自張，實則不甚通行之字，多數人皆已不識，乃概目之曰古文。《儀禮·士冠禮疏》云："武帝之末，魯恭王壞孔子宅，得《古儀禮》五十六篇。其字皆以篆書，是爲古文。"此其時之人，并篆書亦自爲古文之證。此等所謂古文者，時人又以流俗之語稱之爲科斗書。其名殊鄙陋無據，然流傳甚久，直至今日，猶或以之爲最古之文字之稱焉。予舊有札記一則，考定其名實來自當時所謂蟲書，自謂頗得其實，今錄其辭如後：

科斗之名，昉見於東漢之季，而魏、晉後人承之。《後漢書·盧植傳》載植上書曰：“古文科斗，近於爲實，而厭抑流俗，降在小學。中興以來，通儒達士，班固、賈逵、鄭興父子，並敦悦之。”《書序疏》引鄭玄曰：“《書》初出屋壁，皆周時象形文字，今所謂科斗書。”《家語後序》曰：“天漢後魯恭王壞夫子故宅，得壁中《詩》、《書》，悉以歸子國。子國乃考論古今文字，撰衆師之義，爲《古文論語訓》十一篇、《孝經傳》二篇、《尚書傳》五十八篇，皆所得壁中科斗本也。”又曰：“子國孫衍上書曰：臣祖故臨淮大守安國，仕於孝武皇帝之世。時魯恭王壞孔子故宅，得古文科斗《尚書》、《孝經》、《論語》，世人莫有能言者，安國爲之今文讀而訓傳其義。”《尚書僞孔傳序》曰：“至魯共王好治宮室，壞孔子舊宅，以廣其居，於壁中得先人所藏古文虞、夏、商、周之書，及傳《論語》、《孝經》，皆科斗文字。王又升孔子堂，聞金石絲竹之音，乃不壞宅，悉以書還孔氏。科斗書廢已久，時人無能知者，以所聞伏生之《書》考論文義，定其可知者，爲隸古定，更以竹簡寫之。”衛恆《四體書勢》曰：“自黄帝至三代，其文不改。及秦用篆書，焚燒先典，而古文絶矣。漢武時，魯恭王壞孔子宅，得《尚書》、《春秋》、《論語》、《孝經》。時人已不復知有古文，謂之科斗書。”杜預《春秋經傳集解後序》曰：“大康元年三月，吴寇始平，余自江陵還襄陽，解甲休兵，乃申杼舊意，修成《春秋釋例》及《經傳集解》。始訖，會汲郡汲縣有發其界内舊冢者，大得古書，皆簡編科斗文字。發冢者不以爲意，往往散亂。科斗書久廢，推尋不能盡通。始者藏在祕府，余晚得見之。”《疏》引王隱《晉書·束皙傳》曰：“大康元年，汲郡民盜發魏安釐王冢，得竹書漆字科斗之文。科斗文者，周時古文也。其字頭粗尾細，似科斗之蟲，故俗名之焉。”今《晉書·束皙傳》曰：“大康二年，汲郡人不準盜發魏襄王墓，或言安釐王冢，得竹書數十車。漆書，皆科斗字。”又曰：“時有人於嵩高山下得竹簡一枚，上兩行科斗書，傳以相示，莫有知者。司空張華以問皙，皙曰：此漢明帝顯節陵中策文也。檢驗果然，時人伏其博識。”《南史·王僧虔傳》曰：“文惠太子鎮雍州，有盜發古冢者，此事《齊書》見《文惠太子傳》，云“時襄陽有盜發古冢者”，時雍州治襄陽也。相傳云是楚王冢，大獲寶物：玉履、《齊書》作屐。玉屏風、竹簡書、青絲編，《齊書》作編。簡廣數分，長二尺，皮節如新。有得十餘簡，以示僧虔，《齊書》云：“盜以把火自照，後人有得十餘簡，以示撫軍王僧虔。”云是科斗書《考工記》，《周官》所闕文也。”《齊書》下又云：“是時州遣按驗，頗得遺物，故有同異之論。”《江淹傳》云：“永明三年，兼尚書左丞。時襄陽人開古冢，得玉鏡及竹簡古書，字不可識。王僧虔善識字體，亦不能諳，直云似科斗書。淹以科斗字推之，則周宣王之簡也。簡殆如新。”《水經·泗水注》曰：“自秦燒《詩》、《書》，經典淪缺。漢武帝時，魯恭王壞孔子舊宅，得《尚書》、《春秋》、《論語》、《孝經》，時人已不復知有古文，謂之科斗書。漢世祕之，希有見者。"合觀諸文，可見自東漢至南北朝，皆稱古文字爲科斗。然觀鄭玄、衞恆、王隱、酈道元之說，則其名明明晚起，且出於流俗也。

俗何以名古文字爲科斗？《書序釋文》曰："科斗，蟲名，蝦蟆子，書形似之。"《正義》曰："形多頭粗尾細，狀腹團圓，似水蟲之科斗，故曰科斗也。"說皆與王隱合。然則古書筆畫真若此歟？曰：否，時人所見者，乃史書家所作之蟲書也。何以言之？按《漢書·藝文志》曰："古者八歲入小學，故《周官》保氏，掌養國子，教之六書，謂象形、象事、象意、象聲、轉注、假借，造字之本也。漢興，蕭何草律，亦著其法，曰：太史試學僮，能諷書九千字以上，乃得爲史。又以六體試之，課最者以爲尚書、御史史書令史。吏民上書，字或不正，輒舉劾。六體者：古文、奇字、隸書、篆書、繆篆、蟲書，皆所以通知古今文字，摹印章、書幡信也。"此文爲後人竄改，非其朔。云"亦著其法"，亦者，亦上六書，若所試之六體，截然與六書異物，安得云爾？故知"謂象形"云云十八字，必後人竄入也。《說文解字序》曰："秦書有八體：一曰大篆，二曰小篆，三曰刻符，四曰蟲書，五曰摹印，六曰署書、七曰殳書，八曰隸書。《尉律》：學僮十七以上始試，諷籀書九千字，乃得爲史。又以八體試之，郡移大史并課，最者以爲尚書史。書或不正，輒舉劾。"說漢律與《漢志》不同，而六體八體絕異。又曰："及亡新居攝，使大司空甄豐等校文書之部，自以爲應制作，頗改定古文。時有六書：一曰古文，孔子壁中書也；二曰奇字，即古文而異者也；三曰篆書，即小篆，秦始皇帝使下杜人程邈所作也；四曰左書，即秦隸書；五曰繆篆，所以摹印也；六曰鳥蟲書，所以書幡信也。"與《漢志》六體大同。使《漢志》之說而確，則秦書八體，亡新改制，悉成虛語矣，有是理乎？按《漢志》有《八體六技》，八體，《注》引韋昭即以許《序》秦書八體釋之；六技則無說。竊意篆隸本非異物；大小篆之名，尤至後來始有，《漢志》尚無。故此三體實爲同物。若合三者爲一，則與刻符、蟲書、摹印、署書、殳書，適得六體，此蓋即《周官》所謂六書，自戰國至漢，未之有改，《周官》爲六國時書。至亡新乃更制也。事物新舊相嬗，初起時恆無大異，歷久乃截然殊科。別篆隸爲二體，又別大小篆爲二，蓋後來小學家之說；許氏敍之周、漢之間，又改六體爲八體，遂若秦人真有是制，而史實爲之淆亂矣。六體之名，《漢志》蓋嘗敍述，而後人以"謂象形"云云十八字易之，古制遂不可見。然小學家雖分別篆、隸，及大小篆，史書家則仍守其師師相傳之舊。大小篆與隸書，初無二法，故體雖八而技止六，留此一隙之明，以待後人之審訂也。蔡邕《篆勢》謂："體有六,篆爲直。"亦以書體爲六。知此,則科斗書之由來,可以推測矣。

《後漢書·宦者蔡倫傳》曰："自古書契,多編以竹簡。其用縑帛者謂之爲紙。縑貴而簡重,並不便於人。倫乃造意,用樹膚、麻頭及敝布、魚網以爲紙。元興元年,奏上之,帝善其能,自是莫不從用焉。故天下咸稱蔡侯紙。"元興爲和帝年號,自光武建武元年至此,已歷八十一年,則蔡侯紙之成,已在東京中葉。"莫不從用","天下咸稱",乃史家之侈辭,其實東漢之世,用者必不能多也。《後漢書·光武帝紀》建武元年《注》引《漢制度》曰："帝之下書有四:一曰策書,二曰制書,三曰詔書,四曰誡敕。策書者,編簡也。其制長二尺,短者半之。篆書,起年月日,稱皇帝,以命諸侯王。三公以罪免亦賜策,而以隸書,用尺一寸,兩行,惟此爲異也。"《陳蕃傳》:蕃上疏曰:"尺一選舉,委尚書三公。"《注》:"尺一,謂版長尺一,以寫詔書也。"《漢書·高帝紀》:"十年,上曰:吾以羽檄徵天下兵。"《注》曰:"檄者,以木簡爲書,長尺二寸,用徵召也。其有急事,則加以鳥羽插之,示速疾也。《魏武奏事》云:今邊有警,輒露檄插羽。"《史記·匈奴列傳》:"漢遺單于書牘以尺一寸,中行説令單于遺漢書以尺二寸牘。"《後漢書·循吏傳》言:光武"以手迹賜方國者,皆一札十行,細書成文",此詔令用簡牘者也。《史記·秦始皇本紀》:三十五年,侯生、盧生相與謀,言始皇"以衡石量書,日夜有呈,不中呈,不得休息",此即《漢書·刑法志》所謂自程決事,日縣石之一者,其所量必簡牘可知。《滑稽列傳》:褚先生曰:東方朔"初入長安,至公車上書,凡用三千奏牘,公車令兩人共持舉其書,僅然能勝之"。説雖荒誕,仍足徵漢人奏事用牘。《漢書·司馬相如傳》:"請爲天子游獵之賦,上令尚書給筆札。"《注》曰:"札,木簡之薄小者也。時未多用紙,故給札以書。"《酷吏郅都傳》"臨江王欲得刀筆爲書謝上,而都禁吏弗與"。《後漢書·劉隆傳》:建武十五年,"諸郡各遣使奏事,帝見陳留吏牘上有書,視之云:潁川、弘農可問,河南、南陽不可問"。《三國·魏志·張既傳》注引《魏略》曰:"既爲郡門下小吏,而家富。自惟門寒,念無以自達,乃常畜好刀筆及版奏,伺諸大吏有乏者,輒給與,以是見識焉。"此奏對用簡牘者也。《漢書·游俠陳遵傳》:"略涉傳記,贍於文辭。性善書,與人尺牘,主皆藏去以爲榮。"此書問用簡牘者也。《朱博傳》:"召見功曹,閉閣,與筆札,使自記,積受取一錢以上,無得有所匿,欺謾半言,斷頭矣。功曹皇怖,具自疏姦臧,大小不敢隱。博知其對以實,乃令就席受敕,使改而已,投刀使削所記。"《原陟傳》:"人嘗置酒請陟,陟入里門,客有道陟所知母病避疾在里宅者,陟即往候。叩門,家哭,陟因入弔。問以喪事,家無所有。陟曰:但潔掃除沐浴待。陟還至主人，對賓客歎息曰：人親臥地不收，陟何心鄉此？願徹去酒食。賓客爭問所當得。陟乃側席而坐，削牘爲疏，具記衣被棺木，下至飯含之物，分付諸客。諸客奔走市買，至日昳皆會。”此尋常疏記皆用簡牘者也。《後漢書·曹褒傳》：褒撰新禮，“寫以二尺四寸簡”。《周磐傳》：磐令其二子曰：命終之日，“編二尺四寸簡，寫《堯典》一篇，幷刀筆各一，以置棺前，示不忘聖道”。《吳祐傳》：父恢爲南海太守，“欲殺青簡以寫經書”。《論衡·量知篇》曰：“截竹爲筒，破以爲牒，加筆墨之跡，乃成文字。大者爲經，小者爲傳記。斷木爲槧，析之爲版，力加刮削，乃成奏牘。”《謝短篇》曰：“二尺四寸，聖人文語。漢事未載於經，名爲尺籍短書，比於小道。”此寫經典用簡牘者也。《後漢書·劉盆子傳》：臘日，樊崇等“設樂大會。盆子坐正殿中，黃門持兵在後，公卿皆列坐殿上。酒未行，其中一人出刀筆書謁欲賀，其餘不知書者起往請之，各各屯聚，更相背向”。《袁紹傳》曰：韓馥“往依張邈。後紹遣使詣邈，有所計議，因共耳語，馥時在坐，謂見圖謀，無何，如廁自殺”。《注》引《九州春秋》曰：“至廁，因以書刀自殺。”則時人刀筆，無不隨身，足見簡牘爲用之廣，縑帛則遠非其比。《續漢書·百官志》：守宮令一人，《本注》曰：主御紙筆墨及尚書財用諸物及封泥。《後漢書·和熹鄧皇后紀》曰：“是時方國貢獻，競求珍麗之物，自后即位，悉令禁絕，歲時但供紙墨而已。”《賈逵傳》：章帝“令逵自選《公羊》嚴、顏諸生高才者二十人，教以《左氏》，與簡、紙經傳各一通”。《竇融傳注》引馬融與融玄孫章書曰：“孟陵奴來，賜書，見手跡，歡喜何量？見於面也，書雖兩紙，紙八行，行七字。”蓋惟帝王及貴戚之家，能多得紙。《潛夫論·浮侈篇》訾巫者刻畫好繒，以書祝辭，則佞神者流，於財物非所顧惜，不可以恆情論也。《後漢書·延篤傳》言篤少從“唐谿典受《左氏傳》，旬日能諷誦之，典深敬焉”。《注》引《先賢行狀》曰：“篤欲寫《左氏傳》無紙，唐谿典以廢牋記與之，篤以牋記紙不可寫《傳》，乃借本諷之。”《三國·吳志·闞澤傳》曰：“家世農夫，至澤好學。居貧無資，常爲人傭書，以供紙筆。所寫既畢，誦讀亦徧。”皆可見紙之難得。《漢書·薛宣傳》曰：“性密靜有思，思省吏職，求其便安，下至財用筆研，皆爲設方略，利用而省費。”合《後漢書·循吏傳》、《劉隆傳》、《三國志·張既傳》之事觀之，知當時簡牘亦非易得，而縑帛無論矣。張芝家之衣帛，必書而後練之，《四體書勢》、《後漢書·張奐傳注》引王愔《文字志》同。蓋亦以其難得故也。《四體書勢》言：師宜官“甚矜其能，或時不持錢詣酒家飲，因書其壁顧觀者以酬酒，討錢足而滅之。每書輒削而焚其柎。據《晉書》本傳。《三國·魏志·武帝本紀》建安十三年《注》引作札，下同。梁鵠乃益爲版而飲之酒，候其醉而竊其柎”，然則漢末工書者，所書仍是簡牘也。《後漢書·杜林傳》謂："林於西州得漆書《古文尚書》一卷，常寶愛之，雖遭艱困，握持不離身。"古簡策言篇，篇之義蓋本於編。《漢書·路溫舒傳》："父爲里監門，使溫舒牧羊，溫舒取澤中蒲，截以爲牒，編用寫書。"可見漢時多用編簡。縑帛言卷，《傳》云一卷，其爲縑帛所寫可知。簡策亦非可握持。林之寶愛，蓋緣其物之難得；而其物之所以難得，則正以其時用縑帛者希故也。六書果如吾說，其中似惟鳥蟲書一種，施諸縑帛。漆性澀滯，縑帛亦不滑，易蘸漆書之，落筆之初，漆則豐盈，至其後半，則漸形不足，遂成頭粗尾細之形。蔡邕《篆勢》云：或輕筆内投，微本濃末。可知其時之人作書，一畫之中，用墨自有深淺。《四體書勢》曰："魏初傳古文者，出於邯鄲淳。恆祖敬侯覬，寫淳《尚書》，後以示淳，而淳不別。至正始中，立三字石經，轉失淳法，因科斗之名，遂效其形。大康元年，汲縣人盜發魏襄王家，得策書十餘萬言，按敬侯所書，猶有髣髴。"而《三國志·王粲傳注》引《魏略》，言邯鄲淳善《倉》、《雅》、蟲篆，科斗書即蟲書可知。《書序疏》言："六書古文與蟲書本別，則蟲書非科斗。"蓋未窮其原委矣。王國維《科斗文字説》云：漢末，"名古文爲科斗文字者，果目驗古文體勢而名之乎？抑當時傳古文者所書或如是乎？是不可知。然魏三體石經中古文，衛恆所謂因科斗之名，遂效其形者，今殘石存字，皆豐中鋭末，與科斗之頭粗尾細者略近，而恆謂轉失淳法，則邯鄲淳所傳之古文，體勢不如是矣。邯鄲淳所傳之古文不如是，則淳所祖之孔壁古文，體勢亦必不如是矣。衛恆謂汲縣人盜發魏襄王家，得策書十餘萬言，按敬侯所書，猶有髣髴。敬侯者，恆之祖衛覬，其書法出於邯鄲淳，則汲冢書體，亦當與邯鄲淳所傳古文書法同，必不作科斗形矣"。按作書筆法，人人皆有異同，不能以此逕目其書爲兩體。《魏略》之言自是，《書疏》億斷之論，不足據也。三體石經，以清光緒二十年在洛陽出土。按其所列古文，與《説文》並無大異。知漢人所謂古文，不過如此也。鳥蟲二書，蓋大同而小異。蟲書畫圓，鳥書畫方，畫圓者頭粗尾細則似蟲，畫方者頭粗尾細則如鳥喙。其筆畫形狀不同，其由漆性澀滯，縑帛亦不滑，易以致頭粗尾細則一也。《後漢書·蔡邕傳》言：靈帝"好學，自造《皇羲篇》五十章，因引諸生能爲文賦者，本頗以經學相招。後諸爲尺牘及工書鳥篆者，皆加引召，遂至數十人。侍中祭酒樂松、賈護，多引無行趣勢之徒，並待制鴻都門下"。《酷吏傳》：陽球奏罷鴻都文學曰，"或獻賦一篇，或鳥篆盈簡"。知東京之季，工爲鳥書者，亦不乏其人。特二者相較，鳥書似不如蟲書之盛，故古文之名，遂爲俗所謂科斗者所擅耳。《梁書·蕭琛傳》：天監九年出爲江夏太守，"始琛在宣城，有北僧南度，惟齎一瓠盧，中有《漢書·序傳》。僧云：三輔舊老相傳，以爲班固真本。琛固求得之。其書多有異今者，而紙墨亦古。文字多如龍舉之例，非隸非篆，琛甚祕之。及是，以書餉鄱陽王範，範乃獻於東宫"。按此亦偽物，讀《劉之遴傳》可見。其書法則有所受之，蓋即所謂鳥篆也。衛覬之技，蓋與邯鄲淳伯仲，然必待汲郡書出案之，而後知其猶有髣髴，其非有真知灼見可知。而魏初言古文者，上溯僅止邯鄲淳，至正始中而復失其法，則所謂科斗書者,實爲史書家相傳之技,又無足疑矣。

　　書法之成爲藝事,實自東漢以還。西漢稱人善史書,無專指書法者。《漢書·貢禹傳》:禹言當時郡國,"擇便巧史書,習於計簿,能欺上府者,以爲右職"。《王尊傳》:"少孤,歸諸父,使牧羊澤中,尊竊學問,能史書。年十三歲,求爲獄小吏。數歲,給事太守府。問詔書行事,尊無不對。"《嚴延年傳》:"尤巧爲獄文,善史書。所欲誅殺,奏成於手中,主簿親近,不得聞知。"所謂史書,皆指文法。《張安世傳》:"少以父任爲郎。用善書給事尚書。上行幸河東,嘗亡書三篋,詔問莫能知,惟安世識之,具作其事,後購求得書,以相校,無所遺失。"此正王尊之類。《外戚傳》:孝成許皇后善史書,載其疏辭頗美。此則嚴延年之類也。《西域傳》:"楚主侍者馮嫽能史書,習事,嘗持漢節爲公主使,行賞賜於城郭諸國,敬信之,"敬信"之上,當奪"城郭諸國"或"諸國"字。號曰馮夫人。"亦許后之類也。陳遵尺牘皆見臧去,似耽玩其書法。然《傳》亦言其"贍於文辭",其"爲河南大守,至官,當遣從史西,召善書吏十人於前治私書謝京師故人,遵馮几口占書吏,且省官事,書數百封,親疏各有意"。則臧去之者,未必非耽玩其文辭也。史稱元帝善史書,亦未嘗非指文法,其委任弘恭、石顯,蓋正由此。至後漢則異於是。《安帝紀》言:帝年十歲,"好學史書"。《和熹鄧皇后紀》曰:"六歲能史書。"《順烈梁皇后紀》曰:"少善女工,好史書。"童稚之年,安知文法爲何事?其必指書法無疑矣。《齊武王傳》言其孫北海敬王睦"善史書,當世以爲楷則。及寢病,明帝驛馬令作草書尺牘十首"。其指書法尤爲明顯。《四體書勢》上溯善書之家,曹喜、杜度,並在章帝之世,亦其一證。文字始於象形,象形文字原於圖畫,推本言之,實爲藝事。其技之浸昌浸盛,原無足怪。然當時好樂史書者,亦非皆限於書法。《後漢書·孝明八王傳》言樂成靖王黨"善史書,喜正文字",此小學之家也。班固、賈逵、鄭興父子,蓋亦其流。《章帝八王傳》言安帝所生母左姬善史書,喜辭賦,則文學家也。司馬相如作《凡將》,揚雄成《訓纂》,亦夙開其原。而《魏略》言邯鄲淳博學有才章,又善《倉》、《雅》、蟲篆、許氏《字指》,黃初初,作《投壺賦》千餘言奏之,文帝以爲工,賜帛千匹,則以一身而兼小學、文學、書法三家之長矣。凡事原遠則流分,史書一家,分爲三派,本無足異。然則小學興於西京末造,正猶書法盛於東京中葉耳。作鳥蟲書者不必親見倉頡之文,言小學者又豈真有見於孔子、左丘之迹邪?

# 六、論隸書八分正書

隸書之始，《漢志》云："起於官獄多事，苟趨簡易，施之於徒隸。"許《序》云："官獄職務繁，初有隸書，以趨約易。"衛恆云："秦既用篆，奏事繁多，篆字難成，即令隸人佐書，曰隸字。漢因行之；獨符印璽幡信、題署用篆。隸書者，篆之捷也。"此但言隸書施用之由，而不鑿指創造之人，其說最確。許《序》述亡新六書，"三曰篆書，即小篆，秦始皇帝使下杜人程邈所作也"。段氏云："此十三字，當在下文左書即秦隸書之下。上文明言李斯、趙高、胡母敬皆取史籀大篆省改，所謂小篆，則作小篆之人，既顯白矣，何容贅此，自相矛盾邪？況蔡邕《聖皇篇》云：程邈刪古立隸文，而蔡剡、衛恆、羊欣、江式、庾肩吾、王僧虔、酈道元、顏師古，亦皆同辭。惟傳聞不一，或晉時許書已僞，是以衛巨山疑而未定耳。"《書勢》論小篆曰："或曰：下杜人程邈爲衙獄史，得罪始皇，幽繫雲陽十年。從獄中作小篆，少者增益，多者損減，方者使圓，圓者使方，奏之始皇。始皇善之，出以爲御史，使定書。或曰：邈所定乃隸字也。"按段說似矣。然衛恆晉初人，於此既有疑辭，後來之人，豈得反有灼見？其辭之同，特輾轉相襲耳，豈足爲據？《後漢書·儒林傳注》："篆書，謂小篆，秦始皇使程邈所作也。隸書亦程邈所獻。"小徐《說文注》云："斯等雖改史篇，而程邈復同作也。"並依許《序》，爲調停之辭。況許《序》曰："左書即秦隸書。"係以秦制釋新制，隸爲誰造，應於敘秦事時言之，不應於此補出。則此語在篆書下固非，在隸書下亦未爲得也。

又有所謂八分書者，在今日觀之，似隸之類。正書，亦稱真書，又作楷書，則筆畫形狀，與隸不同。然分、隸之別，究竟如何？正書究始何時？則罕有能言之者，是亦宜加考索也。《書苑》引蔡文姬之言曰："臣父造八分時，割程隸八分取二分，割李篆二分取八分。"其說殊不可曉。張懷瓘《書斷》云："八分者，秦羽人上谷王次仲所作也。王愔云：次仲始以古書方廣，少波勢，建初中，以隸草作楷法。字爲八分，言有模楷。又蕭子良云：靈帝時，王次仲飾隸爲八分。二家俱言後漢，而兩帝不同。且靈帝之前，工八分者非一，而云方廣，殊非隸書。既云古書，豈得稱隸？若驗方驗廣，則篆籀有之，變古爲方，不知所謂也。按《序仙記》云：王次仲，上谷人。少有異志，早年入學，屢有靈奇。年未弱冠，變倉頡書爲今隸書。始皇時，官務繁多，得次仲文，簡略赴急疾之用，甚喜。遣使召之，三徵不至。始皇大怒，制檻車送之。於道化爲大鳥，出在檻外，翻然長引，至於西山，落二翮於山上。今爲大翮、小翮山，山上立祠，水旱祈焉。"又《魏土地記》云：沮陽縣城東北六十里，有大翮、小翮山。又楊固《北都賦》云：王次仲匿術於秦皇，落雙翮而沖天。按數家之言，"明次仲是秦人。既變倉頡書，即非效程邈隸也。按蔡邕《勸學篇》：上谷王次仲，初變古形是也。始皇之世，出其數書。小篆古文，猶存其半。八分已減小篆之半，隸又減八分之半，然可云子似父，不可云父似子，故知隸不能生八分矣。八分本謂之楷書。楷者，法也，式也，後世以爲楷式。或云：後漢亦有王次仲，爲上谷太守，非上谷人。又楷隸初制，大範幾同，後人惑之，學者益務高深。漸若八字分散，又名之爲八分"。"時人用寫篇章，或寫法令，亦謂之章程書。故梁鵠云：鍾繇善章程書也"。按懷瓘此斷，自相矛盾，既謂楷隸初制，大範幾同，又力辨楷、隸非一，引《序仙記》等荒唐之説爲證，又不知章程書與分隸之別，可謂無所折衷矣。至於正書，則《書斷》未列其名。而其論隸書曰："八分則小篆之捷，隸亦八分之捷。漢陳遵，字孟公，京兆杜陵人，哀帝之世，爲河南太守。善隸書，與人尺牘，主皆藏弃之以爲榮。此其創開隸書之始也。爾後鍾元常、王逸少，各造其極焉。"其《六體書論》曰：隸書者，程邈造也，字皆真正，曰真書。則明以真書與隸書爲一。宋《宣和書譜》云：上谷王次仲，"始以隸字作楷法。所謂楷法者，今之正書是也。人既便之，世遂行焉。西漢之末，隸字石刻，間雜爲正書。降及三國，鍾繇乃有《賀克捷表》，備盡法度，爲正書之祖"。則又謂分出於隸，正出於分，衆説紛如，未免莫衷一是矣。

按論篆、隸、分、楷之變遷者，莫諦於顧氏藹吉。藹吉《隸八分考》曰："隸與八分，有波勢無波勢微異，非兩體也。漢世則統名曰隸。八分之名，亦後人名之耳。"吾衍《字源七辨》云："秦隸書不爲體勢，即秦權、漢量上刻字，人多不知，亦謂之篆。漢隸者，蔡邕《石經》及漢人諸碑上字，皆有挑法，與秦隸同名，其實則異，又謂之八分。前漢尚用秦隸，今有五鳳二年刻石，在曲阜孔廟中，與《隸續》所載建平郫縣碑，字皆無波勢。《何君閣道碑》立於後漢建武中元二年，《路君闕》立於永平八年，《隸釋》謂其字法方勁，兼用篆體。自建初以後，有《王稚子闕》，立於元興元年，發筆皆長，《隸釋》謂是八分書。則王愔云王次仲於建初中作，其言爲可信。"今按《四體書勢》："上谷王次仲，始作楷法。至靈帝，好書，時多能者，而師宜官爲最。大則一字徑丈，小則方寸千言。甚矜其能。或時不持錢，詣酒家飲，因書其壁，顧觀者以酬酒直，計錢足而滅之。每書，輒削而焚其札。梁鵠乃益爲版而飲之酒，候其醉而竊其札。鵠卒以攻書至選部尚書。"又曰："鵠宜爲大字，邯鄲淳宜爲小字，鵠謂淳得次仲法。然鵠之用筆，盡其勢矣。鵠弟子毛宏，教於祕書，今八分皆宏之法也。"此明言王次仲作楷法；鵠之用筆，盡次仲之勢；而八分之法，出於鵠弟子毛宏，則楷法即八分可知。莊氏綬甲《釋書名》亦曰："王愔《文字志》古書三十六種，有隸書、楷書而無八分。《初學記》：蕭子良《古今篆隸文體》，亦有楷書而無八分。《玉海》引《墨藪》五十六種書，有程邈隸書、王次仲八分，而無楷書。明八分與楷，異名同實"也。顧氏又曰："自鍾、王變體，謂正書爲隸書，因別有八分之名。然王僧虔《能書人名》云：王次仲作八分楷法；唐玄度《十體書》云：王次仲乃作八分楷法，亦未嘗專以八分名也。又江式《論書表》云：'詔於太學立碑，刊載五經，題書楷法，多是邕書。'徐浩《論書》云：'程邈變隸體，邯鄲淳傳楷法。'則尚有專名楷法者。惟蔡希綜《法書論》，乃謂王次仲以隸書改爲楷法，又以楷法變爲八分，則竟以次仲所變爲八分，而楷法、八分，各爲一體矣。今俗相承又名正書爲楷書。韋續《五十六體書》云：'八分書，魏鍾繇謂之章程書。'張懷瓘《書斷》云：'八分時人用寫篇章，或寫法令，亦謂之章程書。'二說皆非也。按王僧虔《能書人名》云：'鍾有三體：一曰銘石之書，最妙者也。二曰章程書，傳祕書教小學者也。三曰行押書，相聞者也。'所謂銘石之書，蓋八分也。《世說新語注》云鍾會善效人書，於劍閣要鄧艾章程白事，皆易其言；又毀文王報書手作以疑之。章程白事者，以章程書白事也。章程書者，正書也。今所傳鍾繇《賀捷》、《力命》、《季直》三表，皆是正書。豈鄧艾白事而獨用八分乎？當時以八分用之銘石，其章奏、箋表、傳寫、記錄日用之字，皆用正書；亦謂之章程書。如繇書《受禪碑》，即八分也；《宣示》、《戎輅》、《力命》諸帖，即章程書也。二王無銘石書，如《黃庭》、《樂毅》、《畫讚》、《曹娥》、《洛神》，章程書也。"顧氏又曰："唐所謂隸書，即今之正書；所謂八分，即漢之隸書。魏、晉以降，凡工正書者，史皆稱其善隸。《王羲之傳》云善隸書，爲古今之冠是也。唐亦因之弗改耳。林罕《字源偏旁小說序》云開元中以隸體不定，復《隸書字統》，名曰《開元文字》。大曆中，張參作《五經文字》。開成中，唐玄度復作《九經字樣》。況是隸書，莫知篆意。今《開元文字》，世有板本；張參、玄度之作，石刻猶存，悉是正書。唐謂正書爲隸，此其證也。"又曰："若蔡有隣、韓擇木輩，唐所稱工八分者，其石刻俱在。蔡有《尉遲迴碑》，韓有《告華嶽文》，與漢碑中字無異。"又曰："張紳《法書通釋》云：吾衍謂隸有秦隸、漢隸，的是至論。今當以晉人真書，謂之晉隸，則自然易曉矣。又陸深《書輯》云：程邈所上，務趨便捷，謂之隸書。王次仲分取篆隸之間，謂之八分。自邈以降，謂之秦隸。賈魴《三倉》、蔡邕《石經》諸作，謂之漢隸，鍾、王變體，謂之今隸。合秦、漢謂之古隸。斯言亦當。惟以八分爲分取篆隸之間，有可議耳。"莊氏曰："真書謂爲晉隸則不可，真書雖亦稱隸，而非始於晉也。"又曰："《書斷》：八分則小篆之捷，隸亦八分之捷。漢陳遵善隸書，與人尺牘，主皆藏之以爲榮，此其開創隸書之始也。嗣後鍾元常、王逸少，各造其極焉。程邈即隸書祖也。懷瓘謂隸爲八分之捷，以當今之正書，而推合於陳遵、鍾、王之迹。一則曰陳遵爲開創隸書之始，一則曰程邈即隸書祖，明是兩體，各得一祖。懷瓘謂陳遵爲開創正書之始，必有所受，不能假也。世徒知正書爲鍾、王變體，猶爲數典而忘耳。"按此説亦是，特一種字體，皆由逐漸遷變而成，非一人所能爲，向來謂某體始於某人者，皆强舉善書有名者以當之，非必事實，陳遵亦此類耳。

　　顧氏之説如此。據其説，篆、隸、分、楷之遷變，殊爲了然。蓋隸之初興，與篆實無大異，是爲秦人所謂隸書，漢初猶沿用之。及後漢，乃有挑法，是爲漢人之變秦。以其有波磔與前此方廣者不同，則謂之八分。八者，別也，背也，言相背別而分章也。以其有法式可模範也，亦謂之楷法。此體蓋專用諸銘石等。至供章程白事之用者，則筆畫仍平直而無波勢，此之謂章程書，亦即所謂正書。正書畫方，篆書畫圓，然其無波磔則同，故諸家皆以正書承隸。蓋正書非承漢隸而變，乃漢隸之用諸銘石等事者變秦，而用諸章程白事等者，仍未變耳。章程書之筆法，雖亦與秦隸不同，然係逐漸變遷而成，非有意爲之。故以其用言之，則曰章程書；以字體言之，則仍謂之隸也。章程書既襲隸名，欲使用諸銘石等有波勢之字與之立別，則謂之八分。此名相沿未改。故唐人猶稱今正書爲隸書，而稱漢隸爲八分也。於此可見王愔謂古書方廣少波勢，蕭子良謂王次仲飾隸爲八分，説實極確。蓋秦隸、漢隸，所異在有無波勢，由無波勢變爲有波勢，正是加之以飾耳。予又因此悟許《序》"秦始皇帝使下杜人程邈所作也"十三字，未必非許書原文，何則？篆之初興，與隸既無大別，則程邈所作之字，與李斯、趙高、胡母敬所作之字，原未必有異同。蔡邕謂王次仲初變古文，則竟不謂篆、隸有別，此許時人所以猶謂秦之隸書爲倉頡時書也。李斯等之作《倉頡》等篇，乃取《籀篇》省改其字體；程邈所作，則變篆書之筆法而趨於簡易。秦代之字，字體從斯等所定，筆勢則效程邈所爲。謂爲斯等所作可，謂爲程邈所作，亦無不可也。大篆之名，班固時尚未有。以秦人所用之字，字體、筆勢，皆與前此微異，則謂之秦篆。後人乃即周時所傳之《史籀篇》，與秦人所作字書分立大小篆之名。夫如是，則小篆二字，不啻秦文之代名。即字體而言之，則秦字定於趙高等；即筆勢而言之，則秦字出於程邈，故有以秦字爲趙高等作，亦有以秦字爲程邈者。既以秦字爲程邈作，則"小篆即秦篆書"之下，固可贊以"秦始皇帝使下杜人程邈所作也"十三字也。此殆亦舊説而許録之。其不移此語於敍秦事時，而仍贅於此者，直録舊説，不加改定，古人之文，固多如此也。參看拙撰《章句論》。衛恆晉初人，去許猶近，蓋尚知此義，故其作《書勢》，猶爲兩可之辭。至江式則去許已遠，於此已不能明，故其表辭雖襲許《序》，而逕移此語於前矣。江《表》云："於是秦燒經書，滌除舊典，官獄繁多，以趨約易，始用隸書，古文由此息矣。隸書者，始皇使下杜人程邈所作也，以邈徒隸，即謂之隸書。"其敍亡新六書，"三曰篆書"，云"小篆也"，無"秦始皇帝使下杜人程邈所作"十二字。即知許述秦時事及述新室事爲並録兩説，則知隸書之始，故有兩説：一但謂施之徒隸，取其約易，而不鑿指創造之人；一則指謂出於程邈。夫不論何種文字，皆不能鑿言創造之人，則自以前説爲得也。

隸書本有起自先秦之説。《書斷》："酈道元《水經注》云：臨淄人發古冢，得銅棺，前和外隱起爲字，言齊太公六世孫胡公棺也。唯三字是古，餘同今隸書。證知隸字出古，非始於秦。"《水經·穀水注》："孫暢之嘗見青州刺史傅弘仁，説臨淄人發古冢，得銅棺，前和外隱起爲隸字，言齊太公六世孫胡公之棺也。惟三字是古，餘同今書，證知隸自出古，非始於秦。"又淄水，"濁水東北流，逕堯山東"。《注》："西望胡公陵，孫暢之所云青州刺史傅弘仁言得銅棺隸書處。"然"程邈所造，書籍共傳"，道元之説，未可憑也。杜光庭又辨之曰："世人多以隸書始於秦時程邈者非也。隸書之興，興於周代，何以知之？按《左傳》：史趙算絳縣人年曰：亥有二首六身，是其物也。士文伯曰：然則二萬六千六百有六旬。蓋以亥字之形，似布算之狀。按古文亥作𠫓，全無其狀。雖春秋時文字體別，而言亥字有二首六身，則是今之亥字。下其首之二畫豎置身旁，亥作𠀉，此則二萬六千六百之數也。據此，則春秋之時，有隸書矣。又酈善長《水經注》云：臨淄人有發古冢者，得銅棺，棺外隱起爲文，言齊太公六代孫胡公之棺也。惟三字古文，餘同今書。此胡公又在春秋之前，即隸書興於周代明矣。當時未全行，猶與古文相參，自秦程邈已來，乃廢古文，全行隸體，故程邈等擅其名，非創造也。"按書傳所謂得古物者其詞或誤。即不然，年代文字，亦往往考核不審。酈氏之説，未可盡憑。籀篆以前，文字多矣，必謂惟今隸書之亥字，乃足當二首六身，亦近專輒。然知秦隸初起，與篆相淆，即知鑿言隸起秦時，亦未爲得。何者？變篆爲隸，不過如今鈔胥作字，但求捷速，隨意作畫，而不復審其俯仰之姿耳。謂秦時而其用始廣則可，謂至秦時乃能爲之，固不然也。

篆隸之異，大體固在筆畫形狀；然其字之構造，亦有不同之處。或由篆取圓筆，隸取方筆，筆勢不同，不得不改；亦有各有所承，隸書並非改篆者。王氏筠曰："今人以攴爲正、以攵爲俗，誤也。《説文》所收之小篆皆從攴，古文、籀文皆从今，夂即今之變文也。八變爲人者，如旌旗從㫃，乾從𠦶，楷皆變八爲丷也。又變爲乂者，如文篆作㐅，今又變乂而連書於十之下也，豈可斥爲俗乎？且楷從攴者，有鼓、敲、毆三字，不必尊古、籀文而改爲鼓、敲、毆也；他字皆從攴，即亦不必尊篆文而闢古籀文也。或有力辨變當作變者；則叟今作更，何不聞其力辨之也？"見《説文釋例》卷九。蓋篆隸初本同物，篆書之書寫苟簡者，即爲隸書；並非既有篆書，經歷若干年代，乃又造隸。故有篆書遵古而隸與古違者，亦有篆已變古而隸書猶存古意者。正猶後世正書，字體之間，小有出入，下筆者或遵舊體，或效時趨耳。然則欲考文字之朔，篆與隸之可據，固亦相等矣。

隸之初興，取趨約易，施之徒隸。蓋凡士夫作書，不求約易者，即不其然。然庶業其繁，約易之趨，勢不獲已，故隸書寢盛，篆乃卒微。賈耽《説文字源序》云：自三國後，隸書盛行，古文篆籀寖微矣，歷晉、魏、周、隋、宋、齊、梁、陳，通篆籀者日寡。惟碑頌之額，時覿數字，仍十中八九，檢文題之。此則又非漢時施之符璽、幡信、題署之比矣。衛恆説見前。《書斷》曰：漢和帝時，賈魴選《滂喜篇》，以《倉頡》爲上篇，《訓纂》爲中篇，《滂喜》爲下篇，所謂《三倉》也。皆用隸字寫之，隸法由茲而廣。《三倉》爲識字之書，而亦寫以隸，隸之通行可知。蓋篆隸之殊，一在字體，一在筆勢。字體則由繁趨簡，筆畫則變圓爲方，二者皆所以求約易。夫藁草之書，非不約易也，然又失之草率，不如隸書之便於觀覽。此隸書所以行之數千年，今人雖或病其書寫之難，而卒不能廢也。成公綏《隸書體》曰："蟲篆既繁，草藁近僞，適之中庸，莫尚於隸。"知一事之行，皆有其所由，而非偶然矣。

# 七、論行草

吾鄉孟心史先生森。嘗言，"文字不能少於真、草二種，亦不能多於真、草二種。蓋閱看求其清晰，利用真；書寫求其捷速，利用草，故二體不可偏廢。然若多於此二體，則學之又浪費精力矣"。斯言也，觀於世界各國而信；返求諸吾國，亦無不合也。篆、分、今隸，相沿而變，皆屬於真；行、草則可總稱爲草書者也。

許《序》云："漢興有草書。"不言作者爲誰。江式《表》云："又有草書，莫知誰始。"《書勢》云："漢興而有草書，不知作者姓名。"庾肩吾《書品》云："草勢起於漢時，解散隸法，用以赴急。"皆與許說同。趙壹《非草書》云："夫草之興也，其於近古乎？蓋秦之末，刑峻網密，官書繁冗；戰攻並作，軍書交馳，羽檄紛飛，故爲隸草，趨急速耳。"《書斷》引梁武帝《草書狀》曰："蔡邕云：昔秦之時，諸侯爭長，羽檄相傳，望烽走驛，以篆隸之難，不能救急，遂作赴急之書，今之草書也。"追溯起源，皆較許說爲早。然秦與諸侯爭長，至於漢興，實無幾時，不可云異說也。懷瓘駁梁武帝曰："創制之始，其媆者鮮。且此書之約略，既是蒼黃之際，何粗魯而能識？蔡公不應至是，誠恐厚誣。"其說未免膠固。然謂草書之名，由於起草，則立說甚通。其說云："王愔云：藁書者，似草非草，草行之際者，非也。按藁亦草也。因草呼藁，正如真正書寫，而又塗改，亦謂之草。楚懷王使屈原造憲令，草藁未上，上官氏見而欲奪之；又董仲舒欲言災異，草藁未上，主父偃竊而奏之，並是也。如淳曰：所作起草爲藁。姚察曰：草猶粗也，粗書爲本曰藁。蓋草書之先，因於起草。"其說殊協事理。《書品》亦曰："因草創之義，故曰草書。"莊綬甲《釋書名》曰："《儀禮·既夕注》，《初學記》引蕭子良《古今文體》，有藁書無草書。《墨藪》五十六種書同。《御覽》引庾元威《論書百體》，有章草、草書，無藁書。"明藁、草是一，足見懷瓘之說之確矣。草書之始，蓋惟求自喻，其後則漸以喻諸切近之人。以其便易，推行稍廣，成爲書之一體，或謂漢初，或云秦世，皆不過溯其行用之時，本非說其創制之日。凡事皆合衆力成於積漸，本無創制之人，亦無創制之時可指也。

　　草書盛行，及其遷變，蓋始東漢。《書勢》云："漢興而有草書，不知作者姓名。至章帝時，齊相杜度，號稱善作。後有崔瑗、崔寔，亦皆稱工。弘農張伯英，因而轉精。"《書品》謂"建初中，京兆杜操始以善草知名"。《書斷》云："章草者，漢黃門令史游所作也。衛恆、李誕並云：漢初而有草法，不知其誰。蕭子良云：章草者，漢齊相杜操，始變藁法，非也。王愔云：漢元帝時史游作《急就章》，解散隸體麤書之，漢俗簡惰，漸以行之，是也。"又云："自杜度妙於章草，崔瑗、崔寔，父子繼能。伯英得崔、杜之法，溫故知新，因而變之，以成今草。字之體勢一筆而成；偶有不連，而血脈不斷；及其連者，氣脈通，其隔行。惟王子敬深明其旨。故行首之字，往往繼前行之末。世稱一筆書起自張伯英，即此也。"又云："章草之書，字字區別。張芝變爲今草，上下牽連，或借上字之下，而爲下字之上。呼史游草爲章草，因伯英草而謂也。"杜操即杜度，大徐《說文註》作杜探，他書亦有作杜伯度者。莊綏甲云：作操是，探文相似而誤，伯度蓋其字。史游者乃撰《急就篇》之人，後人以章草書之，懷瓘因以章草爲游所作，實誤。<small>莊氏云："史游《急就》，後人多以草書寫之。皇象、鍾繇、衛夫人，皆有遺迹，見顏師古《序》。王愔所謂解散隸體麤書之者，蓋涉後人之迹而誤也。"</small>餘皆諸說符同。云"杜操始變草法"，云"伯英變之以成今草"，遷流之迹，灼然可見，然猶不止此。蔡希悰《法書論》曰："張伯英偏工章草，每與人書，下筆必爲楷則，云恖恖不暇草書。漢、魏以來，章法彌盛。晉世右軍，特出不羣，穎悟斯道，乃除繁就省，創立制度，謂之新草，今傳《十七帖》是也。邇來率府長史張旭，就王之內，彌更簡省。"《十七帖》今存，其字已不易辨。張旭所爲，世稱狂草，更不必論矣。懷瓘《六體書》論張伯英曰："草法貴在簡易，而此公傷於太簡。"況右軍以降乎？韋《續》云："字有五易：倉頡變古文，史籀制大篆，李斯制小篆，程邈制隸書，漢代作章草。"字之施諸實用者，蓋至斯而訖。今草以後，則漸成藝事矣。行書乃起而代之。

　　《書斷》曰："行書者，後漢穎川劉德昇所造也。"《六體書論》亦曰："行書者，劉德昇造也。"行書即正書之小譌，務從簡易，相間流行，故謂之行書。云"務從簡易，相間流行"，則亦雜有減畫之字。然云"正書之小譌"，則其同於正書者必多，譌同化，小譌，謂小變也，蓋特書寫稍形流走耳。故昔人謂"正書如立，行書如行，草書如走"也。此蓋其初興時，後亦兼采草體。故懷瓘《書儀》謂：行書非草非真，在乎季、孟之間；兼真者謂之真行，帶草者謂之行草。蓋草書有可用，有不可用者，擇其可用者而用之，至此，則合二體別成一體矣。《書勢》曰："魏初有鍾、胡二家，爲行書法。俱學之於劉德昇，而鍾氏小異，然亦各有巧。"胡昭，見《三國志·管寧傳》。《書斷》引王愔曰："晉世以來，工書者多以行書著名，昔鍾元常善行押書是也。"王僧虔《論書》曰：鍾繇書有三體，三曰行押書，行書是也"，河間衛覬子"瓘采張芝草法取父書參之，更爲草藁"，草藁是相聞書也，<sub></sub>采張芝法，以覬法參之，蓋即行草。王愔云："藁書者似草非草，草行之際。"亦謂此也。皆一時善此之士也。

張懷瓘説章草曰："杜度善草，見稱於章帝，上貴其迹，詔使草書上奏。魏文帝亦令劉廙通草書上事。蓋因章奏，後世謂之章草。"按漢明帝令北海敬王作草書尺牘，已見前。《後書·列女傳》：皇甫規妻"善屬文，能草書，時爲規答書記，衆人怪其工"。又曹操問蔡文姬："聞夫人家先多墳籍，猶能憶識之不？"文姬曰："昔亡父賜書，四千許卷，流離塗炭，罔有存者；今所誦憶，裁四百餘篇耳。"操曰："今當使十吏就夫人寫之。"文姬曰："妾聞男女之別，禮不親授。乞給紙筆，真、草惟命。"於是繕書送之，文無遺誤。《三國志·魏武帝紀》建安二十五年《注》引《博物志》曰："漢世安平崔瑗、瑗子寔、弘農張芝、芝弟昶，並善草書，而太祖亞之。"皆可見草書之盛行。然《玉海》言晉荀勖領祕書監，立書博士，置弟子教習，以鍾繇、胡昭爲法，則實用者漸重行書，而草書寖成藝事矣。《宣和書譜》曰："自隸法掃地而真幾於拘，草幾於放。介乎兩間者，行書有焉。"一事之存廢，固皆有其所由也。

然中國之草書，生長頗受夭閼，故終不能十分簡易。蓋字由偏旁合成。而所謂偏旁者，大體即係一字，故其筆畫不得不多。非簡略之至於失其元形，則其畫數不能大減。然簡略之至於偏旁失其元形，則已別成一字矣。識字究爲難事，故草書字數，勢不能多。今日通常所作，實皆行書也。然亦總雜有簡略已甚之字。<sub>如書字即是。</sub>而其所雜多少，復人各不同。此即《書儀》所謂真行、行草，故吾謂其已合二體別成一體也。正書人人能識，草書則不盡然。真行所以便識草書少者，行草則所以便識草書多者。其並行蓋事勢使然，亦即甚協乎理，然終不能甚簡，此則字之本體使然也。

草書與行書合一，乃其變化之一途。其又一途，則與今所謂簡字相合，簡字非晚近始有。《傷寒雜病論》，一作《卒病論》。《雜病論》即今《金匱要略》，非論倉卒之患，則卒字無義。或云：鈔胥寫雜字，止作左半，因誤爲卒，其説蓋是。書寫之遲速，一判之於筆畫之多少，一判之於筆畫作成之難易，而後者之關係尤巨。簡畫之字，未必出以鄭重之筆，故簡字不能於草書之外，獨立爲一體。然自張芝以降，草法之變化日多，不甚作者，下筆難於不譌，乃舍草書之流走而獨取其減畫，遂成今日之簡字。試觀簡字同於草體者之多而可知也。此又草書一體中之變化也。

字例略説

# 前　　言

　　《字例略説》成稿於一九二三年至一九二五年間，原是吕思勉先生在蘇州江蘇省立第一師範學校、上海滬江大學任教講授文字學課程的講義，後經修訂成書出版。先生自評："此書論六書之説，爲漢代研究文字之學者所創。字例實當别立。六書中惟象形爲文，指事爲字；及整理舊説，輔以新得材料，以論文字之增減變遷，自問亦足觀覽。"①《字例略説》出版後，吕先生曾做過不少修訂和增補。一九五七年九月，吕先生又將初版《字例略説》的最後一章《中國文字之優劣》重新改寫，標題改爲《論文字之改革》。此章最後脱稿於一九五七年九月二十九日。十月九日，吕先生駕鶴西歸，此篇可説是先生最後的一篇文稿。

　　《字例略説》於一九二七年由上海商務印書館初版發行，一九三〇年收入商務印書館"萬有文庫"。一九八五年六月，上海教育出版社出版吕先生的《文字學四種》，收入了《章句論》、《中國文字變遷考》、《字例略説》和《説文解字文考》四種著作，但《字例略説》的最後一章未刊。《論文字之改革》曾收入華東師範大學出版社的《吕思勉遺文集》（一九九七年九月出版，有删改）。完整的《字例略説》於二〇〇九年八月收入上海古籍出版社"吕思勉文集"《文字學四種》。港台方面，《字例略説》曾收入臺灣商務印書館"新人人文庫"（一九六五年八月出版），又有臺灣台中市文聽閣圖書公司"民國時期語言文字學叢書"的翻印本（二〇〇九年十月出版）。②

　　此次我們將《字例略説》收入《吕思勉全集》重印出版，按吕先生的修改稿整理校對，除訂正個别錯字外，其他均按原稿刊印。初版《字例略説》的最後

---

①　吕思勉：《三反及思想改造學習總結》，參見《吕思勉全集》之《吕思勉論學叢稿》下。

②　有關《字例略説》在大陸、港臺的再版、重印情况，詳見《吕思勉全集》之《吕思勉先生編年事輯》附録二《吕思勉先生著述繫年》的記録。

一章《中國文字的優劣》,現用作附錄;《論文字之改革》一章,按吕先生寫定稿
重新校對補上。

李永圻　張耕華
二〇一四年七月

# 目　　録

# 一、說 字 例

　　學問之事惡乎始？曰：始於求條例。凡天下事，必有其所以然之故；治學問者之所求，則此所以然之故而已。顧所以然之故，非可徒得也。必先知其然，然後能知其所以然。而欲知其然，又必即其事分析之至於極微，然後其所謂然者盡。所謂然者盡，而所以然之故，乃可進求矣。天下事無論分析之至如何詳盡，終必有其公共之理存。若是者，昔人稱之曰道。而無論何事，亦莫不可分析之至於極微。若是者，就其事之可分析言之曰理；就其分析所得者言之，則曰條、曰例。《説文》：“條，小枝也。”蓋引伸爲枝分之義。又曰：“例，比也。”段氏曰：“漢人少言例者；杜氏説《左傳》，乃云發凡言例，蓋古比例字祇作列。”予案今人所謂原理者，昔人稱之曰道；所謂條件者，昔人則曰條、曰例。例蓋列字之分別文，《説文》：“列，分解也。”由分解之義引伸爲條例，更引伸爲比例也。此凡學問之事皆然。文字之學，亦何獨不然。吾國有文字之學，蓋始於漢。詳見《中國文字變遷考》。集漢人文字之學，著爲一書者，則始於許慎之《説文解字》。許君謂俗儒鄙夫，不見通學，未嘗覩字例之條。蓋其學之異於流俗者，亦在其條例而已。

# 二、論六書

　　然則許君所謂字例之條者，果安在哉？則通觀全書，惟六書之說，足以當之。六書之說，許《序》以爲出於周之保氏，後人因謂許氏字例之條，必傳之自古。其實非也。六書之說，惟見於班《志》、許《序》及《周官·保氏注》引鄭司農之說。學說不能突然而生，而既經發明，亦必有人祖述。吾國字書，自《籀篇》至《彥均》，皆爲四言或三、七言韻語。見《中國文字變遷考》。以字形分別部居，實始於許。自周初至漢末，歷時已逾千年。《周官》固戰國時書，其距漢末，亦數百載。果使其時已有六書之說，安得自許以前，迄無用其法著字書者？而班、鄭、許三人而外，且迄無提及者乎？《書古微·孝經緯·援神契》有一條云：“倉頡文字者，總而爲言，包意以名事也。分而爲義，則文者祖父，字者子孫。得之自然，備其文理，象形之屬，則謂之文；因而滋蔓，子母相生，形聲、會意之屬，則謂之字。字者，言孳乳寖多也。題之竹帛謂之書，書者，如也、舒也、著也、記也。”予昔讀此條，以爲此乃六書之說出於班、鄭、許之前者。其說惟有三書，可見轉注、假借不能與象形、會意、形聲並列，即指事亦可并省也。繼讀張懷瓘《書斷》，乃知孫書此條，實據《書斷》誤輯。《書斷》原文云：“案古文者，黃帝史倉頡所造也。頡首有四目，通於神明。仰觀奎星圜曲之勢，俯察龜文、鳥跡之象，博采衆美，合而爲字，是曰古文。《孝經緯·援神契》云：“奎主文章，倉頡倣象。”是也。“夫文字者，總而爲言”云云，其中惟“奎主文章，倉頡倣象”八字爲《援神契》之文，餘皆張氏之語。孫氏顧舍此八字而輯其餘，可謂愼矣。且六書之說，豈可以教學童哉？教學童以文字者，則使之識其形，審其音，明其義，且能書寫之而已。此項教法，實以集有用之字，撰成韻語，使之熟誦爲最易。晚近閭里書師，其教學童，猶用《三字經》、《千字文》等，其法蓋傳之自古。社會現行之事，往往爲前代之遺，故多足考古制者。舊時之童子師，教學童識字有二法：一、字字分別使識之，俗所謂方字是。一、則授以韻語，如《三字經》、《千字文》等是。後法蓋傳之自古，實較前法爲便。然其書久不編纂，不適於用，不得不別易有用之字。別易有用之字，而未嘗編成韻語，即成方字矣。若以六書之說教學童，是猶今之教學童者，用字典分部之說也。有是理乎？又六書之說，許似不甚明瞭。許說某字當屬六書之某，而其實不然。及依許說，則在六書中無類可歸者甚多。如蠹之或體𧍪，許說云：“象蟲在木中形。”此字依許例，祇能說爲指事，不能說爲象形，許說實誤也。又如倒文、反文等，在六書中實無可歸附，皆見後。即如指事，許惟於上、下二字下言之，仍不出《敘》所言之外。此尚係大徐本如此；小徐本則"下"下云"從反上爲下"，并不言指事。轉注、假借，則全書不及。夫許氏所斤斤焉自謂異於俗儒鄙夫者，字例之條而已；其所謂字例之條者，則六書而已。乃許於六書之説，茫昧如此，何哉？曰：許書本博采而成，其《敘》亦然。見《中國文字變遷考》。六書之説，亦成説而許氏采之。其説本不過舉示梗概，未嘗即當時之字，一一定其當屬何書，故許亦無從質言也。學問歷時愈久，則研究愈深；研究愈深，則立説愈密。果使作《周官》之時，已有六書之説，至許君時，研究者必已甚多，某字當屬某書，當早有定論，安得茫昧如此乎？故六書決非古説也。

然則六書之説，出於何時乎？曰：當出於西漢之世。吾國有文字之學，實始西漢，予撰《中國文字變遷考》，業已言之，今觀於六書之説而益信也。中國字説，足當字例之目者，厥惟六書；漢以前之字説，實萃於《説文解字》，前文業已述及。今觀許書説解，顯分二派：其一，如"王"下引"董仲舒曰：古之造文者，三畫而連其中，謂之王。三者，天、地、人也，而参通之者王也。孔子曰：一貫三爲王"。"公"下引韓非曰："背私爲公。"凡其説在西漢初年以前古文學未興之世者，大抵借字形以説義理，而非説字之條例。故諸生"以其所知爲祕妙，究洞聖人之微恉"也。又其一，如揚雄等，其説有合於六書之條例者，則大抵在古文學既興之後。緯起哀、平，然其説字，尚多不與六書合。觀俞正燮《緯字論》可見。此等舊説，雖不如許説之善，然漸知即字形以求造字之故，與純然借字形以説義理者不同，實爲新説之本。故許氏雖詆當時諸生、廷尉等爲俗儒鄙夫，而於此派字説，亦卒不能盡廢。如《緯字論》所引"一大爲天"，"十加一爲士"，"禾入水爲黍"，皆與《説文》同是也。又此等舊説，不如許説之善，係就大體言之。若逐字論之，則亦未必新説皆長，而舊説皆短。試就許氏所斥"馬頭人爲長"、"人持十爲斗"、"蟲者屈中"、"苛之字止句"論之，即可見矣。夫曰"馬頭人爲長"者，人之長者，其項必長。馬之項固長於人，其善者，又恆昂首騰驤。習見之畜，如牛、羊等，其項皆不如馬長，故以馬之長方人。夫馬之長，其可見者在鬣，故言馬之長者必舉其鬣，而鬣遂爲狀長之詞。許書彡部："鬣，髮鬣鬣也。"囟部："巤，毛巤也，象髮在囟上，及毛髮巤巤之形。"此兩字皆指毛髮。人部："儠，長壯儠儠也，《春秋傳》曰：長儠者相。"則以儠狀長矣。長鬣二字，見《左》昭七年、十七年，及《國語・楚語》，杜預、韋昭皆釋爲美鬚鬣，殆非也。許説馬字曰："象馬頭、髦、尾、四足之形。"蓋似目象頭，長其畫作馬者，與從目又從彡同，彡以象髦。彡部曰"彡，長髮森森"是也。乀以象尾及四足。髦即鬣。然則謂馬頭人爲長，其説極確。許説兂字曰："从兀、从匕，兀者，高遠意也，久則變化，亡聲，�17者，倒亡也。"迂曲甚矣。其所載古文夭兂，下體固皆从人也。云"人持十爲斗"者，十非"數之具"之十，蓋象斗形，猶許書文下云"從又持十"也。虫、中二字，古音相同，故《詩・柔》"征以中垢"，《韓詩》作"往以虫垢"。屈中字之畫以爲虫，許書説字，亦有此例，見後。苛人受錢之苛，廷尉説其字爲止句，則當作苟。此音含義甚多：有今所謂大聲呵斥之義，有責問幾察之義，有拘執之義，有指撝之義，甚至有分裂之義。其所作之字亦不一。今所謂大聲呵斥之義，依許書當作訶。言部："訶，大言而怒也。"是也。責問幾察之義，正字作呵，蓋與訶爲音義皆同字，亦借何、苛、荷三字爲之。《周官·天官·宮正注》："幾荷其衣服持操及疏數者。"《釋文》："荷，呼可反，又音何。"《閽人注》："苛其出入。"《釋文》："苛本又作呵，呼何反，又音何。"《地官·比長注》："呵問繫之。"《釋文》："呵呼何反，又音何。"阮氏《校勘記》云：此呵字"葉鈔《釋文》作則荷，嘉靖本呵字剜改，蓋本作荷"。皆呵、何、苛、荷通用之證。《説文》雖有訶字，而其用諸説解者，仍錯雜不一。言部"誰"下云："何也。"此即《賈子書》"陳利兵而誰何"，及"大譴大何"之何，是許亦借何字也。言部："詆，苛也，一曰訶也。"小徐本作"荷也"。"一曰訶也"四字，必後人校語；原本作苛、作荷未可定，恐當以小徐爲是，因大徐本失真處更多也。《敍》譏廷尉以苛之字爲止句，則許意苛人受錢之苛當作荷，是許亦借苛、荷二字也。其訓拘執之義，《説文》作拘，亦作柯。句部："拘，止也。"手部："柯撠，《周書》曰：盡執柯。"今書作拘，是也。《漢律》借苛，廷尉以爲當作苛，而《廣韻》又有苛字。訓指撠及分裂之義，《説文》作撠。手部："撠，裂也，一曰手指撠也。"雖不及拘執之義，然柯下引《周書》而訓以撠，則許意撠亦可訓柯。合裂也、手指撠也，凡有三義。裂也之義，即《曲禮》"爲國君者華之"之華。《注》謂"中裂之"，今人書其字作畫，而狀其既中裂後之形則作豁。"閽人"《釋文》：苛，"何徐黑嗟反"，正與今人讀華、畫、豁之音相同。可見柯、撠二字，亦係同音，故許以之互訓也。夫此一音，所含之義，如此其多；所作之字，如此其衆，安能别其孰爲是、孰爲非？苛人受錢之苛，何以可作苛、不可作苟乎？且尋常之字，義解恆甚紛歧，而解釋律文之時，則宜使之確定。苛爲假借字，含義甚廣；苟則王氏筠所謂後起分别之字，只分其一義者。説律之時，宜讀苛爲苟，章章也。果如許説，可作苛不可作苟，則許説苟爲小草，引伸爲凡小之稱，斷獄之時亦得以苛細之義相周内乎？若謂許意亦如今人，以舊有之字爲正，後起之字爲俗，苛爲舊有之字，故以爲正字，苟爲後起之字，故譏爲俗字，則許又何以收拘、柯、訶三字乎？亦可謂知二五而不知十矣。要而言之，以許書全體與舊説相校，自覺後起者勝。若一一衡之，則許説有仍與舊説同者，有反不如舊説之善者。蓋字説本逐漸進步，許譏諸生、廷尉等爲俗儒鄙夫，詆其説"不合孔氏古文，謬於《史籀》"，以爲與己之所學截然異物，而不知許所博采之通人，其説正自此等説轉變而來，故形迹尚未盡泯，而得失亦且互見。此實許書字説，爲西漢後逐漸發生，而非遥接保氏、史籀之傳之鐵證矣。**此即許氏所謂通學，所謂字例之條者，當先漢之末，尚未大盛之證，安得周時已有其説乎？然則《周官》六書，殆亦蕭何六體之類。兩漢之間，指事、象形等六書之説既出，鄭司農乃以之釋《周官》，實屬謬誤。而許君沿之，**亦或當時古文家之説，而鄭、許用之，未必定鄭、許之誤也。**而班《志》則又後人據鄭、許一類之説竄入者也。**班《志》此處爲僞竄，見《中國文字變遷考》。

　　許書所以爲後人所信者，以其所説多字之本義，而經典所用多引伸義。凡本義必實指一事一物，引伸之義則不然，因信許説傳之自古耳。人之語言，誠應先實事實物，而後及於玄虚之義。然至文字孳乳寖多之時，是否尚係如此，則亦可疑。然則許説字義與經典異者：究係經典所用爲後起之義，而許説爲其固有之義？抑語義本不指實，造字者因無可著手，乃託之於實事實物？猶未可知。如"顛，頭偏也"，似爲本義，而訓頗爲凡偏之詞者，爲引伸之義矣。然從皮聲之字，如詖，亦得偏義，又何以説之？即謂果有本義，經典皆已不用，許君何由知之？許書所説本義，有經典全不見者,觀顧字段《注》可見。王氏筠曰:"上古有是語而中古無之者,即其字雖存,而古義遂湮,祇傳其通假之義。故許君説字,有支詘者。"見《説文釋例》卷一。則許説之多本義,殆亦皮傅字形耳。許君皮傅字形爲説,段氏已言之,如苗字是也。愚案古人本有隨文訓釋之例,依附字形爲説,亦其類耳。如饕、餮二字,《説文》皆但曰"貪也",引《春秋傳》曰謂之饕餮",而賈、服及杜則皆曰"貪財爲饕,貪食爲餮"。此非別有所受,乃承上文"貪於飲食,冒於貨賄"言之。如其不然,則亦渾訓之曰貪矣。然則許書疢爲"熱病",頗爲"頭偏",亦以其字從火、從頁而言。假令易其偏旁,説解亦當隨之而異矣。許書有時據字形爲説,而有時又不然,如訓牡但曰"畜父",不曰牛父,牝但曰"畜母",不曰牛母者,其書係博采而成,大體一仍其舊,不加改易故也。後人作《説文釋例》者,如王氏筠,其用力可謂勤矣,而烏知許氏之書,體例初不畫一乎? 王氏曰:許君立説,必以字形相比附:"故有恆見之字,而《説解》反爲罕見者,爲恆見之解與字形不合也。利自此生,蔽即自此生:反古復始,其利也;古義失傳之字,形體傳譌之字,必欲求其確切,遂致周章,其蔽也。"蓋小學家之説字如此。此乃據形立説之例,至許氏而後行。非真有本義,傳之自古也。許君詆俗儒鄙夫,"不合孔氏古文,謬於《史籀》"。然許書十九皆小篆,其所以能據形系聯,分別部居,不相雜厠者,正以所載皆小篆,故能整齊如此耳。必欲求三古之遺文,則如異於古文之奇字,已非六書之例所能説矣。故六書決非古説也。

　　凡事前修難密,後起轉精。六書之説,出於漢世,距今已二千餘年,其説自不能甚密。求其詳盡,十書、八書不啻。若但揭舉大綱,則轉注、假借二者,固不容與象形、指事、會意、形聲并列也。見後。果使後世治文字之學者,師古人立字例之條之意,而勿泥其所列之條;以六書之説爲基,更求詳密,則迄於今日,字學必已大明。惜乎二千年來,昧者則似六書爲皇頡造字之條例,謂其先定此例,而後依之造字;即知其不然者,亦以六書爲古説,不敢破壞,有彌縫匡救,而無改絃更張,如王筠即其人也。筠撰《説文釋例》,其言曰:"六書之名,後賢所定,非皇頡先定此例而後造字也。猶之《左氏》釋《春秋》例,皆以意逆志,比類而得其情,非孔子作《春秋》,先有此例。"其説可謂通達矣。然其書則仍以彌縫匡救爲主,非至萬無可通,不敢非議許説也。遂致爲成説所拘,用力雖深,而立説終未盡善,此則尊古太過之弊也。予謂今日治文字之學者,實當自立條例,不必更拘成説。然兹事體大,非予淺學所能。且六書之説,傳之二千餘年,一旦破之,未免駭俗。故兹編所論,仍以六書爲綱領,但於其説不可通之處,加以論列焉,期爲治斯學者闢一途徑而已。

　　六書之名及次第,班、鄭、許互有不同。許《序》云:一曰指事,二曰象形,三曰形聲,四曰會意,五曰轉注,六曰假借。班《志》云:象形,象事,象意,象聲,轉注,假借。鄭司農則云:象形、會意、轉注、處事、假借、諧聲。案象形、轉注、假借之名,三家俱同。指事、處事、形聲、諧聲,立名雖異,於義俱安。惟班於事、意、聲亦皆云象,則理不可通。至其次序,則當從班:以象形居首,指事、會意、形聲次之,轉注、假借又次之。以六書之中,足當文之目者惟象形,而轉注、假借,雖亦具造字之用,究與其餘四書又有不同也。

# 三、象　　形

　　許《序》云："倉頡之初作書，蓋依類象形，故謂之文。"又曰："文者，物象之本。"此語段依《左》宣十五年《正義》補，案《書序疏》引《説文》亦有此語，段氏補之是也。然則象形，實居文字之初。其創制也，直取象於物，自無從更加以他字，故鄭樵謂獨體爲文，合體爲字也。然象形文字之初出者，固無從更加以他字，而其出較晚者，則或亦加他字以見意。如木部："枼：木實也。從木，象果形，在木之上。""朵：樹木垂朵朵也。從木，象形。"又如巢下云："鳥在木上曰巢，在穴曰窠。從木，象形。"此等字不從木即無以見意，謂其初但作田、作彡、作留，而木字爲後人所加，固不可；謂其造字之時，即各兼象木形，而非取固有之木字而用之，於義亦未安也。故昔人謂象形字亦有獨體、合體之分，其説極確。然此等字爲數究少。從其多者論之，則皆原爲獨體之文，而後人乃加以義旁、聲旁，而成爲合體之字者也。象形字之加義旁者，如冊，"象其札一長一短，中有二編之形"。本獨體字也；古文𠕋加之以竹，則成合體字矣。其加聲旁者，如齒，"象口齒之形，止聲"是也。又如网下云，"從门，下象网交文"。案此字不從门，則無以見其爲网，故仍當説爲獨體象形字。然其或體罔則加亡聲，又一或體網，則又加糸爲義旁矣。此皆見於許書者。其不見許書者，如豐下云："豆之豐滿者，從豆象形。"而《大射儀注》云："豐，其爲字從豆，曲聲。"則似別有曲字。不知許書未載歟，抑漏脱而後人改豐下説解也？又按生部："丰，艸盛丰丰也。"與豐音義皆同，則曲已爲合體字，其造法與幽字略同。而豐之古文作𧯮，則𧯮與丰亦無別矣。此等字有遂分而爲兩者，如竹部，笘互本一字，因互行交互之義，而笘遂加竹。箕及𠀠亦一字，因假義行，而其本字乃或加丌或加竹也。今《説文》中所存之字，固已不古。其十之八九，皆後人加以偏旁，或則筆畫轉變，失其原形。故居今日而欲求初文之形，厥有兩義：一當博搜古字，而不可爲《説文》一書所限。籀、篆以前之文字無論矣。即隸書，其原起亦與篆書同時，並非承小篆而變，詳見《中國文字變遷考》。隸書之原起，既與篆同古，則就之以求古字，其可用，自亦與篆書相等也。二則凡字皆當分析之，以求其初形，不可認現在之形，即爲初造之文。斯事繁賾，引其端尚易，竟其業實難。予於小學，愧非專門，未能從事於此。惟少時嘗就許書，求其字之足當文之目者，無論其尚爲獨體，抑已爲合體；尚爲原形，抑已經轉變，悉行寫出，而爲之鉤求其所以然之故焉，名之曰《説文解字文考》。今亦別寫爲書，所造雖淺，亦足供治斯學者之參證也。

文字之初，原於圖畫。然有異於圖畫者二端：一、圖畫貴於肖物，文字取足示意而止，故其筆畫必簡。二、圖畫祇能象有形之物，無形之物，祇能於形中曲傳其意，而文字不然。故凡字之直象物形，或其筆畫極簡者，皆初文也。

字之直象物形者有二：一、象有形之物者，如：牛、羊、犬等字是。許書載孔子之言曰：“牛羊之字，以形舉也。”又曰：“視犬之字，如畫狗也。”雖未必果爲孔子之言，要爲許以前字説。許書引孔子之説凡八：王、士、儿、黍、羊、犬、貉、烏是也。説字託諸孔子，蓋一時風氣如此。今篆書之牛、羊、犬字，橫看之即成牛、羊、犬之形。雖其筆畫甚簡，原與圖畫殊科。然二者本非同物，或後來轉變求簡，或初造之時，原祇如此，要爲直象物形。説字者之説，原不誤也。二、象無形之物者，如：𤰞坐𠃊𦥑㠯弓𠬝等是。

文字以簡畫示意者，亦有數種：其最簡者，如：丶一丨是。《説文》中丶一丨所象之物甚多，非專訓數及“上下通”及“有所絕止而識之”也，詳見《説文解字文考》。其稍繁者，則屈曲其畫，如：一下垂而爲几，丨上趯而爲丿、乙，左右戾之而爲丿、乀是。更繁複即用多畫，如：積一而爲二、三、三，交丨而爲乂，交丨一而爲十，及𠃌、丂等字是也。

畫簡而所象多，非徒丶、一、丨等一畫者爲然也，即稍多其畫亦然，如屮彡等是，亦見《説文解字文考》。許書明言相似者，即此類也。許書明言相似者十二：鳥下云：“鳥之足似匕，从匕。”角下云：“角與刀魚相似。”虎下云：“虎足象人足。”麂下云：“麂足與鹿足同。”舄下云：“與禽离頭同。”鹿下云：“鳥鹿足相似。”皀下云：“頭與兔同，足與鹿同。”兔下云：“兔頭與皀頭同。”能下云：“足似鹿。”魚下云：“魚尾與燕尾相似。”龜下云：“龜頭與它頭同。”禽下云：“禽、离、兕頭相似。”是也。此等爲許君原文與否姑勿論，即謂後人添注，亦必古有是説。匕刀儿等之多所象，猶之一丨屮彡等之多所象也。

欲示其物，則直象其形，此實最粗淺之法。但較結繩已有進。後人或以造獨體之文爲神聖之業，而造合體字之法轉居其下，非也。古人於象形之外，不知更有他造字之法，故其所造之字，必不能多。使其逼肖物形，則雖窮於無形之字，尚不窮於有形之字也。然文字究非圖畫，勢不能如圖畫之繁。欲博象世間之物，而其筆畫又須極簡，則真窮於術矣。造字不多，則不能足用，此古代形借之字之所以較後世爲多也。見《論假借》。然此因古人所用之字，究屬不多，故可勉強攝代。若在後世，則不惟混淆，亦必不能足用矣。此象形字之所以窮，亦獨體字之所以窮也。

象形之法，稍進之，則爲增減或屈曲其畫以見意。此其異於純象形者，以其爲既有字之後，乃就而用之，非復取象於物也。減筆或屈曲其畫之字無論矣。即增畫之字，亦不容説爲合體象形者：合體象形之字，所增加之一體，必係取象于物，此則僅增一畫以示意。合體象形，合兩體以上成一字，所用者已係合體之法，此則就固有之字，稍加改變，所用者仍係獨體之法也。增畫之字，如又部之彐是。減畫之字，如凵之於凷、朩之於木、乛乁乁之於子是。此等減畫之字甚多，如乛，"鳥之短羽飛几几也，象形"。彡，"新生羽而飛，從几、從彡"，亦可説几爲彡減彡。丷"羊角也，象形"，羊下云："從丷，象頭、角、足、尾之形"。案羊字上出兩斜畫象角，上横畫象頭，次兩横畫象四足，直畫象尾，亦可説丷減羊兩横畫。凡從丷之字，直畫皆甚短，蓋本無此畫，寫者依部首增之。則亦可説丷爲丨，減羊字之干，專象其頭角也。屈曲其畫之字，如屯之於屮、朩之於木、夨夭夭夨之於大是，此指就固有之字屈曲其畫以見意者。如其造字之初，本取曲畫者，不在此例。如畕下云"畕，象耕田溝詰屈之形"，九下云"象其屈曲究盡之形"是也。《宋史·儒林傳》：崔偓佺"引對便坐。太宗顧謂曰：李覺嘗奏朕云：四皓中一先生，或言姓用字加撇，或云加點，爾知否？偓佺曰：昔秦時程邈撰隸書，訓如僕隸之易使也。今字與古或異。臣聞刀用爲角，兩點爲角，用上一撇一點，俱不成字"。其實此如今之乒乓，乃減畫之例；若云用字加撇、加點，則增畫之例也。

又有引長其畫者，亦與屈曲其畫相類，如乀下云："長行也，從彳引之。"世下云："三十年爲一世，從卉曳長之。"是也。半下云："從生上下達"，永下云："象水巠理之長。"實亦此例。至造字之初，本取長畫者則亦不然，如肉部胤下云"子孫相承續也，從儿象其長"是也。

有所謂從古文之象者，此係字體之傳譌，或寫者改變字形，與增減屈曲其字之筆畫，有所爲而爲之者，相似而實不同。此例，許於革、於、弟、民、酉五字下言之。又大下云："古文大。"夰下云："籀文大，改古文。"亦其例也。然實係此例而許未言之者甚多，如回下云："轉也，從口，中象回轉之形。"皮下云："從又，爲省聲。"其説皆極難通。此實承古文回籀文皆而變耳。攴部：徹，"通也，從攴從育"。王氏筠曰："從育不可通，直是古文鬻形變。"予案鼎下云："鼎屬。象腹交文，三足。"日無所取義。石部：碭，從鬲聲。其字作鬲，蓋其未譌之形。川象三足，⊠象腹及交文，一象其蓋，冃則其頸亦有文也。則鼎已爲譌變之形矣。此等字形譌變，在六書中原無可附麗，許亦説爲象形，實屬牽強。此亦可見真欲説明字形，六書之例，殊不足用也。

小異於增減屈曲其畫者爲增減其字，時則有半文及叠文。而叠文之中，又有叠二、叠三、叠四之殊；叠二之中，又有重書、並書之别。半文所以異於減畫者：彼爲減其畫，此則省其字之半也。叠文所以異於增畫者：彼僅增其畫，此則所增者爲字。所以異於合體字者：彼知合數字以爲字，此就一字重複爲之，實仍獨體字之變也。

半文之例有二：一字之兩體相同者，取其一體。如攴下云"從半竹"是也。

此據古文帝而言。二則字雖不可分爲兩體，而其左右形狀相同，截取其半者，如片下云"从半木"是也。其説解雖稱爲半，而非此兩例者，只可歸諸減畫之例，如夕下云"从月半見"，谷下云"从水半見"，卢下云"从半臼"，俎下云"从半肉"是也。此等字所減者皆不止一畫，與𠙴帀等字，實亦小異。許或説爲半，或不説爲半，亦無定例。如臠下云"从殘肉，與俎同意"，然説爲殘而不説爲兩半肉；𠨜下云"从水敗兒"，實亦與谷同意，亦不説爲半是也。

此例所以祇能説爲半文，而不能指半文爲全，全文爲其疊者，以其確係取全字之半以見意也。如彳下云："小步也，象人脛三屬相連也。"亍下云："步止，从反彳。"行下云："人之步趨也，从彳亍。"象人脛三屬相連，無以見小步之意。王氏筠謂必先有行字，去其半以見小步，又反之以爲步止，其説甚精。故半文斷不能誤爲全文也。

合二之文，上下書之者，許君稱爲重文；左右書之者，則稱爲並文。多下云："从緟夕"，其古文作夶，説云"古文並夕"；棗下云"从重朿"；棘下云"从並朿"是也。然凡篆有或體，及古、籒與篆相異者，許皆稱重文。于此又稱重文，未免相混，故後人改稱爲疊文焉。疊文與並文，有同字者，如多夶是。有異字者，如棗棘是。賏爲並文，而籒文敗以之作賏，亦與多字古、篆以重並爲別同。至部䢞爲並文，而辵部遝亦重書之，則并無古、籒、篆之殊矣。蓋字體之部位，有可移易，有不可移易者，疊並文亦然也。

疊文有與不疊之字同者，如屮古文以爲艸字是也。有不與所疊之字同者，如林爲棽木，不能謂即木字；賏爲頸飾，不能謂即貝字是也。王氏筠曰："凡疊三成文，未有不與本字異音、異義者矣。其疊二成文，則音義異者固多，而同者亦有之。"《釋例》所輯，疊文與單文音義異者五十有餘，其中夶、兹二字，仍係音義相同。八下云：八亦聲；兹字今讀子之切，然《廣韻》在一先，胡涓切，全引《説文》，則仍讀爲玄也。同者十有二。王氏以爲籒文。予案所謂籒文者，蓋指《籒篇》文字異於小篆者而言。《籒書》十五篇，建武時亡其六，許君所見，猶五之三。今許書所載籒文凡二百二十餘。假定籒篆異體之數，各篇相同，則籒文之異於小篆者，尚當有百四五十字，合之得三百六七十字。籒書九千字，以有複字故，其字數難確知，然不能遠少于小篆；以李斯等作字書，許云"皆取《史籒》大篆"也。又云"或頗省改"，或頗者偏有之辭。然則籒文之異於小篆者固不多，可知其不能字字繁複。且今篆文中，疊文固亦甚多也。然則籒文較之古篆，固好繁複，遂指繁複者必爲籒文，亦未然矣。惟云疊文仍與單文同，古篆皆有其例，而此例與籒文之好繁複同，則無病耳。

又有兩體相同,然不容説爲叠文者。如羽不可説爲兩彡,門不可説爲兩户是,以鳥自有兩羽,門自左右相對也。

叠文有即取義於二者,如:焱下云"二爻",皕下云"二百",雔下云"雙鳥",眗下云"左右視",誩下云"競言",友下云"从二又相交"<sub>此字之本義,當爲相助,與右爲音義皆同字,引伸爲朋友之友。許君説右云:"手口相助",亦泥字形,故加手口二字耳。</sub>是也。有但取多義,不限於二者,如:厽從二厶,但見其小之甚;林從二木,亦非二木即可成林也。

至於叠三成文,則其意大抵在示多數。王氏筠云:三文惟"蟲三蟲也"言三,餘除羴猋等不論,"由數目取義者,或曰衆,或曰多,或曰羣,皆不言三。未有如珏下之二玉相合,狀下之兩犬相齧,即以篆文定其數者;可知即至十百千萬,皆以三概之也。即其獨體成文者,氣不能别之爲三也,彡不能止於三也,川不能分之爲三也,而且山字三峰,火字三燄,斷非拘以數也。指之列多,而十又約之以三,足趾同乎手,而止亦約之以三。然則凡數多者,皆可約略而計以三也。故知三也者,無盡之詞也"。又云:"多部説又云重日爲叠,言重不言三,故知三也者,無盡之詞也。"予案古人言三,本爲多數之意,觀汪氏中《釋三九》之文可知,王氏此説甚通。

王氏又曰:"《説文》有叠四成文者,茻品㗊三部,吾重惑焉。由此推之,則五人爲伍,亦可叠五人字以爲字也;萬有二千五百人爲軍,亦可叠一萬二千五百人也。吾意茻字從二艸,非從四屮;品字從二吅,非從四口,大篆從茻而小篆從艸者,五十五文。寒下云'以茻上下薦覆之',其茻亦分爲二,是茻爲兩艸之證也。從品者皆分諸上下,而嚚之或體嚚但從吅,是品爲兩吅之證也。獨至於�,並無從二工三工之字。原《注》:《積古齋》楕妃㗊有玒字,而詞意不甚可解。㗊,極巧視之也。許君不言讀若某,而《唐韻》知衍切,則是依褱、屢作音也,且本部祗一㝅字從其義,其説曰窒也,㗊猶齊也,申之曰猶齊,則不取極巧視之之義。夫依從之之字以作音,是無音也;從其義者尚別立一義,是本字無義也;經典又無此字,是非字也。非字而許君收之者,直以前人率然作之,而適有他字形與相近,非此無以統之,遂不得不收耳。"予案許書部首,本無深義。王氏所云祗是有從之之字,便爲部首者,其説極確。然許書通例:叠文無從之之字者,即附單文部末;有從之者,即别立爲部。如林部只橤桼二字,其篆文皆作流涉,正可以林附水部,橤桼爲流涉之重文,而許君不然,則似有所受之。<sub>所受者當否,别爲一事。</sub>林下説解云:"二水也,闕。"似謂闕其音者。王氏《句讀》曰:"林即水之異文。許君未得確據,故不質言之。而與屾亦自字麻與林同異文也。王玉樹曰:鄭氏《易》:坎爲水,水作沝。郭忠恕《佩觿集》:音義一而體別:水爲沝,火爲炋。是水與沝音義並同。筠案此說最精。凡疊二成文者,如㣇、㸚、从、棘、烾、卯、屾、豩、鱻、所等,皆當與本字無異。惟沝之即水有據,故於此發之。"予案今《說文》言闕者,不盡許君原文,王氏已自言之。則安知此闕字非後人所補,即斷此字之無音?況琹下說解,並不言闕耶?許書言讀若者本少,知衍切之音,雖或係據襃屡而作,安知非舊音失傳,而遽斷爲本無乎?許書據形繫聯,原祇據其形,並不謂部中之字,其義皆與部首相類。如品部之喦㠱,皆從三口,而非從品物之品;羴部之羼從三羊,而非從羊臭之羴;晶部之曡從三日,而非從精光之晶;麤部之麤從三鹿,而非從行超遠之麤。乃至惢部之蘂,以爲從心疑之惢,固不可通,即以爲從三心亦不可通,《釋例》亦已自言之矣。安得以竇下說琹爲齊,遂疑極巧視之之義不可信乎?若謂其字不見經典,則《說文》中字不見經典者固多也。字形拆開,古有其例。部中字有疊四成文者,如籀文之三是,王氏亦自言之。又囿之籀文作圂,王氏引許瀚說,謂"此作周垣而界畫之,實之以四木,以象木之多,非從二林也"。安得執寒霽二字,謂其必從二艸、二叩哉?至謂三已爲無盡之詞,若必疊之至四,則伍亦可疊五人字,軍亦可疊萬二千五百人,則尤爲曲說。疊文固造字之一法,然亦不容過繁。疊四成文,雖繁尚可成字,故有之而不多,而疊五則絕無之也。又安得以此疑琹之非字乎?予謂古人作字,固好繁複。其理見後。工未嘗不可作玒,玒又未嘗不可作琹。疊二、疊三、疊四之文,誠有與單文不異,而亦互不相異者。然二即以示二義,三即以示三義,四即以示四義,或皆以示多義者,亦非絕無。要當各如其例說之,未可執一端以概其全也。文字並非一人所造,亦非先立條例,而後依之造字。故其條例雖有大齊可求,斷不能斟若畫一。向來不知字學者,皆誤以文字爲神聖之人所造。明於字學者固不然。然此等見解,亦終未能盡除。如王氏謂三已爲無盡之詞,即不應再有疊四成文之字,皆由視造字條例過密,致有此誤也。同一字形,而其義不能畫一,亦由於此。如王氏所說,喦㠱非從品物之品等,乃由造字之人,意境各有不同之故。謂品實兼具喦㠱之意,許說遺漏固可;謂造品字之時,本無此意,後人假借用之亦可;即謂造喦㠱二字者,本不知有品字,而自用三口見義,亦無不可也。許書則但據形繫聯耳。一形所涵之義,固可甚多。安能保部中之字,所取之義,不越部首以外?如此,又何以說假借乎?即如丨,"上下通也",然部中中字、屮字,豈有上下通之義乎?

又有變其字之位置者,是爲倒文及反文。倒者,易其上下之謂;反者,易其左右之謂也。許書於倒、反不加分別,如:𠃏下云到人,䭫下云倒首,而�下曰反�,�下曰反予是也。許書此等處體例不能畫一,蓋由所據者如此,不加改定,可參看《中國文字變遷考》。

有似倒而不可說爲倒者,如竹不容說爲倒艸是;有似反而不容說爲反者,如ナ不可説爲反又是。以艸、竹各有其物，左右手亦各有其形也。

有反而異者，如反正爲乏，反后爲司是。有反而不異者，如止爲反少而亦説以少，爪爲反爪而亦説曰孤是。古象形字不甚拘繁簡、向背，羅振玉《殷商貞卜文字考》有一條詳論之。夫全不拘向背，則于倒文、反文之例不可通。蓋古字有可不拘向背者，亦有不然者也。

字之兩體相同，而又相倒相反者，時曰反對文。如籀文詩從二，或作??，躍從四止，步從止屮相背，??從二臣相違是也。此不盡表相反之意，亦有表順承之意者，如夆下云"服也，從夊牛相承"是也，王氏筠曰："五經文字云：賛俗以二虎顛倒，與《説文》《字林》不同，竊意俗作是也。虤下云二虎，??下云兩虎，據此知其不顛倒。賛下獨云从虎對爭貝。若如今本，是背而不對也。疑字作??，如??字之比；以其難寫，乃作??，後復改之，而《説文》亦因而改易。不然，楷字皆取便利，??通作??，甚不顧其安，何獨於此字倒之以自蹈於不便乎？""乃作??"下，《原注》云："《李勤碑》如此，《文選·魏都賦》亦有此字。"

凡半文、叠文、倒文、反文等之所以作者，以古人造字，未知合體之法，則能造之字不多，不得不即一字反覆用之。此諸字中，雖亦有合體字，大抵後人放前人之例爲之。其最初所用，必獨體之文也。如一手也，象其三指之形，手當動作時，可見者不過三指，故以三畫象其形。左向則爲右，反之即爲左矣。二又相交爲??，四之即爲共矣。左右相向爲??，反之則爲??矣。猶是三指之形也，覆之則爲爪，反之則爲??，爪??相對則爲??，古文爲實係爪??相對，見《説文解字文考》。爪又相對則爲受，下垂則爲??，??、??相對又爲舁矣。此外之字，用之雖不如是之多，其意亦猶是也。昔人以此等爲會意。夫會意必合兩字之義，兩字義異乃可合。倒文、反文，固多獨體字，叠文、並文，亦非兩體相異。説爲會意，未免自亂其例。予謂此等實非六書之例所能該。以六書之例，本不完全故。若求密合，必破棄六書，別立新例而後可。如曰未能，則仍以歸之象形，作爲象形之變例爲較安耳。叠文後世仍有之，如王氏《釋例》所舉後周廣順摩崖之??順二年是也。至於反文，則不獨更無作者，即存者亦全不見反之意，如??改爲ナ又是也。此由篆隸筆法不同：篆取圓筆，左右、上下行皆可，而隸書則惟能自左向右，自上向下耳。

又有但作一畫以見意，而不復曲象其形者，此象形之極變也。如??下云："木下曰本，從木，一在其下。"??下云："赤心木，從木，一在其中。"??下云："木上曰末，從木，一在其上。"??下云："傷也，從刃從一。"??下云："人手卻一寸動??謂之寸口，從又，從一。"??下云："人手卻十分動??爲寸口，十寸爲尺，從乙，乙所識也。"皆是此例。夫造象形字至於但作一畫，指示其所在之處以見意，而不復曲象其形，其變可謂已極，然所能造之字仍不多。則知獨體之文，終不能不窮於用，而合體之字，不得不與之代興矣。獨體象形字，後人亦有造者，如凹凸，依許書當作𡆑𦣝，爲合體字；凹凸二字，出於聲類，轉係獨體象形是也。然此等爲數其少。

本、末、尺、寸等字，今人多以爲指事。然如吾説，則指事亦當爲合體字，而本、末、尺、寸等字所從之一乙等實非字，則仍祇可視爲部分象形之變例耳。王氏筠曰："半意、半形，半意、半事者：許君於其意必出其字而後解之，於其形與事則不出而直解之。蓋以苟出於説解，則人疑其爲字也。今本多有出者，則校者恐人不解，側注於旁，以醒人目。而昧者傳寫，輒以入正文也。"其所舉之例，如：牟下云象其聲，氣從口出，謂厶；不出者，嫌於音私之厶。牽下云象引牛之縻，指冖；不出者，嫌於莫狄切之冖也。愚案許書非字而出於説解者甚多，勢難盡指爲傳寫之誤。惟許君之意，則並不以之爲字；以之爲字，確係後人之誤。許書所以不立不出於説解之例者，因此本顯而易見，不待不出以別嫌也。許書非字亦言從者，如羏下云"山羊細角者，从兔足苜聲"是也。許本不以爲字而後人誤爲字者，如屮下云："犯也，从反丫从一；"羊下云："撤也，从干，入一爲干，入二爲羊，言稍甚也。"屮非反丫，而羊亦非從干從一。入一入二者，謂以丫入一入二，非謂丫爲反屮也。後人因羊下有入一入二之説，乃改屮下之從丫爲從反屮，又改羊下之從丫爲從干。羊苟從干，何入二之有？又有出於説解中，似字而實非字者，如爨下云"𦥑推林納火"，祇可解爲推木，不可解爲推林是也。

然則造字而知合體之法，實爲一大進步。昔人顧以造獨體字爲神聖之業，其誤不辯自明矣。即今人亦有謂篆書可見造字之意。能明造字之意，則易於記憶。主張教學童識字時，今隸而外，兼爲略説篆書者。於是小學校之國文教授書，無不兼及六書者矣。民初之事。此實皮相耳食之談。無論教學童以今隸，又爲兼説篆書，未免徒滋紛擾也。即謂有益，而今日通行之字，尚與篆書相近，篆隸可相印證，由篆書又可推見造字之意者幾何？此若干字者，則便于記憶矣，其餘之字若何？天下事固不盡有形可象，即有形可象者，亦不能分析入微。如目可象形也，看字尚勉强可謂有象形之意。然如觀望等字，仍皆欲用造看字之法造之，即必窮於術矣。且字義時有變遷，今日所用之義，非復古時之義也。説明古人造字之意，何補今字之記憶？象形文字之在今日，祇爲中國字之字母耳。此各國文字之初，亦無不然者。然 ABCD 之緣起，何以祇爲考古之資，不爲小學之事耶？

顧《説文》有所謂貴者象形者，其説見於焉字下，曰："凡字：朋者，羽蟲之長；烏者，日中之禽；舄者，知太歲之所在；燕者，請子之候，作巢避戊己。所貴者，故皆象形。焉亦是也。"此當謂爲之特造一字耳。非用固有之字拼成。特造一字，何以爲貴？殊不可解。若謂象形字爲初起，其餘諸文皆在其後，因貴之之故，古人既已造字，則切於日用之字多矣，古人豈能置之不造，而獨造其所貴者邪？此數語是否許君原文不可知，即謂爲原文，亦不免博采之失耳。

　　獨體變爲合體，則其筆畫降而益繁。然古人作字，本好繁複，見後。故獨體字後亦多變爲合體。如前所舉雲网等字是。而最簡之文，如乙古文左象形，今則左亦廢而行其或體肱矣。乁古文及。等皆廢矣。

　　然象形之字，亦有失之太繁者。如爨下説云："象持甑，冂今本作曰，段改。爲竈口，卅推林納火。"此字今人説爲會意矣。然如吾説，六書之例，當反之於古，則亦當從盍字之例，説爲象形。象形字而欲多造，固必不免此失耳。此字籀文作爨，可知𤆍爲後加；然爨亦已繁重矣。

　　象形字之初出，雖與圖畫殊科，其意尚屬相近。其後改易殊體，遂致去而愈遠。如目字，《博古圖》作⊘、⊘，蓋純象形。今字破⊘字之○作丨，而又縱書之，則全不像。昧者誤以一畫爲象瞳子，乃説爲重瞳子矣。不論字之横、直、正、反，亦爲圖畫之意致亡之一端。凡圖畫，必有一定之方向。不論横、直、正、反，已失圖畫之意矣，然仍有時與圖畫合也。至於籀、篆、隸書，則字之横、直、正、反，皆有一定，而其方向，有與圖畫之意適相反者。如目本當作⊘，而今適作目；水本當作三，而今適作川；又如牛、羊、犬等字皆宜横書；臣字古文作⊘，實象人伏形，而今亦縱書之是也。篆書中偶有横直不拘者，如雋之從弓，脂之從水，弓、水皆係横寫是。然此特極少之例耳。又如鼻之本字爲自，蓋以自象鼻，而其下則爲口字。所以必兼畫口者，以純鼻不易象，且恐與三合形之△混也。古文作㫋，則又兼畫兩眼，與圖畫之自無異。故加以囗即成面、頁等字。詳見《説文解字文考》。如今自字，象形之意，已全不可見，況又純用引伸之義，而其本字顧代之以鼻乎？

　　文字既非圖畫，則其形狀，自不必與物畢肖，故有隨意改易者。如星下説曰："一曰象形，從○，古○復注中，故與日同。"夫日本可作○，所以注中者，示實之意，以別於訓員之○耳。古有訓員之○字，見《説文解字文考》。古文星爲形聲字，其初或作晶，不注中以別於日，三之以別於○也。日月皆一，而星則甚繁，故三之以見多義。若○復注中，則與三日無異矣。此等蓋因隨意加畫而譌。

　　又有逕出轉變者。如米番本係一字，而米有古文屮，番有古文𥸸。蓋𥸸之形最古，前五畫以象爪，以象掌，中畫曳而長之以象脛，去其○則成米，更略去兩畫則成屮；而𥸸亦可變爲田，以米加田則成番矣。亦見《説文解字文考》，此等字往往不免於複。如昏下云："從殘肉，日以晞之。"然籀文作𣃟，則從殘肉而又從全肉矣。萬下云："宫中道，從口，象宫垣道上之形。"此祇説囗，明𡦀爲後加也。中蓋象物之高者，亦見《説文解字文考》。○即囗，是亦重複也。又如自下云："頭也，象形。"兒下曰："頭也，從自從儿。"蓋又加以人字，已爲重複；頁下云："顔也，從百，象人面形。"則複而又複矣。夫如今形米，則似米，又似官溥所説似米而非米者。田既似田，又似果之上體。合二形以成字，孰能知其所由來乎？又如霝，"雨零也，段依《廣韻》改雨霅也。從雨，吅吅象霝形"，夫口"人所以言食

也"，即器下云"象器之口"，亦衹能該凡口之義，而不能象雨霒之形。蓋古字
鏤空與填實不分，口本可作▽，填實之則成▼；霝字下體本作ᗯᗯ，後乃變爲ᒧᒧᒧ
也。夫此等處，乃據今之篆書，尚可窺見其本原者耳。其不能窺見者何限？
且此等説，皆據今日所見之字。吾曹所見者衹此，則似覺可通，然究有合與
否，亦殊不可知也。然則字之初形，豈易知哉！

　　象形文字，不免混淆，此乃其事之性質如此，無可如何。如一🐟字也，改
易而成釆，又改易而成田，遂致與米田等字相混：此固可諉爲轉變之失。然如
石字加厂，即非純象形矣；若純象形，只當作口。文字既非圖畫，豈能舉筆即
畫石形？其勢非成規形之〇，即將成方形之□，終不免與訓員之〇，訓回之口
相混。即能避去〇□二形，然若凡字皆欲以象形之法造之，又豈無不方、不圓
之物，與之相混者邪？此象形之術所以終窮也。

# 四、指　　事

　　凡講六書，其道有二：爲考古起見，求古人所謂六書者，説究如何，一也。爲講明字例起見，研求六書之説如何而後盡善，又其一也。六書本粗略之説，微論其不足以盡字例，即用爲字例之大綱，亦終覺未安。故吾謂講文字之學於今日，而仍拘守六書之例，實可不必。即謂不然，而研求六書之説如何而後盡善，與求古人所謂六書者説究如何，亦係兩事。立一説於此，謂六書之説必如是而後盡善可也。執盡善之説，遂謂古説即係如此，則誣矣。精於考古者，莫如清儒，然於此似未見及，則尊古太過之弊也。

　　許説指事曰："視而可識，察而見意。"其説未甚明瞭。其所舉之例，又祇上下二字。次於許君者爲衛恆。其説曰："在上爲上，在下爲下。"其言彌不可解。今案衛恆而下，説指事最古者，莫如賈公彥。公彥《周官疏》曰："人在一上爲上，人在一下爲下。"知今所傳《四體書勢》實有奪文。篆文上下二字，皆當從人從一。今本篆形實譌也。段氏臆改爲二、二，殊非。《説文》𡐦字從𠄞，𦭝字從𠄟，豈得改爲𡐦𦭝邪？

　　古"事"與"物"通，"指"亦訓"處"。故許《序》指事，鄭司農作處事。知指事即處物。處物者，因其物之所在，以定其字之義。亦爲合體之字。所以異於會意者：彼合兩字之義，此則兩體之中，其一爲實物耳。

　　指事字爲數頗少。嚴密言之，惟閏、從王在門中。葬、從死在茻中。𡆥、人在宀下，以茻上下薦覆之。等字，足與許所舉上下二字相當。推廣言之，則凡偏旁部位，不可移易者，皆合指事之意。王氏筠曰：凡"日部字：日在上者，雖不盡是光明字，而無一昏暗字；日在下者，大都是昏暗字，惟啓有由昏之明之意。晉下云：'日出萬物進，不主日。'晳字則大徐誤也，小徐作晰是。"即此意也。予案日部字，惟杲從日在木上，杳從日在木下，確有合於指事之例。至昜從日在西方，隸書移日於上，段氏譏其失製字之意，固然。然其字自是形聲，謂其日在厈右，亦含指事之意則可，遽以爲指事字，亦未安也。然則指事字信不多矣。

　　指事古説,不過如此。後人自立條例,曲生新解,於是有以象有形之物爲象形,象無形之物爲指事者,而不知八象分別相背之形,確無的指之物,説解固明言象形也。又有以本、末、尺、寸等字爲指事者,此則爲段氏改上下爲二一所誤。甚至拆字爲説,如尟字等,明屬會意者,而亦隷之指事,則更不足論矣。

# 五、會　意

　　會意之説，許曰："比類合誼，以見指撝。"夫曰比、曰合，則必有兩誼而後可。故會必釋爲合，而不容釋爲領會之會；領會之會乃今義，非古義也。武信而外，惟"背私爲公"，背八一字。及"尟是少也"等，爲會意之正例。是，説解曰："直也。從日正。"謂日正臨於物之上。物，日正臨其上，則其影小。古少小二字通用。是小，謂其以是而小也。罷下云："遣有罪也，从网能，言有賢能而入网，即罷遣之。"説雖周章，亦與武信一律。蔭下云："艸陰也。"詁下云："訓古言也。"則雖與尟字一律，已可説爲形聲矣。俗造歪字，卻係會意正例。言語自少之多。其孳乳也，必就相類之義，小變其聲以當之。故字義相類者，其聲亦必相類。此形聲之字所以多可説爲會意也。然既分六書，即當嚴其界畫，形聲製字，自係有取於聲。若因其義可相通，而即説爲會意，則其部分不明矣。形聲字且不可説爲會意，而務推廣其例者，乃舉倒文、反文、增畫、減畫、屈畫、半文、叠文等，悉以歸之。夫如是，則非釋會爲領會之會不可。主此等説者，亦知其不可通也，乃曲爲之説曰：如彳亍二字者，"分行字以會意，非識行字，即此二字不可識，仍是會合本字"也。真可謂之鑿空矣。

　　會意之字，比合兩字之誼，乃既有文字之後合兩字以成一字，所謂"合體爲字"，與初文之一字而可析爲兩體者，不可同日語也。而劉氏師培乃曰："會意者，兩形並列之字也。亦出于古代圖畫。如儛字從人從舞，即畫人而加以舞蹈形也；婦字從女從帚，即畫一女持帚之形；苗字從草從田，即畫草生於田之形；焚字從林從火，即畫以火燒林之形。"不知此乃象形字之較繁複者，前所舉之果字等，正是此例。此可説爲合體象形，不可説爲會意也。然如儛、婦、苗、焚等字，苟如劉氏之言畫之，猶必兩形並列也。乃劉氏又曰："信字從人從言，在上古時必畫一人作欲語之形。""位字從人從立，即畫一人直立之形。"夫如今信字、位字，以人字與言字、立字合成，則可比合兩字；若用象形之法畫之，欲語之形，直立之形，試問如何離卻人字，更成一體？然則何云兩形並列邪？

# 六、形　聲

形聲者,造字之法之大進步也。象形、指事、會意,造字皆不能多,勢必不足於用。有形聲之法,則以字表言,以言表意;意之能達與否,其責由言負之,與字無涉矣。故有形聲而文字之用不窮,小徐顧謂其在六書之中,最爲淺末,誤矣。

形聲字大抵合兩字而成,一取其義,一取其聲,此夫人之所知也。兩體之中,先有義旁,而後覓一聲旁以表其聲歟?抑先有聲旁,而後覓一義旁以表其義歟?則論者之説不一。尋常人多謂先有義旁,以其論造字注重於達意也。治文字之學者,則或謂先有聲旁,謂同一音也,所表之義,降而益繁,筆之於書,未免淆混,則加一義旁以爲別。在未加義旁前,其字爲假借;在既加義旁後,則其字爲形聲也,此即所謂分別文,見後。固確有是理。然形聲字之聲旁,與其讀音初不密合,此其誠證有三:一、同從一聲之字,韻部互異。如順、旟同從斤聲,而《衞風·碩人》,顧與衣、妻、姨、私爲韻,《左》傳五年,旟與晨、辰、振、賁、焞、軍、奔爲韻是也。《説文》之讀若,亦有如此者。如倗從朋聲而讀若陪是。二、形聲字所從之聲,與其讀若即係一字,如珇讀若眉,嚨讀若尨是也。此例最可疑,然《釋例》所輯,凡得三十九字。王氏曰:謂"皆後人所增,何至如是之多?且彼於要義或刪之,何獨作此費辭乎?"三、聲義皆同之字,讀音不同。《爾雅·釋詁》:"隕、磒、湮、下、降、墜、摽、蕄、落也。"《注》曰:"磒猶隕也,方俗語有輕重耳。"此例甚少,然明白無疑。而或體亦多因聲旁,則必有先有義旁者。許《序》云:"以事爲名,取譬相成。"以事爲名,猶言據物造字;取譬相成,則謂加一字以表其聲,以曉讀者耳。然則許意亦謂先有義旁也。故先有義旁或先有聲旁,必兼之而義斯備。抑造形聲字必兼取義旁及聲旁,則二者實不能謂有先後。即其有先後可言者,於實際亦無關係,斯説也,置諸勿論可也。

形聲字之先有聲旁,而後加義旁以分其義者,其聲、其義,必能互相關聯,此誠自然之理。即先有義旁,而後加聲旁以表其聲者,就其聲旁,亦非遂不能得其義。何則?凡義之相類者,其聲亦必相類,此乃語言自然之例。造形聲字者,固無處覓全與字義無涉之聲旁也。故王氏筠謂形聲字必如許所舉之江、河，但取其聲，而於義了無干涉者，乃爲最純之例。其説實爲非是。何者？用字注重其形，形不同者，即聲同而義亦鼇然各別，此乃後世之事，古人初不如此。古人用字之重聲，遠較後世爲甚。王氏媒下云："謀也，謀合二姓。"妁下云："酌也，斟酌二姓。"而不曰"謀省聲，酌省聲"，以古人用字，以聲爲主，某勺自有謀酌之意也。其説甚通。乃又云："樫木色紅，故字與頳同音，而聖聲中不能得此意；祥讀普，故兩字之訓，皆曰無色，而半聲中不能得無色意。"則自相矛盾矣。聖之與頳，半之與普，在今人視之，鼇然各別；在古人，則安知其覩聖而不能得頳之意，覩半而不能得普之意乎？故謂形聲字之聲，與其意截然不相入，讀其聲，絕不能知其意者，乃必無之事也。然則形聲、會意，將何以爲別？曰：當視造字之意而定。造字之時，其合兩體，係一取其聲，一取其義，則所造之字爲形聲；主於比類合誼者，則會意字也。此誠不易分別，然論其理，固不得不云然耳。

形聲字之義旁，於義必不能該備，而亦不能確切不移。故兩形聲字，有時可以互易。如讓、相責讓。攘、此爲揖讓之讓之本字。詭、責也。恑變也。是也。故其或體可以甚多。木部：樫，杅也。王氏《句讀》曰："器用金而以木爲柄，故此從木，而金部又有鏝。所塗者泥也，泥用土及水，故《孟子》'毀瓦畫墁'，從土；《莊子》'以脣行汙漫我'，從水。樫之用手，《荀子》'抗折其貌以象撥茨蕃閼也'，從手。手者，人之手也。《荀子》'汙僈突盜'，從人。惟《莊子》'郢人堊慢'，《釋文》'慢本亦作樫'，則或是殘字，不足計。"實其最明顯之例也。

形聲字之偏旁，必爲一形一聲，至其兩母如何配合，則可不拘。賈公彥曰："江河之類，是左形右聲。鳩鴿之類，是右形左聲。草藻之類，是上形下聲。婆娑之類，是上聲下形。圃國之類，是外形內聲。閩閭、衡銜之類，是外聲內形。"王氏筠曰："閩閭仍是外形內聲，當易以聞、問、閻、閭等字。而從行聲者無在外之字可易，惟衡從衍省聲耳。"殊屬無關弘指。因中國字之配合，除指事外，部位大體不拘故也。

形聲字大抵兩母，亦間有不然者。如糷從韭而次、弗皆聲是也，此蓋由古人作字好茂密之故。見後。其即以古文爲聲者，如：麗從丽聲，裘從求聲，當亦以此。此亦累增字之例也。見後。

又有所謂"亦取其聲"者，如垚及禿字是。此蓋由造字者意果何居，説解者未能定故。

字有形、音、義三端，象形、指事、會意，就其形祇能得其義，形聲字則兼可得其聲。故考古人之語言，實以憑藉形聲字爲最便。凡同從一聲之字，其讀音雖不能密合，而亦必相切近。苟能求得其一，則其餘皆可類推矣。求得古人之讀音，實爲極難之事。清儒於聲韻之學，用力最勤，然其所考求者，亦以韻部之分合爲多，實詳於韻而略於聲也。予謂人聲變，物聲不變。語言之聲，有模仿動物及自然之聲者。雖至後來，與初有是語時大異。然其最初之聲，則必與所模仿之聲相近，固可即其所模仿者以求之也。如小兒之兒，今吳人讀之入寒韻；淮南人讀之，則音在歌、麻之間。試觀魏從兒聲，則知古人之讀兒字，其音實與鵝鳴相近，淮南人之音，較爲近古也。

　　形聲字所從之聲，與其讀音既不密合，故覩其形者，仍不能知其音，此誠爲未善。然數千年來，文字能隨語言而變化，終必由之。今人作文，遇字爲古所無者，或有之而不知。輒隨手造一形聲字，造者初不甚難，讀者亦無不能解，即其明證也。所取之聲，雖不與語音密合，亦有大致可求。如今日稱工商業之主曰老闆，闆從品聲，老闆並不讀老品，然亦不致誤解，其明證也。此非以某一種語言爲據，而實係文字之習慣相沿。以語言不統一，故以一種語言爲據而取其聲，反不如順前此文字之習慣者，爲衆所易喻耳。

# 七、轉　　注

　　六書之中，轉注、假借，説最紛岐，而轉注尤爲難通。許君説轉注曰："建類一首，同意相受。"語意既屬難解，所舉考、老二字，亦未知其舉之之由。求諸古人，江式於六書既無所發明。衞恆曰："轉注者，以老爲壽考也。"賈公彦曰："轉注者，考、老之類是也。建類一首，文意相受，左右相注，故名轉注。"其不可解，亦與許説同。舊説謂"考字左回，老字右轉"，乃誤據隸書爲説，徐鍇已駁之。戴侗《六書故》別舉側山爲阜，反人爲七之屬。案此等字實係象形變格，已説於前。徐鍇説轉注曰："老之別名，有耆、有耋、有壽、有耄。此等諸字，皆取類於老，則皆從老。若松、柏等皆木之別名，皆同受意於木，故皆從木。"又曰："物之實有形可象，則爲象形。指事者，謂物之虛無，不可圖畫。會意亦虛也，無形可象，故會合其意。形聲者實也，形體不相遠，不可以別，故以聲配之爲分異。若江、河，同水也，松、柏，同木也，江之與河，但有所在之別，其形狀所異者幾何？松之與柏，相去何若？故江、河同從水，松、柏皆作木。有此形也，然後齛其聲以別之，故散言之則曰形聲。江、河可以同謂之水，水不可同謂之江、河；松、柏可以同謂之木，木不可同謂之松、柏，故總言之曰轉注。大凡六書之中，象形、指事相類，象形實而指事虛。形聲、會意相類，形聲實而會虛。轉注則形事之別，然立字之始，類於形聲，而訓釋之義，與假借爲對，假借則一字數用，轉注則一義數文。凡六書爲三耦也。"小徐之説轉注，蓋主於義者也。

　　戴氏震、段氏玉裁，爲清代治《説文》開山。其説六書，大體皆本小徐，特又分造字及用字兩端耳。戴氏答江慎修書曰："轉注之云，通以今人語言，猶曰互訓。《説文》於考字訓之曰老也，於老字訓之曰考也，是以《序》中論轉注舉之。《爾雅釋詁》有多至四十字共一義，其六書轉注之法歟？大致造字之始，無所憑依，宇宙間事與形兩大端而已。指其事之實曰指事，一、二、上、下是也。象其形之大體曰象形，日、月、水、火是也。文字既立，則聲寄於字，而字有可調之聲；意寄於字，而字有可通之意，是又文字之兩大端也。因而傅衍之，取乎聲諧曰諧聲；聲不諧而會合其意曰會意。四者，書之體止此矣。由是之於用。數字共一用者，如初、哉、首、基之皆爲始，卬、吾、台、予之皆爲我，其義轉相爲注，曰轉注。一字具數用者，依於義以引伸，依於聲而旁寄，假此以施於彼曰假借。所以用文字者，斯其兩大端也。六者之次第，出於自然，立法歸於易簡。震所以信許叔重論六書，必有師承；而考、老二字，以《說文》證《說文》，可不復疑也。"

段氏承戴氏之說，謂"全書內用此例，不可枚數。但類見於同部者易知，分見於異部者易忽。如人部：但，裼也；衣部：裼，但也之類，學者宜通合觀之"。又爲詳立義例曰："異字同義，不限於二字，如裼、赢、裎皆曰但也，則與但爲四字；窒、實皆曰窴也，則與窴爲三字是也。有參差其辭者，如初下曰始也，始下曰女之初也。有綱目其辭者，如嘼爲意内言外，而咠爲兄嘼，者爲別事嘼，魯爲鈍嘼，曾爲嘼之舒，尒爲嘼之必然，矣爲語已嘼，乃爲嘼之難是也。有云之言者，如孔子云貉之言貉，貉惡也，狄之言淫辟也是也。凡經傳内云之言亦云之爲言者視此。有云猶者，如不下云一猶天也，爾下云麗爾猶靡麗也，本下云大十猶兼十人也，苟下云勹口猶慎言也，窴下云珵猶齊也是也。凡傳注中云猶者視此。有以假借爲轉注者，如會下云曾益也，曾即增；皀下云皀合也，皀即比；旟下云允進也，允即兓是也。"王氏筠亦宗段說，又爲補姢覤也，覤面醜也一例。又王氏發明《說文》說解當分句讀，故又因此而得三例：一、日部：早，晨也；晨部：早，昧爽也。早字自爲句，加昧爽以申之，早與晨爲轉注也。二、禂下云：禱，牲馬祭；以禱釋禂，再以牲馬祭說其所爲之事，義分廣狹，但就禱之一義，亦爲轉注也。三、丮，跨，步也；丮跨一事，以重文爲訓，步字釋其事，丮跨二字，亦轉注也。又曰：《說文》之例，"有隔字而後轉者，如論下云議也，議下云語也，語下云論也。有互見以爲轉者，如諏下云誕也，誇下云諏也，誕下云詞誕也，譀下云諏也"。有逐字遞相注而不復轉者，如"揗之下爲撠，故說揗曰撠也；撠之下爲批，故說撠曰批也；批及捪之下爲捽，故說批捪皆曰捽也。至捽而異文畢矣，即說之曰揗，曰撠，曰批，曰捪，人究不知爲何事也。故質言之曰持頭髮也，而上四字皆可知矣"。又有皆用假借字者，王氏謂之羅紋法。言部：諉，相毀也，毁乃毇之借；女部：毇，惡也，惡乃諉之借是也。戴氏、段氏博求其例於凡古書，而王氏精求之於許書。轉注互訓之說，至此可謂無遺憾矣。然此說有未安者三：班《志》六書爲造字之本云云，固爲後人所竄。見《中國文字變遷考》。然推原造六書之說者之意，則必以此爲造字之六法，乃並列之。謂此數語非班《志》原文則可，謂作此數語者，并失造六書之説者之意，則不可也，安得忽雜以用字之法乎？一也。互訓之説，以言乎同意相受則得矣，何解於建類一首？許説六書，皆爲韻語，誠不能十分確切。謂其四字皆屬空話，恐亦不然。若强解爲同義即同類，豈六書之説，必以《爾雅》爲之注脚邪？二也。互訓之説，乃就説解求之。《説文》一書，係博采當時字説而成，並非出於一手。六書之説，亦舊説而許氏録之，説皆見前及拙撰《中國文字變遷考》。然則六書之例，安得求之説解？豈當時撰此韻語者，偏見《説文》中之説解而後爲之辭邪？三也。故戴、段二氏之説，揆之於理，雖亦可通；然謂古人所謂轉注，義即如此，則必不然也。

於是有以許書之分部爲建類者。江氏聲《六書説》云："立老字以爲部首，所謂建類一首。考與老同意，故受老字而從老省；考字之外，如耆、耋、壽、耇之類，皆從老省而屬老，所謂同意相受。由此推之，則説文五百四十部之首，即所謂一首也；下云凡某之屬皆從某，即同意相受也。"許氏宗彥宗之，而駁戴氏之説曰："《後序》曰：其建首也，立一爲耑，即建類一首之謂也。注本言水相輸灌通流。字之從一首相注，亦猶水之從一原相注爾。所謂同意相受，蓋如水之受水也。他如《左傳》言附注，言又注，《爾雅》言注旄首，皆以相屬爲義。轉注之字，亦有屬於部首之義矣。今之言轉注者，不求之于偏旁字體，而求之于詁訓字義，釋轉注爲互訓，謂如《爾雅》之釋詁，不知詁訓出於後來，若造字時欲造一字而先有一字以釋之，則此字可不造。東漢以前，釋古人之書者，曰解，曰説，曰傳，曰故，曰章句，曰解故，曰説義，無曰注者。自鄭氏始有箋、注之名，以後乃多作注，而欲以此當六書之轉注，恐非篤論。"張氏行孚宗許説，謂造字之初，苦難孳乳，每類立一首字，而其餘同類之字，依首字展轉增之。夫許氏釋首字、注字之義，似極確矣。然如吾説，許書本博采而成，六書之説，亦係成説，而非許氏自立條例，則謂"其建首也"之首，與"建類一首"之首，必爲一義，亦屬無當。若謂注字當從古義，不當從漢以後義；訓詁乃三代後事，非造字時事，則如吾説，六書固亦漢人之説，非真西周保氏之教也。至謂造字之初，每類立一首字，而其餘之字，依此而增，則非以文字爲一二人所造不可，其説尤不合理矣。今即置此等勿論，其説亦有不可通者。朱氏駿聲曰："許書所謂同意相受，惟老、履、广、廫數部耳。他如木部有植物，有器物；水部有地事，有人事；日部有日星之日，有日時之日；尸部有橫人之尸，有屋宇之尸：首雖一而意不同。"然則建部首之字以爲首，部中之字，何同意相受之有？況乎分部多少，本無一定。故章氏炳麟駁許説曰：

"五百四十部,非定不可增損也。如蠲本從蜀,而《説文》不立蜀部,乃令蜀、蠲二文,同隸虫部。是小篆分部,尚難正定,況益以古籕乎? 必以同部互訓爲劑,《説文》雕、鷻互訓也,雌、雖互訓也,强、蚚互訓也,形皆同部,而篆文雕字作雕,籕文雌字作鴟,强字作彊,佳與鳥、虫與蚰又非同部,是篆文爲轉注者,籕文則非;籕文爲轉注者,篆文又非。"形體有變,而轉注隨之,訓詁焉得不凌亂邪? 是許説亦不可通也。

於是有就造字立論而別創新説者,是爲孫氏詒讓及汪氏榮寶。孫氏之説曰:"倉、沮製字之初,爲數尚尠。凡形名之屬,未有專字者,則依其聲義,於其文旁詁注以明之,《説文》晶部釋曡字云:古○復注中,故與日同。又金部説金字云:左右注,象金在土中。即注字之義。其後遞相沿襲,遂成正字。自來形聲駢合文,無不兼轉注者,如江河爲鱴聲字,亦即注水於工可之旁以成字也。後世倘作新名,則亦可用茲例。故古文偏旁,多任意變易。如宫縣之樂謂之牆,鐘磬之縣,半爲堵,全爲肆,而因鐘爲金樂,則作鎆作鍺鏵,簴又鑄金刻木,則作鐻作樓;以盛黍稷,則又從米作粿是也。或增益偏旁,如昧爽之爽,借寠爲之,則注日作曹,戎事執俘省從爪,則注戈作戒是也。"其釋注字,似亦有理。然《説文》説字之孳乳曰"形聲相益",明係合兩體造成一字,非於一字之旁,更加詁注。《説文》所謂"○復注中"及"左右注"者,乃指、而言之,即"有所絶止而識之"之、,非以字旁注之謂也。古字偏旁任意增益、移易,觀昔人論音義皆同字之例,可以明之。見後。安得牽合轉注乎? 汪氏之説曰:"轉注者,以改字爲造字。老從人毛匕會意,此字之先起特造者也。老字既成,則凡言語之義近於老者,即以老字爲根本,略變其體以別之。故取老爲首,存人毛而去匕,施丂則爲考,考亦老也。施子則爲孝,孝者,善事老之稱也。施至則爲耋,施旨則爲耆,施咢則爲壽,施句則爲耇,皆老之異名也。夫是之謂'建類一首,同意相受'。譬之大川之水,別爲衆流,而還相灌輸,夫是之謂轉注。故轉注者,乃取一合體之字,削其一體,而代之以他體,以爲新字,而其義則仍與原字之義相通或相承者也。夫考以丂爲聲,似形聲字,然不成爲形聲而成爲轉注者,以丂雖是聲,而人毛非形,考之從耂乃老字之殘體,非從人從毛,不可以隸人部,亦不可以隸毛部也。孝於文從子,似會意字,然不成爲會意而成爲轉注者,以人毛與子,無意可會;孝之爲義乃以子承老,非以子承人毛也。因此可悟許書之例,凡特立一字爲部首,而其隸屬於此部之字,從部首之省以爲形者,皆轉注之類也。是故以畫爲首,省其中形之田、而代之以日,則爲晝。畫者田之界,晝者日與夜之界,晝爲畫之轉注也。以殺爲首,省其右之殳而代之以式，則爲弑，弑爲殺之轉注也。天下制度文物，並由難而趨易，由拙而趨巧，造字之法亦然。會意、形聲乃象形、指事之集合，而轉注、假借又會意、形聲之簡略。轉注者，即減筆之形聲會意，而假借者，實不加偏旁之形聲而已。"汪氏之説如此。夫"省"及"從殘"，或"省其一體"，《説文》明有此例。若轉注即主於此，許君安得不言？若謂他體可省，而部首不可省，則烏、焉二字，何以入烏部乎？謂一部不可袛一字，則《説文》部袛一字者凡三十七也。夫學説可以不傳，而事實不能驟變。六書之法，後人造字，亦皆能用之，以其爲事勢之自然，亦爲人心所同然，故不期而合也。以改字爲造字，何獨不見於後世邪？<small>茶別作茶，角別作角，乃減畫非改字。刀斗別作刁斗，乃改畫，非改字。況此二者，皆因字音之譌變而生，非以此爲造字之一法，而據之以造字也。</small>故汪氏之説，亦不可通也。

　　又有改許説以申己意者，是爲朱氏駿聲。朱氏曰："轉注者，體不改造，引意相受，令、長是也。假借者，本無其意，依聲託字，朋、來是也。凡一意之貫注，因其可通而通之爲轉注；一聲之近似，非其所有而有之爲假借。就本字、本訓而因以展轉引申爲他訓者曰轉注；無展轉引申而別有本字、本訓可指名者曰假借。"其説亦言之成理。然六書非絶學，許君而外，不得遂無人知之。<small>如衞恆即去許甚近。</small>然從未有一人焉，駁許説爲誤者，則朱氏之説，謂之自立一説可，謂其説即古説，則不可也。

　　衆説之紛繁而無當如此；無已，惟仍求諸許書。許書説轉注之語，既不可解，則求諸考、老二字。考、老二字，義近而非盡同，聲近而亦微別。王氏筠謂逼肖其例者甚少，惟茉莉、蕾菖與之相當。予案茉莉、蕾菖爲雙聲，考老爲叠韻。雙聲字可謂即一語，叠韻字則不然。故吾謂惟夥之與多，乃與考老逼肖，以其義同、韻同而聲別也。<small>多部："夥，齊語多也。從多，果聲。"</small>信如是也，則吾不得不有取於章氏炳麟之説。章氏曰："類謂聲類，首謂語基。雙聲相轉，叠韻相迆，則爲更製一字，此所謂轉注。孳乳既繁，即又爲之節制；故有意相引伸，音相切合者，義雖小變，則不爲更製一字，此所謂假借。考老同在幽類，其義相受，其音小變。按形體成枝別，審語言同本株，雖製殊文，其實公族也。"夫文字必有形、音、義三者，而三者之遷變，不必同時。故有義變而音及形皆未變者，吾欲名之曰引伸。<small>見後。</small>亦有義不變而音少譌，或音小變而義亦微別者，若別爲製字，即成轉注；不別製字，而即用同音之字，則爲假借。蓋音小變而義亦微別者，非別製一字，或借用他字，固難期其吻合。即音少譌而義不變者，非別製一字，或借用他字亦無以顯其言語之真。如今吳語謂錢曰鈿，使以蘇白作文，而仍書之爲錢，即無以見其爲吳語。故必改其形以顯其音，使作此字者，知有金鈿之鈿而用之，是爲假借。若其本不知有鈿字，自造一從金田聲之字而用之，而適於古字合，此例在文字孳乳中亦不乏，見後。則即轉注之例矣。中國文字雖有變遷，而造字之法，則自古迄今，未嘗有改。就後世之事觀之，固足證章氏之説之確也。

# 八、假　借

　　假借之説，似較轉注爲易明，然亦有宜辨者一端，則許書所謂假借，究係後人所謂引伸，抑真係假借是也。假借舊説，可分三端：一曰因義近而借，二曰因形近而借，三曰因聲近而借。因義近而借，此即所謂引伸，實不容説爲假借。後人或以許所謂假借，實今所謂引伸；今所謂假借，當別之曰通假，其説非是。見後。形借、聲借二端，又當以聲借爲主，因許明言"依聲託事"也。

　　六書之中，假借之法，實爲最妙，以有此則可省無數無用之字也。夫義之差別無窮，而人所能發之聲有限。使造字而以義爲主，義有微別，即須另造一字，則字將繁至無窮。且事理之同異，人人所見不同；據義造字，字數既多，用之必不能一律。何則？甲見爲兩事有異而用兩字者，乙或謂兩事不異而用一字也，則文字必紛然淆亂矣。故用字必以聲爲主，聲同即字同，爲其常；聲同而字不同，爲其變也。

　　天下有無窮之義，不能有無窮之聲。夫如是，則必有聲同而義異之語矣。然言語變遷，最爲微妙。彼於其義之相近，虞其淆混者，自能雙聲相衍，叠韻相迤，別成一音。而於其義之相遠，不虞淆混者，則不然。因言語之別成一音而爲之製字，此文字之所由孳乳，象形、指事、會意、形聲、轉注五種字之所以成；若不製字，即取一固有之字而用之，則文字之所由減省，而假借之所由起也。然則假借者，乃與其餘五書，立於相對之地者也。然假借仍具造字之用。

　　故假借之字，有始終未造本字者，此最假借之正格也。然既造本字而仍不行者亦有之，如五十年前之働、俹二字是。《説文》口部有嗿字，説曰"語聲"，然經典皆衹作然，亦是此例。《後漢書‧皇后紀贊》："祁祁皇孅，言觀貞淑。"《注》："字書無孅字，相傳音麗，蕭該音離。"又《通鑑》：宋文帝元嘉二十九年，魏"克沮渠氏，得趙㪍玄始曆，時人以爲密，是歲始行之"。《注》："偏考字書，無㪍字。以偏旁從匪從文，離而合之於上下，讀如斐字。"此亦働、俹之類，蓋雖造而旋廢，故字書無之也。凡許書中假字行而本字廢者，皆此類也。

　　又有其字極熟，而本義全不見者。如《説文》訓所爲伐木聲，引《詩》曰"伐木所所"，而今所字見於各書者，皆借爲處字。此蓋其字本可不造，故雖造而旋廢，而轉借假義以行。此又假借之別例矣。

《周官·小宰》："以官府之八成經邦治，一曰聽政役以比居。"《注》："玄謂政，謂賦也。凡其字，或作政，或作正，或作征。以多言之宜從征，如《孟子》交征利云。"此義僅一而所借字多者。今皆作征，是終亦僅行其一也。

《釋例》云："古人之用字，惟以聲爲主，故於有是語無是字者借之，即有是字者亦借之，取其入耳可通而已。"予案文字本非一人造之，頒行天下，庸有甲造之而乙未知，此方有之而彼方無有者？況《説文》之爲書，遠不如經典之古。凡《説文》有本字而經典無之者，安知寫經典時即有此字？則以今有本字，古書祇作借字，因謂古人於有本字者亦用借字，實未安也。然不論形之合否，聲同即入耳可通，確有是理。今不甚通文義之人，下筆恆多寫聲借字，亦未見其竟不可曉也。知有本字，以爲不必用，而仍作借字者亦有之。如知有働、儎，而下筆仍作動、載；知有她、牠，而下筆仍祇作他是矣。然義之分別，至後世而始嚴。聲同而義旁不同之字，在後人視之爲兩字，在古人視之，固仍一字也。故有許多分別，實至後世而始生。據後世之義，而謂古人所用全屬借字，終覺其未安耳。

借字據音，其例有四：一爲雙聲，如借賴爲利，借答爲對是。二爲叠韻，如借冰爲棚，借馮爲溯是。三則一語分爲二，如借不律爲筆是。四則二語合爲一，如借諸爲之乎是。大抵重言、語助及人、地、物名，借字最多。他種字古人用借字者，後世或別造字。此三種則不然。因重言、語助本無實義，人、地、物名有有所取義者。不然者，其義即無可追求也。

就字之筆畫言之，則有省借及增借。省借如借隹爲維，增借如借蓋爲盍是也。予謂省借者，乃既有專字後，仍用未造專字時之字；增借則既有專字後，并以之代元字，實仍以聲爲主而已，非欲於筆畫有所增減也。然因增減筆畫而借者，事亦有之。如鄉地名，今以爲鄉黨字；混豐流，今以爲褻亂之溷，皆圖省畫而然。其借畫多之字者，如古人於包多作苞是，此由古人作字，多好茂密也。見後。

字形之變，大抵由聲。如菽、豆二字，周人之文多言未，惟《戰國策》張儀謂韓"五穀所生，非麥而豆"，漢以後則多作豆是也。段氏説。亦有由地域之殊者。此方之語，入彼方而音譌，而其義如故，用字必求適合其音，於是不別造字，即須假借矣。甚有彼方之音，流遷此方，此方化之，亦舍固有之字而用借字者。張行孚曰："造字之初，一字雖止一音，而字之叠韻雙聲，一轉即變。此處讀鮮音，彼處必有讀斯音者；此處讀軒音，彼處必有讀區音者；此處讀軒音，彼處必有讀昕音者。逮其後，彼處所讀之音，流傳於此處，則雖此一處而一字亦有兩音矣。"其説最通。

一處之方言，必有一特製之字以表之，乃能適合。《説文》姐下云："蜀人謂母曰姐，淮南人謂之社。"此特有之語，蜀人用形聲之法爲之製字；淮南人則不製字，僅借同音之字而用之也。使蜀人而不製字，亦必假借同音之字。同文字之時，廢方俗之字，亦必用假借字以代特製之字矣。如今廢団字而代以與団同音之字。

篆隸筆勢不同，改篆爲隸，字有因之而廢者，則亦假借以代之。《説文》："䇑，箕屬，所以推糞之器也。"《集韻》："䇑，吕靜作籓。"以籓代䇑，即以䇑字不便隸寫故也。此亦假借之一例，桂氏附説，論之最詳。

假借本但取其聲，故一字也，借之者可至極多。段氏論匪字曰："有借匪爲斐者，如《詩》'有匪君子'是也。有借爲分者，如《周禮》'匪肦'，鄭司農曰'匪分也'是也。有借爲非者，如《詩》'我心匪鑒，我心匪石'是也。有借爲彼者，如《左傳》引《詩》'如匪行邁謀'，杜曰'匪彼'也；《荀子》引'匪交匪舒'，即《詩》'彼交匪舒'是也。"蓋其用之本主聲，故聲合即無乎不可也。

義旁分別，後世乃嚴。聲同而義旁不同，或一有義旁，一無義旁，在古人視之，即以爲一字。故今字所用之義，考諸古書，有兩字互易者。如據《説文》，僮爲未冠者之稱，童即奴；然後世相承，皆以童爲童幼，僮爲僮僕是也。王氏筠云："職下云'記微也'，是經典識字義，《論語》'默而識之，多見而識之'是也。識下云'常也'，是經典職字義也，《釋詁》'職常也'是也。史部説曰記事者也，故事字即在部中，曰職也。《易》曰'君子以多識前言往行，以畜其德'是也。讀《説文》者，誤'解事職也'之職，爲《周官》'太宰之職'之職，幸得不改。"此亦僮、童之例，特其互易較早耳。夫彼此互易，則不啻此既借彼，彼又借此矣。特以分別宜存，故兩字未廢其一。《説文》絳與紅，來與麥，後人謂其互譌，理亦由此。許君曲説其形則非。

借字之音，與借此字以爲用之語之聲，不必密合。蓋造字本屬難事，不徒有適合之聲者，即取以爲用。即但有相近之聲者，亦即勉強用之。《釋文敘録》引鄭玄曰："其始書之也，倉卒無其字，或比方假借爲之，趣於近之而已。"衛恆亦謂"數言同字，其聲雖異，文意一也"是也。然亦有既經假借，後來音變者。如《説文》樣有重文像，可見樣、像二字，古爲同音，古人所謂像者，即今人所謂樣。然《廣韻》別有樣字，以爲式樣；今人亦別借樣字。此即因假借之後，像字之音變遷故也。夫像字則改借樣字矣，此類音已變，而借字未改者何限？在今日觀之，則以爲不合；當其借之之時，固未嘗不合也。

以上皆論聲借。至於形借，則惟古代有之。《說文》止下云："象草木出有址，故以止爲足。"正從一從止，而古文從一足，說曰："足亦止也。"止足異義，古人亦不應混淆而如此者，蓋文字未代表語言之時，非以象形，即以示意，二者皆不能多，故不得不如此也。其時蓋習以一形而示多義，實無所謂借。此在簡陋之世，偷可用也；人事稍繁，分別較細，非惟虞其混淆，亦必不能達意矣，故後遂絕迹也。

假借之字，必其義相去較遠乃可，近則有混淆之虞。如《說文》艸部：萩，蕭也。木部：楸，梓也。《左氏》、《史》、《漢》"及秦周伐雍門之萩"，"淮北、常山已南、河濟之間千樹萩"，皆借萩爲楸，遂不免於混淆。若其義之遠者，假策爲册，人必不誤簡策爲馬箠也。譯外國人、地名不宜似中國人、地名，理亦同此。小徐顧謂"智者據義而借，淺者遠而假之"，可謂翻其反而矣，蓋由未知引伸、假借之別也。

假借所以求字之簡，故凡不虞其混淆者皆借焉。即別造之，終亦必廢，如茈、襯諸字是也。或問：如是，則高禖之禖字，何以獨存？應之曰：此由《戴記》等書偶作禖，經典爲後人所尊，不敢擅改故。且高、禖二字，後世文字中用之者甚少，苟其及之，必通知古書之人也，自無不能作禖者矣。若使高禖亦如司命、井、竈諸神，爲比户所尊，公私文字，行用者廢，亦未必不改作媒也。《說文》：祕，神也；閟，閉門也。二字音同義遠，實可用假借之例，省去一字，故後世所謂祕密之祕，由閟字引伸者，亦遂作祕。然閟字亦得不廢者，以《詩》"閟宮有侐"，借閟爲祕也。此理與禖、媒二字之並存同，亦見後論文字孳乳、洮汰。此實音義皆同字之例耳，見後。

假借古多而後世少：一由古人之分別，不及後世之細。二由後世事物，繁於古人，若其用字仍如古人之但取其聲，勢將無以爲別。三則古代文字去語言近，而後世遠。言文相去近者，目擊焉而不解，入於耳而即通；相去遠者則不能耳治，專恃目治，紙上更無以爲別，勢必紊絲難理矣。此自今古異宜。以今議古非，生今反古，而自以爲雅，亦未是也。

然假借之例，行於後世者仍不少。如邱，地名，今以爲諱孔子名之"丘"字。洋，水名，今以爲海洋字。瞞，平目也，今以爲面謾之謾。怕，無爲也，今以爲畏懼之詞。瘵，病也；癆，朝鮮謂藥毒，今皆以爲肺結核病之名。凡若此者，一言蔽之曰，省去一字而已。夫瞞，後世無其語，可廢也。謾，後世猶有其語，不可廢也，以瞞爲曹操之名，不能廢，乃廢謾字而以瞞代之。假借之巧如此。因假借以洮汰無用之字，其嚴如此。參看後論文字之孳乳、洮汰。

　　又假借之字，至後世仍有變遷。如前所舉樣字，乃因音變而改焉者也。其緣於義者，如《説文》：適，之也；嫡，孎也；孎<sub></sub>，謹也。用爲適庶，均屬借義。然古借適而後世借嫡者，古用字專主聲，適字之用廣於嫡，其字較熟；後世用字兼重義，用女旁之嫡，於適庶之義，較有關會也。

　　假借用字，雖不宜生今反古；然欲通知古訓，則此例必不可不知。王氏引之《經義述聞序》述其父之言曰："詁訓之指，存乎聲音。字之聲同聲近者，經傳往往假借。學者以聲求義，破其假借之字而讀以本字，則涣然冰釋；如其假借之字而强爲之解，則詰籟爲病矣。"予案古人分別粗，故其字簡；後人分別細，故其字繁。當分別既細之後，示以分別尚粗之語，必不能解。改讀假借之字爲本字，不啻於少別之字，多爲之立別云爾，此其所以易明也。

# 九、引　伸

　　有類乎假借而實不然者，時曰引伸。許説假借云“依聲託事”，而其所舉令、長二字，實爲引伸之義。其所云“故以爲”、“古以爲”等，亦或屬於引伸。故有以許所謂假借當今之引伸，别今所謂假借，謂之通假者。然古人思想粗略，所舉之例，與界説不合，未容深求。至全書説假借處，有與界説不合者，則許書本博采而成，不出一手，不能以此駁彼也。三方矛盾，自以仍從界説爲是。且揆造六書之説者之意，必以此爲造字之六法。假借者，因固有之字以爲字，實亦具造字之用，而引伸則字義之遷變，全與造字無關。説六書而求還古説之真，亦自以稱用本不相干之字者爲假借，由一義輾轉遷變者爲引伸爲得也。

　　引伸者，字義之遷變，即語義之遷變。其根原，則在人觀念之遷變。人之觀念，本無一息而不變，亦無兩人之觀念全然相同，特其别甚微，人不易覺耳。閲時既久而更回顧焉，則判若兩義矣。夫觀念之遷變，無一息之停，而語言爲固定之物，勢不能朝更暮改。積之久而其義漸殊，實爲無可如何之事。以今義解古語，必不能合，即由於此。然語義之遷變，自有其一定之規則。能得其規則，則樊然淆亂之義，其中皆有綫索可尋。如是，則可自源沿流，而用字便，亦可自流泝源，而讀書便矣。此引伸一端，所以雖不在六書之内，而以實用論，則尤要於六書也。

　　引伸之例，今試略舉之。如《説文》天下云：“顛也，至高無上。”此指人身最高之處及蒼蒼在上者言之。人身最高之處，於全體居首；人生最要之事，於諸事中亦居首。食者，人所恃以生，固諸事之首也。蒼蒼在上者爲人所仰望，人所恃以生之事，固亦其所仰望也，故引伸爲“民以食爲天”之天。又如篤，“馬行遲也”。凡行遲者，足之著地必實，故引伸爲篤實之義。若此者，看似絶不相干，而實由一義轉變，與不相干而依聲託事者，截然不同。此等意義之遷變，除犖少之字，無不有之。新義既生，舊義仍在。凡字之爲用愈廣者，其義即愈紛岐。欲通訓詁，實以此爲關鍵，不可不留意也。

　　或曰：子不謂許所説本義果係其字固有之義，而經典所用之義爲後起；抑語義本不指實，造字者因無可著手，乃託之於實事實物未可定乎？今爲此説，是自與前説相背也。應之曰：前説謂文字至孳乳寖多時，是否所指者尚必爲實事實物，而玄虚之義，有待於後來之引伸，爲可疑耳。如"天，顛也，至高無上"，此明指人身最高之處及蒼蒼在上者言之，安得謂造字之時，先有顛義，乃引伸爲至高無上之義？抑先有至高無上之義，乃引伸爲顛義乎？則亦孰能決"民以食爲天"之天字之義，出於撰許書説解者之後邪？故以許書説解所舉之義爲真傳之自古，早於他書所舉之義則不可，至謂語義之發生，必先實事實物而後及於玄虚之字；樊然淆亂之義，必非同出於一時，則固無可疑也。

# 十、文字之孳乳

　　六書皆造字之法。其中象形爲從無字時造字。指事、會意、形聲，則既有字之後，即以字爲材料而更造字。此二者，當其造字之時，其語皆已前具。轉注者，既有字之後，一語化爲多語，察其不能不更造，乃造一相類之字，與之並行。假借則既造字之後，又有新生之語，覺固有之字，可以借用，遂借焉而不更造；而此等可以不造之字，前此有已造者，亦據此理而淘汰之：既有造字之用，又有減省文字之功者也。然則字之孳乳寖多者，其理皆與轉注通，而其淘汰減省者，其用皆與假借同矣。今故於論轉注、假借之後，并申論之。

　　稍讀字書之人，皆知自古迄今，音義相同之字甚多。此物也，淺而言之，則曰音義皆同耳。若深求之，則又可分爲三種：一、字之聲旁相同，或同用一字，或雖不用一字，而兩字之聲相同。惟義旁爲異，義則全無區別者。二、兩字聲義相同，惟一有義旁，一無義旁。三、兩字亦一有義旁，一無義旁，然其義相類而仍微別。此三種中，惟第一種爲真音義皆同字，第二種當名之曰累增字，第三種當名之曰分別文。真音義皆同字及累增字，大抵一存一廢，與未嘗有此字等。惟分別文於字之孳乳，大有關係。

　　分別文之所以作，王氏筠區爲二例：一、正義爲借義所奪，加偏旁以別之者。如頃，"頭不正也"，引伸爲凡不正之稱。其義爲頃畝、俄頃所奪，乃別作傾字，以表不正之義。阜部又有陁，則與傾音義皆同字。新之本義爲取木，其義爲新舊之新所奪，乃別作薪字是也。二、本字義多，加偏旁以分其一者。如公本兼公平、公侯二義，別造伀字，祇分其公平之義。曾下曰"詞之舒也"，會從曾省聲，說曰"曾益也"，與土部增之說解同。則增字之作，祇分曾字"益也"之義是也。此種作用，可謂與假借正反。假借者，一語具兩義，覺其不必造兩字，而省去其一。此則一語具兩義，覺其必別造字，乃增造其一者也。所以異於轉注者，轉注義同而聲微別，此則聲同而義有廣狹之異也。

　　分別文之數極多。《説文》有一部數字，盡是分別文者，如句部三字，丩部二字是也。而出於《説文》之後者尤多，如《説文》衹有讎，而今又造售；《説文》衹有責，而今又造債；《説文》衹有賈，而今又造價及估；《説文》衹有意，而今又造臆及憶。皆新字既增，舊字不廢，此皆因其不得不增而增焉者也。後人或以新增之字爲俗，下筆務寫古字，不知多字皆由一字孳乳，若執此等見解，則凡字之同衍一聲者，皆但存其所取之聲可矣。有是理乎？

　　又有本一字而後分爲兩者，此亦與字之孳乳有關。如《説文》本衹猶字，今乃移易偏旁之位置而作猷；明日之昱，經典借翌爲之，亦作翊；翼戴本當作翼，俗亦作朔，而不作塑，亦是此例。又偏旁相同，惟因位置之異而成兩字者，古已有之：如喑訓、龍龐、憪愚、衍洐是也。明字古文從日，祕書説日月爲易，亦與兹例相符。然此係造字時即然，非一字後分爲兩也。《説文》本衹句字，今乃小變其筆畫之形狀而作勾；《説文》旁雰、傒蹊、篊笟、帥帨、拓摭、育毓皆一字，而今皆分爲兩是也。又有一字化爲多字者，如"亯象薦熟，因以爲飪物之稱，故又讀普庚切。亯之義訓薦神，誠意可通於神，故又讀許庚切。其形，薦神作亨，亦作享；飪物作亨，亦作烹"。段氏説。沿其流則多岐，泝其源則是一，實亦分別文之例矣。

　　又有字形不變，然後世之義，全與古異者，此不啻舊字已廢，復以新義起而用之，亦與字之孳乳有關者也。如《説文》詭，"責也"，而俗以爲詭詐；證，"告也"，而俗以爲證據。此不啻訓責之詭，訓告之證已廢，而詭詐之詭、證據之證復生也，亦不啻造字也。此等字究係假借古字以爲用，抑後人造字適與古合，殊難斷言。大約字之通行本廣者，必後人借用古字。其不甚通行者，則後人造字，字形適與古合也。

　　凡俗字，往往古已有之。如《説文》：矘，"目無精直視也"，此今之瞠字也。眙，"直視也"，此今之瞪字也。眕，"目有所恨而止也"，此今眼光釘牢之釘也。眑，"目冥遠視也"，此今瞄準之瞄也。𧾷，"足剌𧾷也"，今喇叭字當如此作。此等語皆見存，而其字已廢，然別有新字代之，則亦不啻未廢矣。以上兩例，於字雖無所增，而能使之不減。

　　文字孳乳，有一最要之例，時曰反訓。蓋知識日增，言語必隨之而廣。然言語非可憑空創造也，故有一新觀念生，必先以之與舊觀念相比附。其觀念而相類也，則小變其音，以示順承。其觀念而不相類也，則亦小變其音以示違逆。逆順之情雖異，而其語之必有所本則同。此各國文字，語尾所以有變化也。言語公例，爲凡人類所莫能違，吾國豈能獨外？故謂吾國語言語尾本無變化者，誣也。特其造字不純主聲，末由著之於文字耳。夫其發聲既已變化而成兩語，則其造字亦必別異之成兩形，此固自然之理。然造字本屬難事，故古人於聲之相近者，往往即行借用，鄭玄所謂"趣於近之"者是也。夫其義相順承而同用一字者，自後人視之，不過謂古人之觀念，不及後人之明晰耳。若其義實相反，而字亦從同，則自後人視之，有不勝其可異者矣。今試遡稽古訓，則凡義之相近者，無論其爲順承、爲違逆，而其聲必皆相類。其中有已造兩字者，亦有未造兩字者。義相順承而已造兩字者，即所謂分別文；其未造兩字者，則未有分別文以前，統括諸分別文之義之字也。義相違逆而已造兩字者，就衆所共知者言之，如賣買、授受之類皆是。《說文》㐁下云："材十人也。"此十倍之義，而《王制》"祭用數之仇"，則什一之義，與賣買、授受之例正同。就古書所用之字觀之，如《易·繫辭傳》："爻也者，效此者也；象也者，像此者也。"《呂覽·勸學篇》："凡說者，兌之也，非說之也，今世之說者，多弗能兌而說之。"皆其分用兩字者也。其未造兩字者，求諸古書，實不勝枚舉。姑就記憶所及，舉其一二。如《說文》："祀，祭無已也。"從已而訓爲無已，可知已含已及無已二義。達下云："行不相遇也。"而通下云："達也。"可知達亦含通與不通二義。又如《說文》云："瞋，恨張目也。"而《通俗文》云："蹙額曰瞋。"《說文》庸下訓庚曰："更事也。"而《小雅毛傳》訓庚曰續，亦皆義適相反。就古書所用之字求之，則如《孟子》曰"徹者，徹也"；《禮記·郊特牲》曰"親之也者，親之也"，皆其即作一字者也。郭注《爾雅》，謂"以徂爲存，猶以亂爲治，以曩爲曏，以故爲今，此皆詁訓義有反覆旁通，美惡不嫌同名"，而惡知古人讀之，音皆小異，初無同名之嫌哉？音義異而形仍一，一時偷可用也，久之必不免於混淆。《論衡·案書篇》曰："讖書云：董仲舒，亂我書。"讀之者或爲煩亂，或以爲理，共一亂字，相去甚遠，自漢人已患其如此矣。此等不便之處，必不容不施補救。補救之道維何？亦曰：將此等應造而未造之字，悉行補造而已。義相順承而補造者，即分別文是，已述於前。義相違逆而補造者，一時雖難徧疏舉，然觀反訓之例，古有今無，即知此等應補造之字，悉已造足。偶有未及補造者，則又以讀破之法代之。讀破之法，由來甚古。《顏氏家訓》云："江南學士讀《左傳》，口相傳述，自爲凡例。軍自敗曰敗，打破人軍曰敗（補敗反）。"案《公羊》莊二十八年《解詁》云，"伐人者爲客，讀伐長言之"；"見伐者爲主，讀伐短言之"，可知江南學士之凡例，原係漢儒所傳。所謂讀破，實即長言、短言之別耳。長言、短言，即吾國之語尾變化也。自有讀破之法，則語尾變化，亦得著之於文字；不必造字，而已增出無數字矣。字亦有不待讀破，仍不慮其混淆者，則雖造兩字，後亦必亡其一，而其僅有讀破之別者無論也。如《說文》："壞，敗也。""數，毀也。"《爾雅釋文》引《字林》："壞，自敗也，下怪反。數，毀也，公壞反。"二字音義皆微別，實與"軍自敗曰敗，打破人軍曰敗"之例同。然今惟行一壞字，而敗字之音，亦無有別其長短者。此緣後世語法改變，壞之與自壞也，敗人之與敗於人也，自有他法可以立別，不恃聲之短長，故仍洮汰之，以歸簡便也。

　　文字孳乳，又有一最要之例，時曰複音。複音者，對單音言之。單音以一音表一義，複音則以二音或多於二音者表一義也。複音字之區別，略有十二：一、合雙聲之字而成，如夷猶、悒鬱、參差、仿佛等是。二、合叠韻之字而成，如玫瑰、蜉蝣、逍遥、窈窕等是。三、本一字也，因雙聲而化爲兩，仍合爲一，如能耐、做作是。四、一音而析爲兩，如茨爲蒺藜是。五、重言，如桓桓、皇皇是。六、加發語詞，如阿父、句吴是。七、合同類之詞而成，如道路、賓客、剛强、欣悦等是。八、合相類之物而成，如貓犬、木石、楮墨、衣食等是。九、合對待之詞而成，如男女、父子、東西、水火等是。十、合分别之詞而成，如歌謡、筵席等是。十一、兩字相屬成義，如口津、眼淚、深謀、奇勇等是。十二、外國語，如單于、拓跋等是。由一至六，皆聲音之變遷；由七至十一，皆意境之變遷；十二則非我所固有也。

　　複音詞有必兩字連舉，乃成一義，析之則其一字不復成義者，時曰連語。凡外國語皆然，本國語則以動植物之名爲多，他種字亦偶有之。《説文》之例，於上一字舉其名，兼釋其義；下一字即緊承此字，而説解則但舉其名。如玉部瑾、瑜二字相連，瑾下云：“瑾瑜，美玉也。”瑜下云“瑾瑜也”是也。其一字係爲此語特製，餘字不然者，則數字不必相承。於特製之字之下，舉其名並釋其義。餘字之下，即不復及。如珣下云：“醫無間之珣玗琪。”玗琪二字不承珣，説解亦不及珣玗琪是也。此等複音詞，似析之而其中之一字仍有義者，然“但云蘭非芄蘭，但云葵非鳧葵”，則雖有義而已非此語之義矣，仍不害其爲連語也。此種爲真連語。近人或并第一至第五五種，悉以入之。然第一與第三，實係一事。特其化成兩字較早，吾儕不能見其先有某一音，乃化出某一音者，則歸諸第一種。而其化分較晚，吾儕今日，明見古能耐即一字，又明見先有作而後有做，則歸諸第三種耳。兩字既仍係一字，則但舉一字，實亦足該兩字之義。故夷猶雖可合爲一語，而《莊子》“宋榮子猶然笑之”，意初無異於夷猶。悒鬱雖可合爲一語，而《孟子》“鬱陶思君爾”，意亦無異於悒鬱也。《禮記·内則》：“炮，取豚若將，刲之刳之。”“爲稻粉，糔溲之以爲酏。”《注》：“刲刳，博異語也。”“糔溲，亦博異語也。”《疏》：“云刲刳博異語也者，按《易》云士刲羊，又云：刳木爲舟，意同而語異。”“云糔溲亦博異語也者，亦者，亦上刲刳。”此即因一字已足盡意，而語調非重言不圓，故求之聲同韻異之字。其實與重言無異。特重言則兩字全同，此則下一字變其韻耳，故謂之博異語也。凡文中兩字向係連用，而忽焉拆開者，皆同此理。如《老子》“恍兮忽兮”、“忽兮恍兮”是也。

《左》昭廿五:"鸜之鵒之。"《疏》曰:"此鳥以兩字爲名,但謠辭必韻,故分言之。"案文法必衷於理,鸜鵒二字之分言,固以謠辭須韻故,然因協韻即可將複音詞拆開,亦因複音字本屬博異言之類,一字足攝兩字之義也。至於叠韻之字,初非由一語變化而成,然亦古人單呼、累呼之例。單呼、累呼者,如《士冠禮注》:"韇藏策之器,今時藏弓矢者謂之韇丸。"韇即單呼,韇丸即累呼也。凡字皆可分聲韻二部,急讀之但得其聲,緩讀之則兼得其韻。此亦與一音析爲兩者同例。特其析較晚,吾儕猶及知之者,則以入第四種;其析較早,而吾儕不及知者,則以入第二種耳,亦非其一字遂無義也。而重言之本係一字,但重複言之者,不必論矣。故此等皆非真連語也。

　複音詞之兩字,意義相同,但舉其一,即足見兩字之義者,昔人謂之複語。此實指第七種言,後人或并第八、第九、第十、第十一四種,悉以入之,此又非也。《尚書·無逸》:"自朝至於日中昃,不遑暇食。"《疏》曰:"遑亦暇也,重言之者,古人自有複語,猶曰艱難也。"《左》桓六年,"故奉牲以告曰:博碩肥腯,謂民力之普存也,謂其畜之碩大蕃滋也"。《疏》曰:"碩大、蕃滋,皆複語也。"宣三年曰:"載祀六百。"《疏》曰:"載祀皆年之別名,複言之耳。"成十三年曰:"殄滅我費滑。"《疏》曰:"春秋之時,更無費國,秦惟滅滑不滅費,知費即滑也,國都於費,國邑並舉,以圓文耳。"又曰:"虔劉我邊陲。"《疏》曰:"劉,殺,《釋詁》文。《方言》曰:虔,殺也。重言殺者,亦圓文耳。"《後漢書·南匈奴傳》:梁商言匈奴"種類繁熾,不可單盡"。《注》曰:"單,亦盡也,猶書曰謨謀,孔安國曰:謨亦謀也。即是古書之重語。"此等皆古所謂複語也:非徒辭費,以語法論之,實近不通。然必如此者,言語由單音進爲複音,欲以圓文,不得不然也。俞正燮《複語解》頗辯之,說殊牽強。見《癸巳類稿》。案上舉諸例,皆明白無疑。惟費、滑一爲國名,一爲都城名,謂其重複,似不甚安。然古人於國名及都城名,初不其別。《左氏》他處言滑,未有冠之以費者,故知此處之言費滑,意實相同也。《複語解》辯"不遑暇食"云:"此句暇食連文,不遑連文,非遑暇連文。"辯"一薰一蕕十年尚猶有臭"云:"尚,且也。猶,如也,言十年且如有蕕氣未歇。十年尚連文,猶有臭連文,非尚猶複。"皆不合中國語法。如所言,"尚猶詢茲黃髮",如何解邪? 複語與文字孳乳,所關極大。今之詞,幾無非複語所成者,《墨子·貴義》:"且主君亦嘗聞湯之說乎?"孫氏詒讓《閒詁》曰:"《戰國策》、《史記》載蘇秦說六國君,齊、楚、魏、韓、燕諸王皆稱秦爲主君。《索隱》云:禮卿大夫稱主,今嘉蘇子合從諸侯,褒而美之,故稱曰主君。案《左》昭二十九年,齊高張唁魯昭公稱主君;杜《注》云:比公於大夫然,此小司馬所本。後《魯問篇》墨子稱魯君亦曰主君。《戰國·秦策》樂羊對魏文侯,《魏策》魯君對梁惠王,亦並稱主君,則戰國時主君之稱,蓋通於上下。小司馬據春秋時制,謂惟大夫稱主,非也。"案此亦單音變爲複音則然耳。名詞如此造成者多,動詞等亦然。蓋正取同義之語連言之。可參看《古書疑義舉例》"兩字一義而誤解"、"語詞複用"兩例。若第八種明係兩物,第九、第十種正取相對、相反爲義,第十一種兩字相屬成義,删其一字,義即不全,皆非其倫也。

第六種加一發語詞,絶無取義,祇是多此一音耳。蓋人當發語時,有一音已足達意,然非兩音則語調不圓者,乃於有義之音之外,更加一無所取義之音,以諧其聲。《士冠禮記》"毋追,夏后氏之道也",《注》曰:"毋,發聲。"《疏》曰:"在上謂之發聲,在下謂之助句。"則此義也。古多稱虞曰有虞氏。《祭法疏》引熊氏曰:"虞氏云有者,以虞字文單,故以有字配之,無義例也。"《射義》:"又使公罔之裘,序點揚觶而語,公罔之裘揚觶而語"云云。《注》曰:"之,發聲也。"《疏》曰:"按經下云公罔裘,上云之裘,故知之是發聲也。即裘爲名矣。"然則"公罔之裘揚觶而語"句,之字蓋衍。《釋文》曰:"公罔,人姓也。又作罔之裘。裘,名也,之語助。"蓋此處或宜四字,或宜三字,故一加之字,一又去公字也。古人字亦一字,於其上加子若伯仲,下加父。名無此例,乃於其下加一助字,如賜也、參乎之類,蓋亦此例。而單音字皆化爲複音矣。欲求語調之圓者,如此等無義之詞最善。然無義之詞有限,且不能隨處輒加,以用之自有定律故。乃不得已而取及同義之字,是即所謂複音。此其意亦在多取一音,然兩義相同,不能指某一字係取其義,某一字係取其聲,不得不析爲兩例。若其雖取有義之字,實於其義無取,亦是祇取其聲,則反覆推校,不得不謂與加一發語詞者同例矣。此例也,舊時謂之挾句。《周官·司巫》:"若國大旱,則帥巫而舞雩。"《注》:"鄭司農云:魯僖公欲焚巫尪,以其舞雩不得雨。"《疏》謂"尪不必舞雩。司農兼引尪者,挾句連引之。"方東樹《漢學商兑》引此,謂《易》"潤之以風雨","巽而耳目聰明",皆是此例。其説是也。挾句,亦作夾句,《考工記》:"鮑人之事,望而眂之,欲其茶白也。"《注》曰:"韋革,遠視之當如茅莠之色。"《疏》曰:"此官主革不主韋,鄭云韋革者,夾句而言耳。"又作浹句,《檀弓》:"邾婁復之以矢,蓋自戰於升陘始也。"《注》曰:"時師雖勝,死傷亦甚,無衣可以招魂。"《疏》曰:"招魂惟據死者,而鄭兼言傷者,以浹句耳。"《周官疏》言之最多,蓋時愈晚,用複音詞愈多故。多作浹句,於義皆不甚曉。《螽斯》之詩曰:"宜爾子孫,振振兮!"《疏》曰:"此止説后妃不妬,衆妾得生子衆多,而言孫者?協句。"《僞泰誓》曰:"官人以世。"《僞傳》曰:"官人不以賢才,而以父兄,所以政亂。"《疏》曰:"官人以世,惟當用其子耳,而《傳》兼言兄者,以紂爲惡,或當因兄用弟,故以兄協句耳。"《公羊》隱公九年:"俠卒。"《釋文》:"俠卒音協。"《史記·十二諸侯年表》:"挾王室之義。"《索隱》曰:"挾音協。"協蓋其本字,他皆借字耳。《詩·陟岵》:"上慎旃哉!"《疏》曰:"此旃與《采苓》舍旃,旃皆爲足句,故訓爲之。"《左》昭十三年"鄭伯男也",《注》曰:"言鄭國在甸服外,爵列伯子男。"《疏》曰:"鄭伯男也,舊有多説。《周語》云:鄭伯男也,王而卑之,是不尊貴也。王肅注此與彼，皆云鄭伯爵，而連男言之，猶言曰公侯，足句辭也。杜用王説。"惟以字足之，故句調能協，亦即所謂圓文也。此例最足滋疑。《論語·鄉黨》曰："沽酒、市脯不食。"《疏》曰："酒當言飲，而亦云不食者，因脯而并言之耳。經傳之文，此類多矣。《易·繫辭》云：潤之以風雨。《左傳》曰：馬、牛皆百匹。《玉藻》云：大夫不得造車馬。皆從一而省文也。案此與《郊，社之禮所以事上帝》同，實非省文，乃挾句也。《史記·刺客列傳》豫讓曰："士爲知己者死，女爲説己者容。今智伯知我，我必爲報讎而死，以報智伯，則吾魂魄不愧矣。"魂知愧，魄不知愧也。此等雖若誤解亦無害於義。然如重黎《國語》、《史記》等或以爲一人，或以爲二人，則滋疑矣。又有不知此例而生曲解者，如《史記·惠景間侯者年表》："清都侯駟鈞，以齊哀王舅父侯，周陽侯趙兼以淮南厲王舅父侯。《索隱》曰：舅父即舅，猶姨曰姨母也。"此亦單音進爲複音時之變。知此，則知稱舅爲舅氏，亦以此故，正不待多其辭説也。《史記》之文，《漢書》皆但作舅，蓋鈔書者節之。**然非知此，於古書或難真解**，《曲禮》曰："前有車騎，則戴飛鴻。"《疏》曰："古人不騎馬，故經但記正典，無言騎者；今言騎者，當是周末時禮。"案謂古人不騎馬非是，然禮言騎者確少，知挾句之例，則無憾矣。《曲禮》又曰："逮事父母，則諱王父母，不逮事父母，則不諱王父母。"《疏》曰："庾云：諱王父母之恩正應由父，所以連言母者，婦事舅姑，同事父母，且配夫爲體，諱敬不殊。故幼無父而識母者，則可以諱王父母也。"《坊記》曰："《書》云：厥辟不辟，忝厥祖。"《注》："爲君不君，與臣子相褻，則辱先祖矣。君父之道宜尊嚴。"《疏》曰："若爲人父，不自尊嚴，而與卑下相瀆，亦辱累其先祖，故鄭《注》云：君父之道宜尊嚴。此則因君見父耳。"《聘禮》曰："若有獻，則曰某君之賜也。"《注》曰："其大夫出，反必獻，忠孝也。"《疏》曰："事君言忠，事父言孝。此獻君，忠也，而兼言孝者，忠臣出孝子之門，故連言孝也。"此等皆望而知爲曲解，得挾句之例以釋之，則涣然矣。然猶不止此。古書恆以父母並稱，當父權昌熾之世，母之權安得與父並？如文釋之，將使人昧於社會之情狀。知父母並言，亦同挾句，則無此誤矣。故讀古書非明其義例，不能真解也。**并將有誤解以害事者**，如朝無撻人之事，兵亦非可入朝之物，然《孟子》言"若撻之於市朝"，《檀弓》言"遇諸市朝，不反兵而鬭"，不知朝爲挾句連言，則將昧於制度矣，説見《日知錄》"市朝"條。又如夫征止取田税，而鄭《注》連言夫家之征，地之所出惟貢，而鄭連言貢賦，則將壞取民之制，見《周官》間師、載師《疏》。又如宮正但爲官府次舍之版，而鄭世農言爲之版圖，見《周官·宮正疏》。革衣薪之俗者，但能爲棺，而《易·繫辭傳》蓋取節兼言椁，見《禮記·檀弓》有虞氏瓦棺《疏》，亦皆失事實之真。**故不可不措意也**。蓋言語自單音進爲複音頗難，故如此不盡善之法，亦不得已而用之耳。

挾句者不徒變一字爲兩字，即兩字以上，亦有然者。《仲虺之誥疏》曰："《康誥》、《召誥》之類，一字足以爲文。仲虺誥三字不得成文，以之字足成其句。《畢命》、《冏命》不言之，《微子之命》、《文侯之命》言之與此同。猶《周禮·司服》言大裘而冕，亦足句也。"《蕩》之詩曰："曾是彊禦，曾是掊克，曾是在位，曾是在服。"《疏》曰："經之設文，須有足句，四言曾是，其義爲一。"蓋皆以圓文而已。韻文中之多詞，即以此故，讀《經傳釋詞》可知也。又有省文以宛句者。《詩》"禴祠烝嘗，于公先王"，《疏》曰："經於公上不言先者，以先王在公後，王尚言先，則公爲先可知，故省文以宛句也。"其事與挾句相反，其意實同,亦以求圓文而已。又有連引辭句,無所取義者,如《周官·小祝注》引杜子春説,有"奠以素器,以主人有哀素之心也"句,《疏》謂"子春連引,於經無所當"是,蓋由誦之習熟故如此。此與挾句、宛句等意在求圓文者不同,其有賸義則同也。挾句之例,用之甚廣,可參看《古書疑義舉例》"兩事連類而並稱"、"因此以及彼"、"兩字對文而誤解"三例。即今人亦有用之者,如單言妻字,語調不圓,乃改爲妻子是。然此例惟不得已時可用,得已時實宜以他語代之,以免淆亂,如以妻子二字代一妻字,實不如用妻室二字之善也。

　　第八種合相類之物,第九種合對待之詞,以成一語,意非並舉相類相對之物,而在示相類相對之義。此於文字孳乳,所關亦大。宇宙間物,究極言之,固無不互有關係,然以恆情論之,固有絕無關係者。凡絕無關係之物,決不能連屬而成詞,以其別無新義也。若並舉相類相對之詞則不然。言貓犬者,意非謂有貓有犬,乃謂獸爲人所豢;言木石者,意非謂有木有石,乃示物之無所知。然則言楮墨,猶云作書所須;言衣食,猶云資生所恃;言男女,則示生人形體之殊;言父子,即含嗣續相承之義;言東西,意謂方位之不同;言水火,以見物性之相克:皆非徒舉兩事或兩物審矣。相類、相對之物,皆有形迹可求。物之相類、相對,實惟人心所造,二者固不容并爲一談。知識淺陋之世,徒知有相類、相對之物,未知物有相類、相對之義;自衹有相類、相對之物之名,而無示物相類、相對之義之語。知識日進,知各物之關係日深,則所以表其相類、相對之義之語,自不容無矣。故此兩例,非徒將向所已有之語聯而屬之,實能將向所未達之義表而出之也。字雖猶是,義則新矣。故曰:與文字之孳乳,大有關係也。此例似人人所知,然古語失詁,亦有致誤者,可參看《古書疑義舉例》"兩字以對文而誤解"例。

　　第十種合分別之文以成詞,亦於文字孳乳,所關甚大。天下事異中有同,同中有異。既有專名以別其同中之異,自應有公名以統其異中之同。知識淺陋之世,但知見一事即立一名,而于諸事異中之同,初未見及。夫且不知異中之有同,自不能有統合同異之公名矣。稍進,則知就一切事物,籀其異中之同,立以爲類。于斯時也,則表示其類之通名亟焉。然其造之甚難,乃先以"對文則別、散文則通"之例濟之。如災祥對舉,祥爲善,災爲惡,而獨舉則祥亦爲善惡之通稱;飲食對舉,各有所指,而散言則食亦兼飲是也。《士喪禮》:"櫛於簞。"《注》:"簞,葦笥。"《疏》:"《曲禮注》:圓曰簞,方曰笥,則是簞笥別。此注簞葦笥者舉其類。"此亦對文則別、散文則通之例耳。《周官·屨人注》:"複下曰舄,禪下曰屨。古人言屨,以通於複;今世言屨,以通於禪,俗易語反與?"則通名之義亦可有變遷,而仍不失其爲通也。更進,乃能合分別之二文以爲一語，而散文則通之單音語，亦皆變爲複音語矣。

　　複音字之大略如此。除第六、第七兩種外，無不於單字之外，別增新義者，非徒複其音便於口齒而已，其孳乳文字，爲何如哉？吾國古代，單字所增甚多，至後世則甚少。即有所增，大抵古已有之，如前所舉矐、眙等字是。又有暫行即廢者，觀今日字典中字，十有八九，皆不行用是也。譽中國字者，因謂其文法精妙，祇此常用數千字而意無不達；詆中國字者，又謂其陳舊不適於用，皆非也。中國言語，久進爲複音，故其文字所增者亦皆複音，單字如故也，複音字則所增多矣。此等情勢，並非至後世始然。如《説文》："筒，洞簫也。"此乃爲洞簫所作之專字。然王褒《洞簫賦》不單云洞，可知即用筒字，亦不能單作筒，而必兼作洞簫。此如今人爲燈心造芯字，若作字書，自可訓之曰燈心也；若作文字，豈可但書芯字乎？以此推之，則昔字説云"甘草"，用時亦必連書草字，不得但作昔字也。《古書疑義舉例》"二字誤爲一字"例，可以參看。

　　吾因疑古代之字，有不止讀一音者。段氏曰："古文廿仍讀二十兩字。秦碑小篆，則維廿六年，維廿九年，卅有七年，皆讀一字，以合四言。至唐石經，二十皆作廿，三十皆作卅，則仍讀爲二十、三十矣。"予按《説文》："㸬三歲牛"，"牭四歲牛"，"馴馬八歲"，亦未必但讀一音也。何則？筆之於書，則見三、四、八之外又有牛馬旁，可知爲三歲、四歲之牛，八歲之馬。若出之於口，仍止一參字、四字、八字之音，聞者且不知所指，而焉知其爲牛、馬之齡乎？然則"犉，白牛也"，"皬，馬之白也"，"虓，虎聲也"，"狺，犬吠聲"，用之語言、文字，亦必云犉犉之牛，皬皬之馬，虎聲虓虓，犬吠狺狺，而不得但曰犉、曰皬、曰虓、曰狺審矣。此亦足證許説皆附會字形，非真能得字之本義，參看前論六書非古説處。説文廿下云："二十并也，古文省多。"卅下云："三十并也，古文省。"云"省多"，云"省"，明讀之仍有兩音；否則一音造一字，乃理之常，何云省也？

　　一字讀兩音，即是兩形祇寫一字。書寫筆畫，誠可減省，然破一字一音之例，實覺不便，故後世遂廢不行。近人顧有譏先民造字，既能合兩形成複形字，何不表雙音成複音詞，謂蜻蜓當作蠟，鴟鴉當作鵌者。殊不知複音詞增益無窮，而單音字則爲數有限。何也？人所能發之聲有限也。造字而以單音爲主，使人所能發之聲皆備，則複音字無論如何增益，皆可取固有之字以表之。欲通文字者，能識此數千字足矣，此何等簡易？若隨複音詞之增而造字，則字必增至無窮。目前之識字既難，而閱時稍久之書，其字遂不可識。此何等繁重？夫謂教不識字之人使識字，拼音之字，便於今日之六書，固也。然人之識字，非徒識之而已也，將以讀書。讀書者必於字識之既熟，一目十行，乃覺其可樂，乃能間暇即取書讀之。若必字字拼其音而讀之，則其煩苦莫甚，非至萬不得已時，又孰肯讀書以自苦哉？識字誠爲難事，言語國民所固曉。言文縱不一致，若能相近，則文法並不難。然其所難者在熟；識而不熟，亦與不識相去無幾。謂以字母教人，使其略解拼法，便可用以讀書，恐終子虛烏有之談也。或謂造複音字雖無益識字，究可減省筆畫；在今日人事繁迫之時，作字之工夫，亦宜計算也。殊不知文字貴與語言相合，另造拼音字無論矣。若仍用今日之字，并一爲兩，則所省之筆畫無幾，而一字一音純一之例先破，豈非得不償失？化學名別是一例，不能援改養氣爲氣，輕氣爲氫以爲說也。

# 十一、文字之淘汰

反乎孳乳作用者，是爲淘汰。其最著者，莫如音義皆同字之省。音義皆同字有兩種：一，兩字聲旁相同，義旁亦相類者。此必造字之時，各造其所造；不則既造之後，書寫者改易其偏旁。《說文》中兩部首之義相類者，部中此類字即最多，如口部有吶，言部又有訥；止部有踵，足部又有踵，彳部又有徲是也。文字雖非一人所造，然造者自必遵循衆所共知之例。此其所以各造其所造，而自然相類也。此類兩字之用全同，本可不必有兩，故皆一存而一廢。又其一，則兩字一有偏旁，一無偏旁。此必無偏旁者在前，有偏旁者在後，故王氏《說文釋例》稱爲累增字。夫加偏旁而義異者，《釋例》所謂分別文也。分別文之加偏旁，取其義之異也。若累增字，則既加偏旁，義仍不異，亦何取而增之哉？曰：此由古人作字好尚與今人不同。今人好簡省，多取減畫；古人尚茂密，轉取多畫耳，說見下。後世亦有此等字，然因造字之意不可見而增之，非徒取其多畫也。如"喿，羣鳥鳴也，從品在木上"，三口已見羣鳴之意，然俗又加口爲噪者，俗人視喿字祇以爲一聲旁，不復見羣鳴之意也。此例古亦有之，如告從牛而牿又加一牛；益從水而溢更加一水是，《釋例》謂之累增之失。凡此等字，亦必一存一廢。有先出者存者，如口部因，手部捆，《說文》皆訓曰"就也"，捆實因之累增字，今行因不行捆。亦有後出者存者，如夊部：复，"行故道也"，彳部：復，"往來也"，二字音義實同，復爲复之累增字，今行復不行复是也。大抵不加偏旁，無由見造字之意，或字體不方正、不便隸書者，如屰逆。皆後起者行，否則多先出者存也。

凡音義皆同字，無論其爲累增、非累增，必皆僅存其一。其不然，則因後世之讀音不同，如訕與姍是也。又不然，則因其一爲專名，不可廢，如呂膂之並存，以呂氏、大呂等不可作膂；察詧之並存，以蕭詧不可作察；侂託之並存，以韓侂胄不可作託也。又不然，則因經典所用，不容擅改，如勁勍之並存，以《左氏》一用勍字；僖廿二年。讐讎之並存，以觸讐不可改作讎，而《史記》"一府中皆讇伏"，《項羽本紀》。又不容改作讐也。前所舉謀、媒二字即此例。凡此者，兩字各有其用，實已與分別文無異。更不然，則因俗人作字，相類之義旁恆相亂，如詠咏並行，非俗人知《説文》詠字更有或體从口，乃其下筆，言旁、口旁，本不審諦耳。《説文》之所以有或體，蓋亦或以此矣。

音義皆同字，即重文也，而許不言爲重文。王氏《釋例》，輯得四百四十三字。許氏瀚謂不無遺漏。以吾觀之，則所失尚多，非直遺漏而已。王氏謂：同音同義之字，“類聚者有三種：一爲無部可入之字，如云？二字，不入雲部，即無復可隸之部也。一爲偏旁相同之字，如祺之籀文禥，祀之或體禩，仍從示義，不得入他部也。一爲聲意不合之字，如𣆶之古文𣆠，雖从囧从未兩體明白，而不可入此兩部，故附之𣆶下也”。此外則皆不然，蓋恐竹帛迻謄，易滋魚豕，有部首定其字之半，即謁亦不過一半，故別隸之。非此之例而類聚者，皆出後人移并。舉嘯之籀文歗，《文選·嘯賦》李《注》謂在欠部，唐初字書，不過《説文》、《字林》爲證，其説似辨矣。然許于此等字明言其相同者，不過與下云“此與予同”，布下云“與豕同”而已，外此則皆不及，欲謂許知之而不得也。然重文之數，如此其多，謂許皆不知之，似又不然。蓋許書本博采而成，所采者以爲重文，即許亦以爲重文；所采者不以爲重文，即許亦不以爲重文也。此亦足爲許書體例不能純一之證。王氏謂“許君目爲重文者，據當時仍合爲一；不目爲重文者，據當時已分爲二”，此説甚通，殊不必更立前所述三例，求之深而反失之也。重文、非重文之説，亦不能畫一。故有許書不以爲重文，而他書以爲重文者，如《説文》柝欜爲兩字，而《玉篇》則以欜爲柝之重文，蓋各有所受之也。

單音字如此，複音字亦然。如峙踥二字，《説文》心部作恃𢚩，足部作躊躇，《毛詩》作踟躕，《廣雅》作躊躇，又作跢跦。今惟存躊躇用之心，踟躕用之足，躊躇取其平仄有異，餘皆廢矣。以此三者具分別文之用，而餘則成音義皆同字也。

音義皆同字，本係重文，存其一廢其一，猶未爲洮汰作用之大者也。洮汰作用之大者，莫如將本有微別之字，亦洮汰之而祇存其一。如《説文》“伍，相參伍也”；“什，相什保也”；“佰，相什佰也”，其義與五字、什字、百字，實有虛實之不同。然今什伍二字，因十人爲什，五人爲伍，及參伍之義而存。佰字惟俗人作之，相什佰之義，則竟作十百矣。又如聿下云：“楚謂之聿。”筆下云：“秦謂之筆。”則此二字之音，亦必微異；設無《説文》此二語，後人亦必謂聿、筆二字，音義全同矣。然則今所謂音義皆同字，誠爲重文者固多，其實有微別者亦不少。而今皆一廢一存者，古雖有別，至後世察其無用，則亦從而廢之也。豈非洮汰作用之甚大者哉？

有等字，古人之加偏旁，本係有意立別，而後世仍去之，其理亦與此同。如《説文》人部之儽，《管子》之帝俈，皆因其爲人名而加人旁。《説文》女部自娍至姗十八字，以其爲女人字號，皆加女旁，此猶後世書英吉利爲嘆咭唎耳。然旋皆省去者，以其固不必有此別也。其當立別者，則亦相沿不廢，如嘩譏未嘗省作畢幾是也。嘩譏之所以不能省者，以音譯之名，宜於無義，而畢幾則嫌於有義也。不當省者即不省，可見所廢皆其當廢者矣。此又見洮汰作用之審。蓋文字遷變之道，陰行而爲人所不知者，其當如此。此亦見文字不容以私意穿鑿，妄爲改變，而今吾欲云云者之無當也。

古人乏統一觀念，遇一事一物，輒爲專立一名。後人則不然，除不容不立專名者外，皆取公名加之專名而成一名。此於文字之洮汰，亦爲用至大。近人論國語進化者，謂《説文》牛、羊、馬諸部，皆以其雌雄、大小、毛色之別，多立之名，今則但曰雄牛、雌牛、大羊、小羊、白馬、黑馬而已。予案古以一植物而多立專名者，莫如荷華：已發曰夫容，未發曰菡萏，實曰蓮，莖曰茄，葉曰荷，本曰蔤，根曰藕，雖有扶渠之總名，不以被之華葉等也。今則以荷爲總名，除蓮藕爲果品仍存其專名外，餘則但曰荷葉、荷花、荷蒙、荷梗、荷根，何等簡易邪！要之識字實爲難事，然陰行於文字間之變遷之例，於單字之可省者，皆必盡力省之；其有所增，則皆萬不容已者也。文字自然變遷之例，其妙如此，安用私智穿鑿者之吾欲云云邪？

當洮汰之字，終必歸於洮汰而後已，不能以人力強起之也。《陳書·文學傳》：庾持，"善字書。每屬辭，好爲奇字。文士亦以此譏之"。漢賦至後世，所以無人問津，即由於此。以私意造字者亦然，如武則天嘗造新字，至後世，仍爲人所識者，一曌字而已，以此爲專名，不能代以他字，餘則皆不然也。

# 十二、文字之變遷

孳乳、洮汰二例，皆能使字增減者也。其有無關增減，而亦起變遷者，則許君所謂改易殊體者矣。

文字改易，亦分聲、義兩途。伎今作妓，儋今作擔，以古之伎主於男，今之伎主於女；古言儋何者，從儋何之人著想，今言儋何者，從儋何之事著想，作事以手爲主。此緣於義者也。前舉適庶之適，古借適而後世借嫡，理與此同；特彼則異其借字，此則改易字形耳。棓今作棒，剆今作剁，以今讀音聲、冐聲，與古不同，此緣於聲者也。《説文》形聲字，正或體所從之聲，有不在一韻部中者，蓋亦由此。然無關聲義，特由形變者亦多。

形變之甚，厥惟隸之於篆。治字學者所謂隸變也。此其條例，極爲繁複，必別爲專篇，乃能詳之，今姑勿論。講字學者多好攻隸變之失，此亦未必盡然。今之講字學者，所見止於篆書。篆書得許氏説解，一若字字皆有其理。而隸書則無之。即有之，其不相合者，人皆謂篆先而隸後，亦必右篆而左隸。其實篆、隸初即一物，古隸字體與篆之異，猶之篆、隸之自異，並無古近之可言。後世篆、隸分爲二物，篆廢而隸獨行。篆體既廢，自然無復變遷，即有譌變亦必甚少。而隸則變遷無已。此等變遷，誠出於篆書之後。其失篆書原意處，亦誠不少。然須知今所謂篆書，其不古實亦已甚，其失古代文字原意處，亦已不知凡幾。他時古代文字，發見更多，據以校今日之篆書，恐其失古文原意處，正不下於隸變。而許書説解，異於後世陋儒，據隸書以索字原者，亦正相去無幾也。開，古文作闐。王氏筠曰："此字象以门去一，篆書變爲闐，斷其一爲兩，直其门爲卄，原意不可得見，《繹山碑》即如此，段氏遂曲説爲开聲矣。"

形變由來，其實甚早。《釋例》舉篆書偏旁改易原形者，其例有四：一、爲拆開字形，如衣部袞裏二十一字，皆分衣於上下；行部字無論會意、形聲，無不將彳亍拆開；品部五字，品皆分居上下。又如畾部之爽，絲部之幽，及歲之從步，橐之從束是也。二、爲變其橫直，如舛部之舜，變舛之左右相背爲上下相

140

背；艸部之㫃，變艸之形爲屮是也。三、爲割裂字體，如瓊之或體璚從旋省，水部又有淀，旋從㫃從疋，去方留定，與施從㫃也聲，而今隸改迤爲迪同是也。四、爲兩借，如齋從示齊省聲，二上屬爲齊，下屬爲示；羆從熊省聲，能上屬爲罷，下屬爲熊是也。此等皆無義可說。王氏謂："建首五百四十字，他部從之而變其本形者，大率取匹配整齊，無他意，其在本部亦然。"其說殊允。蓋造字之意，此時已不復存，特取筆畫累積，搆成字形，故其變遷如此也。又有所謂體同而音義異者，除前所舉棗棘等以重並爲別外，《三國志·任峻傳注》引《文士傳》曰：棗祗"本姓棘，先人避難易爲棗"，此非文字變遷之公例，然亦一特例也，亦與字形有關。又有三例：一、如人部伐，戈部戍，同云從人持戈，特以人字位置不同而成異字。二、如本、末、朱皆從木一，天立皆從大一，特以一之位置不同而成異字。三、如尹、丑皆從又從丨，特以丨之長短不同而成異字是也。又有兩字同從一字，而一從其全，一從其省者，如梟從鳥在木上，梟鳥之或體。從木鳥聲；葠從侵聲，蔓從侵省聲；縱從從聲，縱從從省聲是也。又有偏旁隨意改易者，則刀力之譌，勳劇、勊剋、劫刦等。日白之異，暳、晧、旳，《説文》皆從日。草竹之淆如苔皆承作答。《説文》竹部：箈，一曰蔽也；艸部：苔，屏也；尸部：屏，蔽也。則箈下一曰之義，即苔字之義，草竹互譌，由來舊矣。皆是。作字必求簡易。故如籥籲二字，後世無作之者。虫、蚰、蟲同字，而《説文》蟲部祇五字；絲部字少，糸部字多；彌部字重文最多，要皆畫少者行。然亦有畫多轉行者，蓋今人作字求速，古人則但求美觀，而其所謂美觀者，則不取疏而取密，故有時轉尚多畫。中之作𠁧、㕚、從屮持斤。聿、聿從又持巾，聿從聿一，實一字。梁古文梁。之加畫，林、比之古文。屮芟之古文。之加兩畫，王氏筠謂皆但取文飾，別無他意。難不從難而從𦺷聲，懼不從瞿而從瞿聲，臾爲蕢之本字，更造蕢字，不作莫而從從臾得聲之蕢，理亦同此。此籀文所以較古文爲繁，小篆又頗省大篆歟？或，"邦也，從囗、從戈；戈以守一；一，地也"，於義已備。或體域又加以土，已無取矣。猶可曰：或造字之意，已不可見，改爲域，乃改合體象形爲形聲也。乃如韭部𤬸字，次㞢皆聲。甚至如《彭長田君碑》"討鱥畔夷"之鱥，《漢隸字原》謂即鹹字，則兩體皆屬聲旁矣。兩體皆屬聲旁，猶一音而寫兩聲借字，於義何取？此等皆不衷理者，然不能謂非改易殊體之一途也。

字既以形爲主，形之不便於用者自必改之。然亦有改之不盡者，如日與曰、干與于、戊與戌，終覺易於混淆是也。篆書玉字無點，加點者義爲朽玉，後世玉亦加點，乃移朽玉字之點於上以別之，此則幾無人用之矣。

字之改易殊體，乃事勢之自然，莫之能禦也。然衆心之向背，不能盡同，雖終歸於畫一，而其改易初不能同時，遂有所謂正俗之分焉。《容齋三筆》云：

“書字有俗體一律，不可復改者，如沖、涼、況、減、決五字，悉以水爲冫，雖士人札翰亦然。《玉篇》正收入於水部，而冫部之末亦存之，而皆注云俗，乃知由來久矣。”即其事也。此等徒改易偏旁者，淆亂尚小。又其甚者，則爲隨意改易字形。此風以六朝爲最甚。凌霞趙撝叔《六朝別字記序》云：“六朝碑版，點畫偏旁，隨意增損，怪誕紕繆，觸目皆然。即如造象之中，區軀二字，厥狀甚夥：王妙暉造象作�，僧資造象作匚，趙阿歡造象作匚，天和四年造象作區，紀僧諮造象作軀，清位信女楊造象作軀，元寧造象作堀，路文助造象作鏂，曹續生造象作傴，郭于猛造象作摳。聊舉其一，以列其餘，則其變態不窮可知矣。至唐崔懷儉造象，則又作匚。是乃沿波逐流，變之又變者也。”字既祇論其形，此等尚可知爲何字者，似亦尚無大礙。然積之久，終必至棼絲難理而後已。故又有分別正俗，釐正字體之舉，以殺其勢也。

　　釐正字體之事，亦自古有之。許《序》言吏民上書，或不正，輒舉劾，即是。《續書•百官志》引《漢官儀》，言丞相辟召，刺史、二千石察舉，有非其人，書疏不端正，有司奏罪名，并正舉者，亦其事也。石建爲郎中令，奏事下，建讀之，驚恐曰：書馬者與尾而五，今乃四，不足一，獲譴死矣。固由其恭敬舉無與比，亦可見當時奏事，書法不容不正。《魏書•劉仁之傳》：“性好文字，吏書失體，便加鞭撻。”《北史•樂運傳》：輿櫬詣朝堂陳周宣帝八失，其七曰：“近見有詔：上書字誤者，即科其罪。”亦必固有此等法，暴君酷吏，乃得因之而加虐也。《魏書•世祖紀》：始光二年，“初造新字千餘。詔曰：昔在帝軒，創制造物。乃命倉頡，因鳥獸之跡，以立文字。自茲以降，隨時改作，故篆、隸、草、楷，並行於世。然經歷久遠，傳習多失其真。故今文體錯謬，會義不愜，非所以示軌則於來世也。孔子曰：名不正則事不成。此之謂矣。今制定文字，世所用者，頒下遠近，永爲楷式”。玩詔文，所謂造新字者，實乃釐正字體耳。《袁式傳》：“式沈靜樂道，周覽書傳，至於詁訓、《倉》、《雅》，偏所留懷，作《字釋》未就。”《周書•藝術傳》：黎季明“從祖廣，太武時爲尚書郎，善古學，嘗從吏部尚書清河崔玄伯受字義，又從司徒崔浩學楷篆。自是家傳其法，季明亦傳習之，頗與許氏有異”。又趙文深，“太祖以隸書紕繆，命文深與黎季明、沈遐等依《説文》及《字林》，刊定六體，成一萬餘言，行於世”。此與求撰集古今文字之江式，皆有意於釐正字體者也。正俗字亦各有其用。唐顏元孫作《干祿字書》，分字爲俗、通、正三體。其序言：“所謂俗者，例皆淺近，惟籍帳、文案、券契、藥方，非涉雅言，用亦無爽；所謂通者，相承久遠，可以施表奏、箋啓、尺牘、判狀，所謂正者，可以施著述、文章、對策、碑碣。”此種分別，今日尚然。蓋字之初出，不免羣視爲俗。然其字不能不用,則習用焉而遂進於通,其積古相傳之字,則稱之爲正。此雖若無謂,然實有節制改易,使其不至過速之用也。

林罕《字源偏旁小説序》曰:"篆隸有筆力遒健,字勢研麗。斯乃意巧之人,臨文改易,或參差之、長短之、屈曲之、扚戾之,務於奇怪,以媚一時。後習之人,性有利鈍,致與原篆隸不同,蓋病由此起。今之學者,但能明知八法,洞曉六書,道理既全,體格自寔,亦何必踵歐、虞、褚、柳之惑亂哉?"此等求美觀而改易字形者,今人稱爲帖體,亦文字變遷之一端也。

改易字形,有出私意者。《三國·魏志·文帝紀》:黃初元年,十二月,初營洛陽宮,戊午,幸洛陽。《注》引《魏略》曰:"詔以漢火行也,火忌水,故洛去水而加隹。魏於行次爲土,土,水之牡也,水得土而乃流,土得水而柔,故除隹加水,變雒爲洛。"《通鑑》:陳宣帝太建十三年二月,周禪位於隋,《注》曰:"隋主本襲封隨公,故國號曰隨,以周、齊不遑寧處,故去辶作隋,以辶訓走故也。"此等舉動,可發一噱。然洛陽之作洛者,勢難盡謂爲晉後人所改,而隋、唐人金石文字,亦多隨、隋二字通用,則文字固非法令之力所能改易也。

# 十三、論文字之改革

　　文字改革之議，由來舊矣。其故有三：中國字非由拼音造成，覩其形不能知其音，一也。筆畫繁多，不便書寫，二也。方言不同，讀音歧異，此本與文字無涉，然中國語文之不統一，實以此端關係最大，語法全國畫一。稱名雖有異同，不爲泰甚。故論文字改革者，亦以此爲亟務焉，三也。外人來傳教者，或以拉丁字母拼中國土語，教不識字之中國人。其後中國人亦有欲造拼音字母，以註漢字之音者。如王照、勞乃宣是也。民國成立，政府始從事於此。二年，教育部召開讀音統一會，製定註音字母，於七年公佈之。二十二年，以僅用以註音，改稱註音符號。二十四年，擇常用之字六千七百八十八，於其旁皆註音符，製成銅模，時曰註音漢字。然亦有謂國語宜用拉丁字母拼寫者，政府於十二年設委員會爲之，至十五年而成，十七年，由大學院公佈。其拼法仍用四聲，書寫較難。十八年，蘇聯多拉格拉夫教授別擬一拼音法，合中國學者數人，在列寧格勒學士院之東方研究所研究，製定字母二十八。二十年九月，召開會議於海參崴，通過之。中國字拉丁化之說，由兹而起。其拼法不拘四聲，較爲簡易，頗有試用之者。二十七年四月，國民黨中央宣傳部嘗禁之，謂其不以北京音爲標準，破壞統一國語焉。先三年，二十四年。選通行簡畫之字三百，稱之曰"手頭字"，製成鉛字，以便印刷。且於小學及民衆學校課本強制用之，云此爲第一期，後當逐漸增加也。然及其明年，即令暫緩推行焉。中華人民共和國於千九百五十二年，設中國文字改革研究委員會。越二年，會名去"研究"兩字。千九百五十五年，一月，發表《漢字簡化方案草案》。國務院設委員會審訂，可其修正方案。十月，開全國文字改革會議，予以通過。凡簡化字五百十九，偏旁五十有四。又通過以北京音爲標準之語爲普通語，亦即漢民族共同語。明年，一月二十八日，《簡化漢字方案》由國務院公佈。推行第一表之字凡二百三十。二月九日，文字改革委員會發表《漢語拼音方案》，用拉丁字母加以補充，所補充者，仍以拉丁字母代用。送請國務院公佈，國務院亦設委員會審訂，今尚在審訂中。

自《簡化漢字方案》公佈以前，人民於文字改革，鮮或措意，以其事實未嘗行也。至《簡化漢字方案》出，各印刷所於其所推行之字，皆以新易舊，人民始覺所見有異，而議論始多。懷反對之見者頗不乏。此非必人民難與慮始，實亦有其當商榷者在焉。

主簡化者，深厭漢字筆畫之繁，故欲力求手寫與印刷兩體之合一，而不知兩者永無合一之時也。蓋手寫之體，本求自喻，或則但以喻極少數人，其為簡初無底止。舊簡體變為通行之字，新簡體必又隨之而生，與相追逐，永無已時。簡筆字本不必人人皆識。當推行手頭字時，予即為文諍之，題曰《反對推行手頭字，提倡制定草書》。刊載《江蘇教育》第四卷第四期中。有云，"擬推行之三百字，予即有不識者"，今之簡字亦然也。故聽其自然，則一人所識簡字較少。定為通行之字，取舊字而代之，則非識不可，而舊字又不能廢。見下。則所應識之字反多矣。國民政府推行手頭字時，曾云：昔名人亦多用之。舉《昭代名人尺牘》所載黃宗羲手札、國學保存會所影印之江永《音學辨微》手稿、《昭代經師手簡》所影印之孔廣森致王念孫《論古韵書》為證。不以之代舊字，而手寫時視所示之人而用之，簡體字本昔人所不棄也。然即將一切簡字，羅而致之，仍遠較所欲簡者為少，通行之字，有迄無簡體者。乃不得不造新字，或強取舊字以為代。新造之字如阴阳等，甚屬無謂。強取舊字相代，更為不安。如以吁代籲，即不論文言長吁短嘆，亦白話中所常用，豈能禁其不用邪？若禁使不用，則是強滅語彙，乃使文字退化之舉。

或以簡體字為易識，此亦不然。除識字極少之人，皆知字以偏旁合成，無畫畫而識之者也。

其尤不可通者，乃為將諸同音之字刪併，僅存其一。此乃強將文字孳乳之途截斷，而大擴其同音假借之範圍，殊不知音同而形義異之字之所以多，皆迫於應分別之用而起。若其反古復始，則同衍一聲之字，皆可廢之，而僅存一聲旁矣，有是理乎？漢語單音，北京人所能發者，僅四百十有一。使同音者皆作一形，將較從前文理不通之人所寫全是借音字者，分別更少，尚有何人能解？凡作文字，程度愈高之人，所用借字愈多。如芯、菓二字，通人決無作之者，芙蓉且可作夫容是也。程度低者適相反，以其借字形以分別者多也。今而去之，是非扶翼受教育淺之人而苦難之也。若云：將來用拼音字，僅憑其聲，故以此為之開路。則此乃拼音字所以難行之故，提倡拼音字者，當善籌補救之法，豈可束手無策，反破壞舊文字之已有補救之法者以就之？凡文字，皆由大眾所造，經長期之試用而後通行，故其創造不能甚速。非徒新作一形者如是，即假借舊字者亦然。北方人常於門上貼紙條，寫隨手代門，人人知代為帶之假借字，不致誤解，故能各處通行。今迫於減字，大批製造，則如舞會、午會互相淆亂之弊必生矣。曹君伯韓乃謂攝代自有局限。如幹部可作干部，而軀幹、幹練等仍當作幹。見《文字改革》雜誌第一期。此説誠較妥協，然以此爲衡，恐所廢之字，什九將復也。

許君論文字之用曰："前人所以垂後，後人所以識古。"此非一家之私言，乃積久經驗之談。人之知識、技藝，無不以後承前，故後輩必不能不與前輩交接。然前輩則大抵不識簡字者也。即欲學之，時過後學，亦勤苦難成。甚或婚宦迫人，不容更學。今曰：爲識字者計，已識字者不當憚增學之勞，辭非不正，其如無益實際何？且即不論知識、技藝，人與人，如父子、兄弟、夫婦、朋友之間，亦決不能不用文字。識簡字者，亦決不能不曲徇不識者而更學舊字。則新舊並行，而所須識之字反增矣。或曰：如子説，專以增識爲慮，新字將不可行矣。曰：吾非謂新字不可行。新字之增，歷來有之，然無大批涌現者，徐徐而來，衆自不憚增識之勞，而舊字自亦能隨之而廢。一朝更迭數百字，則勢必不行矣。此非可以口舌爭也。語曰："下令於流水之原。"事之能行，亦因乎勢，非徒恃政令之力。如釐正字體，所以能行，亦由衆本苦字體之雜而欲一之也。

即能盡以簡字代所欲代之字，於文字改革，亦無大利益，何則？此所省者不過筆畫，然筆畫之繁，非中國字之大患也。中國文辭，字變遷頗緩。此其理當別論，然其益則弘多。其益惟何？曰：使今古文字接近而已。昔爭學校應否教授文言時，曾有人言："《論語》、《孟子》並無艱深之可言。"或又云："中國文言白話之差，遠不如西洋古近語言之甚。"其説自爲平允。識數千字，讀數年書，即於先秦至今兩千餘年之普通文字，無不能解，實爲極便宜之事，斷宜保存。而欲保存之，則於文字，斷不宜紊亂其自然之規律，而今之簡字，不免於此有背也。今後若真將改行拼音字，則自先秦古書，以至晚近白話，均爲舊式文字，學之者均不過爲考古之資。兩千年完整之局，何苦於其將變之時，更加破壞？若云舊字實不能廢，則行用之日方長，正宜求其簡易，豈可紊亂其自然之規律，而造出苦難耶？此言乎所損大者，即有減少筆畫之益，亦不足相償也。曷言乎筆畫之繁，本非中國字之大患也？蓋作書之難易有二：一爲筆畫之繁簡，一則筆畫作成之難易。而筆畫作成之難易，與其牽連及斷而後起，關係極大。筆畫互相牽連，則雖繁猶簡。故後一端之關係，尤重於前一端，草書之便於真書，關鍵在此。今日正書之體，導源於草書者甚多。如冠無從刀之理，而今或改寸爲刂，以草書冠字僅作一直一點也；船無從公之理，而今或從公，以草書㕣字似公也。可知草書在昔，甚爲通行，特以人民受教育之時太短，作草難於作真，學成後作草自易，未成時，則草書形狀難於正確，不如真書之可以逐畫摹倣。乃及變其筆畫之形狀而從真，而草書遂成簡字，文字不能多於真草兩種，亦不能少於真草兩種。閱讀利用真，書寫利用草，《文字變遷考》已言之。美術之字，與應用之字，學習途轍，各有不同。美術之字，貴於變化無方，學習之法，亦自難執一。應用之字，則求書寫便易、迅速，寫成之後，整齊清晰，使人易於辨識而已。此其關鍵，全在練習。而練習之要，則因寫字求速，不及用心，故宜將手腕練至極熟，使如機械然，寫某字自成某形，不待用心，而憑空學習甚難。有一範本，用紙影寫，則不覺費力，可以得暇即行練習，而多習亦不覺其勞矣。予嘗以此法教人，受教者字本極劣，在一暑假中，用此法，每日至少寫五百字，逮暑假滿，而其字煥然改觀矣。予乃據此撰爲文字，載諸《知識與趣味》雜誌，稱之爲科學之習字法。惜乎無人措意。然其法自可用。今若能用行草製成一習字範本，使識字者皆據以模寫，可使用力不多，而人人皆能作整齊清晰之草書也。筆畫稍多，何足計較？且草書之筆畫，並不致多於並音字也。

以上皆論簡字。至於拼音，則別爲一事，予昔甚非議拼音字。初撰《字例略說》時，曾錄日本人山木憲之《息邪論》而張大之。《息邪論》者，辟彼國廢漢字、節漢字之說，刊於亡清宣統庚戌歲之《近畿評論》，其明歲，山陰杜亞泉譯爲華文，載諸《東方雜誌》者也。予又爲潤色其文辭而重錄焉。今仍錄其說於下，次乃述予今日之所見。山木氏之論曰：

中國文字之善，爲宇內各種通用文字之冠。世有爲廢漢字節漢字之論者，欲廢漢字而代以羅馬字，或減少漢字之數，是殆狂者之所爲，皆心醉歐風之弊也。此論之生，非關文字，乃國勢消長之關係耳。文字之極則，在於明確、簡潔，傳之千百年，讀者仍易於理會。此數事，求其無憾，惟中國文字，足以當之。他日之遍佈於宇內可斷言也。

歐美文字，有單數 singular 複數 plural 之別。變化其字形或有規則，或無規則。以表之。單數者一，復數者二以上也。名詞 noun、代名詞 pronoun、動詞 verb 皆有之。法德文則冠詞 articles 亦有焉。夫自二以上，皆苞以複數，則三四以至十百千萬，皆不必識別也。乃一二反須別其單複，豈非無謂之甚乎？

男性 masculine、女性 feminine 之別，英語尚不甚嚴，法、德、荷蘭，則絲毫不容鹵莽。夫宇內萬物，生物而外，並無男女之分。乃無生機之物，無形體之事及動詞，一一附以男女性，牽強附會，豈不甚哉？英文於此，格律不嚴，並無障礙，則其有之者，亦無用之長物而已。

冠詞之種類及用法，英文不甚詳備，其餘諸國，則辨別殊嚴。因單複、男女性之別，及人稱之序，而爲種種變化，亦無用之長物也。

時之大別，不過過去、現在、未來。更細分之，殊傷繁雜。歐、美文字，於此辨別甚嚴，日本文亦有此法，而不如歐、美之繁縟；且即不依其法，亦未嘗不能達意也。漢字則別以一字表之。就一字而言，絕無因時變化者。行文時亦不別立他種方法。讀其文，過去、現在、未來，極爲明瞭，何必設此繁縟不便之法乎？

歐、美文字，名詞、代名詞、冠詞、形容詞 adjective、副詞 adverb、動詞，字之首尾或全體，皆有種種變化。或有規則，或無規則，法甚奇詭，不便莫甚焉。

數也，number；性也，gender；冠詞也，article；時也，tense。字形之變化也，皆無必須之理，徒以相沿成習，廢之則意有不通耳。欲去其不便，捨廢其文字，改其語法末由。此等自東亞人觀之，悉無用之長物，而爲歐、美人語法之本，於是不得不研究文典。中國及日本，皆不用此贅物也。近來日本語學者，模倣西風，亦編日本文典，不知日本人固無須乎此也。

歐美文字，皆依音製，故因古今音訛，而字形屢變，後人遂不可讀。Angloland 訛爲 Anglond，而 Angland 又訛爲 England，安知 England 不更訛爲 Inglond 乎？音之傳訛，如水之就下，不能禦也，而文字乃蒙其禍。夫依音製字，雖似易於通俗，實亦未必盡然。況音訛字變，使人不可復讀乎？日本若採用羅馬字，亦必同蒙此禍。惟中國文字，雖其音屢訛，而其形不變，千百年後，無不可復讀之憂。同文之國，不論語音如何懸異，皆可借文字以達意，較之歐、美文字，孰爲利便，不待智者而知矣。

中國文字，筆畫亦有繁密者，然面積相等，一目得認五六七八字，案此爲偏旁在各字中寫法可以改易之利。讀時可十行俱下。歐美文字，細書之往往長至二三寸。其冗長者，筆畫較中國字尤繁。一字上半在上行，下半乃在下行。各字長短錯綜，其字又由反切聯綴，一字尚不能一目瞭然，況六七字乎？鈔録印刷之時，中國字每葉幾行，每行幾字，易於計算。篇幅若干，可以預定。歐、美文字，於此亦殊不便也。案中國字雖有如此節所述之利，然於排字打字等，殊多不便，似尚不足相償。

中國字一字一音，一呼吸間，可讀數十字，數秒間可讀數十句。歐、美文字冗長，同義之字，同意之説，用之費時必多，今以中國字與英文對列，以中國音比英國音，如父 father、母 mother、夫 husband、妻 wife、子 son、女 daughter、兄 older brother、弟 younger brother、山 mountain、川 river、島 island、國 country、都 city、邑 town、村 village、境 boundary、百 hundred、千 thousand、萬

million、口 mouth、鼻 nose、春 spring、夏 summer、秋 autumn、冬 winter 等，孰長孰短，豈醉心歐美者之口舌，所得而爭乎？

然此尚實字中之略簡者，其更繁之實字及虛字、助字等，觸目皆是。如會 assembly、手巾 handkerchief、開明 civilization、區分 distinguishment、直 direction、法制 constitution、歡待 hospitality、造 manufacture、細心 conscientious、記憶 commemoration、交通 communication、光輝 illumination 等是也。英文如是，他國文字，可以類推。人名、地名，冗長尤甚。俄國一軍艦之名，有至九音者，與日本三四軍艦之名相等矣。案中國言語，今已進爲複音，然大校亦不過兩音而止，在三音以上者甚少也，至於文字，與語言相距較遠者，仍能保其單音之舊，故尤有簡潔之美。

以中國文與歐、美文較，孰簡潔？孰冗漫乎？汽車中之揭示，日文大逾英文三倍，而所佔之地，不過英文二之一。是日文與英文之繁簡，爲一與六之比也。日文所以簡，乃參用中國文之效也。若中國文，則更爲簡潔，歐、美文字，殆無從比較矣。抑歐、美之冗長，不徒文字，亦其語法之不備。常有日本文二三語可了者，歐、美文則必重章疊句，申言之更詳言之，反言之更換言之。不如是，則其意不明也。中國文字，有此弊乎？《論語》、《六經》姑勿論，《孟子》、《孫子》、《左傳》、遷史等文，豈歐、美人所能夢想乎？案言語之簡，中國殆爲天下最。不獨今日與歐、美、日本相較爲然也，在昔較諸印度已然。試觀意譯之經必簡，直譯之經必繁可知也。夫文字之簡，不徒省時也。語愈簡，則涵義愈多，意味自覺深長，此實文章之所由美。今之效歐、美文法者，乃務爲佶屈不可讀之句，作白話文者，亦從筆所之，不事刪削，一若惟恐其不蕪者，不亦下喬入幽乎？

彼輩謂言文一致，則學問易進；又以歐、美諸國爲言文一致，此皆無稽之談也。歐、美諸國之民，未受教育者，雖無不能語言，亦不解文字。然則言語自言語，文字自文字可知。案杜亞泉曰："國民識字者之少，由於教育之制未備，不能歸咎於文字。否則滿、蒙、藏文皆標音，何以其民識字者亦不多也?"言文一致之實安在？取學者所著政法、哲學、教育諸書，朗誦於俗人之前，能理會乎？苟其不能，言文一致之效安在？且言文不一致，乃文章進步之故，不足憂也。夫文章愈進，則格法愈奇，規律愈整，口舌筆札之間，遂相懸隔，此亦自然之勢。所貴乎文者，爲其能達意，有感人之力耳。口舌之間，無論如何巧妙，而無推敲、點竄之暇，不能如文字之簡練潤飾。又語言必較文字爲冗，徵諸速記錄自明。故言語必不能如文字之簡勁。果其言文一致，則其文字之不進步可知。持言文一致之説者，實未知文之義者也。案語言文字之異，有兩大端：一、人之發爲言語及其聽受言語較速，而其作爲文字及閱讀文字較遲。故文中一語，語言中必化爲二三語，或反覆言之，不如是，則聽者不及領受，即言者之心思,亦不及應付也。又語言過而不留,而文字則有跡可按。故發言時,於緊要之語,慮人遺忘者,必反覆提挈,而文字則不然。故無論如何,語言必較文字爲冗。以語言直書於紙,則蕪雜不堪,不徒不能加明,且恐因之而晦矣。二,人當發語時,聲音有高低,形態有張弛,皆所以表示其情。言語之感人,固不徒在其所言之理,而在乎言者之情也。作爲文字,則凡聲音之高低,形態之張弛,皆無有矣。何何恃以感人乎?故善爲文者,其詞句必不能與口中之語言相同。變其所言,所以補聲音及形態等之不足也。準是二理,言文必不能一致。今之白話文,苟欲求工,亦必與語言相去日遠也。

今日本幸參用中國字,三四種新聞,朝食之前,可以遍讀。若廢漢字而用假名或羅馬字,則讀一紙新聞,已非容易。報館因記載需時,館員必增,館費必大,且因文字之冗,紙數必增,報館之資財必因而大困。教科書亦然。一切書籍、印刷物、書信等,無不蒙其不便者。廢漢字之論,豈非梗塞文明之途,違世運而逆行者邪?案觀此論,文字之務爲繁冗者,可以知所儆矣。

節漢字之説,較廢漢字更妄。廢漢字者,欲以他種字易之,猶可説也。節漢字者,乃欲減省通用之字。夫文字之數,盈千累萬,何國不然?是皆千百年來,迫於用而漸增者,豈能減而少之? 視,見也;觀,察也;喜、悦、歡、欣也;怒、懼、恚、忿也。日人以日語讀之,意若相似,實則各有一義,不容強同,且如敬慎、恭謹、誠實、忠信等,同爲德行上之字,其字愈多,則德行之觀察愈明,研究愈細。若強減之,是阻其研究,淺其觀察也,此導人類於野蠻者之所爲也。

排斥中國文字者,以爲難於認識,夫苟教授得其法,事固非難。如現今中學校之教授,而以識中國字爲難,則亦誣矣。維新前後之青年,學中國字,未嘗覺其難也。若謂難,羅馬字亦何嘗不然?不學不知,當然之理。童時教以假名之讀本,長而責其不能識中國字,亦非理之求矣。案觀其形而知其音,中國字誠不如歐美字之便,然此亦僅識字之一端。若論字字面積相等,且各有其特異之形,則歐美字實不如中國字也。今日學生之語文程度,可謂江河日下,若以語人,人必痛詆中國文字之艱深,昔時私塾姑勿論,自設立學校以來,教學語文之法,未嘗大異於今日也,而何以其成績大異?此則其咎必有所在,不能以詆罵了事也。

中國文字之便,歐、美文字之不便,尚有其大者焉。英文非解英語不能讀,德文非解德語不能讀,歐美文字,無不然者。漢字則只須能辨其形,以英、德、俄、法之音讀之,無不可也。今日本人以日本音讀之,如松讀マツ,杉讀スギ,花讀ハナ,草讀クサ是也。依此法,英人可讀日曰 sun,月曰 moon,花曰 flower,木曰 wood,作爲文章,雖不解英語者,皆可讀以本國之音而明其意。增交通之便,助文明之運,利莫大焉。今中國南北,發音不同,各操鄉音,將如瘖聾之相對。滿洲、朝鮮,則言語本異。然無不可以書翰通意者。中國文字,既已統一語言龐雜之東亞大陸之民,而爲同文之國,更進一步,即爲宇内通用之文矣。今歐美人不幸未知其便，一旦知之，必以公平之見，主張採用中國文字，亦勢之不得不然者也。至此，則中國文字，通行宇内之機至矣。

予故曰：廢漢字節漢字之説皆妄也。中國文字，至便至利，歐、美文字，至不便，至不利。中國文字，必通行於宇内。

以上皆山木氏之論也。

其最動人者，莫如謂操他種語言者亦可使用中國字。果如所言，則統一語言與統一文字，可以析爲兩事矣。有是理乎？《文字改革》第一期載岑君麒祥之言：謂"二十餘年前，有一德人告彼，謂中國之日字，英人可讀爲 sun，德人可讀爲 sonne，法人可讀爲 soleiz。如此，即可將世界文字統一，此説實出德哲學家萊布尼兹（Ieibniz），而萊布尼兹則因見中國文字行於朝鮮、日本、越南而起，其説與山木氏實同。萊布尼兹且曾計劃，將人之意象析爲若干要素，用字母及數字表之。千六百六十六年，清聖祖康熙五年。曾著一文，謂將使全世界民族，通此符號者，皆能互相瞭解。後其計劃未成。而懷此見且作成方案者不乏，然皆束置高閣。實以其無語言爲根據故也"。然如萊布尼兹之説，將人之意象，分成若干要素，而以符號表之，猶可説也。若如山木氏，但就華文立論，如松、杉、花、草等，讀以日本音則便矣，其彼此意象有無同異不侔者，則將若何？故異民族逕用漢文，無能成功者。苟其民族不能全與漢族同化，終必別造字而後已。朝鮮、日本、越南即是也。而用漢字之偏旁以造字者，亦卒不能昌大。如遼、金之大字是已，以漢字之偏旁，亦不能用以表聲也。文字既必代表語言，則分析語言，求其音素，而據以造字，自爲今日必由之途徑。謂中國字終當如此，理亦可通。但中國究與他淺演之國不同，亦難一言斷定。且即謂終當如此，亦歲月甚遥。此目前情勢如此也。中國改用拼音文字之障礙，除舊字難遽廢外，專就拼音字論，首在同音異義之字之太多。不徒單字，即複音詞亦有然者，如洗臉之水，南人稱面湯，與人所食之麵湯同音是。或謂中國文火車、汽車、馬車，皆一望即知其義，英文即不能然。岑麒祥駁之曰：此亦不過作 huǒehe，kiehe，mǎehe 而已。其言似是。然舉數千漢字，悉代以拼音字，欲其一見即知其義，而不與他同音之字相淆，必不可得也。漢字最大之利，實在其複音詞中，單音之義仍在。通於若干單字之義者，即於其他複音之詞，亦無不能解。讀書者自上而下則易，自下而上則難，其故即在於此。以字義之本，皆在古書中也。年齡如不侫輩者，其能自讀書，實在甲午中、日戰後數十年中，正值新名詞涌見之時，然從未聞以不解爲苦。當時學習日本文，亦覺遠較學習歐、美文爲易，以除所謂和文奇字外，其詞皆與中國同，不勞更學故也。此爲最大之一端。此外則現在方言太紛歧，據京音所拼之字，目前不能通行，而據方音所拼之字，亦不能行諸其區域之外。褒漢字者謂其能濟語言不統一之窮，貶漢字者亦無異言，今日情狀未變，補救之具，固不容遽棄也。又漢字與我國之民族性關係太大，亦不能輕爲動搖。此事亦可以日本之於朝鮮，法國之於越南，力破壞其文字爲鑒。

　　山木氏深咎歐、美文字，形隨音變，而未言其補救之方。杜亞泉則深善形聲，謂"最完善之字，不能不一旁以簡單之規則標音，一旁以明晰之部類表義"。陶君坤謂"聽其自然，漢字必不能變爲拼音，漢字之存，即文字發展，不必皆成拼音之證"。《拼音》雜誌第七期。其言亦各有理。予案埃及文字，始於象形，繼以表意，更繼之以表音，正與中國同。六書以形聲爲主，實畫然自成一期，特象形、會意，間或與之并存而已。此實文字發展之正軌，腓尼基之專用聲符，乃其旁支，陶氏之言是也。予舊作《字例略說》論曰："天下事用人力造成者，往往不能盡善，其自然生長者，則看似不便，而實有至理乎其間，以人之智力，實不能高瞻遠矚。今字內通行較廣之字，其非由人力造成者，惟中國字而已。文字初起，本非用以表聲，而其後則必至於專以表聲而後已，今字內通行較廣之字，其緣起皆少晚；而其出較早者，則或已廢絕，或雖未廢絕，而因國勢之不張，文明程度之不進，未能發揮而盡其用。其緣起甚早，而又相承不絕，且能發揮以盡其用者，實惟中國文字。此今通行較廣之字，所以皆專衍聲，惟中國字則猶存不專衍聲之舊也。"又曰："一民族之進化，未至能造完善文字之境，而已與文明之族相接，則其造字，必不能純出自爲，必藉資於其所遇之文明之族。藉資云者，非徒借吾之字以爲用如日本，借吾之字之偏旁以爲用如遼、金也。即其造字之法，亦必資焉，而此文明之族，當初造字，其法如何，此時不可得見也。所能見者，則此時之用字，專以表聲而已矣。則此族之造字，安得不純用衍聲之法乎？今歐、美文字實出埃及，藏文出於印度，蒙文又出於藏，滿文又出於蒙：皆純用衍聲之法可證也。然則文字聽其自然生長，自能至於一旁標聲、一旁表義最善之域。埃及、巴比倫等國之字，所以未能至此者，以其中道夭閼未遂其長。歐、美及滿、蒙、藏文字，所以未能至此者，則以其創造非出自然，其源頭上未盡善也。夫利害之數，至難言也。匹夫攘臂，而曰吾欲云云，往往見其偏而不能見其全，見其近而不能見其遠，惟歷千百年之試驗，經億萬人之評騭，以定其去取者，無此弊焉。中國字形之變遷，自篆、籀以至行、草，亦幾成兩種文字矣。則知苟變字形，而便於用，國人非有愛也。夫標音文字之法，中國非不之知也，梵書流佈，亦既兩千年矣。果使標音文字，較不純標音者爲便，中國人既無愛於字形之變，此兩千年中，豈無人焉，試造標音文字，而公衆遂承而用之者乎？然而卒不然者，則以標音文字，固不如吾國固有者之便也。一時之間，數十百人之智，其不足與兩千年來舉國之人爭審矣。"主張頗嫌其過。然亦足供參考也。今日歐、美之文字，聲勢誠如日中天，然所併吞者，皆淺演之族之文字，其與中國文字遇，亦其在戰爭中所遇之大敵矣。並驅爭先鹿死誰手，未可知也。然即中國文字，終變爲拼音，亦非中國文化敗績之證。何則？今日無論何種文字，皆非終極通行之文字。今後之文字，變化孔多，必至各國之語言，匯合成一世界語，而作一種文字以表之，乃其少息之時耳。在此種文字中，語言所存之多少，即其文化所存之多少，此其文化優劣之一證。然此非徒字形，語法等亦其大端。如山木氏所論，歐、美人語法之劣，中國人文章之簡，亦皆競爭中勝敗所由判也，故中國字確有與歐、美字長期並存，和平競賽之資格，斷不能輕於廢棄。若在目前求隨語言而變化，則循舊法可造形聲字，可用假借字，主新法可雜用拼音字，正不慮其不能應付。電報，打字，排字，檢字，索引等，尤易別行設法，一切使用文字之機器，皆爲文字而造，不能因此而搖動文字也。言語有音、義兩端，而文字以形表之，能兼表兩端，固較獨表一端爲善耳。

今之言改革文字者，有一大蔽，時曰畏難。彼輩以爲中國之文字甚難，一經改革，即可大易，此乃武斷、臆想之談，非事實也。文字使用之便，在於習熟。字字臨時拼而讀之，拼音文字，誠便於舊字矣，若求習熟，一望即知，book與書有何區別？拼音字與舊字之較如此，況簡字乎？人之學事，有其一定之年齡。某年齡可學某事，非其時甚難，當其時並不難也。社會學有所謂隔離兒童者，生而未育於人，過六歲乃與人接，即不復能學語言矣。六歲以下之兒童何知焉？然學言語不難也。文字亦然。過十歲乃識字，即甚吃力。吾所見時過後學有所成就者，亦有數人，字皆在十歲前已識者也。然尋常兒童之識字，亦並不難也。一國之文明程度愈進，則其文字愈精深。昔有德人問中國留學生曰：“德文易學乎？法文易學乎？”此留學生習於酬應，以爲文字易學美事也，率爾而對曰：“德文易學。”德人大不懌，與力辯其不然。事見多年前之《時報》。故文字易學非美事，強使難者易，亦勢所不能。昔金世宗嘗問臣下曰：“契丹文字年遠，觀其所撰詩，義理深微，當時何不立契丹進士科舉？今雖立女直字科，慮女直字創製日近，義理未如漢字深奧，恐爲後人議論。”丞相守道曰：“漢文字恐初亦未必能如此，由歷代聖賢漸加修舉也。聖主天姿明哲，令譯經教天下，行之久，亦可同漢人文章矣。”事見《金史・選舉志》。守道之言雖詼，亦有見地。漢文最精深，契丹次之，女直又次之，區以使用時日之久近，實即斷以民族文化之淺深，非可強爲也。然學之當其時，初不必以難爲戚。而當此年齡，不學文字，騰出功夫，亦未必能學其時所不宜學之事也。以中國字爲難，歐、美文字爲易之成見，受教會教育者，入之最深。此輩於華文，初不措意，後來稍欲學之，則已過其年齡，故於華文，一切莫名其妙，而深以爲難。然其於西文，亦所知甚淺，徒視爲聲音之符號而已。一種文字，必包含一種文化，非所知也，此其於改革文字，所由掉以輕心也。抑今之於文字，必求其學之可以速成，用之又不費時者，豈不曰：處此競爭之世，凡事皆不容緩步乎哉？國防其顯焉者也。然此等競爭之局，乃人類一時風氣之謬誤，不能魯莽滅裂他事以就之。且欲克濟於競爭，必先能善其所事，而事之克善，自有其一定之步驟，欲速不達，亦正不容其魯莽滅裂也。

以上論文字也。若論言語，其當求統一，自較文字爲尤亟。以資以交接者愈多，且愈直捷也。今日推廣普通語之法，吾亦不以爲然。蓋語言乃實用之物，重在使用，不重在研究。既以北京語爲標準之普通語，即宜派北京人爲教師,往所欲推廣之處教習。如此,則師資不待造就,而其所教之話,甚爲道地,成績必與前此推廣普通話者大異。文字改革委員會中人所擬辦之事,如調查研究全國方言等,皆迂遠而闊於事情者也。

　　要而言之,吾於文字改革,謂簡化漢字,可以不必。拼音字可以徐行,不宜操之過急。非故遼緩之,事勢只得如此也。文字改革委員會長吳君玉章講演《中國文字改革之道路》云:"拼音方案擬定之後,應先用以爲漢字註音,次則在漢字中夾用。"此與昔日之用註音符號何異? 簡化字推行二百餘,亦何異於昔之手頭字哉? 豈不欲速,事勢限之,不可得也。故曰:文字改革不能速,亦不能過恃政令之力。

　　　　　　　　　　　(本節脱稿於一九五七年九月二十九日)

# 附：中國文字之優劣

　　文字之優劣，未易言也。天下惟極簡單之物，乃可由一人造之，頒之衆人，令其試用；見有更善於此者，則舍其舊而新是謀焉。而文字之爲物，則不如此。文字之爲物，乃由衆人共出其意，逐漸造成。蓋所造者十，而存者不一二焉。由事後觀之，則其存其廢，皆有至理存乎其間，然在當時，固莫能知之也。然則欲圖改革，事已不易，況乎悉棄其所有而謀其新邪？自海通以來，西洋文物，日接於耳目。國人震其富强，遂舉其一切事物，無不善之；而中國之所固有者，則舉以爲非。夫吾亦不謂西洋之事物，皆惡於中國也；西洋事物之善於中國，彰彰明甚者，則固多矣。然至於文字，則固不然。且言語所以達意，文字所以代言；即謂西洋文字，善於我國，然在彼爲善者，不必其在我亦爲善也。況乎彼之文字，固未必善於我邪？昔梁任公嘗因論帝制事而發憤曰："古德諾之所言者，吾則既言之矣。所惜者，吾髯不虬，吾眼不碧，不足動邦人之聽耳。"今以吾而論中國文字之善，又豈足以服人。無已，其仍借重外人之論乎。日本人有山木憲者，嘗著論曰《息邪》，所以闢彼國唱廢漢字節漢字之說者之妄也。篇中盛稱中國文字之便，歷數歐美文字之不便。原文載庚戌歲彼國《近畿評論》。明年，吾國山陰杜亞泉，譯爲華文，載於《東方雜誌》，距今十有四年矣，吾重思之，猶無以易其言也。今就杜氏譯文，節其繁詞，而録其說於下：

　　山木氏之論曰："中國文字之善，爲宇內各種通用文字之冠。世有爲廢漢字節漢字之論者，欲廢漢字而代以羅馬字，或減少漢字之數；是殆狂者之所爲，皆心醉歐風之弊也。此論之生，非關文字，乃國勢消長之關係耳。文字之極則，在於明確簡潔，傳之千百年，讀者仍易於理會。此數事，求其無憾，惟中國文字，足以當之。他日之徧布於宇內，可斷言也。

　　歐美文字，有單數 singular 複雜 plural 之別。變化其字形<sub>或有規則，或無規則</sub>。以表之。單數者一，複數者二以上也。名詞 noun、代名詞 pronoun、動詞

verb 皆有之。法、德文則冠詞 articles 亦有焉。夫自二以上，皆苞以複數，則三四以至十百千萬，皆不必識別也；乃一 二反須別其單複，豈非無謂之甚乎？

男性 masculine、女性 feminine 之別，英語尚不甚嚴。法、德、荷蘭，則絲毫不容鹵莽。夫宇内萬物，生物而外，並無男女之分。乃無生機之物，無形體之事及動詞，一一附以男女性，牽強附會，豈不甚哉？英文於此，格律不嚴，並無障礙；則其有之者，亦無用之長物而已。

冠詞之種類及用法，英文不甚詳備；其餘諸國，則辨別殊嚴。因單複男女性之別及人稱之序，而爲種種變化，亦無用之長物也。

時之大別，不過過去、現在、未來。更細分之，殊傷繁雜。歐美文字，於此辨別甚嚴。日本文亦有此法，而不如歐美之繁縟；且即不依其法，亦未嘗不能達意也。漢字則別以一字表之。就一字而言，絶無因時變化者。行文時亦不別立他種方法。讀其文，過去、現在、未來，極爲明了。何必設此繁縟不便之法乎？

歐美文字，名詞、代名詞、冠詞、形容詞 adjecitve、副詞 adverb、動詞字之首尾或全體，皆有種種變化。或有規則，或無規則，法甚奇詭，不便莫甚焉。

數也，number；性也，gender；冠詞也，article；時也，tense；字形之變化也，皆無必須之理；徒以相沿成習，廢之則意有不通耳。欲去此不便，舍廢其文字，改其語法末由。此等自東亞人觀之，悉皆無用之長物，而爲歐美人語法之本；於是不得不研究文典。中國及日本，皆不用此贅物也。近來日本語學者，模放西風，亦編日本文典，而不知日本人固無須乎此也。

歐美文字，皆依音製。故因古今音譌，而字形屢變，後人遂不可讀。Angloland 譌爲 Angland，而 Angland，又譌爲 England；安知 England 不更譌爲 Ingland 乎？音之傳譌，如水之就下，不能禦也，而文字乃蒙其禍。夫依音制字，雖似易於通俗，實亦未必盡然。況音譌字變，使人不可復讀乎？日本若採用羅馬字，亦必同蒙此禍。惟中國字，雖其音屢譌，而其形不變。千百年後，無不可復讀之憂。同文之國，不論語音如何懸異，皆可藉文字以達意。較之歐美文字，孰爲利便，不待智者而知矣。

中國文字，筆畫亦有繁密者。然面積相等，一目得認五六七八字。案此即不純衍聲，及偏旁在各字中寫法可以改易之利。見上。讀時可十行俱下。歐美文字，細書之往往長至二三寸。其冗長者，筆畫較中國尤繁。一字上半在上行，下半乃在下行。各字長短錯綜；其字又由反切聯綴；一字尚不能一目了然，況六七字乎？鈔録印刷之時，中國字每頁幾行，每行幾字，易於計算；篇幅若干，可以豫定。歐美文字，於此亦殊不便也。案中國字因偏旁在一字中即失其原形，故排字及打字等，殊多不便。然有如此節所述之便，則亦足以相償矣。

中國字一字一音，一呼吸間，可讀數十字，數秒間可讀數十句。歐美文字冗長，同義之字，同意之說，用之費時必多。今以中國字與英文對列，以中國音比英國音，孰長孰短？豈醉心歐美者之口舌所得而爭乎？

父（father）　　母（mother）　　夫（husband）

妻（wife）　　子（son）　　女（daughter）

兄（elder brother）　弟（younger brother）　山（mountain）

川（river）　　邑（town）　　村（village）

境（boundary）　百（hundred）　千（thousand）

萬（million）　口（mouth）　鼻（nose）

春（spring）　夏（summer）　島（island）

國（country）　都（city）　秋（autumn）

冬（winter）

以上尚皆實字中之略簡者，其更繁之實字，及虛字、助字之類，觸目皆是。如會 assembly，手巾 handkerchief，開明 civilization，區分 distinguishment，直 direction，法制 constitution，歡待 hospitality，造 manufacture，細心 conscientious，記憶 commemoration，交通 communication，光輝 illumination 等是也。英文如是，他國文字，可以類推。人名、地名，冗長尤甚。俄國一軍艦之名，有至九音者，與日本三四軍艦之名相等矣。案中國語言，今已進爲複音。然大較亦不過兩音而止，在三音以上者甚少也。至於文字與語言，相距較遠者，仍能保其單音之舊，故尤有簡潔之美。

以中國文與歐美文較，孰簡潔？孰冗漫乎？汽車中之揭示，日文大逾英文三倍，而所占之地，不過英文二分之一。是日文與英文之繁簡，爲一與六之比也。日文之所以簡，乃參用中國文之效也。若中國文，則較日文更爲簡潔，歐美文字，殆無從比較矣。抑歐美文化之冗長，不徒文字，亦其語法之不備。常有日本文二三語可了者，歐美文則必重章疊句，申言之，更詳言之；反言之，更換言之；不如是，則其意不明也。中國文字，有此弊乎？《論語》、《六經》姑勿論，《孟子》、《孫子》、《左傳》、遷史等文，豈歐、美人所能夢想乎？案言語之簡，中國殆爲天下最。不獨今日與歐、美、日本相較爲然也，在昔較諸印度已然。試觀意譯之經必簡，直譯之經必繁可知也。夫文字之簡，不徒省時也。語愈簡則涵義愈富，意味自覺深長。此實文章之所由美。今之效歐美文法者，乃務爲佶屈不可讀之句；作白話文者，亦縱筆之所之，不事刪削，一若惟恐其不蕪者；不亦下喬入幽乎？

　　彼輩謂言文一致，則學問易進；又以歐、美諸國爲言文一致；此皆無稽之談也。歐、美諸國之民，未受教育者，雖無不能語言，而亦不解文字。然則言語自言語，文字自文字可知。案杜亞泉曰："國民識字者之不多，由於教育之制未備，不能歸咎於文字。否則滿、蒙、藏文皆標音，何以其民識字者亦不多也。"言文一致之實安在？取學者所著政法、哲學、教育諸書，朗誦於俗人之前，能理會乎？苟其不能，言文一致之效安在？且言文不一致，乃文章進步之故，不足憂也。夫文章愈進，則格法愈奇，規律愈整；口舌筆札之間，遂相懸隔，此亦自然之勢。所貴乎文者，爲其能達意，有感人之力耳。口舌之間，無論如何巧妙，而無推敲點竄之暇，不能如文字之簡練潤飾；又語言必較文字爲宂，徵諸速記錄自明，故言語必不能如文字之簡勁。果其言文一致，則其文字之不進步可知。進步之文，必不能與語言一致也。彼持言文一致之説者，實未知文之義也。案語言文字之異，有兩大端：（一）人之發爲言語，及其聽受言語較速，而其作爲文字，及閱讀文字較遲。故文中一語，語言中必化爲二三語，或反覆言之。不如是，則聽者不及領受，即言者之心思，亦不及應付也。又語言過而不留，而文字則有迹可按。故發言時，於緊要之語，慮人遺忘者，必反覆提挈，而文字則不然。故無論如何，語言必較文字爲宂。以語言直書於紙，則蕪雜不堪；不徒不能加明，且恐因之而晦矣。（二）人當發語時，聲音有高低，形態有張弛，皆所以表示其情。言語之感人，固不徒在其所言之理，而在乎言者之情也。作爲文字，則凡聲音之高低，形態之張弛，皆無有矣，果何恃以感人乎？故善爲文者，其詞句必不能與口中之語言相同。變其所言，所以補聲音及形態等之不足也。準是二理，言文必不能一致。今之白話文，苟欲求工，亦必與語言相去日遠。夫爲程度極低之人計，文字稍加修飾，即恐其不解。乃務與口語相近，此原未爲不可。然豈得以此爲文字之極則，且懸此以爲文學所求之鵠邪？

　　今日本幸參用中國字，三四種新聞，朝食之前，可以徧讀。若廢漢字而用假名，或羅馬字，則讀一紙新聞，已非容易。報館因記載需時，館員必增，館費必大。且因文字之宂，紙數亦必增加。報館之資財，必因而大困。教科書亦然，一切書籍印刷物書信等，無不蒙其不便者。廢漢字之論，豈非梗塞文明之途，違世運而逆行者邪？

　　若夫節漢字之説，則較廢漢字之説更妄。廢漢字者，欲以他種字易之，猶可説也。節漢字者，乃欲減省通用之字。夫文字之數，盈千累萬，何國不然？是皆千百年來，迫於需用而漸增者。豈能減而少之？視，見也；觀，察也；喜，悦、歡、欣也；怒、懼、恚、忿也。日人以日語讀之，意若相似，實則各有一義，不容强同。且如敬慎、恭謹、誠實、忠信等，雖同爲德行上之字；然其字愈多，則德行之觀察愈明，研究愈細。若强減之，是阻其研究，淺其觀察也。此導人類於野蠻者之所爲也。

　　排斥中國文字者，以爲難於認識。夫苟教授得其法，則事固非難。如現今中學校之教授，而以識中國字爲難，則亦誣矣。維新前後之青年，學中國字，未嘗覺其難也。若謂難，則羅馬字亦何嘗不然。不學不知，當然之理。童時教以假名之讀本，長而責其不能識中國字，亦非理之求矣。案中國文字，不徒不較歐美文字爲難識也，且較歐美文字爲易識，何也？歐美文字之易，不過視其形則能得其音耳！然識字貴熟，不能臨時字字拼其音而讀之，前既言之矣。若論形之易識，則中國字字字面積相等，且各字皆有其特異之形，與歐美文之拼字母以成字，而字母之形狀仍在者不同。其易識一矣。以一字表一音，日增之複音詞，皆以固有之單字書之。複音詞雖日增，單字則不過此數。須識之字，無有定限。其易識二矣。夫通單字字義之後，因之以通複音詞之義，事並不難。而多記單字，則究爲難事。以此故，吾於近今提倡減筆字，如改燈爲灯，提倡造新字，如改養氣爲氬者，皆不謂然。以減筆字及新字既增，舊有之字，仍不能廢，徒增識字之勞也。

中國文字之便，歐、美文字之不便，尚有其大者焉。英文非解英語不能讀，德文非解德語不能讀，歐、美文字，無不然者。漢字則但須能辨其形，以英、德、俄、法之音讀之，無不可也。今日本人以日本音讀之，如松读ヨツ，杉读スギ，花读ハナ，草读クサ是也。依此法，英人可读日曰 sun，月曰 moon，花曰 flower，木曰 wood，作爲文章，雖不解英語者，皆可讀以本國之音而明其意；增交通之便，助文明之運，利莫大焉。今中國南北，發音不同，各據鄉談，將如瘖聾之相對：滿洲、朝鮮、則言語本異；然無不可以書翰通意者。中國文字，既已統一語言龐雜之東亞大陸之民，而爲同文之國；更進一步，即爲宇內通用之文矣。案由此言之，則語言與文字之離合，亦各有其便否。先統一世界之語言，而後統一世界之文字，自以別造新字爲便。如未能統一言語，先求統一文字，則中國字，固亦有其可用者在也。今歐、美人不幸未知其便，一旦知之，必以公平之見，主張採用中國文字，亦勢之不得不然者也。至此則中國文字，通行宇內之機至矣。

予故曰：廢漢字節漢字之説皆妄也。中國文字，至便至利；歐、美文字，至不便，至不利；中國文字，必通行於宇內。

以上皆山木氏之論也。抑予更有進焉者：天下事用人力造成者，往往不能盡善。其自然生長者，則看似不便，而實有至理存乎其間。以人之智力，實不能高瞻遠矚也。今宇內通行較廣之字，其非由人力造成者，惟中國字而已矣。文字初起，本非用以表聲，而其後則必至於專以表聲而後止。今宇內通行較廣之字，其原起皆少晚；而其出較早者，則或已廢絶；或雖未廢絶，而因國勢之不張，文明程度之不進，未能發揮而盡其用。其原起甚早，而又相承不絶，且能發揮以盡其用者，厥惟中國文字。此今通行較廣之字，所以皆專衍聲，惟中國字，則猶存不專衍聲之舊也。而文字之爲用，則實以不專衍聲者爲便。山木氏言之詳矣。杜亞泉亦曰："最完善之字，不能不用形聲之法，一旁以簡單之規則標音,一旁以明晰之部類表義"也。<small>杜氏曰:"歐美文字,有標音之字母,而無偏旁部類。遇有同音異義之字,不得不變其聯綴之法以別之,因此標音之規則,不能一律。"案用形聲之法,卻無此弊。</small>

　　夫一民族之進化,未至能造完善文字之境,而已與文明之族相接;則其造字,必不能純出自爲,必借資於其所遇之文明之族。借資云者,非徒借吾之字以爲用,如日本,借吾之字之偏旁以爲用,如遼金也。即其造字之法,亦必資焉。而此文明之族,當初造字,其法如何,此時不可得見也。所能見者,則此時之用字,專以表聲而已矣。則此族之造字,安得不純用衍聲之法乎? 今歐、美文字,實出埃及;藏文出於印度,蒙文又出於藏,滿文又出於蒙。皆純用衍聲之法可證也。然則文字聽其自然生長,自能至於一旁標聲,一旁標義最善之域。埃及、巴比倫等國之字,所以未能到此者,以其中道夭閼,未遂其長,歐、美及滿、蒙、藏文字,所以未能至此者,則以其創造非出自然,其源頭上未盡善也。夫利害之數,至難言也。匹夫攘臂,而曰吾欲云云,往往見其偏而不能見其全,見其近而不能見其遠。惟歷千百年之試驗,經千萬人之評騭,以定其去取者,無此弊焉。中國字形之變遷,自篆籀以至行草,亦幾成兩種文字矣。則知苟變字形,而便於用,國人非有愛也。夫標音文字之法,中國非不之知也。梵書流布,亦既二千年矣。果使標音文字,較不純標音者爲便,中國人既無愛於字形之變,此二千年中,豈無人焉,試造標音之字,而公眾遂承而用之者乎? 然而卒不然者,則以標音文字,固不如吾國固有者之便也。一時之間,數十百人之智,其不足與二千年來舉國之人爭審矣。胡氏適論國語之進化,謂皆尋常百姓,自然改變之功;文人與文法學者,未嘗過而問焉。吾於文字亦云。文字之善否,宜合全國之人定之,不當由一二自謂通知文字之學者決之也。何也? 自然之理無窮,人之所能知者,固有限也。

説文解字文考

# 前　言

　　《説文解字文考》成稿於一九二三年至一九二五年間，原是吕思勉先生在蘇州江蘇省立第一師範學校、上海滬江大學任教講授文字學課程的講義。先生自评《説文解字文考》説："文爲單體，其一部分成爲中國之字母，既非説文之部首，亦非普通所謂偏旁。當從現存之字中旬求得之，然後用爲識未識文字之基礎。予就《説文解字》一書試爲之。"①

　　《説文解字文考》因印刷上的困難，成書後一直未能刊印出版，直到一九八五年六月，《説文解字文考》由先生之女吕翼仁先生直行手寫影印，收入上海教育出版社的吕先生《文字學四種》。②《説文解字文考》原有三篇序文，分別寫於一九二五年(序一)、一九三一年(序二)和一九四〇年代初(序三)。上海教育版的《文字學四種》僅刊印了"序一"和"序三"，刊出的"序一"也有删節。二〇〇九年八月，《説文解字文考》收入上海古籍出版社"吕思勉文集"《文字學四種》，三篇序文均按原稿恢復，正文則用繁體橫版排印，個別文字采自手寫影印版。港臺方面，《説文解字文考》曾收入臺灣台中市文聽閣圖書公司"民國時期語言文字學叢書"(二〇〇九年十月出版)。

　　此次我們將《説文解字文考》收入《吕思勉全集》重印出版，按吕先生的手稿重新做了整理校對，只訂補了個別的錯字漏字，正文仍用繁體橫版排印，手寫文字仍采自上海教育版中吕翼仁先生書寫的影印版。

李永圻　張耕華

二〇一四年七月

---

　　① 吕思勉：《三反及思想改造學習總結》，參見《吕思勉全集》之《吕思勉論學叢稿》下。
　　② 即吕先生的《章句論》、《中國文字變遷考》、《字例略説》和《説文解字文考》的合刊。

# 目　　録

# 序　　一

　　《説文解字叙》曰:"倉頡之初作書,蓋依類象形,故謂之文。其後形聲相益,即謂之字。文者,物象之本。字者,言孳乳而寖多也。"然則文猶衍聲文字之字母,字猶其字母所構成之字矣。古代文字,於今可見者,獨賴《説文》。然《説文》所載,雖多斯籀之遺,已非皇古之舊。此則觀於埃及、巴比倫,苗、瑶、彝族諸族之文字而易明者也。趙宋之世,金石之學始萌,及近世尤盛。最近二十年間,又有所謂骨甲文者。欲據以考見斯籀以前之文字者亦多矣。然其事不可深信,近人餘杭章氏已極論之。《國故論衡·理惑篇》。其言深有理數。然則欲考皇古之舊文,與鶩心於鼎彝,尚不如章氏所説,就《説文》獨體,觀其會通之爲得矣。顧《説文》中所謂獨體字,實已非初造之文,蓋多有合二三名而成者。而初文之可考者,或亦存於合體字中,不必其仍爲獨體也。故欲即《説文》以求初文,必將其字析爲若干體而觀之而後可,不能即其一字,而指之曰孰爲初文,孰非初文也。此理也,昔人亦有見及者,鄭樵起一成文之説是也。近人沈兼士求字最小分子之説,實本於此,見《北京大學月刊》。顧初文乃獨體,非獨畫。謂合體字必以獨體爲本則是,如鄭氏所説衡爲一,從爲丨,邪丨爲丿,反丿爲乀,至乀而窮,乃折一而成乚,展轉以至於口,則繆矣。思勉年十歲,先母程夫人始授以大徐本《説文解字》,時於故書雅記,十未窺一,讀之不能終卷也。年十七,始識同邑丁桂徵先生。譚同紹。先生之妻,予母之從姊也。先生於學無不窺,而於經小學尤邃。石印小本,手自校勘,丹黄細書,識語徧其上,如是者殆一簏。有質以一字者,古今字書隨檢即得,雖取懷而予者無其捷也。予以文字請益,先生始詔以近世淺薄之文不足效,欲求學問,必多讀書;欲讀古書,必先識字,勖以精研訓詁,植爲學之基。予既受教,乃取《段注説文》讀之一過。自是三四年間,於小學之書,稍稍瀏覽。二十以後,好譚經世之學,考求歷代典章制度,自度終不能爲純儒,於經小學又擱置之矣。方予讀小學書時,信南海康氏新學偽經之説方篤,於許書輒喜加以攻擊。觀其所謂獨體字者,實多合二三名而成；又其字多經轉變，非復依類象形之舊也，則摘而出之，以爲許書所謂古文者不足信之徵。此外致疑許書及漢代古學，暨他有所見，隨手記録者，積之久亦盈篋。既廢斯業，久置不省。民國十二年秋，講學於江蘇省立第一師範學校之專修科，使學生之肄國文者皆讀《段注説文解字》一過，匝歲而畢業，思爲之略講源流條例，乃取舊稿覆閲之，其淺陋可笑武斷不足據者，蓋十五六；而可采者亦十三四，乃就今日所見，加以補正。先論文字原起變遷，成《中國文字變遷考》一卷。六書之説，昔以爲漢代言古學者所僞造，今則以爲當時研究小學者所立條例，其説至粗，然謂非吾國言文字學之先河，不可得也。然粗略之説，後人當加改正，今則舉世奉爲圭臬，莫敢攜貳。即有知其不安者，亦止於彌縫匡救，而不敢改弦更張。此則爲六書爲《周官》保氏成法之説所誤，以爲積古舊説，莫敢置議。予於六書，謂非周代古説，則今昔所見相同也。略申鄙見，論今後立字例之條之所宜，爲《字例略説》一卷。此篇即當時摘録許書中字，譏其不古，而攻古文爲古學家所僞造者。由今思之，殊不其然。天下無徹底可以僞造之事，謂治古學者據古字以造古經，則有之矣；謂其欲造古經，先造古字，則不然也。詳見《中國文字變遷考》。然謂古學家僞造古字非，而分析許書中字，以求斯籀以前之文象形之迹，則計亦良得矣。故亦寫定爲一卷，名之曰《説文解字文考》。文即“依類象形，故謂之文”之“文”，後來孳乳寖多時，用爲形聲以相益者也。少不自立，長無所成，追念昔者受教於慈闈暨丁先生之時，心滋戚矣。民國十四年夏節武進吕思勉自識。

# 序　二

　　此書成於民國十四年夏，由商務印書館承印，久而未成。今年春，代宜興童君伯章，講小學於上海光華大學，乃出元稿油印之，以付諸生。從前出土之骨甲文，不盡可信，至今日而事益明白矣。骨甲文之出土，事在光緒戊戌己亥間。地在河南安陽縣城之北五里，名小屯。廣數十畝，洹水環其三面。説者謂即《史記·項羽本記》之殷墟，蓋是。骨甲之初出土也，賈人攜至北平，爲福山王文敏公懿榮所得。庚子秋，文敏殉難。所藏悉歸丹徒劉鐵雲鶚。小屯土人，農隙掘地，歲有所得，亦歸焉。光宣間所出，大半歸上虞羅叔言振玉。文敏所藏，凡千餘片。劉氏所藏，三千餘片。羅氏所藏，二三萬片。其餘散在諸家者，亦當以萬計。駐彰德之某國牧師，所藏亦近萬片。見近人自署亢父者所撰《二十年間中國舊學之進步》，載《東方雜志》。據以考索古事及古史者，以羅氏及海寧王靜庵國維爲最勤。此其出土及好古者收藏研究之始末也。疑之者亦有人，有自署老圃者，嘗於時報論其事，十四年四月九日。曰："前清光緒間，河南安陽掘得古龜甲獸骨，或刻有篆文，而無文者尤累累，好事者購之，百文輒得一大裹。然皆碎塊，塊不過數字，不能詳其文義。其可辨者，以干支字爲多。間有大片，字亦寥寥。其後購求者踵至，而續出者亦愈多，價亦飛騰，或一片索一金矣。無文之骨，亦不知何往；蓋一變而爲有文矣。藏者以多字爲貴，遂有連篇累牘者，誇示於衆，而真僞益不可究詰矣。"最近中央研究院歷史語言研究所重至小屯發掘。先行訪查，則僞刻骨甲文字者，確有其人，且有姓名，見其所刊報告。前此諸家所藏，恐僞物多而真品少矣。財産私有之世，事無不爲稻糧之謀。北平馬虎臣冠標，其族舊以燒瓷爲業。馬君告予："僞造宋明瓷器者，其形範、繪畫、采色，皆有前此僞器及圖譜爲證。其質非凡陶土所可爲也，則毀近代之善器爲之，其爲之有成有不成。成則獲利可五倍。成不成相覆，獲利猶三倍。其族歲常爲之，猶其造日用之器也。"吾邑之在東南，不逮金陵、蘇、杭之大也。恃僞造昔人印章爲食者，以吾所知，即有二人。蓋古物之難信如此。章氏謂必發之何地，得之何時，起自何役，獲自誰手，事狀皆詳；又爲衆所周見，乃爲可信，誠不誣矣。又謂必"數器相讎，文皆同體"，乃爲有據。則其説尚有未盡者。夫造作文字，必有所依者。所依者同，何怪同體。抑人心不同，如其面焉。雖復所依者同，而心手之間，必有小異。又作僞者必使所造小異於故，乃足以杜人之疑。此等小小異同，則又信之者所矜爲創獲，栩其得間者也。且如近歲新鄭等處，所出古物，則誠章氏所謂"萬人貞觀，不容作僞"者矣。然未聞大得古文也。古人之因文字固少也。《史記·龜策列傳》曰："夏殷欲卜者乃取蓍龜，已則棄去之。以爲龜藏則不靈，蓍久則不神。周室之卜官，嘗寶藏蓍龜。"貨貝寶龜，蓋自周以降。殷墟之多得龜甲，亦固其所。然謂龜甲必有文字，於古無證也。老圖無文變爲有文一語，蓋可深長思矣。文字者，前人所示垂後，後人所以識古。雖考洪荒之世，固非書契末由，今茲簡牘所存，不過籀斯遺迹，安能以此自封，據古器以考古文，誠學者所當有事。然必考之極精，用之極慎，乃爲可信，否則徒騖名高，强生附會，恐難資博證，適以亂真也。前識未悉，故更論之。二十年四月二十四日思勉又識。

# 序　三

　　《説文解字敘》曰："倉頡之初作書,蓋依類象形,故謂之文。其後形聲相益,即謂之字。文者,物象之本。字者,言孳乳而寖多也。"然則欲考文字之原,必於文焉求之矣。字書之存於今者,以許氏之書爲最古。然其中十九皆秦漢間字,早亦不越西周。欲求皇古之遺文,蓋亦難矣。好古之士,不以此爲已足,乃求諸金石遺器,其所得誠或出於許書以前,然師傳久絶,以意識讀,不能無誤;又其器亦不能無僞,亦未可專恃也。竊謂文字變易雖多,實有遷流而無更制。許書所載,雖鮮皇古之文,然皇古之文亦必有存於其中者,特遷流既久,非復元形。當析其字以求之,而不能執一字以求之耳。少嘗從事於此,經亂遺佚,意外得之,不禁敝帚自珍之感,因復寫爲此篇。凡許書稱爲象形者,雖不足信,亦皆録之,以示矜慎。其許氏所未言,而今可信爲依類象形之舊者,不論其猶爲一名,抑或存於他字之中爲一體,一一搜剔,依次排列,加以疏通證明。其不待說或不可說者闕焉,然不可說者蓋亦寡矣。予於小學,肆力匪深,陳義自淺,尚幸當代通人,教而正之。

# 説文解字文考

一　惟初大極，道立於一。造分天地，化成萬物。

案一之爲用最多，非必指數之始也。在《説文》中，惟白部：百，"十十也，從一白"，冓部：再，"一舉而二也，從一冓省"，爲一二之一。此外不部云：不，"鳥飛上翔不下來也。從一，一猶天"；雨部云：雨，"水從雲下也。一象天"。皆明以一爲天。《春秋説題詞》云："天之爲言鎮也，居高理下，爲人經緯。故其立字，一大爲天，以鎮之也。"大象人形，則一亦猶天。二部二下云："此古文上。"下出𠄞字云："篆文上。"而帝字下別出古文帝云："古文諸上字皆從一，篆文皆從二。"其説自相牴牾。據《周官・保氏疏》，篆文上下二字，實皆從人。竊疑上乃篆文，丄、二皆古文，至帝、旁諸文，則古文皆作一畫，篆文增爲二畫，本非從上。許君以據形系聯，乃歸之上部耳。所以作一畫者，亦與天同意。正部：正，"是也。從一，一目止"。𤴓，古文正，從一足。足亦止也。儿部：元，"高而上平也。從一，在儿上"。丂部：丂，"氣欲舒出，勹上礙於一也"。亏部：亏，"於也。象氣之舒。亏從丂從一。一者其氣平也"。水部：𤄃，"幽溼也。從一，覆也。覆土而有水，故溼也"。乚部：乚，"衺徯有所俠藏也。從乚，上有一覆之"。雖不以爲天，而以爲在上，義亦與天近。而冖部：冖，"覆也。從一下𠂹"。則又小變其形者也。屮部：屮，"象草木之初生，屯然而難。從屮貫一。一，地也"。才部：才，"草木之初也。丨上貫一。一，地也"。之部：之，"出也。象草過屮，枝莖漸益大，有所之也。一者，地也"。旦部：旦，"明也。從日見一上。一，地也"。韭部：韭，"象形，在一之上。一，地也"。丘部：丘，"土之高也。從北，從一。一，地也"。至部：至，"鳥飛從高下至地也。從一。一猶地也"。川部：巠，"水脈也。從川，在一下。一，地也"。氏部：氐，"至也。從氏下箸一。一，地也"。戈部：或，"邦也。從口，戈以守其一。一，地也"。且部：且，"薦也。從几，足有二橫，一其下，地也"。皆明言一爲地。耑部：耑，"物初生之題也。上象生形，下象其根也"。不言一爲地。然韭下云："此與耑同意。"則耑之中畫，實象地也。宀部：宀，"所安也。從宀之下，一之上"。冃部：冃，"重覆也，從冂一"。

立部:立,"住也。从大,在一之上"。七部:丂,"陽之正也。从一微陰从中衺出也"。雖不言一爲地,而其意係以一爲地,亦可類推。三部:三,"天地人之道也"。王部:王,"董仲舒曰:古之造文者,三畫而連其中,謂之王。三者,天地人也,而參通之者,王也。孔子曰:一貫三爲王"。二部:丞,"敏疾也。从人,从口,从又,从二。二,天地也"。五部:五,"五行也。从二,陰陽在天地間交午也"。皆以上一畫爲天,下一畫爲地。二部:恒,"常也。从心舟在二之間上下。心以舟施恒也"。案此説甚迂曲。木部榸之古文亙,《韻會》引有"象舟竟兩岸"五字,此字蓋从心互聲也。亘,"求回也,从二从回。回古文回,象亘回之形,上下所求物也"。水部:沝,"回水也。从水,象形。左右岸也。中象水皃"。㳜,"淵或省水"。川部州之古文州同意。畕部:畺,"界也。从畕。三,其界畫也"。畫部:畫,"界也。象田四界,聿所目畫之。"皆以一爲界畫。齒部:齒,"口,齗骨也。象口齒之形。止聲"。U爲口字M象齒形,此字似合口及兩MM而成。然齒不得居口外,則U以象口,而兩MM間之一,則用爲界畫,以示齒之有上下耳。十部:十,"數之具也。一爲東西,丨爲南北"。則又小變其意者也。音部:音,"从言含一"。甘部:甘,"从口含一"。此但取口實之意。下文云"一,道也",似鑿,或後人所加。血部:血,"从皿,一象血形"。皂部:皂,"穀之馨香也。象嘉穀在裹中之形。匕所以扱之。或説:皂,一粒也"。亯部:亯,"獻也。从高省。曰象執物形"。豆部豆之古文亘,與此同意。勺部:勺,"挹取也。象形,中有實,與包同意"。本部:与,"賜予也,一勺爲与"。竊疑一畫見挹取之意,兩畫倍於一,有餘則可以及人,因見賜予之義非从一从勺也。戉部:戉,"五行土生於戉,盛於戉,从戉含一"。皆以一爲中有實之義。許君於血部承以丶,則丶一初不甚別。即日部:日,"實也,太陽之精不虧。从○一象形"。○中著一,亦但見實之意耳。武后因古文日中畫屈曲,造爲囝字,誤矣。干部:干,"犯也。从反入,从一"。羊,"撤也。从干。入一爲干,入二爲羊,言稍甚也"。宋部:宋,"止也。从米盛而一横止之也"。川部:巛,"害也。从一雝川"。亡部:亡,"止亡畺也。从亡一。一,有所礙也"。皆以一爲阻礙之物。毋部:毋,"止之也。从女一,女有奸之者"。義與相類。女部:义,行遲曳义义,象人兩脛有所躕也。亦與此同意。毌部:毌,"穿物持之也。从一横口"。與玉中之丨同意。則以爲貫物之義。夫部:夫,"丈夫也,从巾一。一以象先"。義與毋類。木部:木,"木下曰本。从木,一在其下"。米,"赤心木。从木,一在其中"。末,"木上曰末。从木,一在其上"。則但取記識其處以示意。水部:水,"準也。北方之行。象衆水立流,中有微陽之气也"。丙部:丙,"位南方。萬物成炳然。陰气初起,陽气將虧。从一入冂。一者,陽也”。此兩字皆以一象陽,則意與卦畫通矣。

上部　溥也。从二。闕。方聲。古文旁。亦古文旁。

　　小徐本闕字在"方聲"下。案《説文》説解中闕字,有爲許君原文者;亦有書簡缺脱,後人校勘,依許君例書闕字者,辨別殊難。此處闕字在"方聲"上,似許君原文;在"方聲"下,則似後人校識。然要皆指言之也。门部: ,"从在之内。大,人也。央旁同意"。則亦之類,不得云闕。然許書本博采而成,各字説解,不必相顧,央字舊説,指爲之類,而旁字舊説,謂闕不得其説解,亦理所可有,不能以此遂斷闕字爲後人所補也。

　　天垂象,見吉凶,所以示人也。从二。三垂,日月星也。觀乎天文,以察時變,示神事也。古文示。

　　案《小徐本》古文作。中垂直,旁二垂分向左右,與篆文同。

三　天地人之道也。从三數。

　　案二三及古文四,皆積畫而成,然不可説二从兩一,三从三一,四从四一;或三从一从二,四重二;或从一从三。何也? 知以一畫象一,則亦知以二畫象二,三畫象三,四畫象四矣。故此等皆當仞爲獨體之文。

王　天下所歸往也。董仲舒曰:古之造文者,三畫而連其中,謂之王。三者,天地人也,而參通之者王也。孔子曰:一貫三爲王。古文王。

　　案王及玉皆合三橫一直而成,然不可説爲从三从丨者,文字非一人所造,造王字者自取一貫三之義,造玉字者自以三橫象三玉之連,而以丨象其貫也。即造三字、丨字、王字、玉字者爲一人,亦不害其造王字、玉字時,三橫一直,別有取義也。合此及三字下説觀之,可知起一成文等説之非。

　　又案文字之變遷甚多。凡今之作橫若直者,其初未必即作橫與直也。如玉字以三畫象三玉,其初或係畫三玉之形,後乃改爲三畫,亦未可知。如此,則起一成文之説,更不可通矣。

王　石之美,有五德:潤澤以温,仁之方也;䚡理自外,可以知中,義之方也;其聲舒揚,專以遠聞,智之方也;不撓而折,勇之方也;銳廉而不忮,絜之方也。象三玉之連,丨其貫也。古文玉。

案古文增兩畫，或謂象佩玉之繘，亦不必然。因古人好彣飾，往往隨意增畫也。

彡　雲气也。象形。

案彡下云："張口气悟也。象气从儿上出之形。"與此同意。

丨　上下通也。引而上行讀若囟。引而下行讀若退。

案"上下通"者，既非引而上行，亦非引而下行也。本部中下云："从口，丨上下通。"𣎵下云："旌旗杠皃。"以及王下之"一貫三"，玉下之"象三玉之連，丨其貫"，十下之"丨爲南北"，巾下之"丨象系也"，皆是也。中下曰："象丨出形。"才下曰："丨上貫一。"蓋引而上行之意。弓部引下云："開弓也，从弓丨。"蓋引而下行之意，凡引弓者必内向曳其弦也。至京下曰："丨象高形"，則疑誤。見後。

中丨部　和也。从口，丨上下通。𠁩古文中。𠁦籀文中。

案中字所从之口，似口非口，大小徐本皆同。段氏改作音圍之口，竊謂皆非也。即"丨上下通"之説亦非。許書从卜中，而古文作𠁩，患古亦作𢘪。患下云："从心上貫吅。"然《春秋繁露》云："心止於一中者謂之忠，持二中者謂之患。"今許書忠亦从中，則从心上貫吅之説非。則中字實當作𠁦，以〇中之小畫，指中點之所在也。或本作十，以形似十字而加口；或本作⊖，以與日字相亂而加丨；或古字鏤空填實不分，由十而變爲中，別有一體，則於其内又加一小畫，皆未可知，要必非从口與丨矣。

屮　艸木初生也。象丨出形，有枝莖也，古文或以爲艸字。讀若徹。

案艸乃屮之竝文，竝文多與單文同義，屮、艸實一字耳。《論衡》曰：草初生爲屮。二屮爲艸，三屮爲芔，四屮爲茻。豈音義皆小別邪？

又案象草木之形者，皆與屮類。𡳾𡳾朮生半諸字，皆可説爲从屮，而許不然者，象艸木形即可作屮，不必其从屮也。此可見字有雖可析爲兩體，然仍當仞爲獨體者。

又案象艸木之上見者作屮，象其下之根者則作𣎵，或作𣎴，木字及㞢字之下半是。《周官》"作其鱗之而"。段氏謂"之謂上出，而謂下垂"是也。

屮爲物上見者之象。𡴘下云："專，小謹也。从幺省。屮財見也。屮亦聲。"豊下云："陳樂立而上見也。从屮豆。"本部：𡥀"奏進也。从本，从廾，从中，屮上進之義"。本下云："進趣也。从大从十。大十，猶兼十人也。"説甚迂曲，疑十亦屮之變。許氏皆明言之。然則眉部：省，"視也。从眉省，从屮"，義亦當同。自部：峉，"危高也。从自屮聲"，亦未必專取其聲矣。冂部：峇，"幬帳之象。从冂，屮，其飾也"。厂部：厈，"岸上見也。从厂从之省"。亦不妨徑説爲從屮也。屮下一畫，隨意加之，以取茂美，如籀文兵、古文梁之例。

中既取上見之義，故凡屋宇等高而可見之物，亦皆以是象之。亼部亼下云"亼象屋"是也。冂部：禸，"从冂，从乁之省聲"。至部：臺，"从至从高省"。其實亦皆從屮耳。

又動物之頭角，亦可以屮象之。隹部雈下云："屮象其冠。"羑下云："似山牛一角。"莧下云："象頭角四足之形。"内部离下云："从禽頭。从内从屮。"大徐曰："从屮義無所取。疑象形。"皆是也。

又女部妻亦从屮。大徐説爲"進也，齊之義也"，亦嫌迂曲。疑亦象其首飾也。

屮 屮部　菌屮，地蕈，叢生田中。从屮，六聲。森籀文屮，从三屮。

案屮之下半，與篆文卯字殊不似，恐係獨體象形字。一爲地，儿象其根，與禾尚等字同意。

賁 艸部　艸器也。从艸賁聲。臾古文蕢，象形。

案臾爲古文蕢，又見貝部貴字及自部臾字下。

蒭 艸部　刈艸也，象包束艸之形。

八 別也。象分別相背之形。

按八之爲義甚多。本部：𡥀"曾之必然也。从丨八。八象气之分散"。

又只下云："語已曾也。从口，象气下引之形。"兮下云："語所稽也。从丂。八象气越亏也。"皆以象气。鬻下云："象孰飪五味，气上出也。"亦八之少變其形者耳。米下云："分枲莖皮也。从屮，八象枲之皮莖也。"有分別相背之意。朮下云："草木盛米米然。象形。八聲。"盛亦有分散之意。肉部：胤，"子孫相承續也。从八，象其長也"。案人部保下云："从采省。采古文孚。"下有孞保兩古文。胤與孞同意，八直是𠬞之變。胤乃兩手抱幺，孞則兩手抱子耳。此則似八而非八者耳。可知字形之變遷多矣。

辨別也。象獸指爪分別也。屮古文采。

采部　獸足謂之番。从采，田象其掌。爲古文番。

　　案爲爲最古之文。上象五指，中象其掌。略之則成采，更略之則成屮。而爲之變，亦爲田。加田於采，則成番矣。其實重複也。

半　大牲也。象角頭三封尾之形。

　　案字有宜著紙平看者，如臼訓共舉，乃象兩人之手相向，非兩手向上，兩手向下是也。牛羊等字亦然。

　　又案牛之頭角，亦以屮爲象，參看前屮字下説。

牛部　引而前也。从牛。象引牛之縻也。玄聲。

　　案引牛之縻謂冂也。叀部：叀，"礙不行也，从叀引而止之也叀者。如叀馬之鼻，从此與牽同意"。从此，段注補冂字，云："从冂，此與牽同意。"是也。

牛部　閑養牛馬圈也。从牛。冬省，取其四周帀也。

　　案冃爲古文冬，又見蚰部蠢、龜部蠅下。然既云四周帀，則不取冬義。冬省二字，恐系後人改竄。或許書本博采而成，其説不能一律邪？

口　人所以言食也，象形。

　　按品部：品，"衆口也"。部中嚚、囂、㗊、㘈皆取人口爲義。而器下云："象器之口，犬所以守之。"又本部：凵，"山間陷泥地。从口，从水敗皃"。則又以口象沼澤之地。可知一形之所象者，不止一物矣。

口部　尊也。从尹發號，故从口。爲古文，象君坐形。

　　案又部尹下云："治也。从又ノ，握事者也。"説與君字篆文下説解類。后部云：后，"繼體君也。象人之形"。説與君字古文下説解類。而其下又有十八字曰："施令以告四方，故厂之，从一口。發號者，君后也。"則又與君字篆文下説解類。段氏删此十八字，謂淺人所竄是也。君、尹初葢一字，義近相借，如止、足同字之例。一有口，一無口耳。此等隨意增減筆墨，古人時有之，不足異也。后葢亦君之形變，作尹作尸，均非其朔。其初當如古文，从爲及▽。▽非口字，乃象人所據之物，即石字所从之〇。許説豆字云："食肉器。"似以一象葢，

○象器中空之處，山象其校及跗者。然古文作⊕，重◉，特取繁複，無他義。則亦可作⊜，以一象地，以◉象器也。兼象其實，作◉，不兼象其實，自可作〇。則⊜亦可作⊝。豆有直立之義。人部：㑊，"立也。从人，豆聲，讀若樹"。癶部：登，"上車也。从癶豆，象登車形"。此葢以豆爲履石。更省去一畫，則即以〇爲履石矣。君字下體所从之▽，葢本當作〇，象其坐時所據。其上之𠃌，則象左右翼衛之形。故許説后字，亦云"象人之形"也。后及古文君下之説，葢舊説，知字形之本。尹及君字篆文下之説，則據既譌變之形耳。此亦可見許書系博采衆説，未加删正也。

　　王氏筠《説文釋例》曰："君之古文𠃌，《玉篇》不收。葢當依《博古圖》宋夫人鼎蓋作㖡。𦥑即古尹字。以楷作之則形同，故顧氏不出也。尹之古文作𦥑，《玉篇》作帇，似文本作𦥑，小篆省之。中分𦥑字即成𠃌，小變𦥑即成𠂇。猶禽兇頭本同，石鼓作凶，中分之而禿作𠃜，旁斷之而禽作㕙也。手有所治，故兩手相交而作𦥑。若𠬞即拱字，有垂拱而治之意，不見爲君難之意。一日二日萬幾，故上𦥑下口，猶予手拮据，予口卒瘏也。握之古文𤔔汗簡作𤔔，此𦥑斷爲𠃌之證。"案王氏論君字上體，當作𦥑，而不當作𠃌，未免於腐。然其論𦥑𠃌本一字，則其確也。


局　口部　促也。从口在尺下，復局之。一日：博所以行棊，象形。

凵　張口也。象形。

　　案此等減筆之字，許亦説爲象形。後人或以爲會意，悞也。仍以説爲象形爲是，説見《字例略説》。

　　干部𡴆下云："不順也。从干下凵。"凼下云："象地穿交陷其中也。"竝以凵爲坎窞之義。猶𡶒字之口，象山間陷泥地也。


單　吅部　大也。从吅甲，吅亦聲。闕。

　　案此乃嘽之本字耳。與史芈等字同意。


止　下基也。象艸木出有址，故以止爲足。

　　案正下云："从一，一以止。"而古文作𤴓。又癸象人足，而籀文作𤼵，皆止足同字之證。

彳　小步也。象人脛三屬相連也。

案此文之初，當逕作\，象人之股脛足也。然但畫一支，不能見小步之義。蓋當作彳彳以爲行字，後乃省行字之半，以爲小步也。更引之即爲長行矣。亍下云："長行也，从彳引之。"

齒　口齗骨也。象口齒之形。止聲。㘴古文齒字。

案古文齒字，蓋當橫看，象張口見齒形。篆文則以兩𡗜象齒，而又加以口字耳。又㡀字許君説爲象形，然其上半實類古文齒字，蓋以其善齧故从齒以見義耳。

牙　牡齒也，象上下相錯之形。㕦古文牙。

案古文下从古文齒，其上殊不象齒形。竊疑直是从互。篆文亦下半象齒形，而上从互省也。蓋牙之象形字本僅作𠃊，以其不能見牡齒之義，乃加互聲爲形聲字。凡古文，此等筆畫最簡之字，非廢則改爲多畫之字矣。見《字例略説》。

足　人之足也。在下，从止口。

案从口不可解，此乃疋之變耳。

疋　足也，上象腓腸，下从止。《弟子職》曰：問足何止。古文以爲詩大疋字，亦以爲足字，或曰胥字，一曰疋記也。

案此字乃止之異文。《管子·弟子職》云："問所何止。"説解元文當同，今本乃淺人所改耳。部中有𤴨𤵸二文，𤴨下云："門户、疏窗也。"𤵸下云："通也。"乃以囪爻象疏窗形，而从止以見義。疏通之義，實由門户疏窗引申也。云部云："㐬，不順忽出也，从到子。《易》曰：突如其來如，不孝子突出，不容於内也。㐬或从到古文子。疏，通也，从㐬从疋，疋亦聲。"此説大誤。㐬乃竈突之突之本字，㐬乃疏之本字，巛以象疏窗形，猶𤴨𤵸之囪爻，从云猶其从疋，疏更益之以疋，則所謂累增字也。古文以爲詩大疋字，與或曰胥字，即係一説，大疋即大胥，此乃胥字之省。疋記之疋亦同，與足也之訓，非一字也。或乃以疋爲雅字，則更繆以千里矣。

㗊品部　多言也。从品相連。《春秋傳》曰：次于㗊北。讀與輯同。

案此恐是碞字。下從山，上即石字所從之〇而三之也。以與聶同音，乃假爲多言之字。後遂以多言爲其本訓，改象石形之〇爲口，而以相連説山耳。聶訓附耳私小語，口部：聶，"聶語也"，與聶音義皆同。而得多言義者，多有大之義，所謂反訓也。聶與呫雙聲。《史記·魏其武安侯列傳》："乃效女兒呫囁耳語。"《集解》："韋昭曰：呫囁，附耳小語聲。"與《説文》聶字義同。而《匈奴列傳》："嗟土室之人，顧無多辭，令喋喋而佔佔。"即以多言爲義可證。佔佔即呫囁之呫，裴駰、顏師古皆謂衣裳貌，誤也。

册　符命也，諸侯進受於王也，象其札一長一短，中有二編之形。𥳑古文册，從竹。

干　犯也。從反入，從一。

案本部僅羊干兩文。干下云："撞也。從干。入一爲干。入二爲羊言稍甚也。"干下云："不順也。從干下凵，逆之也。"竊疑干之本字當作丫，乃象形，非反入。如此乃可説干爲入一，羊爲入二也。干乃就羊字曲其一畫，以示不順之意。此等改變筆畫以成兩字之例，《説文》多有之。見《字例略説》。

各　口上阿也。從口，上象其理。

案象口上阿而兼從口，與鼻之初文作自同，説見彼下。

西谷部　舌皃，從谷省，象形。西古文西，讀若"三年導服"之導。一曰竹上皮，讀若沾。一曰讀若誓。彌字從此。

案西字既云象形，則非必從谷省。口豈可爲象形乎？舌下云："從干從口。"竊疑舌字之上半，未必從干。丫形倒之，正與西字之丫相似。舌西兩字，或小異其形，或直是到文，故説西曰舌皃也。彌字從西非聲，義亦無取。疑彌字從此之𡧗，實非弓部之彌字，其所從者非弓而爲彌部之弜，其字當入彌部，而説之曰：從西彌省也。

只　語已詞也，從口象气下引之形。

案説見八字下。

𠃏　相糾繚也。一曰：瓜瓠結𠃑起。象形。

案此等皆屈曲其畫以見意者,所謂"畫成其物,隨體詰屈"也。

艸　叢生艸也。象屮嶽相並出也。

業　丵部　大版也。所以飾縣鐘鼓,捷業如鋸齒,以白畫之,象其鉏鋙相承也。从丵从巾,巾象版。𣠋古文業。

案象屮嶽相竝出之形指业。

𦥑　竦手也。从𠂇,从又。𢪺揚雄説𢪺从兩手。

王氏筠曰:"𦥑葢拱之古文。"愚案古文共乃此字之疊文耳。王氏又曰:"𢪺字似當作𢪺。"

𠬪　引也,从反𦥑。

共　同也。从廿𠬞,𦱹古文共。

王氏曰:"共當云從古文之象。"

𠬞　共舉也。从白从𠂇。

王氏曰:"𦱹四手相交,共爲一事之狀。舁則兩人共舉一物,四手相向而不交。"又曰:"𢮦非叉手,𦥑非拱手,𢮦之臂在後,指在前,𦥑亦然。"

𠬜　叉手也。从𠂇𦣝。

王氏曰:"當云從到廾。拱揖者手平心,故廾手高於肘。臼則垂拱之象。故肘高於手。"

案𠂇爲反又,然不説爲反又者,以左手自有其形也。然則竦手亦自有形可象,不必説爲从𠂇从又;𠬪亦自有其形可象,不必説爲反廾矣。以此推之,以上諸文,皆當説爲象形字。

要　臼部　身中也。象人要自臼之形,从臼,交省聲。𦡶古文要。

案段改篆作𦦝云:"各本篆作𦦝,从臼,下有'交省聲'三字,淺人所妄改也。今依《玉篇》、《九經字樣》訂。"然據小徐《袪妄篇》,則許於此字不言象形。以爲象形,乃李陽冰之説也。

🔥　齊謂之炊爨。臼象持甑。冂爲竈口，卄推林內火。𤆡籀文爨省。

此所謂合體象形字。蓋木也、乂又也、火也，皆固有此字。此字所从之林，衹是兩木，卄衹是兩手，不得說爲平土之林，竦手之卄也。而一爨字中盡用之，必不能謂造爨字者，舉不知有此諸字，而所造者適與之合也。然則造爨字者，衹造𦥑以象持甑，冂以象竈口耳。然亦安知𦥑與冂，必爲造爨字者所特造，而非借固有之字以爲用邪？或謂爨蓋𡔛之累增字，又安知冂爲造𡔛字者所特造耶？初造字時筆畫繁至如爨字者恐必無有，然則今《説文》中之字，其去初形也遠矣。同即𩰋下體之變，冂所象亦多。見下。

“齊謂之炊爨”，段氏删“之”字。臼象持甑，段氏改臼爲𦥑，是也。

革　獸皮治去其毛革，更之，象古文革之形。𠦶古文革，从卄。卅年爲一世而道更也。臼聲。

案此爲從古文之象之例，詳見《字例略説》。然此字説解甚可疑。皮部：𤿟，“剝取獸革者謂之皮。从又，爲省聲”。古文作𡰻，籀文作𡰻。𧟚之古文𡰻，亦與之似。竊疑古文革係从臼从羊省，臼象治去其毛。皮，即披字。古文𡰻，亦從羊變。又象剝取其革，籀篆文其形變也。

鬲　鼎屬。實五觳，斗二升曰觳，象腹交文，三足。

案口無所取義。石部碼字，從鬲得聲，其篆文作鬲，蓋是。

𩰪　歷也。古文亦鬲字。象孰飪五味气上出也。

案弜別是一字。鬵乃从弜及鬲耳。參看囟字下説。

爪　虱也。覆手曰爪，象形。

𤓯爪部　母猴也。其爲禽好爪，爪母猴象也，下腹爲母猴形。王育曰：爪象形也。𤓰古文爲，象兩母猴相對形。

案爪爲一字，𤓰古文爪之半。又爲一字。爪者覆手，𤓰則母猴象，𤓰乃𤓰之反對文，爲則𤓰之累增字也。説字者不知此義，乃以爲字之上體，即從覆手之爪，於是有“其爲禽好爪，下腹爲母猴形”之説。王育蓋知之，故説之曰爪象形，謂爲字上體之𠂹，即系象母猴形也。

𦥑 持也，象手有所瓜據也。

𨱏 兩士相對，兵杖在後，象鬥之形。

段氏云："此非許語也。許之分部次弟，自云據形系聯，瓜厥在前部，故受之以鬥。然則當云爭也。兩𦥑相對，象形，謂兩人手持相對也。乃云兩士相對，兵杖在後，與前部説自相戾。且文從兩手，非兩士也。此必他家異説，淺人取而竄改許書，雖《孝經音義》引之，未可信也。"案許書本博采而成，故其説解之例，不能畫一。𦥑𠦬皆象有所持，所持者即兵杖；持之者手，手者士之手也。若謂此但象手而未及人，則𠂇又等文，無一兼象人者，豈得謂非人之手邪？云在後者，後與鬥爲韻。此八字疑從有韻之文中采取，故説字形不能甚切，然要不足疑也。

又 手也，象形。三指者，手之列多，略不過三也。

案叉部：𡨄，"物落上下相付也，從爪從又"。可見又爲叉手，向上形，雖謂又爲倒爪可也。

厷 又部 臂上也。從又，從古文厶。乀古文厷，象形。

案厶乃古文中筆畫最簡之字。凡此類筆畫最簡之字，後多廢絶。一以無以爲別，一以古人作字好茂，尚多畫也。見《字例略説》。

叉 又部 手指相錯也。從又，象叉之形。

案此直是錯字。

𤓯 又部 手足甲也。從又，象叉形。

案此字與爪同音，恐仍是爪之異文。彼象三指，此象五指也。

父 又部 矩也，家長率教者。從又舉杖。

案此亦小變筆畫之形狀即成兩字者。然從又舉杖，説頗牽強。竊疑此字初形，當與子字類也。

𠬶 又部 分決也。從又，屮象決形。

小徐曰："𤔔物也，丨所以決之之器也。"

案𠤎下云："首笄也。從人，匕象簪形。"疑當作屮象簪形，與屮一正一

181

反也。

及（又部）　逮也。从又从人。ㄟ古文及，秦刻石"及"如此。ㄋ亦古文及。

案第二古文乃从人與第一古文。然則第二古文乃第一古文之累增字也。篆文之ㄟ疑亦第一古文形變，非从又。亼部：今，"是時也，从亼从ㄱ，ㄱ古文及"。其形與此第一古文相反。㕚部：㕚，"買賣所之也。从㕚从ㄟ。ㄟ古文及。之省聲"。亦與此第一古文小異。

反（又部）　覆也，从又，厂反形。反古文反。

王氏筠云：《荀子·成相篇》"阪爲先聖"，注：阪與反同。反先聖之所爲。則反者阪之古文，古文反从厂，與乛亦相似。蓋許君以从又難解，故但以反覆説之。愚案恐厂爲阪之古文；反覆之反，則从又厂聲耳。

叚（又部）　借也。闕。叚古文叚。叚譚長説叚如此。

案《祛妄篇》："《説文》從又從⊐㠯闕。"則⊐㠯竝不能知其所象也。譚長説之叚，當依《玉篇》作叚。

友（又部）　同志爲友。从二又相交。友古文友。習亦古文友。

王氏筠曰：此初譌之形。焦山鼎字，本形也。誠爲二又相交矣。叕乃二又，何交之云？頃見無名古器二：其一作，斷之也。其一作，反文也。若據字形而以爲從口，必不可通。故知許君説字，有周章者，乃流變既久，不見本形者也。

ナ　ナ手也，象形。
王氏云："不云反又者，左手自有其形也。"

史　記事者也。从又持中。中，正也。
案"中正也"三字，未知爲許原文否？然要爲妄説。中乃中之倒文，中即筆字，乃从又持筆耳。

聿　所以書也。楚謂之聿，吳謂之不律，燕謂之弗。从聿一聲。

案此字乃合⺺⺻二文而成。其初葢作⺻，象筆之形。累增而爲聿，更累增而爲筆。聿與史同爲从又从⺻，然史之从又，有所取義；聿之又，則但爲累增耳。

畫　界也。象田四界，聿所以畫之。畫古文畫省。劃亦古文畫。

案古文皆無囗，可見其爲後加。連之則成囗矣。畕下云：“界也，从畕，三其界畫。”亦同意。

臣　牽也，事君也。象屈服之形。

案此字須横看⺷實畫一人伏形也。臥下云：“伏也。从人。”臣取其伏也。

殳　以杸殊人也。禮，殳以積竹八觚，長丈二尺，建於兵車，旅賁以先驅。从又，几聲。

段云：“殳部古文役，殺部籀文殺，殳皆作𠬝。”則殳或从⺹，非从几聲，⺹或象八觚形歟？

乞　鳥之短羽，飛几几也。象形。

案本部㱿下云：“新生羽而飛也。从几，从彡。”乞爲短羽，則彡象長毛也，參看彡下説。

寸　十分也。人手卻一寸動脈，謂之寸口。从又从一。

案尺下云：“十寸也。人手卻十分動脈爲寸口，十寸爲尺。尺所以指尺規榘事也。从尸，从乙，乙所識也。”與此从一同。又矢部：躲，从矢从身。篆文躲从寸，“寸，法度也。亦手也”。巢部：𡪁，“傾覆也。从寸，臼覆之。寸，人手也”。見部：尋，“取也。从見寸。寸，度之，亦手也”。皆以寸爲手。

卜　灼剝龜也。象灸龜之形。一曰象龜兆之從衡也。ㅏ古文卜。
州卜部　灼龜坼也。从卜，兆象形。州古文兆省。

案八部：“ʃ|ʃ分也。从重八。八，別也，亦聲。《孝經説》曰：故上下有別。”段刪“八別也亦聲”五字，曰：“《廣韻》兆治小切，引《説文》分也，此可證孫愐以前，ʃ|ʃ即兆矣。又云：𤓱灼龜坼也，出《文字指歸》。《文字指歸》者，曹憲所作，此可證

孫愐以前，卜部無兆覜字矣。顧野王《玉篇》八部有仌，兵列切，卜部之後出兆部；又云覜同兆。此可證顧氏始不謂八（即兆字矣。虞翻説《尚書》分北三苗云：北古別字，不知其所本，要與重八之八無涉，豈希馮始牽合而岐誤與？治《説文》者乃於卜部增覜爲小篆，兆爲古文；於八下增之云八別也，亦聲，兵列切，以證其非兆字，而《説文》之面目全非矣。"案艸，宋本作屮，今作艸，中畫似又後人增之。

爻　交也。象易六爻頭交也。

　　案本部之字爲棥，《説解》曰："藩也。从爻林。"此交之義也。然茲部之爾，《説解》曰：其孔茲，與爽同意。爽下曰明也。則與茲之從爻同，而非交義矣。网下云："从冂，下象网交文。"凶下曰："象地穿交陷其中。"五下曰："陰陽在天地間交午。"古文作乂。皆有交意。

目　人眼。象形，重童子也。古文目。

　　案玄應《一切經音義》引無"重童子也"四字，是也。目之初文當作，象形。縱書則成目。變童子形爲兩畫，即成今篆文之目矣。淺人不悟，疑中之畫系童子，不應有二，乃妄沾此四字也。古文上加象眉，參看眉字。外又加象面。直從十目，古文作；省從眉省，古文作；即目，又目下古文之變也。

睊田部　目圍也。从田。讀若書卷之卷。古文以爲醜字。

　　王氏筠云："字當作象形二字。"醜，小徐作覶。

眉　目上毛也。从目，象眉之形，上象領理也。

　　案象眉，則仍是目圍耳。《説解》似以爲眉。爲領理，與下説自相矛盾。本部眘："視也，从眉省，从屮。"然則眘系一字，即古文之。加以象眉形也。

盾　瞂也。所以扞身蔽目。象形。

　　案本部：雁，"盾握也"。段曰："人所握處也。"然則厂象盾，十其握也。小徐本有"厂聲"二字，非。

□　鼻也。象鼻形。□古文自。

□　此亦自字也。省自者詞言之气从鼻出，與口相助也。

　　案□象鼻形，自字加之以口，<sub>古文自更加兩目，與畫□同。</sub>□字加之以□鼻則更加界聲。所以必加口者，以純鼻不易象，圖畫變爲文字，將與三合之△混故也。加之以口象鼻，故加之以□象出气。□部六字，其五爲詞，惟百則否。百之言白，今本《説文》：“百十也，从一白，數十百爲一貫，相章也。”《韻會》：“十百爲一貫”上，多“十十爲一百，百白也”八字，又“相章也”之相亦作貫。其實從白。許氏入之此部者，以古文百从自，其實古文特偶多一畫耳。□系畫口鼻形，將口字之畫引長之，略成人面形則爲□；又加一圍則成□；□又加□即成□矣。<sub>此等隨意增畫，意義實覺重複，然累增字皆如此。</sub>自本訓鼻，其後變爲自稱之詞，乃更造鼻字，此文字孳乳改易之迹也。<sub>尸部：眉，“臥息也”。犬部：臭“禽走臭而知其迹者，犬也”。辛部：辠，“犯法也。从辛，从自，言罪人蹙鼻苦辛之憂”。自皆訓鼻。</sub>

　　□自部　□□不見也。闕。

　　案□部：寡，“寡寡不見也。一曰寡寡不見省人”。此二字蓋一字也，與宀實亦一字也。□與□同，特少一點，篆文作畫皆從中起，筆鋒藏露偶有不同耳。□疑即重覆也之□字。此字蓋从自从穴从□。《説解》云闕者，原文佚奪，校者依許例書之。抑或許書本博采而成，當時説寡字者，自不知其義也。

　　□□部　別事□也。从□，米聲。□，古文旅字。

　　案旅下作□，説云：“古文以爲魯衛之魯。”此字之形難説，當從蓋闕。

　　羽　鳥長毛也。象形。

　　案九部：□，“新生羽而飛也。从乚从彡”。羽蓋彡之並文。

　　隹　鳥之短尾總名也。象形。

　　丫　羊角也。象形。

　　案此字蓋省羊字之兩畫，以示羊角之意。若但以象角則無須下一直。隹部：雈，“鴟屬。从隹，从丫，有毛角”。首部：首，“目不正也。从丫从目”。其□皆無一直。今本或有之，則依部首書之耳。又難之古文□，大徐从□，與養之古文□同，蓋亦□之變也。木部：□，“兩刃臿也。从木丫，<sub>此一直疑亦後人所加。</sub>象形”。則凡相背者皆可以□象之，不但羊角。

丫部　相當也。闕。讀若⼍。

　　案丫⼍似即一字。《廣韻》："今人謂賭物相析爲丫。"即此所謂相當。⼍取蒙之之意。凡蒙之者，必其物大小相當而後可也。从丫，明其爲兩物；物必有兩，然後可以相當也。

羊　祥也。从丫，象頭角足尾之形。孔子曰："牛羊之字，以形舉也。"

　　案既云象頭角足尾之形，則不得再云从丫，丫字乃略去羊字之四足耳。小徐作"象四足尾之形"，蓋知其不合而改之。

羊　羊部　羊鳴也。从羊，象气上出，與牟同意。

　　案《説文》象气之字甚多，此亦其一例也。篆文段本作羊，云："各本中筆直，今依《五經文字篆韻譜》正，气出不徑直也。"

羌　羊部　西戎牧羊人也。从人从羊，羊亦聲。羌古文羌如此。

　　案古文羌字从屮無取。羊性好羣，屮疑即羊之略，而又形譌，㸚則象羊之多耳。參看古文烏下説。

鳥　長尾禽總名也，象形，鳥之足似匕，从匕。

　　案此爲《説文》明言相似之例。其是否許君原文不可知。然今《説文》中之部首及偏旁，非皆獨體之文，則昔人似早見及之矣。

鳳　鳥部　神鳥也。从鳥凡聲。鳳古文鳳，象形。

　　案彡即彡之類。

烏　孝鳥也。象形。烏古文烏，象形。烏象古文烏省。

　　案烏字乃省鳥字之一畫，此亦增減筆畫，別成一字之例也。古文烏乃烏之四文。左方之烏，即篆文烏之烏。此可見烏鳥之⼃皆後加。右方之烏，則又去烏之一畫。烏字之右方，則或省爲一畫，或省爲兩畫矣。觀烏之可作烏，則知烏之可作烏，故知字形之變遷多矣。

𪅀 烏部　鵲也。象形。𪇳篆文舄，从隹昔。

　　案雒下云篆文，則知舄爲古籀矣。

𩾏 烏部　焉鳥，黃色，出於江、淮，象形。凡字：朋者，羽蟲之長；烏者，日中之禽；舄者，知太歲之所在；燕者，請子之候，作巢避戊己；所貴者，故皆象形。焉亦是也。

𠦒　箕屬，所以推棄之器也。象形。

　　案率部：𡄔，“捕鳥畢也。象絲罔，上下其竿柄也”。此字上體與之類，十亦其柄，與數之具之十不同。

𤰝 𠦒部　田罔也。从𠦒，象畢形微也，或曰由聲。

　　案“象畢形微也”，段改爲象形二字。

𡵒　棄除也。从艸推𠦒，棄采也。官溥説：似米而非米者矢字。

𡙅　交積材也。象對交之形。

　　案此字當平看之，猶今畫屋者作〰形也。木部：構，“蓋也。杜林以爲椽桷字”。則𡙅正象下覆之形。

𠄐　小也。象子初生之形。

　　案子字金文有作𠀬者，取其岐者連之，則成𠄐矣，非作兩〇也。𡥀部𡥀下曰：“幺子相亂也。”可以參看。

𢆶　專小謹也。从幺省，屮財見也，屮亦聲。𢆶古文叀。𣎵亦古文叀。

　　案叀下云：“礙不行也。从叀，引而止之也。叀者，如叀馬之鼻，从此與牽同意。”王氏筠曰：“今之穿牛及橐佗鼻者，穿鼻爲孔，以大頭木貫之而繋之以繩。𡘌以象木之頭也，⊖乃牛鼻，⌣則繩也。”

𤣥　幽遠也，黑而有赤色者爲玄。象幽而入覆之也。𤣥古文玄。

　　案“象幽而入覆之也”之入，當作𤓰。𤣥乃小意，𤓰覆之也。物小而又有覆之者，則難見，遠者固難見也。古文無𤓰，殊不見幽遠之意。豈玄之初義，但謂難見，故但象其小邪？作兩點乃隨意加之，無取義。則幺玄初實一字矣。

𠬝　推予也。象相予之形。

冎　列骨之殘也。从半冎。ㄅ古文歺。

案他部偏旁皆作冎，如古文伊作𠑹，校此少一畫。

肯少部　盡也。从歺㐱聲。ㄅ古文殄如此。

冎　剔人肉置其骨也。象形，頭隆骨也。

案冎即甲字，冂即丙字，見後。骨下云："从冎有肉。"肉部骭下云："骨閒肉骭骭箸也。从肉冎省。一曰骨無肉也。"此爲反訓。竊疑冎爲骨之省，骨未必从冎也。

肎　戜肉。象形。

案冂爲輪廓，乁則象肉之理也。故日部晵下云："从殘肉。"且部俎下云："从半肉。"

胃肉部　榖府也。从肉𡇡象形。

案囗爲輪廓，✕則象其有物，與甘字之从一同。

肩肉部　髆也。从肉象形。肩俗肩从户。

案此象一支之形，若象兩支，即成丙字矣。參看後丙字説。

羸肉部　或曰畧名。象形。闕。

案此字無所謂象形，《説解》葢有闕奪。段曰："象形二字，淺人所增。"是也。《集韻》引《説文》但有"獸名象形"四字。

肙肉部　小蟲也。从肉，口聲。一曰空也。

案《説文》另有訓圓之〇字，此葢从之。大徐謂囗音韋。謬也。説見囗下。

刀　兵也。象形。

案本部副之籀文𠝤，刀部劍之籀文从刀作劎，上出之筆皆曲。

刃　刀堅也。象刀有刃之形。

刃 刀部　傷也。从刃从一。

案　丶葢象創。

丰　艸蔡也。象艸生之散亂也。

案又部：𢼄，"掃竹也。从又持丰"。丰葢丰之竝文。耒下云："手耕曲木也。从木推丰。"則似象其形，非指艸也。參看豐字。

角　獸角也。角形，角與刀魚相似。

个个　冬生艸也。象形。下垂者，箁箬也。

案古文从竹之字皆作个个，本部之𥰖、𥰞，冊部之笘皆然。

𥬲　竹部　可以收繩也。从竹象形，中象人手所推握也。𥬲或省。

案"可"當作"所"。中象人手所推握。可與盾字之十、巨字之𤰈參看。

箕　簸也。从竹，甘象形。下其丌也。甘古文箕省。𠷛亦古文箕。𠔼亦古文箕。𠀠籒文箕。匫籒文箕。

案甘爲獨體之文，𠷛字加丌，箕字加竹及丌，𠔼似即𠷛之省而又倒，𡿧亦獨體象形，丌爲後加也。匚籒文匚字，凡器物皆可加。

丌　下基也。薦物之丌，象形。

工　巧飾也。象人有規榘也。與巫同意。𢀤古文工，从彡。

巨　工部　規巨也。从工，象手持之。𢀗古文巨。

巫　巫祝也。女能事無形，以舞降神者也。象人兩褎舞形。與工同意。𥤌古文巫。

𠯑　美也。从口含一。一，道也。

案从口含一之一當作丶，象口實也。後人誤爲一，又加"一道也"。

曰　詞也。从口，乙聲。亦象口气出也。

曶　曰部　出气詞也。从曰，象气出形。《春秋傳》曰：鄭太子曶。𠔔籒文曶。一曰佩也。象形。

案曰曶實一字。欠部：歊，"有所吹起。讀若忽"。《甘泉賦》："翕赫曶霍。"此字葢出气聲。言必出气,因以爲發言之號。"一曰佩也"者,《史記》裴駟《集解》:"鄭曰:臽者,臣見君所秉,書思對命者也。君亦有焉。"葢假借也。

<small>許竹部無笏。</small>《説文》象气之字甚多,云从乙聲,非,許時不得有此誤,或出後人沾注。

**3**　曳詞之難也。象气之出難也。**弓**古文乃。**乃**籀文乃。

**丂**　气欲舒出,**丂**上礙於一也。丂古文以爲亏字,又以爲巧字。

**兮**　語所稽也。从丂,八象气越亏也。

**兮** <small>分部</small>　語之餘也。从兮,象聲上越揚之形也。

**亏**　於也。象气之舒,亏从丂从一。一者,其气平之也。

　　案一非一二之一,已見前。"其气平之"之字衍,《集韻》、《韻會》引皆無。以上七字,皆曲直其畫以象气。

**豆**　古食肉器也。从口,象形。**豆**古文豆。

　　案一象其蓋,口以盛肉,作⊙則象其中有肉也,凵爲鐙校之形。《祭統》:"夫人薦豆執校,執醴授之執鐙。"注:"校豆中央直者也,鐙豆下跗也。"古文鍇本作**豆**,亦象其鐙校,《玉篇》亦作豆。

**豐**　行禮之器也。从豆,象形。

**豐**　豆之豐滿者也。从豆象形。**豐**古文豐。

　　案《大射儀注》:"豐,其爲字从豆,曲聲。"則豐爲曲之累增字也。丰下云:"艸盛丰丰也。"與豐音義皆同。葢古文所从丰爲其竝文。則豐又增凵,已爲累增字矣。

**虍**　虎文也。象形。

　　案此與虎爲一字。故豕部豦下云:"豕虎之鬥不相舍。"虎又加几耳。

**虡** <small>虍部</small>　鐘鼓之柎也,飾爲猛獸。从虍,異象其下足。**虞**篆文虞省。

　　案象其下足,但指开言。段改"異象其下足"五字爲"**異**象形,开下足"。謂篆中體象猛獸,然飾爲猛獸,似祇爲从虍張本也。

虎 山獸之君。从虍,虎足象人足,象形。𧆞古文虎。𧇂亦古文虎。
案广虎及虎之二古文,皆不見象形之意,蓋字形之變遷多矣。

皿 飯食之用器也。象形。與豆同意。
凵 凵盧飯器。以柳爲之。象形。
案凵下云:"从凵,凵器也。"則亦指凡器。

血 祭所薦牲血也。从皿,一象血形。
案此一象血形,則知甘字所含,亦必口實,而"一道也"之説爲繆矣。

丶 有所絶止,丶而識之也。
案丶之爲用亦甚多。主下云:"鐙中火主。"丹下云:"丶象丹形。"丼下云:"𩰲象。"金下云:"左右注,象金在土中形。"𥝋下云:"象嘉穀在裏中之形。"皆以丶象一物。卣下云:"象形,中有實。"此但以丶象物,而所象之物則不定。富與豆之古文𣅣蓋此意。甘下云:"从口含一。"血下云:"一象血形。"雖變丶爲一,然許以丶承血下,則丶一之意亦相通也。即𠬞字亦此意,但象有物錯其間耳。其作多丶以象物者,如米字及雨字是。𡬠𡬜等皆米之類,霂則雨之類也。用字及患字所從之中實作㞷,見中字下。乃作丶以定其所在,與水來米𤔔㞢諸文,意亦相通,皆見本字下。

主 丶部 鐙中火主也。从𡳾,象形。从丶,丶亦聲。
案象形即指𡳾言之,从𡳾二字當删。

丹 巴越之赤石也。象采丹井。丶象丹形。 𠁿古文丹。𢇉亦古文丹。
案此字與井太相似,將無以爲別,疑丹但象受丹飾之物,非象井也。席之古文作𢎜,正是此意。説字者覩古文𢇉左旁作井,因以象采丹井説之。然𢇉字恐系从井从彡,與丹字之造法不同也。或竟是彤字之異體。青承丹下説曰:"从生从丹。"青而从丹,殊不可解。乃又説之曰:"木生火。"實屬牽强。豈丹但象受飾之物,中一畫象其采,故丹青皆从之,而青字則加生以爲別邪?

青 東方色也,木生火,从生丹,丹青之信,言必然。𤯞古文青。

案此字中之·當與丹字中之▮同意,而其餘不可説,豈木字之變形邪?

丼　八家一丼,象構韓形。·甃之象也。

皀　穀之馨香也。象嘉穀在裹中之形,匕所以扱之,或説皀一粒也。
　　案以〇爲裹,與〇音包。相似。

鬯　以秬釀鬱艸,芬芳攸服,以降神也。从凵。凵,器也。中象米,匕所以
扱之。
　　案凵與厶盧之厶相似。象米不須作✕,此直是米字耳。參看彼説。

爵　鬯部　禮器也。象爵之形。中有鬯酒,又持之也。所以飲器象爵者,取其鳴
節,節足足也。🐦古文爵,象形。

△　三合也。从入一,象三合之形。
　　大徐曰:"此疑只象形,非从入一也。"案《説文》非字而言從者甚多。謂非
字不出於説解,必不可通。此本當作从𠆢一,後人誤寫𠆢爲入,因并將一横亦
誤爲字耳。云象三合形,本不須再言从𠆢一,然《説文》説解如此者亦多,因其
書系博采而成,體例不能畫一也。

舍　△部　市居曰舍。从△。中,象屋也。口象築也。
　　案此字所从之△,非取三合之義,乃是畫屋頂耳。既以中象屋,而又加△
者,所謂累增也。口象築,與倉下云"口象倉形"同,皆象其四周之牆也。參看
冂字下説。

倉　穀藏也。倉黄取而藏之,故謂之倉。从食省。口象倉形。　仝奇字倉。

入　内也。象從上俱下也。
　　案木部:㮛,"茮雷也。从木,人象形"。意與此類。

全　入部　完也。从入,从工。全篆文全从玉。純玉曰全。𤣥古文全。
　　段氏云:"下體未來其所從。《汗簡》作𤣩,《古文四聲韵》載《王庶子碑》亦
作𤣩,疑近是。"案段説是也。𤣩之形,他處皆未見。全之義爲純玉,此象奉持
玉耳。

缶 瓦器，所以盛酒漿。秦人鼓之以節謌。象形。

匋缶部 瓦器也。从缶，包省聲。案史篇讀與缶同。

案史篇讀與缶同，則此爲缶之或字，段云：許書言案者二條，疑後人所羼入。然亦必見史篇者之語也。非今陶器之陶也。許書陶爲再成丘。穴部有窯字。説云：燒瓦竈也。既非陶字，則非從包省聲，ㄅ豈象窯之形歟？

矢 弓弩矢也。从入，象鏑栝羽之形。

案此乃象弓箭之形耳。其初葢當作矢。下岐爲兩筆畫之變，抑取與午相避也。午下云："五月陰气午逆，陽冒地而出，此與矢同意。"可證。云从入，非。

矦矢部 春饗所射矦也。从人从厂，象張布，矢在其下。厌古文矦。

高 崇也。象臺觀高之形。从冂口，與倉舍同意。

案冂之形，有取其覆之意者。宀下云："象幽而入覆之。"宀下云"象覆二人之形"是也。凡覆下者必高。高及京字所從，皆取其高之義。

冂 邑外謂之郊，郊外謂之野，野外謂之林，林外謂之冂。象遠界也。 冋古文冂，从口。象國邑。

案部中冘字下云："从大在冂之内。大，人也。央旁同意。"巾部帚下云："从又持巾埽冂内。"受部亂下云："幺子相亂，受治之也。"其冂皆但爲界畫之意，不指遠界。又本部雈下云："高至也。从隹，上欲出冂。"則其所謂遠者，又上下之遠，而非彼此相距之遠也。

凡作三畫或作畫圍三面者，其義有三。△取其三合。冂从一下垂。取其覆下，牢字所從之冂説見牢下。及冃冄諸文同之；即交覆深屋之宀，義亦與之近。冂則取爲三面之界，爨字所從之冂，冤字所从之冂，義與之近。至牽寚等字所從冂，則形似而意不同。舍下云："〇象築。"而所象之大小亦不定。舍、倉、高、亭、京等字皆僅象室，冋匋等字則象城郭。或下曰："邦也。从口，从戈以守一。一，地也。"邑从水从邑，而籀文作ᵇ，籀文好重複，去其複即成ᵇ。亦此類。

韋 度也。民所度居也。从回，象城韋之重，兩亭相對也。或但从口。

段云：或上當出韋篆。

案韋字所從之回象城郭之重，而向下云："从回，象屋形，中有户牖。"則其意又異。両亭相對指盒，則盒即亭字。亭乃累增字也。亭下云：“象屋下刻木之形。”亦以亼爲屋。高、宫諸文葢同之。

京　人所爲絶高丘也。从高省，丨象高形。

　　案亼爲高義，非但以丨象高也。説見高下。

亯　獻也。从高省。曰象進孰物形。亯篆文亯。

亯　滿也。从高省。象高厚之形。

　　案靣部啚下云：“嗇也，从口靣。靣，受也。”古文作啚。富啚聲近。義亦相通。或即一字，則田畕或皆充滿之義也。

靣　穀所振入也。宗廟粢盛，倉黄靣而取之，故謂之靣。从入。回，象屋形。中有户牖。

　　案从入亦當作从亼。

來　周所受瑞麥來麰也。一來二縫，象其芒束之形。天所來也，故爲行來之來。《詩》曰：詒我來麰。

　　案一來二縫，《思文正義》作“一麥二㭔”，段改爲“二麥一㭔”。此字葢以“行來”爲本義。凡賓人以物者，必使人來，故引伸爲錫賚之賚。《説解》“天所來也”之“來”，乃賚之假借字，以此爲本義，顧以行來之來爲引伸義，失之。“詒我來麰”，《漢書·劉向傳》作“飴我釐麰”，《文選典引注》引《韓詩》作“貽我嘉麰”，即《毛傳》亦曰：“牟，麥也”，不曰“來牟麥”也，則來安得爲麥名？《廣雅》：麳，小麥。麰，大麥。來牟二字，亦安得合爲麥名？“天所來也”十六字與“一來二縫”十字，葢兩説，而許並存之。後説初不以來爲麥也。來之本字，葢从木从仌，木即高所从之亼。京所从之仐葢亦象屋宇，仌象兩人也。若云來爲麥義，則本部从之者，何以惟一麳字，絶無麥義邪？至於麥字，則其上體本不从來。篆書嗇字，从來从靣，而古文作啚。牆字籀文二：一从二禾，一从二來，則來者禾之變。秌下云：“从木，从秝省。秝象其穗。”則不省者當作秌。秌省兩仌，即成麥之上體矣。从夂不可解。或麥實來之累增字，訓芒穀者當作麷邪？

夊　行遲曳夊夊。象人兩脛有所躧也。

案夊夂久三文相類。夊字之ㄅ，象物之兩足，乀從後推之；夊則一推一曳；久則從後灸之也。《曲禮》：“行不舉足，車輪曳踵。”注：“車輪謂行不絶也。”疏：“起前曳後，使踵如車輪曳地而行。”凡人之行遲者恒如此，故曳物之詞引伸爲人行遲之詞，而許遂以ㄅ爲象人兩脛，其實不然也。《玉篇》引《詩》“雄狐夊夊”，今詩作綏，從妥聲。妥拖音同，夊即今之拖字爾。古字一形固可以多所取象。物之足與人之足，今亦同謂之足。故以ㄅ爲象兩脛，説亦非不可通，特非其朔耳。本部㚟下云：“夊其手足。”夒下云：“如龍一足。”夊爲兩足，而此云一足者，但取足義。爲動物之足。夒下云：“中國之人也，從夊從頁，從臼。臼兩手，夊兩足也。”几部，処下云：“止也，從夊，得几而止。”則以爲人足矣。舛下云：“對臥也，從夊牛相背。”此亦人足。《王制》“雕題交趾”注所謂“臥則舛”也。口部：各，“異辭也，從口夊，夊者有行而止之不相聽也”。人部：佫，“災也，從人各，各者，相違也”。其義皆從舛來。土部坘之或體㳧，從水從夊，則似夊之譌，謂可推而致之也。

夎 夊部　幽䆴也。象皮包覆幽，下有兩臂，而夊在下。

夂　從後至也。象人兩脛，後有致之者。

久　從後灸之也。象人兩脛，後有距也。《周禮》曰：久諸牆以觀其橈。
　　案《考工記》：廬人：“灸諸牆以眂其橈之均也。”注：“灸猶柱也。”

木　冒也，冒地而生，東方之行。從屮，下象其根。
　　案此亦全體象形，不必云從屮，觀下朱字可知。

本 木部　木下曰本，從木，一在其下。楍古文。

朱 木部　赤心木，松柏屬。從木，一在其中。

末 木部　木上曰末，從木，一在其上。
　　案此三字舊説多謂之指事，然實非也。見《字例略説》。
　　此三字蓋後來之變，觀古文本下象根株之形可知。朱末二字，其初亦未必但以一畫爲識矣。

果 木部　木實也。從木，象果形，在木之上。
　　案此所謂合體象形也。見《字例略説》。

朵 木部　樹木垂朶朶也。从木，象形。此與采同意。

橠 木部　朵臿也。从木，入象形，睘聲。

朵 木部　兩刃臿也。从木，丫象形。

案此兩字亦可説爲从入从丫，而許不然，可見其書體例不能畫一也。

樂 木部　五聲八音總名。象鼓鞞木虡也。

櫱 木部　伐木餘也。从木，獻聲。𣎸古文櫱。

案𣎸等後人以爲會意，非也。此當爲象形之變。亦可爲獨體之文，見《字例略説》。

才　艸木之初也。从丨上貫一，將生枝葉。一地也。

小徐曰：“上一初生岐枝也，下一地也。”

叒　日初出東方湯谷所登榑桑，叒木也。象形。　𣞹籀文。

王氏筠曰：“石鼓文有叒字。蓋叒本作叒。……若字蓋亦作叒，即叒之重文。加口者，如㕚字之象根形。是以《説文》之叒木，它書作若木，並非同音假借也。……蓋漢人猶多作叒。是以八分桑字作桒。……《集韻類篇》桑古作桒，並足徵也。……《説文》收若於艸部，从艸右聲，亦似誤。”

㞷　出也。象艸過屮，枝莖益大，有所之。一者地也。

㞷　進也。象艸木益滋，上出達也。

案屮象凡艸形。之字下加一畫以象地，則得有所之義。此更旁加兩畫，則得益滋之義。兹下曰：“艸木多益也。”

米　艸木盛米米然。象形，八聲。

生　進也。象艸木生出土上。

丰　艸盛丰丰也。从生，上下達也。

案以上諸文，皆不言从屮，可見木下言从屮者非矣。

乇　艸葉也。从瓜采，上冊一，下有根，象形字。

瓜　艸木　葉瓜。象形。𦳲古文。

196

木 木之曲頭，止不能上也。

案此三字皆曲直其畫以象形。朿之初形蓋作㇇，ㄅ及夵皆後加也。

巢 鳥在木上曰巢，在穴曰窠。从木。象形。

案巛爲鳥形，臼巢形也，可與於字參看。此等略形，後多變成點畫，説字者多不得其解矣。

朿 木汁，可以髤物。象形，桼如水滴而下也。

案此字之構造與雨相類。

囗 回也。象回帀之形。

案此爲方形，然古别有〇字，讀如圓，即圓字也。日下云"从〇"，此必非方形。員下云："从貝口聲。"肉部肙下曰："从肉口聲。"亦必不能讀爲韋。員者，〇之累增字也。

回 囗部　轉也，从囗，中象回轉之形。回古文。

案必如古文，乃可云象回轉之形。篆文則與畗宁所从之回同矣。此字以許例説之，當云象古文之形，不得云从囗也。又部叟，"入水有所取也。从又，在回下"。回，"古文回。回，淵水也"。則造回字時，取象於水之回轉。

壴 囗部　宫中道，从囗，象宫垣道上之形。

案囗象宫垣，㞢象道，中示高義，〇即囗，亦所謂累增字也。

貝 海介蟲也。居陸名猋，在水名蜬，象形。

案員之籀文作鼏，云："籀文从鼎。"鼎下云："籀文以鼎爲貞字。"竊疑貞乃貝字之譌。鼏鼎皆象貝形，實即貝字，説爲員與鼎者誤也。

日 實也，太陽之精不虧。从〇一，象形。　日古文象形。

案此但示實之意耳。段云："葢象中有烏。"非。又案晶从三日。曐从晶生聲。一曰象形。从〇，古〇復注中，故與日同。其古文作曐。然則日初亦作〇，以有實義，故加注也。

𭅮　旌旗之游，𭅮蹇之皃。从屮曲而下，垂𭅮相出入也。讀若偃。古人名𭅮，字子游。𭅮古文𭅮字。象形，及象旌旗之游。

案"象形及象旌旗之游"，語不可通。小徐本作"象旌旗之游及𭅮之形"，是也。王氏筠曰："篆葢本作𭅮𭅮下云从㫃𭅮聲，去㫃即𭅮矣。旗杠曲，故曲其屮。字形則與屯下云尾曲同。今篆葢傳寫者以隸改之。""石鼓文有𭅮𭅮二形，葢是也。"案筆畫增減，古人初不甚拘。篆體葢亦有作𭅮者，增一畫以取茂美耳。

𝔻　闕也。太陰之精。象形。
　　案月無實義，而亦注中者，從日而變也。

囧　窗牖麗廔闓明也。象形。
夕　莫也。从月半見。
　　案此亦凵朩之例。

毌　穿物持之也。从一横貫，象寶貨之形。
丏　嘾也，艸木之華未發函然。象形。
舌部　舌也。象形，舌體𠃌𠃌，从𠃌，𠃌亦聲。
𠧪　艸木實垂𠧪𠧪然。象形。
齊　禾麥吐穗上平也。象形。
米　木芒也。象形。
片　判木也，从半木。
　　案此亦凵朩之例。

鼎　三足兩耳，和五味之寶器也。《易卦》巽木於下者爲鼎，象析木以炊也。古文以貞爲鼎，籀文以鼎爲貞。

王氏筠曰："《韵會》引此文，其古文之上有'錯曰'二字，則二句出於小徐。"案此字似象貝形，説見貝下。

克　肩也。象屋下刻木之形。�293古文克。㣌亦古文克。
录　刻木录录也。象形。

案《詩・雲漢》"后稷不克"。《箋》:"克當作刻。刻,識也。"刀部:剝下云:"裂也。從刀從录。录刻割也。录亦聲"。似克、刻一字,录、剝亦一字。屋下刻木,蓋如魯莊公刻桓宮桷之類。向象屋,卜、弓並象刻文也。桌、槑二字極相似。桌之上體占,疑弓之譌。古者,舍之下體,高之上體,亦象屋也。丨蓋象椽桷之類,旁四畫其刻文。槑字之槑,與桌字之小同。尸蓋反尸而多一畫。尸,象屋也。

禾 嘉穀也。二月始生,八月而孰,得時之中,故謂之禾。禾木也,木王而生,金王而死。從木,從巫省,巫象其穗。

米 粟實也。象禾實之形。

案四點象米,與臼字同。十蓋用爲界畫,猶鹵之作※也。邑、胃等字,蓋皆從米。

臼 舂也。古者掘地爲臼,其後穿木石。象形,中米也。

凶 惡也,象地穿交陷其中也。

案臼凶所從之凵,皆與張口之凵形同而義異。乂所象亦甚多,見乂下。

釆 分枲莖皮也。從中,八象枲之皮莖也。

案此非八字,然亦有分之意。

未 豆也。象未豆生之形也。

段曰:"豆之生也,所種之豆必爲兩瓣而戴於莖之頂,故以一象地,下象其根,上象其戴生之形。"

耑 物初生之題也。上象生形,下象其根也。

韭 韭菜也。一種而久生者也,故謂之韭。象形,在一之上。一地也。此與耑同意。

瓜 蓏也。象形。

宀 交覆深屋也。象形。

案寅下云:"正月陽氣動,去黃泉,欲上出,陰尚彊,象宀不達髕寅於下也。"意與此近。

ᠷ　脊骨也。象形。

疒　倚也。人有疾病，象倚箸之形。

案卜卜蓋兩人字，厂則所倚也。

宀　覆也。从一下𡸳。

説見冂下。

冖　重覆也。从宀一。

案重覆則當作冃，冐、冪二字或从此。

冃　小兒及蠻夷頭衣也。从冂，二其飾也。

冉　再也。从冂闕。

案段據入部"从二入也，网从此"之文，改闕字爲"从宀"。又補"从丨"二字。案从下之"网从此"，未必非後人所沾注。网仍是冂下兩人，而以一直爲之界耳。

网　庖犧氏所結繩以漁也。从冂，下象网交文。

冂　覆也。从冂，上下覆之。

案∪爲倒宀，冂蓋象交覆之形，所謂上下覆之也。此字構造之意，與菁頗近。上加一畫，蓋亦覆下之意。

巾　佩巾也。从冂，丨象系也。

案此丨之意，與玉字之丨相近。

席　巾部　藉也。从巾，庶省聲。圂古文席，从石省。

段曰："下象形，上从石省聲。"

帑　巾部　金幣所藏也。从巾，奴聲。

王氏筠曰："巾非字，直象鳥尾形而已。《小雅》：'樂爾妻帑。'《左》襄二十八年《傳》：'以害鳥帑。'孔《疏》：'帑者，細弱之名。於人則妻子爲帑，於鳥則鳥尾爲帑。妻子爲人之後，鳥尾亦鳥之後，故俱以帑爲言也。'筠案《疏》説字義，未説字形。當是下形上聲。由鳥而起，言人已是借用，再用爲袑藏，又細弱之名之引伸，俗謂細頓是也。其巾當作巾，三直正齊。漢童謡：城上烏，尾畢逋。逋蓋舖也。巾則其尾平舖之狀也。……業下云：從巾，巾象版。巾非佩巾，衹是象形，與袑同也。然《五經文字》曰：《説文》乃胡反，《字林》以爲袑藏之袑。知今本以《字林》改《説文》。惜張氏不引《説文》義。"案王氏之説甚精。然又謂別無它字從巾象鳥者，則尚未免千慮一失。參看不、至二字下説。

巿　韠也。上古衣蔽前而已，巿以象之。从巾，象連帶之形。

白　西方色也，会用事，物色白，从入合二，二侌數。𦣹古文白。

案白蓋布帛之象，上加一畫或兩畫者，蓋象其受采。丹及青之古文，皆以丶爲色。㫄下云："从冂，二其飾。"亦其例也。

㡀　敗衣也。从巾，象衣敗之形。

案八八蓋象衣之穿破處。《左氏》"篳路藍縷"，服《注》言其"縷破藍藍然"。八八，象縷破之狀也。

人　天地之性最貴者也。此籀文，象臂脛之形。

案"此籀文"三字，對下古文奇字人而言。

比　相與比叙也，从反人，匕亦所以用比取飯，一名柶。

案"匕亦所以用比取飯"，玄應引作"所以取飯也"，知"用比"二字衍也。王氏筠曰："匕字蓋兩形各義，許君誤合之也。比叙之匕從反人，其篆當作匕。部中卓、𣱷、印、卓、㫃從之。一名柶之匕，蓋本作匕，象柶形。與勺篆作勺相似，其物本相似也。勺之柄在下，匕之柄在上耳。部中匙、㔸、頃從之。原《注》：此據㔸也匕頭頃也而言，其實頃字仍當屬人。它部之從之者，此用此叙義。艮下云匕合也，亦同意。旨、𣅀、𣑯皆柶義。至於鳥字，則許君牽合之……由此觀之，其爲兩義，較然明白。……乃許君合爲一者，流傳既久，字形同也。即如篆文辛辛判然兩形，今合之爲辛矣。……苟非《説文》尚存，何由知其異哉？由篆變隷，其蔽如此，則由古文遞變而爲小篆，豈能無一混淆者乎？"案王氏此説，深得字形變遷之理。貿然據今之字形而説造字之初意，其誤必多也。

**匘** 匕部　頭髓也。从匕。匕，相比箸也。巛象髮，囟象匘形。

案此字乃从人。作八者，古形反正不別耳。攷、頃、卬三字亦然。

**皀** 匕部　高也。早匕爲皀，匕卪爲卬皆同義。**卓** 古文卓。

案篆文直是古文形變耳。此字構造之意，與京字同。

**丘** 土之高也，非人所爲也。从北从一。一，地也，人居在丘南，故从北。中邦之居，在昆侖東南。一曰：四方高中央下爲丘，象形。

案如後説，則丘非從北從一，是也。丘虚雙聲。本部：虚，大丘也，昆侖丘即昆侖虚。《易》"升虚邑"，馬云："虚，丘也。"四方高中央下，正虚義。蓋古祇稱尼丘爲丘，後乃引伸爲凡丘之稱，而特稱四方高中央下者爲尼丘耳。本部之阺，正其後起字也。嶽之古文**㟀**，隸書作岳，則丘本作**丘**，正象四方高中央下之形。

**壬** 善也。从人士。士，事也，一曰："象物出地挺生也。"

案重字從此。重童同，故物初生曰童，後義是也。

**身** 躳也，象人之身。从人，厂聲。

桉"厂聲"《韵會》作"冐省聲"。此字似系全體象形。**ㄅ**象一手二足，**乁**則特畫其骨腹，今所謂胴也。

**衣** 依也，上曰衣，下曰裳。象覆二人之形。

**衰** 衣部　艸雨衣，秦謂之萆。象形。**裒** 古文衰。

案衰从衣而古文作**合**，蓋从衣省也。然則古文衣當作**合**矣。**合**所以象屋室，見前。竊疑衣及衰，初皆非以被體，故造字如此耳。

**裘** 皮衣也。从衣求聲。一曰象形，與衰同意。**求** 古文裘。

**耆** 老部　老人行才相逮，从老省，易省行象。

案此謂**彳**爲行象，蓋畫兩人，狀其行才相逮邪？

**毛** 眉髮之屬及獸毛也。象形。

尸　陳也。象臥之形。

　　案本部屋从尸，説云：“尸，所主也。一曰尸象屋形。”莽部屢、雨部屚下，亦皆云：“尸者屋也。”此別爲一義。尾下云：“从到毛，在尸後。古人或飾系尾，西南夷皆然。”此猶從人從到毛。尸字之形，本人字橫書之也。

尺　十寸也，人手卻十分動脈爲寸口，十寸爲尺，尺所以指尺規榘事也。从尸从乙，乙所識也。

　　案此與寸字等之一同，不與甲乙之乙同，説見寸字下。

履　足所依也，从尸，服履者也。从彳夂，从舟，象履形。一曰尸聲。

　　案舟亦足所依，故舟與履古形不別，可見古字之簡也。

舟　船也，象形。

方　併船也。象兩舟省，總頭形。

儿　仁人也，古文奇字人也。象形。孔子曰：“在人下，故詰屈。”

　　案古文人蓋象兩股。人之所以異於禽獸者，以其兩足直立也。在人下，段依《玉篇》改爲“儿在下”蓋是。此六字釋字形也。本部文六。自兀以下十二部，亦皆从儿，無不在下者。又“仁人也”三字，段删。

　　又案儿不必指人，如兀下云：“高而上平也，从一，在儿上。”此但以一象高平耳。意與丌近。

兒儿部　孺子也。从儿，象小兒頭囟未合。

兂　首笄也。从儿，匕象形。

　　説見叉下。

皃　頌儀也。从儿，白象人面形。

　　案此字蓋初畫人面，而後省作白。

冕兒部　冕也。周曰冕，殷曰吁，夏曰收。从兒，象形。或冕字。籀文冕，从，上象形。

兜　兜蔽也，从儿，象左右皆蔽形。

案本部兜下云："兜鍪,首鎧也。从兆,从兒省。兒,象人頭形也。"則〇似在面之兩旁,豈所謂鞂纊塞聰者邪？ 觀覍兜諸字,可想古人飾首之狀也。

㷟　張口气悟也。象气从人上出之形。

㳄欠部　不前不精也。从欠二聲。𣴷古文次。

　　段云："蓋象相次形。"案此字與冖字意近。

𩠐　頭也。象形。

　　案𩠾下云："頭也。从百从儿。古文䭫首如此。"蓋𩠐爲初文,其後更加以儿,亦累增字也。

𩠮　顏前也。从百,象人面形。

　　按此二字與自凶字參看,説見彼下。

覀　不見也。象離蔽之形。

𩠑　百同,古文百也,巛象髮,謂之鬣,鬣即巛也。

　　案"百同",《玉篇》引作"與百同"。"古文百也"四字,蓋後人注語混入。"謂之鬣"三字,亦系後人注語。而"鬣即巛也"四字,則又"謂之鬣"三字已混作正文之後,後人更以此四字注之者也。

彡　毛飾畫文也。象形。

　　案謂毛飾及畫文,皆以彡爲象也。屬於毛飾者:如勿,州里所建旗。象其柄有三游。利之古文𥝤,我之古文𢼛皆兵器。是也。須髟等字从彡,象人之髮,即𦣻、而、𦏉等亦其類也。易、弱、蜀、彔諸文,則動物之毛也。屬於畫文者,如𤲬、彤等字是也。

弱彡部　橈也。上象橈曲,彡象毛氄,橈弱也。弱物并,故从二𢎥。

　　案𢎥似弓而不可説爲弓。

爻　錯畫也。象交文。

　　案乂象交文,上加人者,蓋象屋,與克彔二字參看。

后 繼體君也，象人之形，施令以告四方，故厂之，从一口，發號者，君后也。
案説見君下。

后 圜器也，一名甌，所以節飲食。象人，卩在其下也。《易》曰：君子節飲食。
案象人指厂，説與后字同。可見后字下“厂之从一”之誤。

㠯 瑞信也。象相合之形。
案小徐云：“象半分之形。”可與許説相備。象相合之形者，謂其可與他物相合耳。然如此説終屬迂曲。竊疑㠯卯實一字。卯今讀去京切，乃依卿字之音讀之。其實卯卩爲一字，卯卿非一字也。卯下説云：“事之制也。”亦卩義，非卿義。

勹 裹也。象人曲形，有所包裹。
案此字不説爲象包形，而説爲象人曲形者，從包言之也。勹包蓋實一字。

包 象人裹妊，巳在中，象子未成形也。元气起於子。子，人所生也。男左行三十，女右行二十，俱立於巳，爲夫婦。裹妊于巳，巳爲子。十月而生。男起巳至寅，女起巳至申。故男年始寅，女年始申也。
案巳乃象小兒在胎中形耳，牽合十二支説之，繁而無當。許書説解，詳略不倫，亦可見其由博采而成，不加删削也。

鬼 人所歸爲鬼。从儿，象鬼頭。鬼陰气賊害，故从厶。
甶 鬼頭也。象形。
案此與兒之籀文所从之㘞極相似，則是鬼頭與人頭無別也。竊疑甶㘞等皆非象人面目，乃象冕弁等物。甶象鬼頭，亦象爲尸者之飾耳。

厶 姦衺也。韓非曰：“倉頡作字，自營爲厶。”
案今《韓非》營作環，二字古相通假。自營，正説字形也。

山 宣也，宣气，散生萬物，有石而高。象形。
案石下云：“在厂之下，象形。”此云有石而高，蓋本作山，下从口，上三直象高形也。

嶽 山部　東岱，南霍，西華，北恒，中大室，王者之所以，巡狩所至。从山，獄聲。
屳 古文，象高形。

　　說見丘下。王者之所以句絕；以，用也，言其所用事也。

广　因广爲屋。象對剌高屋之形。
　　案"因广"之广，段改爲厂，是。上一直象屋也。

厂　山石之厓巖，人可居。象形。
　　案此與又部之反、人部之侯及厈字，意皆相通，説見彼下。即尸之作屋義
解者亦然。

石　山石也。在厂之下，口象形。
　　案但畫○形，則將與員之本字混。蓋初畫石必象石，後漸失畫意，乃加厂
以爲別也。又本部碞、山部嵒即一字，所從乃三石字，非品字也，説見嵒下。

磬 石部　樂石也。从石，殸象縣虡之形，殳擊之也。殸籀文省。䃷古文从巠。
　　案籀文爲純象形，篆乃其累增字耳。

㫃　州里所建旗。象其柄有三游。雜帛，幅半異，所以趣民，故遽稱勿勿。旞
或从�急。

冄　毛冄冄也。象形。
　　案此字可與衰字參看。

而　頰毛也。象毛之形。《周禮》曰："作其鱗之而。"
　　案作其鱗之而，乃下出之意，非謂頰毛也。説見之下。

豕　彘也。竭其尾，故謂之豕。象毛足而後有尾。㣇古文。
　　段云："毛當作頭四二字，轉寫之誤。馬篆下曰：象馬頭髦尾四足之形。
象篆下曰：象耳牙四足之形。羊篆下曰：从丫，象四足尾之形。豕首畫象其
頭，次象其四足，末象其尾。"又曰："古文與亥同字……下當有象髦足三字，猶

彖下云象髦足也，**丿**象髦，**爪**象爪字也。"

彖　脩豪獸。一曰："河內名豕也。"从互，下象毛足。**彖**籀文。**彖**古文。

　　段氏曰："**爪**者，象其髦也。""**巾**象足。"案籀文又加**宀**，蓋取脩豪之意。篆文从互，古文从中，中亦可爲禽獸之象也。說見中下。

互　彖之頭。象其銳而上見也。

　　案糸部**彝**："宗廟常器也。从糸，糸綦也，**廾**持之，米器中實也，互聲此與爵相似。"段氏依《韻會》改互聲爲从互象形，云："互者彖之頭，銳而上見也。爵从鬯又，而象雀之形；彝从糸米**廾**，而象畫鳥獸之形，其意一也。故云與爵相似。"

彘互部　彖也，後蹏廢，謂之彘。从互，矢聲，从二匕，彘足與鹿足同。
彖互部　彖也。从互，下象其足。讀若瑕。

　　案小徐本，此爲彖之古文。

豸　獸長脊，行豸豸然，欲有所司殺形。
豸　如野牛而青象形，與禽离頭同。**兜**古文从儿。

　　案此字目錄作**豸**，蓋是。**豸**乃轉寫形譌也。"與禽离頭同"句，禽下亦見之。**凶**意亦與頭會凵蓋之凶意近。

易　蜥易，蝘蜓，守宮也。象形。《祕書》說曰："日月爲易。"象陰陽也。一曰："从勿。"
象　長鼻牙，南越大獸，三年一乳。象耳牙四足之形。
馬　怒也，武也。象馬頭髦尾四足之形。**影**古文。**影**籀文，馬與影同，有髦。

　　案古文與彖同意，加彡示毛意耳。篆形古籀無別，段據《玉篇》改籀爲**影**。

騠馬部　馬一歲也。从馬，一絆其足。讀若弦。一曰若環。
騜馬部　馬後左足白也。从馬，二其足，讀若注。
驇馬部　絆馬也。从馬**〇**其足。《春秋傳》曰："韓厥執馬前。"
廌　解廌，獸也，似山牛，一角，古者決訟，令觸不直。象形，从豸省。

獸也。象頭角四足之形，鳥鹿足相似，从比。

獸也，似兔青色而大。象形，頭與兔同，足與鹿同。𢄷籀文。

獸名。象踞，後其尾形，兔頭與𪓑頭同。

狗之有縣蹏者也。象形，孔子曰：視犬之字，如畫狗也。

案此字横寫之成𤝡形，即如畫矣。

犬部　犬走皃。从犬而丿之。曳其足則剌𠂔也。

穴蟲之總名也。象形。

小徐曰："上象齒，下㕚象腹爪尾，鼠好齧傷物，故象齒。"

燬也，南方之行，炎而上。象形。

在牆曰牗，在屋曰囱。象形。

天大地大，人亦大，故大象人形。古文大也。

案"古文大也"，小徐作"古文人也"，是。此象人正面形，人字象側面形也。䀠部奭，"目衺也。从䀠，从大。大，人也"。厶部厽："人相違也。从大，厶聲。"皆以大爲人。大字上加一畫則爲天；天者，人之顛也。上加以屈畫象頭，而下去其一畫則爲子，以大字下象人足，而小兒足未能分立也。

人之臂亦也。从大象兩亦之形。

案此字之構造，與寸相似。

亦部　盜竊懷物也。从亦有所持。俗謂蔽人俾夾是也。弘農陝字从此。

案本部夔："奏進也，从𠬞，从中，中上進之意。"其古文作厲，作𢍜，从亦象物，與此同。

傾頭也。从大，象形。

屈也。从大，象形。

交脛也。从大，象交形。

尣，曲脛也。从大，象偏曲之形。

案以上四字，皆從大而小變其形。

壼　昆吾圜器也。象形，从大，象其蓋也。
　　案"大象蓋"之大，非象人之大。蓋、盍二字古相通。盍之上體，蓋亦象其蓋。

亣　人頸也。从大省，象頸脈形。
　　説見乙字下。

亣　籀文大。改古文，亦象人形。
夫　丈夫也。从亣一，一以象先。
囟　頭會腦蓋也。象形。腦或从肉宰。𡆻古文囟字。
　　段曰："《内則正義》引此云：囟，其字象小兒腦不合也。按人部兒下亦云：从儿，上象小兒頭腦未合也。《九經字樣》曰：《説文》作囟，隸變作囟，𩕄腦等字从之，細思等字亦从之。玫夢英書偏傍石刻作囟，宋刻書本皆作囟。今人楷字譌囟，又改篆體作囟，所謂小兒腦不合者，不可見矣。"

𩠐囟部　毛𩠐也。象髮在囟上，及毛髮𩠐𩠐之形也。此與籀文子字同。
　　案據子部，則籀當作古。

心　人心，土藏，在身之中。象形。博士説以爲火藏。
水　準也，北方之行。象衆水竝流，中有微陽之气也。
　　案此字亦當橫看，𣲘成水紋。皿部𥁕、頻部頻，水皆橫書。

淵水部　回水也。从水，象形，左右岸也，中象水皃。淵或省水。囦古文从口水。
　　案或體爲本字，淵則累增字也。

巜　水小流也。《周禮》匠人爲溝洫。枱廣五寸。二枱爲耦。一耦之伐。廣尺深尺謂之巜，倍巜謂之遂，倍遂曰溝，倍溝曰洫，倍洫曰巜。𤰾古文巜。从田川，田之川也。𤰝篆文巜。从田，犬聲，六畎爲一畮。
　　段曰："古文疑當作籀文，蓋巜、巜皆古文也。"

巛　水流澮澮也。方百里爲巛，廣二尋，深二仞。

巛　毌穿通流水也。《虞書》曰：濬く巛距川，言深く巛之水，會爲川也。

𣲉部　水中可居者曰州，周繞其旁。从重巛。𠂤古文州。
　　案此以中央之空處爲象，非重川也。古文左右亦爲岸，與淵字同。

𤽄　水原也。象水流出成川形。

𣲎　水長也。象水巠理之長。永也。《詩》曰：江之永矣。
　　案此亦曳長其畫，別成一字者。

𧮫　泉出通川爲谷。从水半見，出於口。
　　案此與𠓜皆水之殘文，亦屵木之例也。

仌　凍也，象水凝之形。
　　段曰："象水初凝之文理也。"案水部："泰，滑也。夳古文泰如此。"蓋从大在仌上。滑之意也。

雨　水從雲下也。一象天，冂象雲，水霝其間也。𩁹古文。
　　案《玉篇》古文作𠕒，蓋𩁹省爲𠕒，後又加一。

霝雨部　陰陽薄動，雷雨生物者也。从雨，畾象回轉形。�雷古文靁。�雷古文靁。𤴐籒文靁。閒有回；回，雷聲也。
　　案回正所以象回轉形。乃《説解》謂畾象回轉形，轉説回爲雷聲，可疑也。

雹雨部　雨仌也。从雨包聲。𩃱古文雹。
　　案古文蓋象雹形。

霝雨部　雨零也。从雨，叩象霝形。《詩》曰：霝雨其濛。
　　案叩不可象霝形，蓋古字鏤空填實不分，叩本作三點，後乃鏤空書之也。

雲　山川气也。从雨，云象雲回轉之形。云古文省雨。𠃜亦古文雲。
　　案云乃𠃜之倒變，雲則累增字也。

魚　水蟲也。象形。魚尾與燕尾相似。
案本部鱻之籀文作鱻，字體小異。

燕　玄鳥也。籋口布翅枝尾，象形。

龍　鱗蟲之長，能幽能明，能細能巨，能短能長，春分而登天，秋分而潛淵。從肉飛之形，童省聲。
案此字之右半爲象形。飞象其體，三畫示飛之意也。

飛　鳥翥也。象形。

非　違也。從飛下翄，取其相背也。

飞　疾飛也。從飛而羽不見。
案非飞皆取飛字之半，亦乚丿之類也。合此三文觀之，則知飛字以飞象鳥身、飞象翄矣。

乙　元鳥也。齊魯謂之乙，取其鳴自呼。象形。
案此可與西字參看。更略之，即成古文於矣。

不　鳥飛上翔不下來也。從一；一，猶天也，象形。

至　鳥飛從高下至地也。從一；一，猶地也，象形。不上去而至下來也。至古文至。
案屮爲鳥倒之形，倒書之即成丫。古文成丫，上畫象首，旁畫象翄，後象其身及尾，篆文略去首畫也。不字之不，亦象鳥形。

西　鳥在巢上也。象形。日在西方而鳥西，故因以爲東西之西。卤古文西，卤籀文西。
案⊗象巢，弓象鳥，與乙頗近。古籀文之卜蓋形誤，當如古文於。

鹵　西方鹹地。從西省，象鹽形。
段云：“省字衍。此承上文西部，從西之籀文也。”案此字恐非從西，直象鹹地形耳。

戶　護也。半門曰戶，象形。

門　聞也。从二戶，象形。

案古文字正反不別。从二戶者，謂从戶形者二，非謂从二訓護之戶字也。故仍可說曰象形。若謂从二戶字，則語不可通矣。此亦《説解》中必出非字之例。

開門部　張也。从門，从开。開古文。

"从开"，小徐作"开聲"，段氏從之。然段説古文云："一者象門閂；从卅者，象手開門。"

此與闢之古文作開同意，則开似卅之形變也。一所以橫距門，閉字之才，則立木以距門。

閈門部　閭門也。从門才所以距門也。

耳　主聽也。象形。

"主聽也"，段補"者"字，作"主聽者也"。

聑耳部　耳垂也。从耳下垂，象形。《春秋傳》曰：秦公子取者，其耳垂也，故以爲名。

臣　顄也。象形。臣篆文臣。頤籒文从首。

案此字之初，蓋畫人側面形。

手　拳也。象形。手古文手。

呂　背呂也。象脅肋形。

段云："丨象背脊，居中而直。一象人要，八八則象背左右脅肋之形也。"

女　婦人也。象形。王育説。

案此字亦與"大"近。母母字加兩點，則象乳也。又案姻从女从因，籒文姻从閂，而其形作開，則籒文女作中也。奴从女从又。帅古文奴从人，似民字減一畫。

妻女部　婦與夫齊者也。从女，从中，从又。又，持事，妻職也。妻古文妻，从肖女，肖古文貴字。

　　案八即屮，說見屮下。


𡥩女部　牧也。从女，象裹子形。一曰："象乳子也。"

妛　　止之也。从女，有奸之者。

民　　眾萌也。从古文之象。𡈕古文民。

ノ　　右戾也。象左引之形。

　　案部中凡三文：乀，"左戾也。从反ノ，讀與弗同"。弗，"矯也。从ノ从乀。从韋省"。乂，"芟艸也。从ノ乀相交。"乀與弗似一字，而乂音亦相近，疑三字仍系一字。


𠃊　　抴也，明也。象抴引之形。

　　案此與抴似一字，猶ノ弗一字也。爭字蓋从受从厂。


𠂆厂部　瘱也。象折木衺銳著形，从厂，象物挂之也。

乁乁部　女陰也。从乀，象形，乀亦聲。也秦刻石也字。

　　案"秦刻石也字"，今存《琅邪碑》如此。《顏氏家訓》載秦權亦然。


氏　　巴蜀名山，岸脅之旁箸欲落墢者曰氏，氏崩聲聞數百里。象形。

　　案厂即橫山，象形指乁，此字亦當橫看。


戈　　平頭戟也。从弋，一橫之，象形。

　　案此與戉類，其本形疑當作𢦏。


我　　施身自謂也。或說我，頃頓也。从戈𠂂；𠂂，古文垂也。一曰："古文殺字。"𢦠古文我。

　　案𠂂即訓艸葉之𠂹也。古文我蓋與古文利同意。


亅　　鉤逆者謂之亅。象形。

珡　　禁也，神農所作。洞越，練朱五弦，周加二弦。象形。𤪌古文珡，从金。

乚　　匿也。象迊曲隱蔽形。

亡部　奇字无，通於元者。王育説：天屈西北爲无。

受物之器。象形，讀若方。籀文匚。

案此葢方圓之方之正字。

象器曲受物之形，或説曲竹薄也。古文曲。

案此即籀文匚字仰之耳。

東楚名缶曰甾。象形。古文。

案此字之造法，亦與缶類。

土器已燒之總名。象形。

以近窮遠。象形。

弓部　行丸也。从弓，單聲。彈或从弓持丸。

案或體《汗簡》引作，段據改。

細絲也。象束絲之形。古文糸。

糸部　斷絲也。从糸从刀，从卩。古文絶，象不連體絶二絲。

捕鳥畢也。象絲罔，上下其竿柄也。

一名蝮，博三寸，首大如擘指，象其卧形。物之微細，或行，或毛，或羸，或介，或鱗，以虫爲象。

案“或行”下《尓雅釋文》有“或飛”二字，是也。今本葢奪。

虫部　毒蟲也。象形。

虫部　葵中蠋也。从虫，上目象蜀頭形，中象其身蜎蜎。

虫部　馬蠋也。从虫目，益聲，象形。

蟲部　蟲食艸根者。从蟲象其形。吏抵冒取民則生。

桂氏馥曰：“當云矛聲，本从古文矛，傳寫譌繆，後人不識，遂改諧聲爲象形。”王氏筠曰：“象其形，《韻會》引作象形。”案葢古蟊字。

八風也。東方曰明庶風，東南曰清明風，南方曰景風，西南曰涼風，西方曰閶闔風，西北曰不周風，北方曰廣莫風，東北曰融風。風動蟲生，故蟲八日而化。从虫,凡聲。 &#x1F300;古文風。

案此説解殊屬牽强,古文風亦未知其意。


&#x866B; 虫也。从虫而長,象冤曲垂尾形。

&#x9F9C; 舊也,外骨内肉者也。从它;龜頭與它頭同;天地之性,廣肩無雄,龜鼈之類,以它爲雄。 &#x9F9C;象足甲尾之形。 &#x9F9C;古文龜。

&#x9F09; 龜黽也。从它象形,黽頭與它頭同。 &#x9F09;籒文黽。

&#x5375; 凡物無乳者卵生。象形。

二 地之數也。从偶。 &#x5F0C;古文。

案"从偶",小徐作"从偶一"。二之所象亦多,見一下。


土 地之吐生萬物者也。二象地之下,地之中,丨物出形也。

&#x576F; 土部 墣也。从土,一屈象形。

案"从土,一屈象形",小徐作"从土凵,凵屈象形"。


田 陳也,樹穀曰田。象四口十,阡陌之制也。

案"象四口十",段注依《韵會》引作"象形"。段注又以從口從十非許意,改爲"口十,千百制也"。


&#x7587; 田部 耕治之田也。从田, &#x7587;象耕田溝詰屈也。 &#x7587;疇或省。

案口部 &#x7587;下云:"&#x7587;古文疇。"疇者累增字。


&#x52F5; 筋也,象人筋之形。

金 五色金也,黄爲之長,久薶不生衣,百鍊不輕,從革不違,西方之行。生於土。从土。左右注,象金在土中形。今聲。 &#x91D1;古文金。

&#x9257; 金部 酒器也。从金, &#x9257;象器形。 &#x9257;鎣或省金。

案鎣亦累增字。


&#x52F9; 把取也。象形。中有實,與包同意。

&#x51E0; 踞几也。象形。

且 薦也。从几,足有二横,一其下地也。 &#x4E14;古文以爲且,又以爲几字。

案古文几當同篆文,下加一畫,則同且矣。此可見隨意增畫之例,由來已久,後人説之,則爲形借矣。

斤　斫木也。象形。

升　十升也。象形。有柄。

斝　斗部　玉爵也。夏曰醆,殷曰斝,周曰爵。从斗,冂象形,與爵同意。

斗　斗部　十龠也。从斗,亦象形。

矛　酋矛也,建于兵車,長二丈。象形。𢧜古文矛,从戈。
　　案古文爲累增字。

車　輿輪之總名也。象形。輚籀文車。
　　案輚爲車之累增字,籀文好繁複,又重之也。

軎　車部　車軸耑也。从車,象形。杜林説。

𠂤　小𨸏也。象形。
　　案本部官,“吏事君也。从宀𠂤,𠂤猶衆也,此與師同意”。師下云:“𠂤衆意也。”𠂤無衆意,官乃古宮字耳。

𨸏　大陸,山無石者。象形。𨸏古文。
　　案●●●乃石象,既云無石,不應有此。陳之古文作𨸏,陸之籀文作𨸏,則古籀皆無●●●也。抑●●●即累坺、土之𡔷,象其無石而有土邪?

𡔷　象坺土爲牆壁。象形。

四　陰數也。象四分之形。𦉪古文四如此。三籀文四。
　　案四不可云四分。孫氏詒讓《名原》謂惟邾鐘作四,乃合。許君四分之説,於形義並未切。案四分非指四字中間之空白,乃指其筆畫耳。𦉪即三之形變,四又𦉪之形變。𦉪之冂雖内向,而八有相背之意,與八字同。其初冂亦或作兩畫外向,則改三之横畫爲分背之形,所謂四分也。至𦉪之形與六相似,竊疑六初本作𠆢,乃三字縱書之,加一爲五,再加丨爲六耳。又或六之𦉪即乂之變,而上加一、爲六也,此與羅馬記數之法相近。

㠔　辨積物也。象形。

　　案本部㠔，"帲也。巾部帲載米齡也。所以載盛米。从宁，从甾。甾，缶也"。似㠔之累增字。

𠔻　綴聯也。象形。

　　案本部僅一綴字，亦𠔻之累增字也。

亞　醜也。象人局背之形。賈侍中説以爲次弟也。

　　案此象兩人相對形。上有一，即《詩》謂天蓋高不敢不局之意，下一畫則配上畫，取整齊耳。

𠄡　五行也。从二，陰陽在天地間交午也。𠄟古文五如此。

𠔾　易之數，陰變於六，正於八。从入从八。

　　説見四下。

𠀚　陽之正也。从一，微陰从中衺出也。

　　案此字之意，與屯字近。

𠀡　陽之變也。象其屈曲究盡之形。

𫧄　獸足蹂地也。象形，九聲。

禽　内部　走獸總名。从厹，象形，今聲。禽离兕頭相似。

嶲　内部　山神獸也。从禽頭，从厹，从中。歐陽喬説："离，猛獸也。"

　　大徐曰："从中義無所取，疑象形。"案説見中下。

𧒽　厹部　蟲也。从厹，象形。

禹　厹部　蟲也。从厹，象形。𠂤古文禹。

　　按《漢書·藝文志》："大命三十七篇，傳言禹所作。"顔注："命古禹字。"

𧔥　厹部　周成王時，州靡國獻𧔥。人身反踵，自笑。笑即上脣掩其目。食人，北方謂之土蔞。《尔疋》云："𧔥𧔥如人，被髮，一名梟陽。"从厹象形。

禼　厹部　蟲也。从厹，象形。讀與偰同。𥝊古文禼。

𤓰　𣎇也。象耳頭足厹地之形。古文𤓰下从厹。

案此篆脱説存也，當有𤓰篆。

甲　東方之孟，陽气萌動。从木戴孚甲之象。大一經曰："人頭空爲甲。"甲古文。甲，始於一，見於十，歲成於木之象。

案干支二十二名，義最紛歧，而其説實最古。然以十干爲人身之象，説確近古，甲即凸之上體，𠆢象頭空，丁則乙之變，象頸。𠆢乃覆下之象，説見玄下。冡弁之類，與人體無關。去古文之𠆢及丁即成𠆢，與子字之上體同矣。日部：𣊫，"晨也，从日在甲上"。戈部：�，"兵也，从戈甲"。皆以甲爲頭。木部，𣎉之古文屮，則甲之倒文也。

乙　象春艸木冤曲而出，陰气尚彊，其出乙乙也，與丨同意。乙承甲，象人頸也。

案乙即甲字中之丁。甲實當但作𠕀，作甲即已包甲乙二字矣。又案亢下云："人頸也，从大省，象頸脈形。"其説殊誤。亢乃甲之變，變丁爲𠕁，即成亢字矣。葢乙象人頸，初本作𠕁，合𠕀丁二字，當作𠕀也。

丙　位南方，萬物成炳然，陰气初起，陽气將虧。从一入冂。一者，陽也，丙承乙，象人肩也。

案丙即甲乙二字之合。之變。亦可證乙本當作冂。象肩祇謂冂耳。合甲、乙、丙三字書之，當作𠔻也。

丁　夏時萬物皆丁實。象形。丁承丙，象人心。
案此爲丙丁二字之合。𠆢即丙之冂。丨，金文或作●，亦作▼，象心也。

戊　中宮也。象六甲五龍相拘絞也。戊承丁，象人脅。
案此字轉變而失原形已久。以意度之，合丙丁戊三字當作𠍷，𠆢爲丙丁之合，今變爲�，丿Ｉ則戊字所謂象人脅也。

己　中宮也。象萬物辟藏詘形也，己承戊，象人腹。𢀒古文己。
案此象人腸耳。詘上疑脱詰字。

己 蟲也。或曰："食象它。"象形。

庚 位西方，象秋時萬物庚庚有實也。庚承己，象人齎。

辛 秋時萬物成而熟，金剛味辛，辛痛即泣出。从一从䇂。䇂，辠也。辛承
庚，象人股。

　　案庚辛二文，譌變而失原形亦久。然仍有可推者。庚，《積古齋》商庚觶
作𤰞；金刻或作𤰞，𢆶者𢆶之變；𢆶則甲、乙、丙、丁四字之合。上·象頭空，即
甲字之𤰞，一即丙，丨則乙及丁也，特其下端不當岐而二之耳。○象齎，∩象
兩股，變𢆶之𤰞爲𤰞、∩爲∪，即成辛字。金文辛有如此者，即《説文》亦云从
辛从一，明一爲後加也。


壬 位北方也。侌極昜生，故《易》曰："龍戰于野。"戰者，接也。象人褢妊之
形。承亥壬以子生之叙也。壬與巫同意。壬承辛，象人脛；脛，任體也。

　　案此字金文或作王，當横觀之，實象男子勢也；壬男雙聲。謂象人脛者
誤。許書説解，多采舊文，曰"陰極陽生"，曰"龍戰"，曰"褢妊"，皆指陰陽交媾
之事，其指男女具，意亦隱約可見。妊壬一字，褢妊固由交接而起也。


癸 冬時水土平，可揆度也。象水從四方流入地中之形。癸承壬，象人足。
𤼈籀文癸，从𣥠从矢。

　　案"从矢"小徐作"矢聲"，則癸字本當作𣥠，象人兩足也。然𤼈字當更古
於𣥠。何者？此乃兼象手足之形，故四之。然則以𠂇又等象手，以足止等象
足，乃後來之別。其初則象手足之字無別矣。故古文手之意與𠂸通，説見
手下。


子 十一月陽气動，萬物滋，人以爲偁。象形。𡿧古文子，从巛，象髮也。𤱿
籀文子，囟有髮，臂脛在几上也。

　　案子乃象小兒之形，説見大下。


孑 伖也。从子無臂，象形。

孑了部　無右臂也。从了，乚象形。

孓了部　無左臂也。从了，𠄌象形。

　　案此部三字，皆凵朮之例。

𠫓　不順忽出也。从到子。《易》曰："突如其來如，不孝子突出，不容於内也。"𠫓即《易》突字也。

案此乃竈突之突之本字，説見宀下。

丑　紐也。十二月萬物動，用事。象手之形。時加丑，亦舉手時也。

案丑手形類。又本部𦟝："食肉也。从丑肉，丑亦聲。"羞："進獻也，从羊，羊所進也。从丑，丑亦聲。"皆以丑爲手也。

寅　髕也。正月陽气動。去黄泉，欲上出。陰尚彊，象宀不達，髕寅于下也。𤖕古文寅。

卯　冒也。二月萬物冒地而出，象開門之形，故二月爲天門。𨚭古文卯。

案此兩户相背之形，參看門字。

辰　震也。三月陽气動，雷電振，民農時也。物皆生，从乙；匕象芒達。厂聲也。辰房星天時也。从二。二，古文上字。𨑃古文辰。

巳　巳也。四月陽气已出，陰气已藏，萬物見，成文章，故巳爲蛇。象形。

己　用也。从反巳。賈侍中説："己意，巳實也，象形。"

午　啎也。五月陰气午逆，陽冒地而出。此與矢同意。

王氏筠曰：午葢古文之杵字，象形字也。故舂字从之。

未　味也。六月滋味也。五行木老於未，象木重枝葉也。

案此乃木加凵，故曰重枝葉也。

申　神也。七月陰气成，體自申束，从臼自持也。吏以餔時聽事，申旦政也。𦥔古文申。𨔖籀文申。

段改古文作𨙻，云："虹陳篆下如此。"然電从雨申聲，古文作𨙻。又部䨷下亦曰：𨙻古文申。段氏於"神也"云"神不可通"。又引"或曰神當作身，下云陰气成體。《釋名》、《晉書・樂志》、《玉篇》、《廣韵》皆云申身也。許説身字从申省聲，皆其證。此説近是。然恐尚非許意"。案本部�059："束縛捽抴爲臾曳。从申从乙。"當作反厂之乁。臾："臾曳也，从申丿聲。"大部：奄，"覆也，大有餘也，又欠也，从大申，申展也"。竝申爲身之證。

酉　就也。八月黍成,可爲酎酒。象古文酉之形也。𠧎古文酉,从𠧎,𠧎爲春門,萬物已出;𠧎爲秋門,萬物已入,从一𠧎,閉門象也。

案一𠧎爲閉門象,故開之古文作𨳿也。

亥　荄也。十月微陽起,接盛侌。从二。二,古文上字也,一人男,一人女也。从乙,象裹子咳咳之形也。《春秋傳》曰:亥有二首六身。𢁰古文亥,亥爲豕,與豕同。

案亥即豕之古字,咳字從之得聲。

史通評

# 前　　言

　　《〈史通〉評》是二十世紀二十、三十年代呂思勉先生在上海光華大學歷史系開設"史學名著選讀"課而寫的二種講義之一,①後修訂成書,於一九三四年九月由上海商務印書館初版,一九三五年二月收入商務印書館的"國學小叢書"再版。② 上世紀八十年代初,《〈史通〉評》先後收入《史學四種》③(上海人民出版社"中國當代史學家叢書"一九八一年十二月出版)和《呂著史學與史籍》④(華東師範大學出版社二○○二年六月出版),這兩種版本都有一些刪節。二○○八年十二月,上海古籍出版社出版"世紀文庫"收入劉知幾撰、浦起龍通釋、呂思勉評《史通》,將呂先生的評語刊於《史通》的相關篇章內,以便於讀者的閱讀理解。二○○九年十一月,《〈史通〉評》收入上海古籍出版社"呂思勉文集"《史學與史籍七種》⑤。港臺方面,《〈史通〉評》有香港太平書局(一九六四年出版)和臺灣商務印書館"人人文庫"(一九六七年出版)的翻印本。臺北市華世出版社出版的《〈史通〉釋評》(一九八一年出版)也附錄了先生的評述。

　　此次我們將《〈史通〉評》收入《呂思勉全集》重印,按原書做了整理校對,原書的雙行夾注,現改爲單行夾注,編者按語均作頁下注,除糾正錯字勘誤之外,其餘均按原書刊印。呂先生生前曾計畫對《史通》做一番全面的評校,但一直未能如願,僅留下《評校〈史通〉序》一篇,現以附錄的方式,刊印在正文之後。

李永圻　張耕華

二○一四年七月

---

　　① 另一種講義是《〈文史通義〉評》。

　　② 有關《〈史通〉評》在大陸、港臺的再版、重印情況,詳見《呂思勉全集》之《呂思勉先生編年事輯》附錄二《呂思勉先生著述繫年》的記錄。

　　③ 即呂先生的《歷史研究法》、《中國史籍讀法》、《〈史通〉評》和《〈文史通義〉評》的合刊。

　　④ 即呂先生的《歷史研究法》、《史籍與史學》、《中國史籍讀法》、《史籍選文述評》、《〈史通〉評》和《〈文史通義〉評》的合刊。

　　⑤ 收入呂先生的《歷史研究法》、《史籍與史學》、《中國史籍讀法》、《〈史通〉評》、《〈文史通義〉評》、《古史家傳紀文選》、《史籍選文述評》及《新唐書選注》之序、選目及注釋。

# 目　　録

# 内　篇

## 六　家　第　一

　　《六家》、《二體》兩篇，乃劉氏論正史之作也。史本無所謂正不正；然其所記之事，萬緒千端，不能無要與不要之分。要與不要，隨各時代學者之眼光而異，無一定標準。一時代之學者，認其所記之事爲要，則以爲正史；謂其所記之事非要，則以爲非正史而已矣。"六家"者，劉氏所認爲正史；"二體"，則劉氏認爲六家中之善者，可行於後世者也。《雜述篇》所謂十家，則劉氏以爲非正史者也。參看《外篇·古今正史篇評》。

　　六家：浦氏曰："《尚書》記言家，《春秋》記事家，《左傳》編年家，《國語》國別家，《史記》通古紀傳家，《漢書》斷代紀傳家。"其推劉氏之意是也。然予謂劉氏以《尚書》、《春秋》、《左》、《國》並列爲四家，實於古代情事未合，何以言之？

　　古之史，蓋止記言、記事二家。《禮記·玉藻》曰："動則左史書之，言則右史書之。"鄭注曰："其書，《春秋》、《尚書》其存者。"《漢書·藝文志》："左史記言，右史記事，言爲《尚書》，事爲《春秋》。"其說當有所本，左氏果爲《春秋》之傳與否，事極可疑。漢博士謂左氏不傳《春秋》，近世推衍其說者，謂《太史公自序》但曰"左丘失明，厥有《國語》"，其《報任安書》亦然。下文又云"左丘無目"，則宋祁所見越本，王念孫所見宋景祐本及《文選》，皆無"明"字。《論語》有"左丘明恥之，某亦恥之"之語，崔適謂《集解》錄孔安國注，則此章亦出《古論》。然則自今文家言之，實有左丘，而無左丘明；有《國語》而無《春秋左氏傳》也。而《國語》一書，則只可謂與《尚書》同體，而不可別列爲一家。何者？古代記事之史，體至簡嚴，今所傳之《春秋》是也。孔子之修《春秋》，雖借以明義，然其文體則仍魯史之舊。其記言之史，則體極恢廓。蓋其初意，原主於記嘉言之可爲法者。然既記嘉言，自亦可推廣之而及於懿行；言行本難截然劃分。既記嘉言懿行之可爲法者，自亦可記莠言亂行之足爲戒者也。故《國語》者，時代較後之

《尚書》也。其所記雖殊，其體制則與《尚書》無以異也。

　　或曰：秦漢以後之史，第一部爲《史記》，而《史記》之體例，實源於《世本》。洪飴孫撰《史表》，以《世本》列諸史之首，核其體例，則有本紀，有世家，有傳，《史記》稱列傳，謂合多人之傳，以次序列耳。並爲《史記》所沿，桓譚謂："太史公《三代世表》，旁行斜上，並效《周譜》。"本書《表歷篇》引，案此語亦見《梁書·劉杳傳》。《隋志》有《世本王侯大夫譜》二卷，蓋即《周譜》之倫，則《史記》之世表、年表、月表，其例亦沿自《世本》。《世本》又有《居篇》，記帝王都邑。《作篇》，記占驗、飲食、禮樂、兵農、車服、圖書、器用、藝術之源。則八書所由昉也。百三十篇，本名《太史公書》，《漢書·藝文志》如此，《宣元六王傳》、班彪《略論》，王充《論衡》同。《楊惲傳》謂之《太史公記》。應劭《風俗通》稱爲《史公記》。史記二字，爲當時史籍通名，猶今言歷史也。史公發憤著書，功在網羅綜貫，不在創造，所整齊者，實爲舊史之文，非其自作，則紀、傳、世家、書、表，乃前此史家之通例，正不獨《世本》然矣。安得謂古之史止記言、記事二家歟？案本紀、世家、世表之源，蓋出於古之《帝系》、《世本》；八書之作，則出於古之《典志》。此二者，後世雖以爲史，而推源其朔，則古人初不以之爲史也。《周官》：小史"掌邦國之志，奠系世，辨昭穆。若有事，則詔王之忌諱。大祭祀，讀禮法，史以書叙昭穆之俎簋。"鄭司農云："系、世，謂《帝系》、《世本》之屬。此《世本》僅記世系，與前所述之《世本》不同。先王死日爲忌，名爲諱。"又瞽矇："諷誦詩，世奠系。"杜子春云："世奠系，謂《帝系》，諸侯卿大夫《世本》之屬也。小史主次序先王之世，昭穆之系，述其德行；瞽矇主誦《詩》，並誦《世系》，以戒勸人君。故《語》曰：教之世而爲之昭明德而廢幽昏焉，以休懼其動。"按小史所識者，先世之名諱、忌日及世次，今《大戴記》之《帝系姓》蓋其物。瞽矇所誦者，先王之行事，則《五帝德》之所本也。此本紀、世家、世表之所由來。凡一官署，必有記其職掌之書，今之《禮經》、《逸禮》等，蓋皆源出於此。此等無從知記者爲誰，大約屬於何官之守者，則何官之史所記耳。此即後世之典志、八書之所本也。今之八書，多空言闊論，乃後人所補，非史公原文也。古所謂史，專指珥筆記事者言之。小史、瞽史所識，《禮經》、《逸禮》之傳，後世雖珍爲舊聞，當時實非出有意，故追溯古史者，並不之及也。若夫年表、月表，則《春秋》之記事也。列傳則《國語》之記言，而其例實源於《尚書》者也。然則安得謂古史有出於記言記事之外者歟？劉氏以《左氏》、《國語》與《尚書》、《春秋》並列，不其繆歟？

　　言爲《尚書》，事爲《春秋》，特以大略言之。古人之分別，不能如後世之精，且記言者，固不容略及其事，以備其言之本末也。劉氏以《書》有《堯典》，今之《舜典》，篇首二十字爲僞，餘則割《堯典》下半篇爲之。《禹貢》、《洪範》、《顧命》，譏其爲例不純，未免拘泥。要之，劉氏之蔽，在不知古書體例與後世不同，而純以己見繩古人也。

史所以記事而已，事之善惡，非所問也。若以表言行、昭法式，爲史之用，則史成爲訓誡之書矣。其繆誤不待言。然昔人多存此等見解。謂史當重褒貶、寓勸懲，亦此類也。

《尚書》爲記言之史，《春秋》爲記事之史，二者原相輔而行，非謂既有《尚書》，餘事遂可忽略也。此篇論《尚書》一節有奪文。其謂“雖有脱略，而觀者不以爲非”，不知其所持之理若何。章實齋則謂：“纖悉委備，有司具有成書，吾特舉其重且大者，筆而著之，以示帝王經世之大略。詳略去取，惟意所命，不必著爲一定之例。”《文史通義·書教上》。皆謂專恃《尚書》，則於史事有闕。而不知記事記言之史，實相輔而行，斷不容存其一而廢其一也。於此可見《禮記》、《漢志》之言，必有所本。

書之本體，自以載言爲主，後世之詔令奏議，即其物也。編輯存之，原不爲過。即劉氏亦謂制册章表，當別爲一書，見《載言篇》。但必剗截今文，模擬古法，則誠理涉守株耳，即推廣之，至類《家語》、《世説》，亦不失《尚書》變爲《國語》之例。王劭之失，亦在强欲模擬《尚書》，而非其書不可作也。

《春秋》爲記事之史，在古代，蓋各國俱有之。參看《史官建置篇》。此篇引《汲冢》瑣語，謂夏殷及晉，皆有春秋，其書未必可信，即其證不可爲確。然所引《左氏》、《孟子》、《墨子》，則皆誠證。觀春秋二字之名，即知其書係依時以記事；其後晏子、虞卿諸書，所以並無年月，而亦號爲春秋者，乃其引伸之義。蓋其始專以春秋爲依時記事之史之名，後乃但取記事一義，以爲凡史之通名也。名詞涵義之變遷，固多如此。

春秋爲記事之史，譜牒則小史所掌，其事本截然殊科，然其後二者遂合爲一。此其事，蓋在晚周、秦、漢之際。譜牒之體似有二：其一但記世諡，而不詳其君之立年。在位年數。如《大戴記》之《帝系姓》是，《史記·十二諸侯年表序》所謂“譜牒獨記世諡”者也；其一則兼記其君之立年，《秦始皇本紀》後重叙秦之先君一段，係此體，此即《六國表》所謂“獨有《秦記》，又不載日月”者也。此體之出較後，故孔子序《尚書》，尚“略無年月”。至“諜記黄帝以來皆有年數”，蓋後人以意爲之，故衆説乖異也。《三代世表序》。古代記事之史，蓋但記某君某年有某事，而不詳其君之立年及世系；此時亦未必年年有事可記。小史又但記世系，而不詳其君之立年，故年數無可稽考。其後《春秋》之記事加詳，逐年皆有事跡，則君主之立年及世系，因之可考；而系世之體亦漸密，於世諡之外，並詳其君之立年，而二者遂可合爲一。二家體例之變，蓋自共和以來，故年表之作，肇端於是也。年表非必史公作，試觀諸本紀、世家，在厲王以前者，多無年代可稽；偶或有之，則《三代世表》所謂"或頗有，然多闕"者也。而共和以後，則大抵皆有，則整齊故事者，合《春秋》、《世本》爲一家久矣。整齊故事如此，自作之史，體例亦因之。如《秦始皇》、《漢高祖本紀》等是也。至此，則本紀一似法《春秋》而作；而其出於《系世》之跡，不可見矣。故劉氏謂史公"以天子爲本紀，考其宗旨，如法《春秋》"也。然試一讀五帝、夏、殷、西周之紀，則其出於《帝系》而不出於《春秋》，夫固顯然可見也。

史以記事，不必寓褒貶，亦不必別有宗旨，前已言之。然昔人之意，多不如此。史談之命其子曰："明主、賢君、忠臣、死義之士，余爲太史，而勿論載，廢天下之史文，余甚懼焉。"史遷之作《史記》，實欲上繼《春秋》。故曰："先人有言，自周公卒五百歲而有孔子；孔子卒後，至於今五百歲。有能紹明世，正《易傳》，繼《春秋》，本《詩》、《書》、《禮》、《樂》之際，意在斯乎？意在斯乎？小子何敢讓焉！"其對壺遂曰："余所謂述故事，整齊其《世》、《傳》，非所謂作也，而君比之於《春秋》，繆矣。"乃其謙辭也。其言曰："士賢能而不用，有國者之恥；主上明聖而德不布聞，有司之過也；且余嘗掌其官，廢明聖盛德不載；滅功臣世家賢大夫之業不述，墮先人之言，罪莫大焉！"其非無意於褒貶，審矣。特其書之體例，與《春秋》不同耳！劉氏謂僅整齊故事，未免專輒。

"或傳無而經有，或經闕而傳存"，此十二字，實《左氏》不傳《春秋》之明證：傳以解經，傳無經有，可諉爲闕；經闕傳存，果何爲乎？不與經麗而亦稱爲傳，復何書不可稱傳乎？豈獨今之《左氏》哉？近儒謂《左氏》實劉歆取《國語》依《春秋》編年爲之，信不誣也。然劉歆之作此書，就經學言，雖有作僞之罪；就史學言，却爲史書創一佳體。何則？記言之史，降而彌繁，固宜有編年之作，以示後人；自劉歆於無意中創此體，後人遂羣相沿襲，蓋亦運會之自然也。不特此也，其與《春秋》並行，又開《綱目》之例，自《資治通鑒》以前，編年者皆但法《左氏》。朱子之修《綱目》，則法《左氏》之與《春秋》並行也。《綱目》事實，自不如《通鑒》之核；其講書法，自今日觀之，亦爲無謂；然其體例，則確有勝於《通鑒》之處，不可誣也。蓋《通鑒》有目而無綱，則無以挈其要領，檢閱殊爲不便。溫公因此，乃有《目錄》之作，又有《舉要》之作。《目錄》不與本書相附麗；《舉要》則朱子答潘正叔書議其"詳不能備首尾，略不可供檢閱"，實仍無以解其不便。自有《綱目》，而此弊免矣。夫亦可謂奇矣。

《國語》、《國策》，名相似而實不同——《國語》爲時代較後之《尚書》，具如前說；《國策》則縱橫家言，其記事寓言十九，實不可作史讀也。

國別之史，可行於古代，而不可行於後世。古代各國分立，彼此之關係較淺。時愈古，則此等情形愈甚。分國編纂，眉目較清，合居一簡，轉滋眩惑。後世則海内一統，已無國別之存；即或割據分爭，亦係暫時之局。依其疆域而編纂，即於國史爲不全，此孔衍、司馬彪之書，所以不行於世；亦三國、東晉之史，所以不容不合爲一編也。

《史記》之體，實與《漢書》以下諸史不同。《漢書》以下，君臣皆一時之人，紀傳所載，即皆一時之事；而必以人爲主，使其寸寸割裂，則披覽殊覺不便矣。《史記》則紀、傳、世家所記，並非一時之人，即或同時，非彼此關係甚疏，即其所據之材料，各有所本，而不容强合爲一。劉氏譏史公事罕異聞，語饒重出，實誤。彼所據材料如此，既不容以此廢彼，又不容强合爲一，則惟有各如其本來而並存之矣。不然，世豈有牴牾復沓、罅漏百出如《史記》，而猶可稱爲良史者哉！各自爲篇，固其所也。《漢書》以下，情事既異，而猶强襲其體，則效顰無謂矣。然此不足爲班氏咎，以《史記》記漢初君臣，業已如此也。亦不當爲史公咎，以史公亦皆承用舊文，非自作也。然則紀、傳、書、表、世家之體，乃整齊古代記言、記事、系世、典志者之所爲，而後世之作史者，遂沿而用之，以叙當世之事耳。此體以之整齊古史則善，以之作後世之史則非。然人類之見解，恆不免於守舊，欲其隨時通變，悉協其宜，固不易也。後之視今，亦猶今之視昔，正不必訾議古人耳。

紀、傳、表、志之體，誠非盡善，然自漢以後，卒相沿而不能改，蓋亦有其故焉。此體有紀、傳以詳理亂興衰，有志以詳典章經制。向者史家所認爲重要之事，頗足以攬其全。《文獻通考·序》曰："《詩》、《書》、《春秋》之後，惟太史公號稱良史，作爲紀、傳、書、表，紀、傳以述理亂興衰，書、表以述典章經制。"斯言乃向者史家之公言，而非馬氏一人之私言也。蓋向者之史，偏重政治，此兩端，實其所認爲最重要者也。若棄此體而用編年，則於典章經制爲有闕矣。此編年史所以緣起較紀、傳、表、志之史爲早；兩漢以後，亦嘗與紀、傳、表、志之史並行；而其後卒不得與於正史之列也。參看《外篇·古今正史篇》。

史事後先一貫，强分朝代，本如抽刀斷流；況夫斷代爲書，彼此銜接之間，必不免於復緟矛盾；章實齋《釋通》一篇，言之詳矣。然梁武《通史》、元暉《科錄》，並皆湮滅，亦有其由。考古必據本書，本書與新錄並行，讀者斷不肯謀新而舍舊，一也；二書今皆不傳，劉氏譏其蕪累，則其撰次蓋未盡善，二也。後者作史者之咎，前者則作史者初不任咎，蓋亦理勢之自然也。然以體例論，自以通史爲便，劉氏因二書之殘缺，遂並通史之例而排之，則過矣。

《南》、《北史》劉氏齒諸通史之列。然秦漢而下，久以分裂爲變，一統爲常；況分裂者，特乘時擾亂之奸雄，論國民之真意，則初未嘗欲其如此，作此時之史，斷不容依其分裂，各自爲篇，前已言之矣。推斯義也，則《南》、《北史》實仍當以爲斷代史，而不容齒諸通史之列也。

斷代爲史，亦有數便，前朝後代，雖不能凡事截然劃爲鴻溝，然由衰亂以至承平，事勢自亦爲一大變，據此分劃，不可謂全然無理，一也；紀述當朝，勢不能無所隱諱，並有不敢形諸筆墨者，革易以後，諱忌全除，而前朝是非之真，亦惟此時知之最審，過此則又或湮晦矣，史料之搜輯亦然，二也。此外尚有多端，而此兩端，則其犖犖大者。此所以易姓受命之時，天下粗定，即以修前朝之史爲事，儼若成爲常例也。

章實齋最稱通史，而劉氏之意與之相反，此時代爲之，不足相非也。蓋劉氏之時，史書尚少，披覽易周，故其所求在精詳，不在扼要；欲求精詳，自以斷代爲易。章氏之世，史籍之委積既多，史體之繁蕪尤甚，編覽已云不易；況乎提要鈎元，删繁就簡，實不容已，此其持論之所以不同也。

## 二　體　第　二

此篇乃從六家中取其二體，以爲可行於後世者也。編年之體有二長：一則便於考見一時代之大勢，以其以時爲綱，在同一時代中，各方面之情形畢具，此篇所謂"中國外夷，同年共世，莫不備載其事，形於目前"者也。一則可將重複之文，盡行删去，故其體最宜於爲長編。按時排列，則事之誤繆，有不待校而自見者，如某人已死於某年，而向來傳説，附諸某人之事，乃或在是年之後是也，此亦編年體之所以便於爲長編也。此篇所謂"理盡一言，語無重出"者也。其短，則在委曲瑣細，不能備詳；"干寶議撰《晉史》，以爲宜準丘明。其臣下委曲，仍爲譜注"，即所以救此失。見下篇。朝章國典，無所依附。故其記載，不如紀、傳、表、志體之完全；而後世正史之體，遂不得不舍此而取彼，已見《六家篇評》中。至謂高才雋德，跡在沉冥，即丘山是棄，自係往史偏重政治之故，不得以咎編年。即如《左氏》，浮夸之辭亦多矣，豈不可舍之以記顔回、柳惠邪！

## 載　言　第　三

言事分記，乃古史至粗之體，其實言必因事而發；而欲詳一事，亦必不容略其論議，記載稍求精詳，言事即不容分析矣。此乃理勢之自然，故《國語》之體，雖源出《尚書》，然其記事，遂較《尚書》爲詳備也。夫記事記言，文各有體。
記言可備詳其言；記事則誠有不宜隔以大篇，斷其氣脈者，故《國語》之文，大
體雖屬記言，而有時記事頗詳，記言遂略，蓋爲自然之理勢所驅，而文體遂不
覺其潛移也。如周襄王拒晉文請隧，《國語》備載其辭，而《左氏》記之，則只
"王章也，未有代德，而有二王，亦叔父之所惡也"十八字而已。此十八字實總
攝《國語》全篇，決非傳聞異辭；實乃騾括其辭，以就體制，即其一證。然此亦
非造《左氏》者所自爲，蓋《國語》中本有此等文字，而造《左氏》者從而抄録之
也。何以知其非造《左氏》者所自爲也？曰：以其他處又多不能如是。且如邲
之戰，所重豈不在戰事哉？然《左氏》於此，敘戰事實多漏略；所致詳者，乃在
士會、荀首、樂書、楚莊等之議論耳。蓋《國語》中無詳敘邲戰之文字，而有記
載士會等議論之專篇；造《左氏》者，照本鈔謄，遂不覺略所宜詳，詳所宜略也。
此可見《左氏》不獨非《春秋》之傳；即鈔撮《國語》，造爲《春秋》之傳者，亦徒鈔
撮而未暇求其完善也。

　　漢代風氣，尚不甚重文辭，故如賈、晁等以議論著稱者，不過數人，以辭賦
名家者亦不多，故可各爲立傳，備載其文；後世則以文辭自見者日多，有載之
不可勝載之勢，此劉氏所以欲變舊體，別立一書，亦事勢爲之也。自唐至今，
文字之繁愈甚，即如劉氏更立一書之議，亦覺其不能容；此章實齋氏所以又欲
別爲文徵，與史並行，而俾立於史之外也。見《文史通義·書教中篇》。亦事勢爲
之也。

　　作史用編年體，委曲別爲譜注，頗便覽觀。干氏之議，惜未有行者。朝鮮
人有一種史，用編年或紀事本末體，以敘理亂興衰；而典章經制，別爲專篇附
後，頗得此意也。説本日本林泰輔《朝鮮通史》。

# 本　紀　第　四

　　必天子而後可稱紀；紀必編年，只記大事；每事又止以簡嚴之筆，記其大
綱；此乃後世史體，不可追議古人。《史記》於周自西伯、秦自莊襄以上，亦稱
本紀，蓋沿古之《帝系》。《帝系》所以記王者先世，未必於其未王時別之爲世
家也。世家亦然。下篇爲譏《史記》於三晉、田氏未爲君以前，俱歸之世家，亦由未知本紀、世家出於
古之系世也。《帝系》與《春秋》異物，説已見前；本紀出《帝系》，不出《春秋》，自不
能皆編年矣。正統、僭僞之別，亦後世始有。項籍雖僅號霸王，然秦已滅，漢
未王，義帝又廢，斯時號令天下之權，固在於籍；即名號亦以霸王爲最尊，古代有

天下者,在當時本不稱帝。編之本紀,宜也;此亦猶崇重名號之世,天子雖已失位,猶不沒其紀之名爾。

後史之紀,非紀帝王本人,乃爲全史提挈綱領耳,所謂"猶《春秋》之經"也。然帝王之身,亦有時宜加叙述;必嚴紀與傳之別,於紀只許以簡嚴之筆,叙述大事,則帝王之性行不顯矣;故章實齋又謂帝紀於記述大事之外,又宜別爲帝王一人作傳也。

# 世　家　第　五

世家所以記諸侯,非諸侯而入世家者,孔子及陳涉兩篇耳。故劉氏首以爲譏。後人於此,議論亦多,然無足疑也。《陳涉世家》自序曰:"桀、紂失其道而湯、武作,周失其道而《春秋》作,秦失其政而陳涉發跡,諸侯作難,風起雲蒸,卒亡秦族。天下之端,自涉發難。"史公以陳涉比湯、武,其不容儕之匹夫可知。然涉之功止於發難,未嘗如項羽分裂天下,而封王侯,政由己出;編之本紀,又不可也,則不入之世家,而焉置之乎?後世天澤分嚴,人臣而儕之於君,人莫不以爲駭;在古代則不如此,孟子曰:"匹夫而有天下者,德必若舜、禹,而又有天子薦之者,故仲尼不有天下。繼世而有天下者,天之所廢,必若桀、紂者也,故益、伊尹、周公不有天下。"孟子之視孔子,與其視益、伊尹、周公等耳。成王以王禮葬周公,又賜魯以天子禮樂,<sub>今文家說金縢雷風之變如此。</sub>儒家不以爲僭,蓋其視天子之位,本以爲有德者所宜居也。梅福之請封孔子後也,曰:"'諸侯奪宗,聖庶奪適。'《傳》曰'賢者子孫宜有土',而況聖人,又殷之後哉?昔成王以諸侯禮葬周公,而皇天動威,雷風著災,今仲尼之廟,不出闕里;孔氏子孫,不免編户;以聖人而歆匹夫之祀,非皇天之意也。今陛下誠能據仲尼之素功,以封其子孫,則國家必獲其福;又陛下之名與天亡極。何者?追聖人素功,封其子孫,未有法也,後聖必以爲則。不滅之名,可不勉哉?"則以孔子之後爲宜封,實漢人公意也。史公以《春秋》之作比湯、武;又其序《孔子世家》曰:"周室既衰,諸侯恣行。仲尼悼禮廢樂崩,追修經術,以達王道;匡亂世,反之於正;見其文辭,爲天下制儀法;垂六藝之統紀於後世。"亦儼然有撥亂反正、創業垂統之意焉。其不容儕之匹夫,編之列傳,又審矣。故此兩篇,在後人觀之,幾於史公自亂其例,然在史公,則正以爲義例宜然也。

或曰:漢元帝時,已封孔子之後爲褒成君。成帝綏和元年,又封孔子之後爲殷紹嘉公。今之《史記》,非盡史公原文,漢興以來將相名臣表,實下逮成帝鴻嘉元年,則孔子之入世家,實孔子之後已受封,修《史記》者所改也。此説亦可通;然史公自序及其《報任安書》,並云"世家三十",若孔子本非世家,則其都數不符,必謂此兩語亦後之修《史記》者所改而後可,立説未免迂曲矣。

古之諸侯,固與後世之諸侯王不同,亦與割地自專者有別;班史以後,遂删世家之名,總稱列傳,宜也。《五代史》以十國爲世家,實沿梁武《通史》以吳、蜀爲世家之例,固不容議其不善,然謂與《史記》之吳太伯、齊太公等世家同物,則仍不然也。拓跋氏乃異族,與匈奴等耳,劉氏謂當以爲世家,尤爲擬於不倫。

## 列 傳 第 六

紀以編年,傳以列事,紀舉大綱,傳詳委曲,《春秋》則傳以解經,《史》、《漢》則傳以釋紀,此例實成於後世,初起時並不其然。劉氏謂後之作史者當如此可也,以此議古人則誤矣。<small>參看前數篇評自明。</small>

史公之作《史記》,雖欲竊比《春秋》,然其文,則所謂"整齊故事"者耳,非所自作也。《夏》、《殷本紀》與《項羽本紀》,體例絕不相侔,蓋由於此;《夏》、《殷本紀》,蓋據古之《帝系》,説已見前;《項羽本紀》,未知所據,然亦必有所本,非史公自作。或曰:《史記》所載秦、漢間事,大抵皆本陸賈《楚漢春秋》也。劉氏以此譏《史記》爲例不純,而不知編次舊文,不加改易,即《史記》之體例也。<small>漢人引用舊文,多仍其舊,不加改削,使如己出,讀予所撰《章句論》自明。</small>

## 表 歷 第 七

史之有表,似繁實省。蓋史法愈疏,則愈偏於主觀;愈密,則愈近於客觀。偏於主觀者,事之詳略去取,不妨惟意所欲;重於客觀者,則既立定體例,即當搜求事實,無濫無遺,以待讀者之自得也。夫如是,則於零碎事實,所取必多。零碎事實,固非表無以馭之。"先看本紀,越至世家,表在其間,緘而不視",此自讀者之失,不得轉以咎作者也。

表之爲用,至後世而愈廣。綜論其例,約有六端:《史記》之《三代世表》,所以表世系者也;《十二諸侯年表》,則所以表國者也。《遼史》之《屬國表》,名爲表國,而其體實不同;唐代之方鎮,雖不得爲獨立國,然據土自專,實與周之十二諸侯相似;故此二者,皆表國之變例也。《漢書》之《百官公卿表》,用以表官,《唐書》之《宰相表》,《宋史》之《宰輔表》,皆用其例。《五代史》之《職方考》,則用以表地。《遼史》之《皇子公主》,《元史》之《后妃》,則又用以表人。《遼史》之《游幸》,《金史》之《交聘》,則所以表事者也。要而言之,事之零碎無從叙,又不可棄者,則以表馭之;眉目既清,事實又備,實法之最便者也。今後史法較前益密,表之爲用必愈廣。劉氏專取《列國年表》一端,實未爲允當也。黃公度作《日本國志》,用表極多。

史表之例,最不可解者,莫如《漢書·古今人表》。案斷代爲史,始自孟堅。孟堅以前,作者十餘家,皆仍《史記》之體;而《漢書》八表,實未克成,具見本書《古今正史篇》。此表,蓋續《史記》者所撰,後人編入《漢書》,初非孟堅之自亂其例也。

浦氏曰:"《外篇·雜説》云:觀太史公之創表也,燕、越萬里,而徑寸之内,犬牙可接;昭穆九代,而方尺之中,雁行有序,使讀者舉目可詳。郭評據此,以駁兹篇,良是。大抵《内》、《外篇》非出一時,互有未定之説。兩存參取,折衷用之,不爲無助。"案:此説是也。此書《外篇》與《内篇》,復緐矛盾處頗多。就大體言,《外篇》蓋《内篇》未成時隨手札記之作;《内篇》則合《外篇》所見,精心結撰而成,自當以《内篇》爲主。然曲折入微,盛水不漏,其事良難。故《外篇》之意,間有《内篇》收攝不盡者;亦有一時失檢,《内篇》所論轉不如《外篇》之允者,正不容作一概之論也。

# 書 志 第 八

史有普通、專門之别。專門之史,專記一事者也。普通之史,則合各方面之情形,以明社會之遷變者也。社會遷變,原因孔多,非合各方面之情形,不足以明之;然專明一事者,又不可以謂之史。自成爲一事之史耳,不得徒稱爲史。此猶哲學必合科學而成,而科學又不可謂之哲學也。

前史所記之事,盡有與史無關者:如天文不影響於人事,即不可入於史。不必如水旱偏災等實有利害者,乃可謂之有影響也;災祥之説,雖不足憑,然其時之人,信之既篤,或因此而側身修行焉,或因此而鼓衆倡亂焉,皆可謂之有影響。然古人知識粗,未知宇宙間現象,當分爲若干類研究之,但睹其可異者,則從而記之而已。此石隕、鶂飛等事,所由充斥於古史也。

今後史學,將與昔大異,凡專門之事,皆將劃出於普通史之外,而自成一書。舊史書志所載,在今日大抵可自成一專門史者也。故論書志之體裁,何者當芟除,何者當增作,在今日實無大關係。若就昔日情形立論,則劉氏之説,不爲無見。惟天文非竟無變改;而藝文一志,備載前代之書,亦足以考見存佚。劉氏之論,微嫌酷狹也。

常事不書,爲史家公例,蓋常事而亦書之,則有書不勝書者矣。考古之士,每以欲求前代尋常之情形而不可得,遂以此致怨於古人;然使其自爲一史,即亦將尋常事物,於無意中略去,以此爲天然條例,凡執筆者皆莫能自外也。

惟是同一異也,而今人之所謂異者,亦與昔人不同,有古以爲異,而今不以爲異者,如日食、星隕等是;有今以爲異,而古不以爲異者,凡前史不詳,而後人加意搜輯者皆是。一時代人,只能作一時代之事。《春秋》之聞異則書,亦據當時之所謂異者異之耳;必執後人之見,以議古人,則猶宋人譏越人之不資章甫矣。凡劉氏之論,大抵如此,謂其所見可施諸當日則是,以此議古人則非,由其不審於時代之異也。《漢書》之《五行志》,由後人觀之,誠覺無謂,然在當日,則自有此一種學問也。

劉氏所欲增之三志:《氏族》則《魏書》有《官氏志》,已略啓其端,至鄭樵《通志》撰《氏族略》而大暢其流;《都邑》、《方物》二志,前史《地理志》、《外國傳》中,亦略載其事,所以不能成爲專篇者,亦以其太多,而書之不可勝書也。

## 論 贊 第 九

《左氏》之稱“君子曰”,蓋當時記事之文,有此一體。記事者,兼記時人議論。其所據之材料如是,而非其所自爲也。觀《晏子春秋》,於記事之後,繫之以論,亦稱“君子曰”可知。《公》、《穀》所載,則先師釋經之論,與《左氏》之稱君子者不同。《公》、《穀》皆主釋經,《左氏》則主記事也。

史公之作《史記》,蓋皆裒輯舊文。其係以“太史公曰”者,則談、遷所自著,此四字固多用在篇末,亦有在篇首或中幅者。自著之文,隨宜置之,非必如劉氏所云“限以篇終,各書一論”也。其所著,或補前人記事所不及,或則發明一理;皆有所爲而爲之,非空言,自無所謂“彊生其文”、“淡薄無味”者矣,劉氏之論非也。然其所稱“事無重出”、“文省可知”兩端,自足爲作論贊者之模楷;蓋“理有非要,而彊生其文”,則必不免有此二弊,馬、班當日,既無意於爲文,則此二弊者,自不待戒而自絶耳。

## 序 例 第 十

古人之序,每置篇末;全書總序外,又有各篇之分序,《史記》、《漢書》皆如此，此所以明各篇之次第，正所謂序也。蔚宗分繫各篇之末，失其意矣，宜劉氏之譏之也。

凡有系統條理之書，必有例，正不獨作史爲然；而作史其尤要者也。與其炫文采作無謂之序，毋寧述條理，明統系，而作切實之例。此篇所論，殊中肯綮。惟古人著書，雖有例，而恆不自言其例，欲評其得失，必先通貫全書，發明其例而後可。此等讀書之法，非劉氏之時所有；故劉氏論史例當如何，説多精審，而其譏彈古人處，則多失之，由其未知一書有一書之例，未可概執我見，以繩古人也。

## 題目第十一

浦氏曰：“假號不臣，都歸載記，《史通》殊有理據，但陳、項輩流於勝國爲寇，於興代則非。擬諸劉、石，未便同科，況載記例載卷終，而羣雄先事發難，爲我驅除，列之傳首，於分非越，故李密、王世充、韓林兒、徐壽輝等，《唐書》、《明史》並襲蘭臺，不宗東觀也。讀者於此，宜審從違。”愚案浦氏之説是也。劉、石等又係異族，與新市、平林，實非同儔，《新晉》借用舊名，實未爲得當也。

浦氏又曰：“柳州有言：每讀古人一傳，數紙以後，再三申卷，復觀姓氏，旋又廢失；鈍器正多患此，題目加詳，宜勿深責也。”愚案數人之傳，合爲一卷，特取以類相從；兼使卷帙均等。既已同爲立傳，雖有詳略之異，實無主客之分，備標氏名，於義亦允；正不徒爲便於查檢計也。

## 斷限第十二

斷限即範圍之謂。史事前後銜接，而作史必有範圍，抽刀斷流，允當非易，此篇即論其法也。

史家記事，必求完備。董卓與漢末羣雄，雖若與魏武無涉，然魏武爲戡定漢亂之人，略此諸人，即漢末之亂象不明，魏武之功業，亦不能睹其全矣。陳壽既非兼修《後漢書》之人，其修《三國志》，亦非承接某一家之漢史而作，於此諸人，安得而略乎！劉氏之論，似謹嚴而實非也。斷代爲史，兩朝嬗代之時，復縱總不能免。此章實齋所以主修通史也。然修通史而删其復縱則可；必責專修一史之人勿與他人犯復，則理不可通，而事亦不可行矣。

《漢書》表、志爲未成之稿，已見《表歷篇評》，斷限失宜，未可爲班氏咎；又古人著述，採自他人者，多直録原文不加删削，當時文字，體例如是；《地理志》論風俗之文，蓋出劉向、朱贛，而作志者從而録之，亦遵當時文例而行，並未可議其失也。

讀史與評史不同，論史法，可議前人之體例有失謹嚴；至考史事，則轉有因前史體例之未嚴，而得多存材料者。如“北狄起自淳維，南蠻出於槃瓠”等，劉氏謂“何書不有”，今則古書存者寥寥，唯借正史以存之矣。即或間見他書，亦不如正史爲人信據。況修一代之史，必求網羅完備；繁蕪固當力戒，漏略尤所深譏，過而存之，未爲大失，原不必謂他書已有，此即當芟也。清侯君模嘗謂：“注史與修史異；注古史與注近史又異。何者？史例貴嚴，史注貴博。注近史者，羣書大備；注古史者，遺籍罕存。”“當日爲吐棄之餘，在今日皆見聞之助。”《後漢書補注續·序》其論甚允。此等隨時而變，因宜而立之例，讀史者必不可以不知也。

## 編次第十三

本篇所論甚正，惟古人著書，多不自言其例；而後人評騭，則有非先通其例，未可輕易下筆者，前已言之，讀此篇亦宜知此義。即如老子、韓非同傳，安知非史公所據材料本然。果然，則因仍舊文，不加改削，即史公之義例。評其不改舊文之得失則可；議其老、韓之同傳之不類則非矣。凡《史記》文字，不著“太史公曰”者，疑皆因襲舊文，不獨叙事之處爲然。如《屈原列傳》，驟觀之，一似史公大發議論者，更觀淮南王安所撰《離騷傳》，乃知二者皆有所本，而其所本者極相類，皆非其所自爲也。且如《孟子荀卿列傳》，叙孟、荀事，轉不如鄒衍之詳，標題爲孟、荀，而叙稷下先生、三鄒子等凡八人；又兼及趙之公孫龍、魏之李悝、楚之尸子長盧、阿之吁子，篇末並及於墨翟；而於此諸人，又絶不及其事跡，世間安有此文體乎？蓋亦固有兼論諸人之文，如《莊子·天下》、《荀子·非十二子》之類，而史公從而録之也。即謂此篇爲史公自作，而名、法之學，原出道家，合爲一篇，安知不正有深意？未能審諦先秦學術流別，談、遷宗旨所在，又安可輕加評論乎？此外論《史》、《漢》之處，皆可依此推之；惟如《東觀》之抑聖公，《齊》、《隋》兩史之黜永元，隱大業，顯係取媚當時，可決其無他深意者，則不妨辭而辟之耳。偏安割據之朝理宜與正朔相承者有別。帝魏帝蜀之論，後世乃甚囂塵上，在承祚時無此事也。自承祚觀之，則先主之據益州，正乃承二牧之緒者耳；先後之次，未爲失也。參看下篇評。

## 稱謂第十四

此篇持論亦正，但亦有未可輕議古人者。蓋古之稱人，多以其號。所謂號者，乃衆所習稱之名。或名、或字、或官、或爵、或謚、或生地、或里居、或封邑，皆可爲之。又或舍此而別有稱謂，無定例，亦不能强使一律也。小時見父老曾經洪楊之役者，其談湘軍諸將，皆津津有味，其稱謂即不一，大抵於曾國藩多稱其謚曰文正，於國荃則以次第呼之曰曾九，於左宗棠則多斥其名。問其何以如此，不能言也。若深求之，自亦必有其所以然之故，但稱之者亦不自知耳。此即所謂號也。《史記》之稱項籍爲項王，蓋亦如此，非尊之也。不然，漢初諸將，夏侯嬰未必獨賢，何以文中多稱爲滕公，而韓信、彭越等顧不然乎？號既爲衆所習稱，舉之自爲衆所易曉。古人之文，原近口語，舉筆時即從衆所習稱者書之，固其宜耳。此正劉氏所謂"取協隨時"者也。堯、舜、禹等，既不可謂之名，又不可謂之謚，皆號也。今文家謂周成王之成非謚，以號釋之也。柳子厚《論語辨》謂："是書載弟子必以字，獨曾子、有子不然，意曾子弟子爲之。有子則孔子之殁，諸弟子以爲似夫子，立而師之。其後乃叱避而退，固嘗有師之號矣。"姚姬傳曰："《檀弓》最推子游，似子游之徒所爲，而於子游稱字，有子稱子，似聖門相沿稱皆如此。非以稱字與子爲重輕也。"案此亦所謂號也。

　　正統之論，至趙宋以降而始喧囂，前此初不甚嚴。至今日，則又若無足致辨矣。平心論之，國家之主權，必有所寄。主權唯一，斷不容分寄諸紛爭角立之人；故雖當羣雄擾攘之時，代表主權之統緒，必仍有所繫屬。此史家秉筆，當分爭角立之時，仍宜擇一國焉，以爲正統之真諦；非如迂儒所云：天澤之分不可干，前朝之子姓，苟能割據偏隅，即當奉之以名號也。然則政治重心之所在，即代表主權之統緒，所宜歸矣。政治之重心，果安在乎？則惟劉氏所云"地處函夏，人傳正朔"者，足以當之。承祚《國志》，以魏承漢，固由晉所受嬗，不得不然，然即微論此，而斯時政治之重心，實在於此，固不容承以崎嶇僻處之益州，則《國志》體例，實未爲失；而習鑿齒之改作，轉爲不達矣。

　　雖然，斯義也，可施之本族，而不可施之異族。何者？代表主權統緒之所寄，宜決之以無形之民心。見勝異族，乃國民所痛心而無可如何，固非其所願欲也。然則如晉之東、宋之南，度長絜大，雖弗與劉、石、金源乎？正統固斷宜歸之矣。此猶曰：南方版圖兵甲，未必遠遜北方；財力文化，或且勝之也。乃如祥興之竄厓山，永曆之奔緬甸，土地人民，亦既不足以言國矣，然一日未亡，仍宜以統緒歸之。雖至元、清薦食之代，中華已無一民尺土之存；然將來修通史者，仍宜特立新例，黜彼僭竊，殊之本族之帝皇。匪曰狹隘，揆諸無形而可信之民心，固應爾也。劉氏譏承祚之宗魏邦，而轉議晉人之賤劉、石，可謂不達於理矣。遼、金、元、清諸史，將來編書目者，亦宜用阮孝緒之例，別爲僞史，見《因習》篇。

　　稱名必求合事實，故衆所習稱之號，即不當改。君主之或稱其謚，或稱其廟號，亦宜循斯例。若謂功德不稱，即宜奪其祖宗之稱，則自漢以降，雖有稱天以誄之虛文，已無名之幽、屬之直道，亦當審其仁暴、明暗，以定其予奪去取乎？

## 採撰第十五

　　此篇及下篇，並爲記事求徵信而發。此篇言記述及口碑之不可信者，不宜誤採。下篇則爲採他人文中之言，以考見當時之情形者而發也。

　　史家記事之誤，原因甚多。合此下兩篇，及《直書》、《曲筆》、《鑒識》三篇觀之，便可見其大概。此篇所論，可以約爲三端：一由迷信以致失實：如"禹生啓石，伊産空桑"，孰不知其不足信？然大禹、伊尹等，皆向所視爲神聖之人，遂并其不足信者，而亦不敢疑。向來讀書之士，雖皆排斥迂怪之談，而獨於古先聖王，則若別開一例，皆由於此。此猶信佛教者，樂道釋典之誕辭；信耶教者，侈陳基督之異跡耳。一則出於好奇，或愛博，如范曄《後漢書》，採及羊鳴鳧履；以至皇甫謐作《帝王世紀》，多存圖讖；唐人修《晉史》，好取小說是。此非如赤烏玄鳥，有類乎神教之拘墟，非過而存之，即愛不忍割也。一則由於不加別擇，如"郡國之記，矜其州里"，"譜牒之書，夸其氏族"，乃至"訛言難信"，"傳聞多失"，一不考核，據爲實錄是也。至於好誣造謗，則更不足論矣。<small>此實當入《曲筆篇》。</small>然事之得失，亦正難言，除去好誣造謗一端，蓋亦未易片言而決；且如迷信之談，删之豈不甚善，然古代神話，實多藉此而存。《後漢書》之傳四夷，如槃瓠負高辛之女，廩君射鹽水之神，不避荒唐，咸加甄錄，當時看似非體，然迄今日，考彼族之初史者，於此實有資焉。反是者，史公以"言不雅馴"一語，盡删百家言黃帝之辭，而我族之神話，遂因此而亡佚孔多矣。<small>我國神話，存於讖緯中者最多。然讖實爲有意造作之言，殊失神話之本相。漢儒拘於儒家不語怪力亂神之義，史公而外，於神話亦罕稱述。遂使考古最可珍之材料，與有意造作之物，相淆而失其真，殊可惜也。</small>《漢書·藝文志》小說家有《百家》，百三十九卷。此即史公所謂"言黃帝其文不雅馴"者也。然則史公所棄，即小說家言也。小說家言之不可輕棄，亦可見矣。蓋史事有無關係，分別甚難：往往有此人視之，以爲無用，而易一人觀之，則大有用者；又有現在視之，絶無足重，而易一時觀之，則極可寶者；古昔記載所略，後人極意搜求，率由於此。然則好奇愛博，未必無益於方來，而過而存之，究勝於過而廢之，亦審矣。至於芻蕘之言，可採與否，尤難論定。劉氏謂："蜀相薨於渭濱，《晉書》稱嘔血而死；魏君崩於馬圈，《齊史》云中矢而亡。"以是見敵國傳聞之辭，不可盡信，固也。然如蒙古憲宗，死於合州城下，其初未聞疾病，何以卒然而殂，則宋人謂其死由中弩矢，疑若可信；又如清太祖之死，實以攻寧遠負重傷，則朝鮮使人目擊其事，明見記載者矣。見日本稻葉君山《清朝全史》。此事與《齊史》之魏君中矢而亡極相類。然則敵國之語，又安可一概斥棄乎？況事之不見載籍者，允宜以口碑補之；《史記》中此等處最多。即書之記載有誤者，亦宜以口碑正之。“秦人不死，驗苻生之厚誣；蜀老猶存，知葛亮之多枉。”即劉氏亦言之矣。見《曲筆篇》。然則此篇所言，蓋專爲口碑之不足信者而發，非謂凡口碑皆如此也，推此而言，則劉氏於採取小説雜書者，亦僅斥其不可信者而已，非謂概不當採也。

# 載文第十六

此篇論魏晉以降，文辭華靡，採以爲史，有失真實之義，可謂深切著明。大抵華靡之文，最不宜於作史。此篇與《言語》、《浮詞》兩篇合看，可見當時文體之弊也。

《史》、《漢》之録辭賦，不能以失實譏之。辭賦固非敘事之文，録之之意，亦使人作辭賦看，不使人作事實看也。

# 補注第十七

此篇所論，兼自注及注釋兩種，所謂“文言美辭，列於章句，委曲叙事，存於細書”；及“除煩則意有所恡，畢載則言有所妨，定彼榛楛，列爲子注”者，皆自注也。前者以求文字之簡潔，後者以求網羅之究備也。其裴松之、陸澄、劉昭等作，則注釋他人之書者也。大抵史注有三：一釋文，二補遺，三考異。考異又分兩種：一考事實之異，一考文字之異。考事實之異，如劉氏所謂“孝標善於攻繆”是。考文字之異，如所云陸澄注《班史》，多引司馬遷之書，“此缺一言，彼增半句，皆採摘成注，標爲異説”是。然考文字之異，意正在於考事實之異，則二者事雖異而意實同也。考文字之異者，亦稱校勘。釋文者，釋其名物、訓詁，多施之古書，時代相近者罕用。自爲者可謂絶無，以其可解，不煩此也。正史中惟《史記》、《漢書》之注，屬於此者最多，以其時代遠，所採者又多古書也。後世惟宋子京之《唐書》，文字僻澀，亦宜用之，然此實宋氏之病。又譯語有宜用之者，如《遼》、《金》、《元史》之《國語解》是也。補遺有出於自爲者，蕭大圜等之定榛蕪爲子注是也。有他人爲之者，裴松之之注《三國志》，劉昭之注《續漢書》是也。考異出於自爲者，昔人多即存正文中。如《史記·大宛列傳》贊：“《禹本紀》言河出昆侖。昆侖，其高可二千五百餘里，日月所相避隱爲光明也，其上有醴泉瑶池。今自張騫使大夏之後也，窮河源，惡睹《本紀》所謂昆侖者乎？故言九州山川，《尚書》近之矣，至《禹本紀》、《山海經》所有怪物，余不敢言之也。”是其一例。後世乃有特著一書者，司馬光之《通鑑考異》，其最著者也。他人爲之者極多，史部考證之書，悉屬此類。考文字同異亦只有他人爲之，而多用之古書。近世之書，則惟施之版本同異、傳寫訛奪之間耳。以其文義易明，材料存者尚多，不待區區求之於此也。

自注之求文字簡潔者，乃文體使然，與叙事之詳略無關係。古人文字，皆有自注。此謂自注之例，始於《漢書》，其實《漢書》乃其格式尚未淆亂者耳。詳見予所撰《章句論》。

“注史與修史異，注古史與注近史尤異。史例貴嚴，史注貴博，注古史者，搜採尤貴完備”，已見《斷限篇》評。裴松之、劉昭雖爲劉氏所譏，然後人得其益實不少也。又劉氏譏裴松之“好採異同”，而“不加刊定”，在當時自爲篤論，然後人讀古史，則正宜多考異同，少下論斷；以古史所存已少，年代又相去久遠，情勢迥殊，難於臆度，貿然武斷，勢必繆誤也。惟在裴氏當時，情形與今大異，所搜採之異同，斷無不能明辨其得失者。乃考辨之語，十無一二；徒勤採獲，而甘苦不分，自不免爲劉氏所譏矣。校勘文字，在時代相近之世，亦爲徒勞，然後人之讀古書，則往往因此而得妙語，亦不能作一概之論也。

# 因習第十八

此篇所論，有宜矯正者三端：古代通名少而專名多，後世則通名行而專名廢，此由後人之思想，視古人爲有進，善於籀異而得其同，不如古人之拘拘於形跡也。如古義歌、謠有別，而後世則有樂、無樂，通稱爲歌；古語苑、囿不同，而後世有禽、無禽，皆名爲苑，即其一例。崩、薨、卒、不禄等別，後世業已無之；史家有作，亦以今言述古事可耳，何必更用古代之名？且古史之以薨、卒別内外者，亦惟《春秋》爲然，他書初未必爾；史公之書，多本舊記，安知一例書卒，非其所據者如是乎？又古人著書，多直録他人之辭，既不加以改削，使之如自己出；亦不注明其出於何書，詳見予所撰《章句論》。間有不然者，如《漢書·揚雄傳》，引雄自序之文，而題之曰：“雄之自序云爾”是也。但此等甚少。以其時書少，人人知之，不至誤會也。古人文字，引書多不明言，後乃漸著其書，今則必明徵其篇名卷第矣，理亦同此。《班史》專撰漢事，而不除《史記》沛漢之文；襲錄《陳涉世家》，而仍其"至今血食"之語，即由於此。此自古今文例不同，未可以後世之見，訾議古人也。又異族薦食上國，實與同族割據者殊料，事既不同，文宜有異。晉人目劉、石等爲僞史，未可厚非。特十六國中，亦有仍爲漢族者，理宜加以分別，方爲盡善。參見《稱謂篇》評。

# 邑里第十九

古代命氏，恆因封土。封土既易，氏族即隨之而改。故氏族可驗，邑里即無待具詳。後世此例漸破，則舉其氏不能知其所居之地，故必備詳其邑里。此《史記》之文，所以與五經、諸子異例也。東晉以還，矜重門閥，徒知氏族關係之重，而不知居地關係之重，遂有詳其郡望，忽其邑里者。劉氏以"人無定質，因地而化"一語，深著其非，可謂卓識。惟門閥既爲當時所重，即亦史氏所宜詳。兩者並著，斯爲無憾。亦不宜詳此而略彼也。

# 言語第二十

凡事用則進，不用則退。古人重口舌，故其言語較優於後世；後世重筆札，故其文字較勝於古人；吾儕讀後世文字，恆覺其不如古代之美者，其故有三：古人語簡，後世語繁。語簡則含義多而其味深，語繁則含義少而其味淺，一也。古人重情感，後世重理智。文學動人之處，必在於情，二也。同一語也，已古者即謂其文，猶今者乃驚其質，文質既異，雅俗斯殊，三也。此皆別有原因，實非關於文字之勝劣。若但就文字論，則說理之細，記事之詳，古不逮今，亦云遠矣。此乃時代爲之，無可如何之事。後世恆以古人辭令之美，而稱古書文字之工，則誤矣。此篇謂古人文字之美，由於語言，可謂卓識。以古語改今言，所以不可者：一在失真。此篇所謂"記事則歸附五經，載語則依憑三史，是春秋之俗，戰國之風，亘兩儀而並存，經千載而如一"，無以"驗氓俗之遞改，知歲時之不同"者也。二在割棄。以古語敘今言，終必有不可通之處。既務以放古爲雅，勢不得不刪削事實以就之。此篇所訾張太素、郎餘令，料其所棄不可勝記者也。惟是記言有必須仍其口語，以存方言世語之真，或顯發言之人之性格者，有不必然者。大抵後世社會，實有兩種言語，同時並行。惟文言、口語真合一之時無之，稍分即稍有之矣。一爲文言，用諸筆札；一爲口語，宣諸唇吻。兩者有同有異。其異處：有可對翻者，有不可對翻者。可對翻者，宜改口語爲文言；不可對翻者，則宜仍口語之舊。蓋口語之性質善變，惟善變，故能盡萬物之情；文言之性質不變，非萬不得已時必不變，故其變甚緩，非謂竟不變也。惟不變，故能節制口語，不使絶塵而馳，使今古之語言，常相聯絡。又口語失之鄙俗之處，文言能救藥之，此等處，翻口語爲文言，可使鄙俗之情形，依然如見；而穢惡之感觸，業已不存。此文言所以與口語並行而不容廢也。然此皆唐宋以後，散文既興，而後能然。若前此塗澤模仿之文，則直是般演古人之言語耳，幾無以達人之意，此劉氏所以力詆之也。

明乎此，則可知唐宋以後，散文之所由興矣。變浮靡爲雅正，南北朝來，久有此論；然其事卒至唐之韓、柳輩而後大成者，前此矯浮靡之弊之人，仍是般演古人之語，不過所般演者不同而已，如蘇綽之擬《大誥》是也。直至韓、柳輩出，用古文之義法，以運今人之語言；其法雖古，其詞則新，今人之意，至此乃無不能達矣。此其文所以爲後世所不能廢也。

因求文字之雅，而割棄事實，文人往往不免。如吳摯甫與人書，謂："《後漢書》所載羣盜之名，銅馬、大肜、高湖、重連、鐵脛、大搶、尤來、上江、青犢、五校、檀鄉、五幡、五樓、富平、獲索等。殊爲不雅，使史公遇此，必別有法以處之。"而不知史公之文，實當時最通俗之文也。吳氏處史法及文字義法大明之世，而尚不免此論，文人意見之錮敝，可勝嘆哉！

## 浮詞第二十一

此篇戒叙事時羼入主觀之語，以致失真也。叙事不可羼入議論，人尚易知；乃至詞氣未竟之時，加一二語以足之，而亦有關出入，則知者甚鮮，劉氏此論，可謂入微矣。惟其議古人，亦有失當處，如賢，"愈也"，"趙執諸子，無恤最賢"，但謂其勝於餘子；"蕭何知韓信賢"，亦謂其過於常人耳。且賢字非專指德行，才優於人，亦賢也。劉氏不知訓詁，而妄加抨擊，誤矣。又《酷吏傳》謂"嚴延年精悍敏捷，雖子貢、冉有不能絶"，此子貢、冉有，不過長於政事之代名，語言自有此例，如辯擬蘇、張，勇侔賁、育等皆是也。劉氏不知文例，而妄加抨擊，又誤矣。要之：劉氏論事，長在精核；而其短處，則失之拘泥武斷，與王充《論衡》殊相類也。能謹守條例是其長，實未通天然之條例，而妄執不合之條例，以繩墨人，是其短。

叙事所最忌者，爲增益其所本無，如《高士傳》之倫是也。若《魏書》稱以鳥名官,而曰"好尚淳樸,遠師少皞"之類,人人知爲浮詞,決不致誤以爲事實,文字雖劣,詒害轉淺。

凡叙事欲求其簡,往往捨有形之事實,而作一總括之語;又有既叙事實,復作一總括之語以示人者,往往易犯此篇所指之弊,不可不察。

# 叙事第二十二

此篇論史家叙事之文,《簡要》、《隱晦》兩節極精,《妄飾》所譏亦是,當與《言語篇》參看。

《左氏》、《史》、《漢》等書,皆係裒輯舊文,非出自作;其所裒輯,亦非出一人之手,事極易見。然昔人於此,多見之未瑩。如此篇譏《史記》自周以往,言皆闊略;《左氏》當王道大壞,無復美辭,皆坐此弊。由其時讀古書之體未精也。

古者簡牘用少,事皆十口相傳,口傳最易失真,故古史所記之事,多不審諦。參看《申左篇》及其評語。然於文字之美,却大有裨。蓋事經輾轉傳述,自能將其無味之處淘汰;有精采、有趣味之處增加;其失真亦由於此。又能造出極精要之語,如《隱晦》一節所舉"晉國之盜奔秦"等是也。此乃所據如此,非關筆札之功,然於此,却可悟叙事之法。蓋事固有其緊要關鍵,而叙此緊要關鍵之語,又自有簡而且賅、晦而愈明者;叙事時苟能得此緊要關鍵,而又得此等佳語以述之,自能使其事精神畢見,而讀者亦如身歷其境矣。求諸文字不能悟,可借經於言語以明之,試觀善於言辭之人,其述一事,必有其所認爲緊要之處,於此必說得異常精采;其餘,則隨意敷陳而已。不獨叙事然,即論事說理亦然,中必有數緊要處,於此說得明白,餘俱不煩言而解矣。既觀諸人,當驗諸己,設想我述一事、論一事、說一理,究竟哪幾處,我認爲緊要邪? 既認定此數處爲緊要,出之於口,當以何辭達之邪? 於語言既明,乃即本此以觀文字,必有所得。

文貴簡,簡之道,在省字,又在省句,誠然。然如所譏《公羊》、《漢書》則當時口語如是,古人本言語以爲文,不容致譏也。惟以此譏古人則非,以此爲行文修辭之法仍是。所當致謹者,過求簡練,必與口語相去甚遠,文之與口語相去過遠者,往往誦之不能成聲。讀書非但目治,實亦一面默誦之,不能成聲,不徒有佶屈之病,並足使意義因而晦也。故文字之簡,當不妨音調之圓,昔之所謂"練不傷氣"也。

《妄飾》一節,譏漢人稱帝室爲王室,目諸王爲諸侯,以及短書小說,"論逆臣則呼爲問鼎,稱巨寇則目以長鯨",殊不達於文例。文字之用,端在引伸;引伸之詞,多以專指之名,易爲統類之語。此由立名之初,本指一事一物,非後乃即此一事一物所涵之義之一端，而引而伸之故耳。至此，則此名所含之義，已與其初造之時不同矣。如王字本爲有天下者之稱，既爲有天下之稱，即涵有天下之義，專用此義，則雖其人以皇帝自號，仍不妨以王室稱之矣。諸侯二字，久爲五等之爵之通稱，理亦由此。問鼎、長鯨，亦非實指其事其物，但爲覘覦之名，猛惡之稱；猶今人言根本之計，則曰釜底抽薪；狀凶暴之形，則曰刀頭舐血也。文字中此等處不可枚舉。復語如是，單文亦然，如"篤，馬行遲也"，而以爲篤實之稱；"頗，頭偏也"，而以爲不全之義；設皆援引本義，以相詰難，更何一字之可用邪？

## 品藻第二十三

褒善貶惡，誠亦史家所重。然人之善惡，論定極難；亦有奇節懿行，衆所共知，不煩陳論，而轉論列其褊端者，如泄冶正諫而死，而《左氏》載孔子之辭，譏其立辟以召禍。宣公九年："陳靈公與孔寧、儀行父通於夏姬，皆衷其衵服，以戲諸朝。泄冶諫曰：'公卿宣淫，民無效焉，且聞不令，君其納之。'公曰：'吾能改矣。'公告二子，二子請殺之。公弗禁。遂殺泄冶。孔子曰：'詩云：民之多辟，無自立辟。其泄冶之謂乎？'"豈謂正諫不足取？以其爲人所共知，無煩陳論故也。以此知論人固難，論古人論人之當否亦不易。如此篇詆秋胡之妻，至目爲"凶險之頑人，彊梁之悍婦"，實爲過當。孔子曰："不得中行而與之，必也狂狷乎！"凡奇節懿行，足使貪廉懦立者，無不自意氣激昂中來；其勝於貌中庸而實鄉愿者多矣。"奮乎百世之上，百世之下，聞者莫不興起也"，列而傳之，正有激濁揚清之效，而劉氏痛詆之，此非子政之失，而劉氏自失之也。又如《古今人表》，所據以爲甲乙者，今既不可得見；書缺有間矣，作此表者所見古人事跡，亦多後人所不知；又安得不守存疑之義，而遽譏其評論之失當乎？舉此兩端，餘可類推。要之，褒貶古人，極宜審慎，此篇所論，實未爲平允也。以此篇與《鑒識》、《探賾》兩篇同看，便知劉氏之所以譏他人者，往往躬自蹈之。

又近人多謂史家不宜以彰善癉惡爲宗旨，但當記述事實，悉得其真，以詔後人耳。此固然，然因欲彰善癉惡故，而所記之事，遂偏於可爲法戒者，幾於勸善懲惡之書，則誠失作史之意。若其不然，則雖以己意揚榷是非，示後人以去就，固亦未爲失當也。何者？事實具在，所論而誤，固與人人以共見，而未嘗彊人人以必從也。彰善癉惡誠非史家本旨，亦不失爲作史之一義，但惡以此害事實耳，無害於事，又何病焉？

## 直書第二十四

史事貴乎得實，而欲求得實，其事極難，求其實而不得，此無可如何之事也。真偽並陳，識有不及，遂至捨真而取偽，此亦無可如何之事也。乃至事實具在，識力亦非不及，徒以徇私畏禍之故，甘爲惡直醜正之徒，則史事之糾紛彌多，而後人欲睹信史，亦愈難矣。然詐偽日啓，淳樸日漓，"惟聞以直筆見誅，不聞以曲辭獲罪"，春秋以降，大抵皆然，此則記載之所以多誣，而考證之所以必不容已也。

大抵記載之誣妄者，後人皆可考證而得其真，以史事面面相關，能偽一事，必不能舉其相關之事而盡偽之也。然則虛美者，美究不可虛；掩惡者，惡亦不能掩；徒使後人并其作偽之伎倆而亦洞燭之，又添一笑柄耳。不亦心勞日拙乎？然雖如是，而真是非之爲其所淆亂者，亦必歷若干時；而後人考證之勞，因此而徒費者，亦不知其幾許矣。此則仗氣直書不畏彊禦者，所以究爲可貴也。

## 曲筆第二十五

推論史事極難，有知其記載之誣，而有相反之記載、傳説，足以證明之者：如司馬宣王列營渭曲，見屈武侯，雖陳、王杜口，陸機《晉史》且爲虛張拒葛之鋒，然有死諸葛走生仲達之言，已足爲葛優於馬之征，更得蜀老之説以參之，而晉人記載之誣，不待言而自見矣。然誣罔之記載，不能皆有此等相反之證據以折之。至如劉聖公，年代久遠，口傳其事者，既已無聞；其形諸記載者，又以"炎祚靈長，簡書莫改"，而誣罔之語，遂無所據以折之矣。然史以求直爲尚，明知其誣罔者，不能以無反證，故而遂聽之，則據理而推之法尚焉。如此篇以聖公身在微賤，已能結客報仇，避難綠林，號爲豪傑，決其無貴爲人主，南面立朝，羞愧流汗，刮目不敢視之理是也。此法用之，宜極矜慎。以人之行爲，非如他物之易測，前後易節，有所棄，有所蔽，而改其常度者，皆非無之也。然人之行爲，究非全不可測，如謂力足以扛九鼎，而忽焉見弱於病夫；謀足以奪三軍，而遽爾見欺於童豎，苟能決其非別有原因，即可斷其爲必無此事。故此法用之雖宜慎，而亦非竟不可用也。

大抵載籍完備之世，一事之記載誣罔，皆可從他方面求得相反之證據以折之；載籍闕略之世則不然。《孟子·萬章上篇》論史事幾皆據理而推，近人頗不然之，然須知當時記載闕略，實有不得不爾之勢也。其有反證處，孟子亦非不用，如萬章問或謂孔子於衛主癰疽，而孟子謂孔子於衛主顏仇由是也。其論百里奚，以其知虞公之不可諫而去之秦，年已七十，而決其不至食牛以干主，亦非全不據事實。

　　史家記載，多有誣罔，非必不知其誣也，信史既已無存，史事又不可闕，則不得不據其現存者而姑書之。不明言其誣罔者，意亦以爲此事之誣罔昭然可見，讀者當自知之，無待於言耳。然究以明言之爲善，如《金史·海陵紀》，盡載其淫亂之事，而又明言其爲世宗時誣罔之辭是也。

　　謂陳壽以父辱受髡，謗議蜀漢，此言亦頗失實。黃氣見於秭歸等，未必定出史官；不置史官，亦非大惡，何足爲謗？《晉書·陳壽傳》謂壽以父受髡，因訾諸葛亮將略非長。今讀《三國志·諸葛亮傳》曰：“然連年動衆，未能成功，蓋應變將略，非其所長歟？”及以亮所敵對者爲司馬宣王，故有此不得已之辭，然猶如一蓋字，以爲疑辭也。其《上諸葛氏集表》曰：“然亮才於治戎爲長，奇謀爲短，理民之幹，優於將略；而所與對敵，或直人傑；加衆寡不侔，攻守異體，故雖連年動衆，未能有克。昔蕭何薦韓信，管仲舉王子城父，皆忖己之長，未能兼有故也。亮之器能政理，抑亦管、蕭之亞匹也，而時之名將，無城父、韓信，故使功業陵遲，大義不及邪？蓋天命有歸，不可以智力爭也。”以時無名將爲問，而以天命有歸爲答，則大義之不及，非由將略之未優可知；凡諸貶損之詞，悉非由衷之言明矣。此外全傳之文，無不推挹備至。謗議之云，寧非夢囈？劉氏讀書，最爲精核，於此顧未見及，信乎論古之難也。

　　後世直道陵夷，子孫恆欲虛美其祖父。史家不察，據以成書，其於求信，爲累甚大，趙宋一史，此弊尤深，試讀《岳飛傳》，便可知之。《陳慥傳》直錄蘇軾之《方山子傳》，尤可發噱，此乃贈序之流，豈可據以作史邪？如欲錄之，則當用《漢書·揚雄傳》之例，注二語曰：“蘇軾之《方山子傳》云爾。”庶乎其可。

## 鑒識第二十六

　　此篇所論極精，惟有兩端非是：一劉氏譽《左》成癖，其實《左氏》所載，未必盡信，詳見《申左篇》評；又一“虞舜見陋，匿空而出；宣尼既殂，門人推奉有若”。古人傳説，大抵如此，以爲不足信而棄之，古史之所取材，將無幾矣。史公時代相去久遠，所據史料，又多佚亡，去取之意如何，實已無可考見。妄加推測，總難得當，不如置之不論不議之列。食肉不食馬肝，未爲不知味也。

## 探賾第二十七

　　欲評一書，必先知其書之體例；然古書體例多不自言，貴在讀者求而得之。求得一書之體例，必須通觀全局，虛心推校；妄爲穿鑿，無當也。此篇所譏孫盛之論《左氏》、《漢紀》，葛洪之論《史記》，即犯此病。此病明人最多，由其讀書不講義例，而好爲新奇之論也。

## 模擬第二十八

　　文辭宜據事理，所謂"協諸義而協，則禮之所無，可以義起"者，行文之道亦然也；然世多好模擬古人，而不求其所以然之故，此則劉氏所譏貌同心異者矣。大抵放古不襲形跡，實至韓、柳而後能然；六朝人之擬古，則專襲其形跡者，故劉氏深譏之也。參看《言語篇》評。史文近已而事相類，而自晉以降，轉喜效五經，即模古但取形跡之證。

　　此篇所譏，又可分爲二科：一模擬古人之書法而失之者：如譙周《古史考》書李斯之死曰"秦殺其大夫"，吳均《齊春秋》每書災變亦曰"何以書？記異也"是也。一爲模擬古人之文字而失之者：如干寶《晉紀》之"吳國既滅，江外忘亡"是也。

　　浦氏曰："《左氏》敘一人，名封字謚傳中錯出，讀者苦之。必斲、牂、産、僑之爲擬，竊謂非是。"案此蓋《左氏》之作，由於哀集舊文，其敘一事之辭，初不出一人之手，昔人於文字不甚注意，故未曾刊改，使歸一律也。此雖在當時爲人人所知，不爲大害；然究係古人之疏，並此而欲效之，誠可謂譽《左》成癖，抑亦不免貌同心異之譏矣。惟《左氏》敘事，簡而且明，劉氏所謂："文雖闕略，理甚昭著。"誠有獨絕古今者，奉爲史家文字之準的，誠不誣也。

　　《敘事篇》評云："口傳最易使事實失真，然於文字之美，却大有神。蓋事經輾轉傳述，自能將無味處淘汰，有精采、有趣味處增加；又能造出極精要之語故也。"此篇所稱"舟中之指可掬"等語，亦可爲前說之證。此等處，文人握管效爲之，亦或得其近似，然終不如口相傳述者之有神采矣。此亦一人之智不敵多人之一端也。

## 書事第二十九

　　此篇論史家去取之法也。史文無論如何詳贍，斷不能將所有之事，悉數網羅，則必有所去取；去取必有標準，此篇所舉荀悦、干寶之論，及劉氏所廣三科，皆其標準也。此等標準，隨世而異，難以今人之見評議古人。若以昔時眼光觀之，則本篇所論，大抵可云得當。惟藩牧朝貢、官吏遷黜，足資考核之處甚多；書之本紀，或病繁蕪，一舉刪之，亦傷闕略，是宜用旁行斜上之法，作表以備檢查，往史固有行之者矣。大抵劉氏之時，考證之學未盛，故劉氏所論，多只求史例之謹嚴，而不甚知零星事實之可貴也。欲刪表曆，即其一端。

去取標準，既隨世而異；則作史者無論如何盡心斟酌，亦決無以饜後人之望。然則如之何而可乎？予意莫如史成之後，仍保存其長編。長編者，舉所有事實，悉數網羅，無或遺棄者也。則後人去取標準設或有異前人；更事搜羅，不患無所取材矣。即去取標準不異，而編纂之際，百密必不免一疏；存其長編，亦令考證者得所借手也。不但新作之史如此，即據舊史重編者亦然。後人校勘此書，可省無限氣力。

# 人物第三十

此篇亦論史文去取者。除古書去今已遠，去取之意不可知，不容妄論外；如責《史記》不爲皋陶、伊尹、傅說、仲山甫列傳。自餘所論，多中肯綮，論史例者，所宜熟復也。

史之責，只在記往事以詒後人；懲惡勸善，實非所重。即謂懲勸有關史職，而爲法爲戒，輕重亦均。本篇之論，意似側重於勸善，亦一蔽也。

# 覈才第三十一

此篇亦攻六朝華靡之文，不可以作史也。唐時史館，多取文人，劉氏目擊其弊，故不覺其言之之激，宜與《辨職》、《自叙》、《忤時》等篇參看。

# 序傳第三十二

書之有序，其義有二：一曰：序者，緒也，所以助讀者，使易得其端緒也。一曰：序者，次也，所以明篇次先後之義也。《史記》之《自叙》，《漢書》之《叙傳》，既述作書之由，復逐篇爲之叙列，可謂兼此二義。夫欲深明一書者，必先知其書之何以作，及其書之如何作。而欲知其書之何以作、如何作，則必不容不知作書之人。孟子曰："誦其詩，讀其書，不知其人可乎？是以論其世也。"此後之人，所以於古之著書者，必詳考其身世，或爲之傳記，或爲之年譜也。人之知我，必不如我自知之真，亦斷不如我自知之悉，然則欲舉我爲何如人以告讀者，誠莫如我自爲之之得矣，此序傳之所由興。不過以完其書序之責，初非欲自表暴也。古重氏族，又其事業多世代相承，故其自序，必上溯祖考，甚者極之得姓受氏之初，亦其時自敘之義當爾，非苟自夸其先世也。惟其如是，故其所溯可以甚遠，初不必以其書之年代爲限。本篇譏班氏《叙傳》，遠逾漢代，似非也。若其情形已與古異，而猶模擬古人之形跡；侈述先世，實則所記者乃不知誰何之人；又屑屑自表暴，而其所述者，亦皆無足重輕之事，則誠有如劉氏之所譏者矣。然後人蹈此失者頗多，皆由不知古人文字之所以然，而妄模擬其形跡也，正劉氏所謂貌同而心異者也。

自敘貴於真實，既不宜妄益所長，亦不宜自諱其短。衒粥誠爲醜行，文過尤爲小人矣。相如自序，不諱竊妻，正古人質直之處。王充叙其先世，語皆真實，但謂任氣不揍於人，並無爲州閭所鄙語。其謂瞽頑、舜神、鯀惡、禹聖，乃設難以"宗祖無淑懿之基，文墨無篇籍之遺，雖著鴻麗之論，無所禀階，終不爲高"，而答以"士貴孤興，物貴獨產"，推論及此，非以舜、禹自方，瞽、鯀目其先世也。"細族孤門"，寧必自諱？亦豈容終諱？劉氏所論，亦似有誤會。

## 煩省第三十三

古史卷帙少，後史卷帙繁，自由材料有多少，不關書之優劣，才之工拙也。令升、世偉之言，殊爲未達；劉氏所辨，極其雋快。

史文煩省，究竟如何方爲得宜？直是無從對答。此由向者每欲斷代勒成一史，既以存先朝之事跡，又以備學者之誦讀，兩事并爲一談，故有此難題也。其實存先代事跡，與備學者誦讀，自係兩事。存先代之事跡，自以完備爲貴。備學者之誦讀，則隨各人資性之不同，或詳或略，可由學者撰述，聽人自擇也。故知作史可仍存其長編，而史文難於割棄之憂解；知誦習不必專於一書，而史文動憂汗漫之難除。

## 雜述第三十四

此篇乃劉氏所謂非正史者也，合此篇及《六家》篇觀之，可見劉氏史書分類之法。

正史與非正史，其別有二：一以所記有無關係別之，説詳《六家篇》評；一則視其曾否編纂成書，抑但記録以供後人之取材，此篇所謂"爲削藁之資"者也。以爲區別。蓋凡編纂成書者，必有一定之範圍，於其所定範圍中，必曾盡力搜輯，故可信其較爲完備，否則有"丘山是棄"者矣。此偏記、小録等書，所以所記雖與正史同，而不容視爲正史也。又凡編纂成書者，於其所取材料，必曾加以考核，故可信其較爲確實；否則有"苟載傳聞，而無銓擇"者矣。此則逸事一流，所以雖可補正史之遺，而亦不容視爲正史也。此兩端，凡編纂成書者，固未必能皆盡此責，然其用意則固如此，故以體例論，正史與非正史終有區別也。《廿二史劄記·序》曰"間有稗乘脞説，與正史歧互者，不敢遽詫爲得間之奇。蓋一代修史時，此等記載，無不搜入史局。其所棄而不取者，必有難以徵信之處。今反據以駁正史，不免詒譏有識。是以此編多就正史紀、傳、表、志，參互勘校"云云，即是此意。惟稗乘脞説，盡有爲修史時所未見者；又有雖見而未嘗參考，或考之未精者，其足正正史之處甚多。要當隨事考核，以定信否，不容據其體例，遽執一概之論也。

讀史必求原文，編纂而成之史，必較其所取材者爲後起，然世之所取，顧在此而不在彼，以此也。惟此二者之界，初非一定不移，關係之有無、大小，隨時代而所見不同。有昔人視爲無足重輕，而今則覺其極可珍貴者。昔惟視爲無足重輕，故聽其佚亡，不加記述，其材料遂如東云一鱗，西云一爪，散見各處，有如劉氏所云"言皆瑣碎，事皆叢殘"者。若能加意搜輯，網羅貫串，即可成有條理統系之書；條理統系具，而其關係自見矣。凡昔日所無，今人視爲有關係而新作之史，皆當屬此類，故自非正史而入於正史者，今後必將日出不窮也。

郡國書、地理書，即後世方志之源也。此類書之長處，在其記載之詳；其短處，則在偏美其本地，又或傳諸委巷，用爲故實，方志之不可盡爲信史，即由於此。然史材富足，究爲美事，亦視用之者何如耳。故各地方之志乘，將來必於史籍大有裨益也。又中國疆域廣大，五方風氣不齊，一區域之中，其情狀往往與他區域大異，得此類書，即可見一區域進化之跡，此亦國史所不能詳也。《六家篇》評言國別史不宜作，乃就政治言之。

家史材料，有出於方志及國史之外者，亦爲可寶，但亦病其不真實耳，是亦宜善用之也。

都邑簿不徒可見一地方之社會情形，並可見其物産及建築物等情狀，最爲可貴。劉氏以繁蕪爲病，以今日之眼光觀之，則正取其多多益善耳。此等材料，亦爲方志所兼該，方志之係於國史，誠大矣哉！

所論瑣言之失，乃魏、晉以後風氣如此，讀《抱朴子·疾謬篇》可見。

## 辨職第三十五

史職有二：一修前代之史，如清史館是也；一記當代之事，如今國史館是也。前代之史，自南北朝以前，皆成於一手；至唐始設局集衆爲之，後遂沿爲常例矣。參看《古今正史篇》。昔時論議，大抵左祖私修，此篇謂："古來賢儁，立言垂後，何必身居廨宇，跡參僚屬？"亦主張私修者也。論學識之相宜，及能實心任事，以及宗旨一貫，事實不易牴牾，自以私修爲勝。惟史料至後世而愈繁；史之重客觀，亦至後世而愈甚。編纂成書，既非獨力所及，搜材料，尤非私家所能；集衆爲之，佐以國力，亦誠有所不得已也。然衆手所修，總不過排纂事實而止，此正章實齋所謂比次之業，不足語於著述者。今後最好但以此等書保存史材；至於供學子閱讀、及名家自述己見之書，則一聽諸學人之自撰。範圍廣狹，卷帙多少，皆不必拘，不必如向者拘定每朝一史，或欲包括各種門類。庶幾離之兩美耳。

國家設立史館，以記當時之事，亦特沿之自古，其實以後世疆域之大、人事之繁，斷非設一官焉所能有濟也。章實齋欲以方志爲國史儲材，可謂特識，然此亦章氏時情勢如此。若在今日，則並非一縣設一志科所能盡其責矣。要其由分而合，多儲材料，以備取裁，其意則仍可師也。在今日，如將各種報紙分別保存，亦爲預儲材料之一法。又昔時儲備，僅以地分；今則各種事業皆日新月異，並可隨業以儲史材也。

## 自叙第三十六

此篇不遠述先世，無《序傳篇》所譏之弊，自叙亦極實在。

史也者，終古在改作之中者也。蓋無論如何詳贍之史，決不能舉宇宙間事備載無遺。而宇宙間事，其有關係當研究也，實無遠近，大小若一，遠近、大小，原係人所强立之名。特人不能盡知，當某一時，則覺某一類事關係較重，而研究者遂羣趨於此途耳。然則非事有有關係、無關係，其關係有大、有小，乃人於事之關係有時知之，有時不知；有時知之明，有時知之昧耳。惟人於事之關係，所感時有變遷，故於舊有之史，時時覺其不適於用；覺其不適於用，即須改作矣。人之見解，非旦夕可變；故史之需改作，亦每閱數百年而後有此趨向。而大史學家遂應運而生焉。中國論作史之法，有特見者，當推劉知幾、鄭漁仲、章實齋三人；世皆怪此等人才之少，不知此等人，必值史學趨向大變之時而後生，其勢不能多也。若夫宗旨無甚特異，但循前人成例，隨事襞積補苴，此等人才，則固不少矣。此篇欲自班、馬以降，諸史之書，普加厘革，即可見其見解有迥然特異於人者在也。

此篇所記徐堅等七人，其懷抱皆與劉氏相似者也。可見當時具劉氏一類之思想者，實不乏人；此亦無論何種思想，皆係如此，特其說有傳、有不傳，其人有著、有不著耳。此以見一思想之興，必其時勢所造成也。

此篇所舉七人，新、舊《唐書》皆有傳，薛謙光其初名。史從其後稱之曰薛登。宜與劉氏本傳合看。

# 外　篇

## 史官建置第一

《四庫提要》云："《外篇》之文，或與《内篇》重出，又或牴牾。觀開卷《六家篇》，首稱自古帝王文籍，《外篇》言之備矣，是先有《外篇》，乃擷其精華，以成《内篇》，故删除有所未盡也。"案《外篇》之文，惟《雜説》最爲零碎，與《内篇》相涉處亦最多，其餘亦皆自成首尾，無以斷其爲《内篇》稿本。觀本篇論蜀漢置史官事曰："别有《曲筆篇》，言之詳矣。"則明成於《内篇·曲筆》之後，又安得謂先有《内篇》，乃擷其精華，以成《外篇》邪？

史之作，不盡由於史官；十口流傳，私家記述，皆與有力焉。然保存材料之多而且確，究以史官爲最，故論史之所由成者，必以史官居首焉。

史之始，蓋專司以文字記事。古者事簡，須以文字記之之事尤少，司其事者，蓋一夔已足，即或分屬諸兩三人，亦無庸多立名目，古書於史官多但稱史，蓋由此。至《周官》、《禮記》所載諸史之名，則史職日繁，逐漸分設者也。分職而後，長官蓋稱太史，亦單稱史，《禮記·禮運》曰："王前巫而後史，卜筮瞽侑，皆在左右。"《大戴禮記·保傅》曰："明堂之位曰：篤仁而好學，多聞而道慎，天子疑則問，應而不窮者謂之道，道者，道天子以道者也，常立於前，是周公也；誠立而敢斷，輔善而相義者，謂之充，充者，充天子之志者也，常立於左，是大公也；潔廉而切直，匡過而諫邪者，謂之弼，弼者，弼天子之過者也，常立於右，是召公也；博聞而彊記，接給而善對者，謂之承，承者，承天子之遺忘者也，常立於後，是史佚也。"二者所本蓋同，承即《禮運》所謂後史也。天子之立，左聖鄉仁，右義背藏。人能多所畜藏則智，博聞彊記正其事，而亦正史職也。此職蓋即後來之大史，《王制》曰："大史典禮，執簡記，奉諱惡。"以《周官》、《玉藻》所載史職考之：典禮爲諸史通職；執簡記屬左右史；奉諱惡屬小史；而《王制》並屬諸大史者，屬官所爲，固皆統於其長；此大史之所以稱大，亦其所以得專史之名也。《玉藻》所

257

記，亦王居明堂之禮，則左右史分設頗早；惟以倉頡、沮誦爲黃帝之左右史，則不足信。詳見予所撰《中國文字變遷考》。至小史、內史、外史等，則其分設當較晚，《周官》：太宰"掌建邦之六典，以佐王治邦國"；"以八法治官府"；"以八則治都鄙"；而太史之職"掌建邦之六典，以逆邦國之治"；"掌法以逆官府之治"；"掌則以逆都鄙之治"；實爲太宰之貳，猶漢御史大夫爲丞相之貳也。小史"掌邦國之志；奠系世，辨昭穆；若有事，則詔王之忌諱"。《續漢書・百官志》：太史令"凡國祭祀喪娶之事，掌奏良日及時節禁忌"，是其職。內史"掌八柄之法，以詔王治，太宰"以八柄詔王，馭羣臣"。執國法及國令之貳，以考政事，以逆會計，凡四方之事書，內史讀之"，猶漢御史中丞，受公卿奏事，舉劾案章，"天下計書，先上大史"也。外史"掌書外令，掌四方之志，掌三皇五帝之書；此即外國史。《史記・十二諸侯年表》謂："孔子西觀周室，論史記舊聞，興於魯，而次《春秋》。"《六國表》謂："秦既得意，燒天下詩書，諸侯史記尤甚。""詩書所以復見者，多藏人家，而史記獨藏周室，以故滅。"大抵當時大國，皆兼有外國之書。《左氏》：韓宣子適魯，觀書於大史氏，見《易象》與《春秋》，曰："周禮盡在魯矣！"是其證。楚左史倚相，能讀三墳、五典、八索、九丘，亦其物。正不獨周室也。掌達書名於四方；若以書使於四方，則書其令"，則秦監御史之職所由昉也。御史"掌邦國都鄙及萬民之治令，以贊冢宰。凡治者受法令焉，掌贊書，凡數從政者"，此掌治民之法，及官吏之除授黜涉，猶漢世三公之曹掾也。皆可以秦、漢事相明，足徵《周官》爲六國時書矣。總之，史官之職：一記隨時所生之事；一據所記已往之事，以逆方來之事。記隨時所生之事者，後世仍謂之史；據已往之事，以逆方來之事者，則後世不以史名。以古文字之用少，故事總屬史官；後世則分屬諸官，官自有其故事也。

諸官各有當記之事，即必有司記事之人，古代亦已肇其端：試觀《周官》所載，各官無不有史，即其一證。大夫大子家有史，官中有女史，亦以此也，特其時文字之用未廣，諸官之史，蓋僅能記極簡之事，亦不能久之庋藏，故各官重要文件，必總藏於史官。《周官》太史"凡邦國都鄙及萬民之有約劑者藏焉，以貳六官"。章實齋以此爲六典之文，皆有副貳之證。予則謂其物特藏於太史，而其本官初無之耳。

惟如是，故史爲藏書之府，《左氏》載韓宣子適魯觀書於大史氏是也；其人既司記事，又居藏書之府，故多博聞彊識，史佚、倚相是也；職司記事，則直筆不隱者出焉，董狐、南史是也；職司典法，則奉法不撓者出焉，紂父欲立微子啓，殷大史執簡以爭是也；愛重其法而不忍亡之者亦出焉，終古、向摯、屠黍之流是也。《周官》：大史"大遷國，抱法以前"，蓋即其所掌六典、八法等。鄭云"司空營國之法"謬矣。

史司以文字記事，故與文字關係最深。舊説以倉頡爲黃帝史官，始制文字，説出附會，詳見予所撰《中國文字變遷考》。然中國字書，可考最早者，爲周時之《籀篇》，實成於宣王太史籀之手；此説王靜安疑之，非也。《中國文字變遷考》中，亦已辯之。改革文字，事在秦時，其時之字書《博學篇》，亦成於太史令胡毋敬，則無可疑也。子曰："吾猶及史之闕文也，今亡矣夫！"《説文解字序》曰："非其不知而不問，人用己私，是非無正。"案此乃史官自造新字用之，文字之創始，出於自然，不能附會諸一二人；其孳乳寖多，則史官確有力焉。亦見《中國文字變遷考》。

　　史官之掌天文，必溯其源於古之明堂，乃能明之。蓋古者篤信神教，以爲一切政事，皆當仰承天意；而天之所以示人者，厥惟時序之變更，故出令必依乎此；苟或違之，天必降之以罰。《禮記·月令》、《管子·幼官》、《吕覽·十二紀》、《淮南·時則訓》所言，是其事。此皆後人追述古禮，書成雖晚，所記則古。至於中有太尉等秦官之名，則以今言述古事，古人行文，自有此例，不能以此疑其所述爲嬴秦之新典也。夫如是，則司政典者，不容不明天象可知；司記事者，其所記，亦必首重天變矣。《春秋》之書日食災變，亦沿之自古也。此篇謂武帝置大史公，位在丞相上，説出如淳引《漢儀注》。臣瓚曰："《百官表》無大史公。茂陵中書，司馬談以大史丞爲大史令。"《索隱》因謂"公者，遷著書尊其父之詞"；韋昭云"遷外孫楊惲所稱"；桓譚《新論》又謂"史公書成，以示東方朔，朔爲平定，因署其下，楊惲繼此而稱"；子孫私尊，友朋推獎，不容改易官名，立説殊不衷理。虞喜《志林》曰："古者主天官者皆上公。自周至漢，其職轉卑，然朝會坐位，猶在公上，尊天之道。其官屬仍以舊名尊而稱也。"如此説，則大史公三字，非官名，亦非著書者之尊稱，乃當時本有此語，行文即據口語書之，則《史記》多有此例，於理最允矣。設官分職，苟非有意變古，必也前事不忘。《周官》大史不過下大夫，武帝何得忽躋之上公？若其尊之如此，史公《報任少卿書》安得云"近於下祝之間；主上所戲弄，倡優畜之；而流俗之所輕"乎？武帝亦安得遽下之蠶室乎？故知如淳之説爲非，虞喜之言有據也。亦或《漢儀注》本作大史令；如淳以令爲官名，公乃尊稱，人人所知，不虞疑誤，史文作公，因改所引，令亦爲公，不更申説。又或如淳原注，公亦作令，妄人不知，據正文以改之。簡策流傳，多有訛謬，難可質言也。此可見古代史官之尊，後世史職之卑。尊卑之間，實爲史事一大轉捩。蓋古史所記，重在天道；後史所記，重在人事也。天道人事，相去日遠，則掌天官執簡記者，不容并爲一談，而"以別職來知史務，當官唯知占候"，自出於事所不容已矣。《後漢書·百官志》：太史令"凡國有瑞應、災異，掌記之"。記注之屬於天道者，固未嘗奪其職也。《月令》："乃命大史，守典奉法；司天日月星辰之行。宿離不貸，毋失經紀，以初爲常。"《周官》：太史“正歲時以序事，頒之於官府及都鄙，頒告朔於邦國。閏月，詔王居門，終月”。《月令》：“先立春三日，大史謁之天子。”立夏，立秋，立冬亦然。太師“抱天時，與大史同車”。此即《禮運》卜筮瞽侑之瞽也。《國語》：單子謂魯成公曰：“吾非瞽史，焉知天道？”亦即此。《周官》保章氏、馮相氏，叙大史之下。鄭注曰：“天文屬太史。”古書此等處尚多，皆足見史官之緣起也。

推史官初主天文，故能爲道家之學所自出。《漢書·藝文志》曰：“道家者流，蓋出於史官歷記成敗、存亡、禍福、古今之道，然後知秉要執本，清虛以自守，卑弱以自持。”說固不誤。然道家之學，非但取資人事，實冶古代出於天象之神教及後世綜合人事之哲學於一爐焉。此說甚長，當別論。

人類生而有戀舊之情，亦生而有求是之性。惟戀舊，故已往之事，必求記識而不忘；惟求是，故身外之物，務欲博觀以取鑒。包“歷記成敗、存亡、禍福”，及“多識前言往行，以畜其德”二義。前者，記事之史所由興；後者，記言之史所由，推及一切嘉言懿行也。參看《六家篇》評。求知之欲，亦根於求是之情也。故史官之設，古代各國皆有之，然至晚周、秦、漢之際，史學實生一大變。此時《史記》之前驅《世本》見《六家篇》評。及《史記》之作，皆超出前此史家成例，蓋實由國別史進爲世界史也。孔子西觀周室，論史記舊聞，而作《春秋》，卒僅因魯史，守國別史之成例，運會未至，固無能爲力哉！當時所謂世界，不過中國聲教所及，猶歐人前此以西洋史爲世界史也。此實非史官之職，而爲學者之業。故史公之能成《史記》，雖以其爲史官故，得紬金匱石室之書；而其能作《史記》，則存乎其人，初不係於其官也。人之思想，不能離羣而獨立。一二哲人之思想，亦必其時之人所同具。故談、遷而後，續其書者紛紛。進一步，則人主亦知其要，而有令蘭臺令史撰紀傳，東觀中人撰史記之事；更進，即當特設專官，以司其事矣。故古代史料，實由史官所留詒，而後世之設史官，則又私家之作史者，有以導其先路也。古代之史官，至此已不知史事矣。此可見政治之原動力，必仍在於社會矣。

漢明帝命班固撰本紀列傳，又因楊子山獻《哀牢傳》，征詣蘭臺，蓋誠得其人然後任之。自此以後，撰述東觀者，亦多知名之士。六朝著作，多妙選其人；他官有才學者，亦令兼領，猶存此意。自唐以後，史職乃漸見冗濫。所記皆拘於格式，限以成例，不爲人所重矣。此實周、齊以來，領以大臣，有以致之。述作固別有其才，不宜徒任位高者；徒取位高者而任之，必致有名無實，欲以重其事，轉以壞其事矣。此實史職之一大變也。《辨職篇》載晉康帝以武陵王領秘書監，實爲大臣領史之始。然特偶然之事。唐、宋以後，專以大臣領其職，則實周、齊開之也。

《詩·靜女》毛傳云：“古者后夫人必有女史。彤管之法，史不記過，其罪殺之。后妃羣妾，以禮御於君所，女史書其日月，授之以環，以進退之。生子月辰，則以金環退之；當御者，則以銀環進之，著於左手；既御，著於右手。事無大小，記以成法。"疏云："此似有成文，未知所出。"案此實兼《周官》女史、女御之職。《周官》女史"掌王后之禮職。掌內治之貳，以詔后治內政，逆內宮，書內令"，此所謂事無大小，書以成法者也。女御"掌御叙於王之燕寢"，則所謂以禮進退后妃羣妾者也。《左氏》宣公元年："鄭文公有賤妾曰燕姞"，"文公見之，與之蘭而御之。辭曰：妾不才，幸而有子，將不信，敢征蘭乎？"蓋古貴人多荒淫，御女或不省記，故須有人以記之。史不記過其罪殺，所謂記過，蓋使之司察后妃羣妾也。亦云酷矣。古代文字簡易，少學習則能之。女史記凡宮中之事，更進乃與女御分職，理所可有。惟古代淫風雖甚，而其男女防禁，初不如後世之嚴，漢世宮中猶有士人，三代以前，更無論矣。謂驪姬之泣，蔡姬之言，皆出於女史之記注，實無以見其必然；即漢武之《禁中起居注》，馬后之《明帝起居注》，亦未必皆成於女史之手也。

"草創者資乎博聞實錄"，謂搜輯史材，以備作史之用者也；"經始者貴乎儁識通才"，謂據史材以作史者也；此二語包蘊甚富，一部《文史通義》，殆皆發揮此義，今後亦無以易之。惟其職不必專在史官爾。大抵文明程度愈低，則人民所能自任之事愈少；文明程度高，則亦反之。且古代國小而事簡，史事由國家設官掌之已足；今則社會情形日益複雜，史材關涉之方面愈多；苟非留心此事者衆，能廣爲記錄保存，即國家能多設史官，史官皆克舉其職，猶難冀史材之完備也。中國史籍之繁富，國家之重視史事，誠有力焉。然今後則史官之重要，必將大不如前矣。古代野史少，後世野史多，即人民漸能留意史事之一證。

宋以後史官之制，今附述於下，以資參考。略據正史及《三通考》。

宋於門下省置編修院，俗呼爲史院。以掌國史、實錄及日曆。監修國史，以宰相爲之。修撰，以朝官充。直館檢討，以京官以上充。元豐四年，廢編修院，立史館。官制行，以日曆隸秘書省國史案。元祐移國史案，別置史院，隸門下。紹聖時，復還秘書。初唐太宗退朝與宰相議政事，常命起居郎一人，執簡記錄。高宗朝，許敬宗、李義府始奏令起居郎、舍人隨仗而出，以免漏泄機務。長壽中，姚璹以爲人主謨訓，不可遂無記述。若不宣自宰相，史官無得而書。乃表請仗下所言軍國政要，宰相一人，專知撰錄，號爲《時政記》，每月封送史館。五代以來，中書、樞密，並皆撰記。宋端拱後，密院事皆送中書同修，爲一書。王欽若、陳堯叟始乞別撰，不關中書，直送史館。日曆者，韋執誼爲相時，令史官所撰，乃國史之底稿也。宋秘書省有日曆所，著作郎佐掌之，合《起居注》及《時政記》，以

261

撰《日曆》；又有會要所，省官通任其事。《會要》起於唐之蘇冕，叙高祖至德宗九朝之因革損益；宣宗時，詔崔鉉等續之；而其書卒成於宋王溥之手，凡百卷。溥又修《五代會要》三十卷。宋天聖中，詔章得象編次。神宗命王珪續之，凡三百卷，稱《國朝會要》。南渡後所修，稱《中興會要》。若修實錄，則別置實錄院。修國史，則別置國史院。南渡後仍沿其制，起居郎、舍人，宋初爲寄禄官。別置起居院，命三館校理以上典其職，謂之同修起居注。官制行，罷之，還其職於郎、舍人。

遼國史院屬翰林院，有史館學士、史館修撰等官，亦有監修國史。劉慎行、邢抱樸、室昉、劉晟、馬保忠、耶律隆運、耶律玦、蕭韓家奴、耶律阿思、王師儒等，皆以此繫銜。見各本傳。著作局隸秘書監，有郎、佐。起居舍人院屬門下省，有起居舍人、知起居注、起居郎之官。

金國史院，亦有監修國史、修國史。其同修國史及編修官，並用女直、漢人。同修國史：女直、漢人各一；本有契丹，承安四年，罷之。編修官：女直、漢人各四，本亦有契丹，明昌元年，罷其三。著作局亦隸秘書監。有郎、佐，掌修日曆，初立記注院，置修起居注，皆以他官兼。貞祐三年，以左右司郎中員外郎兼，遂成定制。

元時政記屬中書，左司郎中。初置起居注，以翰林待制兼。至元六年，置左右補闕，以司記録。十五年，命給事中兼修起居注。改左右補闕爲左右侍儀奉御，兼修起居注；仁宗定給事中兼修起居注各二人，左右侍儀奉御同修起居注各一人。翰林國史，合爲一院。有修撰、編修之官。秘監僅掌圖籍。著作郎、佐，徒有其名而已。

明亦以翰林兼史職。修撰、編修、檢討，稱爲史官。實錄、國史，並其所掌。永樂以前，諸色參用。天順二年，用李賢奏，專選進士，遂爲成例。吳元年置起居注，無員。洪武九年，定爲二人，後廢之；十四年，復；尋又革。《神宗實錄》萬曆三年，大學士張居正申明史職議云：“國初設起居注官，日侍左右，紀録言動，實古者左史記事，右史記言之制；迨後定官制，乃設翰林院修撰、編修、檢討等官。蓋以記載事重，故設官加詳，原非有所罷廢。但自職名更定之後，遂失朝夕記注之規，以致累朝以來，史文闕略。即如邇者，纂修世宗及皇考實錄。臣等只事總裁，凡所編輯，不過總集諸司章奏，稍加删潤，隸括成編，至於仗前柱下之語，章疏所不及者，即有見聞，無憑增入。”云云。《春明夢餘錄》謂萬曆初，曾以居正之請，講官日輪一人記注，蓋居正當國，遂行其議也，然其後復罷。案《明史》：六科給事中，日輪一人，立殿右珥筆記旨，實古左右史之職。太祖定官制，廢起居注，蓋仍元制，以給事中司記録。其後職廢不舉，而居正乃別以講官代之也。

　　清初僅設文館。天聰十年，改設內三院，則記注實錄，皆內國史院所掌。其後史職亦屬翰林。以殿閣學士充總裁，講讀學士以下，充滿、漢纂修官。修國史，實錄聖訓皆然。有軍事則修方略，亦設館，以軍機大臣充總裁。纂修官亦出翰苑，或兼用軍機章京。記注官：滿八，漢十二，以翰林詹事官充。所記者，歲送內閣，會學士監視，貯庫收藏。

　　古者史事，悉由史官。國史則天子不觀，記注則大臣不預，故多能奮其直筆。《唐書·褚遂良傳》："遷諫議大夫，兼知起居事。帝曰：'卿記起居，人君得觀之否？'對曰：'今之起居，古左右史也，善惡必記，戒人主不爲非法，未聞天子自觀史也。'"蓋唐以前相沿之法如此。後世亦有行之者：元文宗欲觀史，編修官呂思誠曰："國史記當代人君善惡，自古無天子取觀者。"遂止，其一事也。但古代風氣質樸，史官盡職之念，君相畏法之心，皆勝於後世，故以能存此習慣爲常，後世則以能行之者爲變耳。自李義府、許敬宗奏令起居郎隨仗而出，而記注始失其官。自姚璹奏撰《時政記》，而載筆始由宰相。宋淳化中，梁周翰、李宗諤掌郎舍人事，始以起居注進御。後有撰述，亦必錄本進呈。於是司記注者有所畏忌，而不敢直書；而記時政者，則政事本其所出，二者遂皆與官書無異。日曆則據此銓次，繫以日月而已。宋以後史，寖類官書，以此也。此實爲史職之大變，論者多謂出於君相之私心，因恐人之書其惡，遂使萬世無公是非；其實事之是非善惡，亦正難言。史官非聖人，所記者何能舉得其當，且機密之事，亦誠有不容令人與聞者也。若使其人可以參預，則身亦爲機密中人，必不能奮筆直書矣。要之，史事但求記載詳備，苟其如此，是非功罪，自可據多方面推校；必求局中人之自暴其隱，世間安有此拙策？且史事關涉之方面多矣，正不獨在君相；太阿倒持，紀綱崩潰之世，尤不在於君相，又安得舉居要地者，悉立一人於其側，以記其言動邪？

　　然史官之失職，雖於史事無大關係；而遂謂君相之無私心，則亦不可。私之至，乃并其史之流傳而亦靳之矣。《日知錄》曰："司馬遷之《史記》、班固之《漢書》、干寶之《晉書》、柳芳之《唐曆》、吳兢之《唐春秋》、李燾之《宋長編》，並以當時流布。至於會要、日曆之類，南渡以來，士大夫家，亦多有之，未嘗禁止。今則實錄之進，焚草於太液池，尊藏於皇史宬。在朝之臣，非預纂修，皆不得見；而野史家傳，遂得以孤行於世。"蓋由畏人非議之一念，擴而充之，勢必至此。然豈真能箝天下人之口而錮蔽其耳目哉？亦可謂無謂矣。《通典》舉人條例，唐自高祖以下及《睿宗實錄》并《貞觀政要》爲一史，可見當時不禁人讀本朝史乘。

# 古今正史第二

　　《六家》篇所述六家，乃劉氏認爲正史者；其《二體》，則劉氏以爲可行於後世者也,已見前評。此篇即本《六家》、《二體》兩篇,將歷代可稱爲正史者,逐一叙述也。所舉者皆不越二體之外;惟《尚書》及三墳、五典不然,以其時二體未興也。

　　首節云:"伏犧始造書契,由是文籍生焉。"又曰:"伏犧、神農、黄帝之書,謂之三墳;少昊、顓頊、高辛、唐、虞之書,謂之五典。"説出《尚書僞孔傳序》,殊不足信。曩撰《中國文字變遷考》嘗辨之。其説曰:"伏犧造字之説,前無所承。或謂實出《許序》。顧許意特以見'庶業其繁',其來有漸;伏犧垂憲,僅資畫卦,其始較結繩更簡耳,非以作八卦爲造書契張本也。然《僞孔》之説,亦有由來。彼其意,蓋欲以三墳、五典,爲三皇、五帝之書;又欲以伏犧、神農、黄帝爲三皇,少昊、顓頊、高辛、唐、虞爲五帝,其説實遠本賈、鄭,特賈、鄭雖以三墳、五典爲三皇、五帝之書,而未嘗言三皇時有文字;雖於五帝之中,增一少昊,而未去三皇中之燧人,升五帝中之黄帝耳。《左氏》昭十二年:'是能讀三墳、五典、八索、九丘。'杜注但云:'皆古書名。'《疏》引《僞孔序》外,又曰:'《周禮》外史,掌三皇五帝之書,鄭玄云:楚靈王所謂三墳、五典是也。賈逵云:三墳,三皇之書;《文選·閒居賦》注引,"墳大也"三字。五典,五帝之典;八索,八王之法;《選注》作"素王之法"。九丘,九州亡國之戒。《選注》無九州二字,蓋奪。延篤言:張平子説:三墳,三禮,禮爲大防。《爾雅》曰:墳,大防也。《書》曰:誰能典朕三禮,三禮,天、地、人之禮也。五典,五帝之常道也。八索,《周禮》八議之刑。索,空,空設之。九丘,《周禮》之九刑。丘,空也,亦空設之。馬融説:三墳,三氣,陰陽始生天、地、人之氣也;五典,五行也;八索,八卦;九丘,九州之數也。'據此,《僞孔序》説八索、九丘同馬融;《僞孔序》曰:"八卦之説,謂之八索,求其義也。九州之志,謂之九丘,丘,聚也,言九州所有,土地所生,風氣所宜,皆聚此書也。"其説三墳、五典,則同賈逵。延篤説五典亦同,而説三墳則異。《周官疏》云:'延叔堅、馬季長等所説不同,惟孔安國《尚書序》解三墳、五典與鄭同。'是《僞孔》三墳、五典之説,實本賈、鄭也。三皇之説,《尚書大傳》、《含文嘉》、《風俗通》引。《甄耀度》宋均注《援神契》引之,見《曲禮正義》。皆以爲燧人、伏犧、神農。《白虎通》亦同。惟又列或説,以爲伏犧、神農、祝融。《元命苞》、《運斗樞》則以爲伏犧、女媧、神農。《元命苞》見《文選·東都賦》注引。《運斗樞》則鄭玄注《中候敕省圖》引之,見《曲禮正義》。案司馬貞補《三皇本紀》言:'共工氏與祝融戰,頭觸不周山崩,天柱折,地維缺。女媧乃煉五色石以補天,斷鼇足以立四極'云云。上言祝融,下言女媧,則祝融、女媧一人。《白虎通》或説與《元命苞》、《運斗樞》同。其五帝,則《大戴禮》、《世本》、《史記》,皆以爲黄帝、顓頊、帝嚳、唐堯、虞舜,蓋今文家之説如此。緯書多用今文説。鄭玄注《中候敕省圖》引《運斗樞》，其三皇之説，亦同今文，而五帝加一金天氏，遂成六帝。按《後漢書·賈逵傳》：逵奏《左氏》文義長於《二傳》者，曰：'五經家皆言顓頊代黄帝，而堯不得爲火德，《左氏》以爲少昊代黄帝，即圖讖所謂帝宣也。如令堯不得爲火，則漢不得爲赤。'此爲古文家於黄帝、顓頊之間，增一少昊之原因。然'實六人而爲五'，於理殊不可通。雖《曲禮正義》曲爲之説，曰：'以其俱合五帝座星'，亦終不免牽强。至《僞孔》説出，乃去三皇中之燧人，而升一黄帝，以足其數。於是黄帝、顓頊之間，雖增一少昊，而五帝仍爲五人矣。此實其説之彌縫而益工者也。然《周官疏》云：'文字起於黄帝。今云三皇之書者，以有文字之後，仰録三皇時事。'則賈、鄭雖以三墳、五典爲三皇五帝之書，猶未言三皇時有文字；而伏犧造字之説，實出《僞孔》矣。"以上《文字變遷考》原文。要之，我國古史，當始《尚書》，所謂三墳、五典者，究爲何物，殊難質言也。

《書》有今、古文。今文家以古文家所傳爲僞，而東晉晚出之古文，則又爲僞中之僞。實辨別經文真僞之最錯雜者也。今文家以《書》二十八篇爲備，見劉歆《讓太常博士書》。云《書》有百篇者，古文説也。古文家謂孔安國得古文書，以今文讀之，得多十六篇，其目具見《義疏》。姑無論其真僞，即謂爲真，亦無師説。故馬、鄭雖注古文書，於此皆不加注，謂之逸十六篇，今亦亡矣。東晉晚出之古文，增多二十五篇，篇數、篇名，皆與馬、鄭不合。是在古文中爲僞，而姚方興所得二十八字，則又僞之出於梅頤之後者也。晚出古文，自隋以後專行，宋朱子、吴棫始疑之，明梅鷟繼之。至清閻若璩始大發其覆，尚未得作僞者主名。丁晏撰《尚書餘論》，斷爲王肅所造，後儒多遵其説。近人吴承仕又謂不然，説見《華國月刊》中。要之，今所傳《尚書》，除今文所有二十八篇外，決爲僞物，惟究誰實爲之，則尚未能論定也。

《春秋》昔以《公》、《穀》爲今文，《左氏》爲古文。近崔氏適考定《穀梁》亦古文。今文家所謂《春秋》，乃合今之《春秋經》及《公羊傳》而名之。《公羊傳》之名，乃《左》、《穀》既出後所立，割去今之所謂經文者，儕之僞造之《左》、《穀》，而强名之者也。詳見所撰《春秋復始》。《左氏》，今文家疑爲劉歆取《國語》僞造，已見《六家篇》評。然解經處可以僞造，記事處不容杜撰。間有出於僞造者，如文十三年之"秦人歸其帑，其處者爲劉氏"等，昔人已明言之。此等處極少，且極易辨。故《左氏》以作經讀，非以作史讀，仍可信也。

《左氏》本史書，其記事自較《公》、《穀》爲多且詳，然亦有須參以《公》、《穀》，乃見其真者。又《左氏》所記之事實，亦不必皆信；世皆以爲可信，則以習讀此書，先入爲主；遇有異同，皆偏主《左氏》耳。詳見《申左篇》評。

《國語》疑即左氏原本，撰者名左丘，不名左丘明。《世本》爲《史記》先驅。《戰國策》乃縱橫家言，不可據爲史實。皆見《六家篇》評。

作史必羅致人才，搜集資料，必有事權、財力，乃克致之。其勢實以國家爲最便；中國史籍之富，國家之重視史事，實有力焉，不可誣也。然亦有一弊，則執筆者不敢直言，直言者多遭慘禍是矣。甚至他族入主，欲圖掩蓋其穢德，並史料而毀滅之，如元魏、亡清之故事。國之不競，文化亦聽人摧毀，豈不哀哉？

讀書必先通目録之學，乃不至於譾陋差誤。此篇就所謂正史者，加以考核：先考某朝此等書有幾，其幾猶存；繼考其成書之始末，及其善否。讀者得此，知治某朝之史，有若干書可讀，有若干書當讀；讀之當用何等眼光，實於學問大有裨益也。今日治史宗旨，既與古人不同；史書之範圍，自亦與昔時有異。居今日而言史學，實當將一切書籍，悉數看作史材。書籍既多，指示門徑之作，尤不容緩。惟書之源流，考校已非易易；至其善否，決定尤屬爲難，不徒如《四庫提要》等，以一二人之意，略加考證評騭者，未足饜學者之求；即如朱竹垞之《經義考》，盡鈔其書之序例者，亦尚嫌不足於用。最好更事擴充，於昔人之考訂評論，一一鈔録，作爲長編。其續出者，亦隨時修輯，歷若干時，即一刊布。此實校讎之弘業，非僅有裨初學已也。

唐以後正史，略述其源流如下，以資參考。略據《四庫提要》、《日知録》、《十七史商榷》、《廿二史札記》、《陔餘叢考》等書。

唐自武宗以前，皆有實録，其總輯各實録勒成一書者，又有國史。景龍間，吳兢任史事，武三思、張易之等監修，事皆不實，兢乃私撰《唐書》、《唐春秋》，未就，後出爲荆州司馬，以史草自隨，會蕭嵩領國史，奏遣使就兢取其書，凡六十餘篇，此第一次國史也。然尚未完備。開元、天寶間，韋述總撰百十二卷，並史例一卷，蕭穎士以爲譙周、陳壽之流，此第二次國史也。肅宗又命柳芳與述，綴輯兢所次國史，述死，芳緒成之，起高祖，迄乾元，凡百三十篇，而敘天寶後事，去取不倫，史官病之，此第三次國史也。後芳謫巫州，會高力士亦貶在巫，因從質問，而《國史》已送官，不可改，乃仿編年法，爲《唐曆》四十篇。以力士所傳，載於年曆之下，頗有異聞；然芳所作，止於大曆，宣宗乃詔崔龜從、韋澳、李荀、張彥遠及蔣偕，分年撰次，至元和，爲《續唐曆》三十卷，此第四次國史也。中葉，遭安禄山之亂，末造，又遭黃巢、李茂貞、王行瑜、朱温等之亂，盡行散失。五代修《唐書》時，因會昌以後，事跡無存，屢詔購訪。然《五代會要》云："有紀傳者，惟代宗以前，德宗只存《實録》，武宗並只《實錄》一卷。”《新書·韋述傳贊》云“大中以後，史録不存”，則雖屢購求，所得無幾矣。《新書·藝文志》所載唐代史書，爲《舊書》所無者，無慮數十百種，則修《舊書》時所有史料，實不如修《新書》時之多也。《舊書》成於晉出帝開運二年，其時劉昫爲相，任監修之職，由昫表上。故今本題其名，實則監修是書者爲趙瑩，天福五年，詔張昭遠、賈緯、趙熙、鄭受益、李爲光同修唐史，宰臣趙瑩監修。緯丁憂歸，瑩奏以刑部員外郎呂琦、侍御史尹拙同修。故吳縝《進新唐書糾謬表》，稱此書爲瑩所修；而薛、歐二史《昫傳》，皆不言其撰《唐書》也。其書自長慶以前，多仍舊史。諱飾之處，因之不能得實。會昌以後，則雜取朝報、史牘，補綴成之。本紀則詩話、書序、婚狀、獄詞，委悉具書，語多支蔓；列傳則多敘官資，曾無事實；或但載寵遇，不具首尾，所謂繁略不均者，誠有如宋人所譏。《新書》係仁宗命宋祁、歐陽修刊修，曾公亮提舉其事，歷十七年而成。修撰紀、志、表，祁撰列傳。故事，每書只用官尊者一人。修以祁先進，且於《唐書》功多，故各署以進。此見《直齋書録解題》。《解題》云：與此役者，尚有范鎮、王疇、宋敏求、呂夏卿。《宋史·夏卿傳》稱宰相世系表爲夏卿所撰。又據《新唐書糾謬》：天文、律曆、五行志，出於劉義叟；方鎮百官表，出於梅堯臣；禮儀兵志，出於王景彝。則纂修是書者，實尚不止歐、宋二人也。又據《十七史商榷》：宋祁修《唐書》，在天聖晚年，至慶曆中告成。修之奉詔，在至和元年，而竣事於嘉祐五年；則當修被命時，祁書久告成矣。豈其表上，實在全書告成之後耶？詔付裴煜、陳薦、文同、吳申、錢藻校勘，曾無建明，遂頒行之。據《新唐書糾謬序》。新書修纂時，太平已久，文事正興。舊時記載，多出於世。宋初續學之士，亦各據見聞，別有撰述。歐、宋又皆能文之士。進表所云：“文省於前，事增於舊。”誠爲克副其言。以大體論，自較舊書爲勝；然叙述亦不無舛誤。故頒行未幾，而吳縝《糾謬》之作即出焉。又宋祁文字，好爲僻澀，轉不如舊書之流暢，亦一病也。

《五代史》亦有新舊，舊史係宋太祖開寶六年四月奉詔纂修，七年閏十月造成。監修者薛居正，同修者盧多遜、扈蒙、張澹、李昉、劉兼、李穆、李九齡。五代雖亂離，而各朝皆有實錄，薛等即本之，而不復參考其事之真僞，此其成書之所由速，而亦歐陽修《新五代史》之所由作也。歐史本係私書，神宗熙寧五年，詔刊行之，於是二史並行。金章宗泰和七年，詔止用歐史。薛史由是漸湮。清開四庫館，從《永樂大典》中輯出。闕逸者，採宋人所徵引補之，始復成完帙，與《唐書》皆新舊並列爲正史焉。薛書文不逮歐史，而事較詳；然歐史所本，非僅實錄，故所記事，亦多出於舊史之外者；即同記一事，月日亦多不同，此其所以不可偏廢也。記五代十國者，又有馬令、陸游兩《南唐書》，亦皆正史體。

　　《宋》、《遼》、《金》三史，皆元時所修。宋代史材最富，每帝皆有實錄、國史。其纂修始末，具見《宋史·百官志》，今不復臚舉。宋之亡也，董文炳在臨安主留事，曰："國可滅，史不可滅。"乃以宋史館記注，盡歸元都，貯於國史院。此又宋代史料所以得無散佚也。至遼、金二代，則記述本少，而遼尤甚。遼太宗會同元年，曾詔有司，編始祖奇首可汗事跡，然今《遼史》僅記其生於都庵山，徙潢河之濱而已，則搜集所得無幾可知。聖宗命劉晟、馬保忠監修國史。《耶律孟簡傳》云：以爲"本朝之興，幾二百年，宜有國史，乃編耶律曷魯、屋質、休歌三人行事以進，興宗命置局編修"。《蕭韓家奴傳》云：擢翰林監修國史，乃錄遙輦以來至重熙共二十卷上之。其時又有耶律谷欲、耶律庶成與蕭韓家奴，共編遼上世事跡，及諸帝實錄。道宗大安元年，史臣進太祖以下七帝實錄，蓋即韓家奴本，審訂成之。劉輝謂道宗曰："宋歐陽修編《五代史》，附我朝於四夷，妄加貶訾。臣亦請以趙氏初起時事，詳附國史。"則不惟有實錄，更有《遼史》矣。蓋聖宗雖詔修纂，實至是時始裒輯成書也。金熙宗嘗於宮中閱《遼史》，蓋即此本。天祚帝乾統三年，詔耶律儼纂太祖以下諸帝實錄，共成七十卷，當爲遼世實錄最完備者。熙宗詔耶律固、移剌因、移剌子敬等續修《遼史》，而卒業於蕭永祺，皇統七年上之，此金第一次所修。章宗又命移剌履提控刊修，党懷英、郝俁充刊修官，移剌益、趙渢等七人爲編修官，凡民間遼時碑志、文集，或記憶遼時舊事者，悉送官，同修者有賈鉉、蕭貢、陳大任等。泰和元年，又增修遼史官三員。有改除者，聽以書自隨。党懷英致仕，詔陳大任繼成之，此金第二次所修也。至元修《遼史》時，耶律儼、陳大任二本俱在。今《遼史·后妃傳序》曰："儼、大任《遼史·后妃傳》，大同小異，酌取以著於篇。"《曆象志閏考》中，並明著儼本某年有閏，大任本某年無閏。則元修《遼史》，不過合校此二本而已。金代文化，較契丹稍高，故記載亦較詳備。《金史·完顏勗傳》及《宗翰傳》，謂女直初無文字，祖宗時並無記錄，宗翰好訪問女直老人，多得先世遺事。太宗天會六年，令勗與耶律迪越掌國史。自始祖以下十帝，綜爲三卷，所紀咸得其實。皇統八年，勗等又進《太祖實錄》二十卷。大定中，修《睿宗實錄》成，世宗曰：當時舊人，惟勗英在，令史官就問之，多所更定。衛紹王見弒，記注無存。則元初王鶚修《金史》，採當時詔令及金令史賓詳所記二十餘條，楊雲翼《日錄》四十條，陳老《日錄》三十條，及女官所記資明夫人授璽事以補之。是《金史》舊底，頗爲確核。其宣、哀以後諸將列傳，則多本之元好問及劉祁。《金史·文藝傳》稱，好問晚年以著作自任。時《金實錄》在順天張萬戶家。言於張，願爲撰述，有阻而止。乃構野史亭，著述其上，凡金源君臣遺言往行，採摭所聞，有所得，輒以片紙細字記錄，至百餘萬言。《壬辰雜編》謂劉祁撰《歸潛志》，於金末之事，多有足徵。蓋金之末造，史料雖傷闕佚，然其存者，則頗可信矣。此則綜論金之史跡，繁富雖不如宋，而翔實已勝於遼者也。元之修《遼》、《金》二史，事在世祖中統二年，以左丞相耶律鑄、平章政事王文統監修，尋詔史天澤亦監修。宋亡，又命史臣通修三史。延祐天曆間，屢詔纂修。時則或欲以宋爲世紀，遼金爲載紀；或欲以宋爲南史，遼金爲北史；或欲以太祖至靖康爲宋史，建炎以後爲南宋史。持論不決，書遂無成。及順帝時，詔宋、遼、金各爲一史，而編纂之法乃定。順帝之命脫脫修三史，開局於至正三年三月，而告成於五年十月。其程功實較明修《元史》爲更速，以世祖時業有成書，當時僅從事編排也。然三史實皆未饜人意。《宋史》前病繁蕪，後傷簡略，抵牾訛謬，尤屬僂指難窮。《遼》、《金》二史，以史料之少，抵牾訛謬處較少，然亦簡略已甚。二國文獻，固不如宋之有徵，然在當時，史事未必闕佚至是。至《宋史》末造之簡略，則尤無可恕矣。此則官纂之書，所以恆爲世所不滿也。宋代私家所撰史甚多，其用紀傳體者，惟王偁《東都事略》。遼則宋葉隆禮所撰《契丹國志》，係孝宗時奉敕所撰，多據中國人書。金則有《大金國志》四十卷，題宋宇文懋昭撰，以遼金史簡略之甚，得之亦足寶也。《夢溪筆談》云：遼制：國人著作，惟聽刊行境內。有傳於鄰境者，罪至死。此《契丹國志》所以僅據中國人記述歟？其所據之書，今又多亡佚，故此書彌可寶也。

元人自述其事最早之書曰《脫卜赤顏》，即所謂《蒙古秘史》也。其書以太宗十三年開忽力而臺譯言大會。時，成於客魯漣今克魯倫河。迭額阿剌勒之地，用回紇文，元人是時尚未有文字，恆令回紇人當載筆之任，著此書者，蓋亦回紇人也。此書仁宗時嘗用華文迻譯，名《聖武開天記》，亦曰《皇元聖武親征錄》。而西域宗王合贊，命波斯人拉施特撰《蒙古全史》亦本之，然已爲修改之本，於太祖殺異母弟，及與札木合戰敗績等事，皆加諱飾，不如秘史之得實矣。元修《宋》、《遼》、《金》三史時，因事跡不備，虞集嘗請以《脫卜赤顏》參訂。或言此書非可令外人傳者乃止，故此書在元代，中國人訖不得見。至清人，乃從《永樂大典》中輯出焉。《脫卜赤顏》而後，曠無記述。世祖中統三年，始詔王鶚集廷臣議史事，鶚請以先朝事付史館。至元元年，敕翰林院採累朝事跡，以備纂輯。後撒里蠻等進累朝《實錄》。成宗時，兀都帶等又進太宗、憲宗、世祖《實錄》。皆事後追述，不免舛漏。明初，得元《十三朝實錄》，據以修史。而徐一夔致王禕書曰："元朝不置日曆，不設起居注；獨中書置時政科，遣一文學掌之，以事付史館；易一朝，則國史院據以修實錄而已。"其不能詳密可知。明修

《元史》，開局於洪武二年二月，而成書於是年八月。以順帝無實錄，復詔遣使分行天下。涉史事者，令郡縣上之，三年二月，復開局，至七月而書成。兩次爲總裁者，皆宋濂、王祎；而始終任纂錄之事者，則趙壎也。成書既速，草率特甚。遺漏、歧誤、復緟之處，不可僂指。明解縉有《與吏部侍郎董倫書》，謂《元史》舛誤，承命改修云云，事在太祖末年，然所改者今無傳。清世從事此書者頗多。最早者爲邵遠平之《元史類編》，據《經世大典》、《元典章》等書加以補正。自《秘史》出，始得元人自述開國時之史料，洪鈞譯拉施特等之書，以爲《元史譯文證補》，又得異域史料。於是欲改修《元史》者，有魏源之《元史新編》、屠寄之《蒙兀兒史記》，皆未成。而柯劭忞重修二百五十七卷，於民國十一年刊行。奉大總統徐世昌令，列於正史，如唐五代之例，新舊並行焉。

　　明代史官不舉其職，故有實錄，無國史，實錄又闕建文、天啓、崇禎三朝。而士好橫議，學不核實，野史甚多，抵牾尤甚。清初，傅維鱗以實錄爲底本，參以志乘文集，撰《明書》百七十一卷。其時潘耒有志明史，嘗作長編，後僅成考異數十卷。康熙十七年，開博學鴻詞科，命取中諸臣分纂，以葉方靄、張玉書爲總裁，繼以湯斌、徐乾學、王鴻緒、陳廷敬、張英等。後由玉書主志，廷敬主紀，鴻緒主傳。五十三年，鴻緒傳稿成，表上之，而本紀、志、表尚未就。至雍正二年，乃再表上，命張廷玉爲總裁，即《鴻緒本》選詞臣再加訂正，至乾隆四年乃成，蓋前後凡六十年焉。《明史》之成，以王鴻緒之力爲多。然鴻緒之《明史稿》，實攘諸萬斯同而又加以改竄者。斯同於《明史》事最核，其撰《明史稿》，嘗言：“吾所取者，或有可損；所不取者，必非其真。”而爲鴻緒私意所亂。斯同固無意於居其名，然因此而使今日之《明史》，轉不如其原稿之可信，則滋可惜已。

　　清代文字之獄最多，故無甚私史。官修之書，則累朝之實錄、國史及方略而已。在清代行世之書，有蔣良驥、王先謙兩《東華錄》，皆鈔節實錄而成。其光緒朝之《東華錄》，則某君採纂書報爲之者也。民國肇建，即設清史館，趙爾巽主其事最久。十六年之冬，清史館刊稿本百冊，期十七年夏節成書，然今尚僅見其半。

　　編年之體，自三國以來，久已廢闕；至宋司馬光修《資治通鑒》，而後劉氏所謂二體者，復相平行，浦氏已言之矣。《通鑒》之後，朱子復有《綱目》之作。其叙事不如《通鑒》之核，而體例實較《通鑒》爲優，亦已見《六家篇》評。《通鑒》起於周威烈王二十三年。補其前者有：劉恕之《通鑒外紀》、金履祥之《通鑒前編》、胡宏之《皇王大紀》。續其後者有：元陳桱，明胡粹中、王宗沐、薛應旂及清徐乾學之書，皆未盡善。至畢沅續編出，始以詳核見稱。陳氏書以《續通鑒》稱，而實用《綱目》例。其書迄於宋。胡氏書名《元史續編》，起世祖，終順帝，蓋續陳書也。徐乾學書，萬斯同、閻若璩、胡渭等，皆嘗助其編訂，亦未能大改諸家之舊。畢氏書則以李燾長編、李心傳《繫年要錄》爲底本，參考他書以成之。於遼、金事之大者，亦據正史採摭，與諸家僅記其君主嬗代，不詳其事跡者不同，雖亦不無遺議，然現有之《續通鑒》中，要以此書爲最善也。續其後者又有：陳鶴之《明紀》、夏燮之《明通鑒》焉。《綱目》於備觀覽外，兼重書法。朱子僅粗發其凡，分注事跡，皆以屬天台趙師淵，舛漏頗甚。元、明儒者，顧不於此加以訂正，而注意於其褒貶。於是有尹起莘之《發明》、劉友益之《書法》等。明黃仲昭取以散入本書，清聖祖又加以御批，又取明陳仁錫所改金履祥之書爲前編，商輅所續之書爲續編。先是宋江贄有《通鑒節要》五十卷，明李東陽因之而成《通鑒纂要》。清乾隆時，又加改訂，附以唐桂二王本末，名之曰《御批通鑒輯覽》。《輯覽》既成，又用爲底本，而成《通鑒綱目》三編四十卷焉。

《通鑒》及《綱目》，皆穿貫歷朝，乃編年中之通史也。若其僅記一朝，或一朝中若干年之事者則有：宋尹洙之《五代春秋》、二卷。李燾之《續資治通鑒長編》、五百二十卷，止欽宗。陳均之《九朝編年備要》、三十卷，亦止欽宗。李心傳之《建炎以來繫年要錄》、二百卷，高宗朝。熊克之《中興小紀》、四十卷，高宗朝。失名之《靖康要錄》、十六卷，記欽宗在儲位及靖康一年間事。《兩朝綱目備要》、十六卷，光、寧兩朝。《宋季三朝政要》、六卷，記理、度兩朝及幼主本末。以上三書，皆本實錄。《宋史全文》、三十六卷。靖康前本《長編》，高、孝兩朝本留正《中興聖政》草，光、寧後其所自輯。明吳樸之《龍飛紀略》、太祖。失名之《秘閣元龜政要》、太祖。《成憲錄》、太祖至英宗。薛應旂之《憲章錄》、此書係續其《續通鑒》。雷禮之《大政紀》、張銓之《國史紀聞》、皆止武宗。黃光升之《昭代典則》、譚希思之《明大政纂要》、朱國禎之《大政記》、皆止穆宗。吳瑞登之《兩朝憲章錄》、續薛應旂書。沈越之《嘉隆兩朝聞見紀》、皆世、穆兩朝。清蔣良驥、王先謙之兩《東華錄》等。編年體既有《通鑒》、《綱目》兩類書，此等之書士人罕復誦習，然要足爲考據之資也。

紀傳體以人爲綱，編年體以時爲綱，一能備詳委曲，一可通覽大勢，夫固各有所長，廢一不可。然於一事之始末，尚病鉤考之艱難。於是有以事爲主之紀事本末出焉。其體始於宋之袁樞，本以𡎮括《通鑒》，乃於無意中爲史家創一新體。踵之者有：明陳邦瞻之《宋元兩史紀事本末》、清谷應泰之《明史記事本末》、此書成於官修《明史》以前，異同之處，尤資考證。李有棠之《遼金二史紀事本末》。用此體以修《通鑒》以前之史者，則有：清高士奇之《左傳紀事本末》、馬驌之《左傳事緯》及《繹史》。此皆用以改纂成書者。其用此體以作史

者,則清楊陸榮之《三藩紀事本末》也。江上蹇叟（即夏燮）之《中西紀事》,
亦係用此體。

中國史家所重事實,爲理亂興衰、典章經制兩類,已見《六家篇》評。理亂
興衰,詳於紀傳;典章經制,備於書志。編年及紀事本末,皆記理亂興衰,而各
有其綱領條目;政書則專詳典章經制,皆可謂得紀傳表志史之一體;劉氏既認
編年體可與紀傳表志並行,則紀事本末及政書兩類,亦必認爲正史也。政書
有通記歷代者,以唐杜佑《通典》、宋馬端臨《文獻通考》爲最著,宋鄭樵之《通
志》,雖係通史體,然學者所取,僅在其《二十略》,則亦以政書視之也。此書之《氏
族》、《七音》、《都邑》、《草木》、《昆蟲》五略,爲史志所無。其專記一朝之事者,以宋代爲最
多:彭百川之《太平治跡統類》、江少虞之《皇朝事實類苑》、李攸之《皇朝事
實》、李心傳之《建炎以來朝野雜記》,皆不朽之名著也。又自唐人創會要之
體,後人或用其例,施之古書,如宋徐天麟之《西》、《東漢會要》,亦當屬此類。
清代敕撰《續三通》及《皇朝三通》,而《三通》亦成爲官纂之書。其後劉錦藻嘗
續《清文獻通考》,亦私家之鉅著也。典章經制,最宜通觀歷代,此類書之體
例,實有視正史爲便者,試以《通考》之《職官考》,與正史中之《百官志》並觀,
自可悟及。正、續《三通》,皆成於正史之後,並有補正正史之處。

紀傳表志體之史,後世私家作者極鮮,以時愈降,史料愈繁,搜集纂修,力
實有所不及也。其傳記宏編,如:宋朱子之《名臣言行錄》、元蘇天爵之《名臣
事略》、明徐紘之《名臣琬琰錄》、項篤壽之《今獻備遺》、雷禮之《列卿記》、焦竑
之《熙朝名臣記》、清李元度之《先正事略》、李桓之《耆獻類徵》等,亦足備紀傳
之一體。

自李唐以後,以私家之力,獨修一代之史者絕少;而自趙宋以降,則欲改
修前代之史頗多。大抵宋學盛行之時,所爭者多在書法及正統偏安等義例;
漢學繼興之後,則所欲刊正者,多在記事之遺漏及繁蕪,亦各因其風會也。
以此行諸古史者:宋有蘇轍之《古史》,清有李鍇之《尚史》。先秦之史,本別
一性質。蘇書多逞臆見,發議論,固不足取;李氏剪裁頗具苦心,亦不如《繹
史》體例之善也。其施諸秦漢以後者:宋蕭常、元郝經,皆有《續後漢書》。蕭
書以吳魏爲載記,郝書以吳魏爲列傳,皆爲爭帝蜀而作也。清湯承烈有《季
漢書》,則所用力者,在於表志,與蕭、郝異趣矣。《晉史》最蕪,改作者,明有
茅國縉之《晉史刪》、蔣之翹之《晉書別本》。《魏書》稱穢史,清代改作者,有
謝啓昆之《西魏書》。《宋史》、《元史》亦極蕪,明柯維騏有《宋史新編》,增
《景炎》、《祥興》二紀而列遼、金於外國,蓋亦爭正統之見。清邵晉涵欲重修

《宋史》，則意在刊正其誤謬，而未克成。重修《元史》者，已見前。此外補撰正史之表志者尤多，不暇備舉也。

# 疑 古 第 三

此篇攻《尚書》，下篇駁《春秋》也。劉氏邃於史而疏於經。其所言，作論史觀則是，作説經觀則大非矣。即如定《禮》與修《春秋》，截然兩事。《周書》雖有若干篇類《尚書》，不過文體相似，其書要爲兵家言。魯無篡弑，見《禮記·明堂位》，非孔子之語。以美刺説詩，乃《詩序》之義，漢儒本無此説。此篇强斷《周書》爲《尚書》之餘，遂謂“夏桀讓湯，武王斬紂”，爲孔子所删；又並定《禮》與修《春秋》爲一談，遂並“魯無篡弑”之言，架諸孔子；泥《小序》美刺之説，乃謂魯無國風，係孔子爲國諱惡；皆坐不知經學之過。至孔子對陳司敗之語，則本與著書無涉，而亦曲加附會，則尤爲牽强矣。又左氏非《春秋》之傳，説已見前。《家語》亦僞物。漢儒不信此二書，自別有故，非關輕事重言也。

然輕事重言一語，要爲探驪得珠之談；蓋古之國史不傳，所傳者，皆私家之書。記事之史，實乾燥無味，不易記憶；故私家書中所徵引，大抵皆《尚書》一類，而非《春秋》一類也。

古無考據之學，故辨舊傳之説，不足信之文絶希。間有之，如《孟子·萬章上篇》、《吕覽·察傳》之類，意亦別有所在，而不在考證事實。其所記，大抵因襲舊文耳。劉氏所謂“因其美而美之，因其惡而惡之”是也。然亦未嘗不心知其意，觀第六條所引諸説可見。特時無考據之學，故辨説不之及耳。

第九條引《吕氏春秋》云云，浦氏曰：“此句誤，嘗取其書……縱觀之，曾無一語及泰伯事者。試抽《吳越春秋》復之，乃遇其文。”案《玉海》謂“書目”《吕氏春秋》“凡百六十篇”。今書篇數與之同，然《序意》舊不入數，則尚少一篇。盧氏文弨曰：“此書分篇極爲整齊。《十二紀》紀各五篇，《六論》論各六篇，《八覽》覽當各八篇，今第一覽止七篇，正少一。考《序意》本明《十二紀》之義，乃末忽載豫讓一事，與《序意》不類，且舊校云一作《廉孝》，與此篇更無涉，即豫讓亦難專有其名。因疑《序意》之後半篇俄空焉，別有所謂《廉孝》者，其前半篇亦簡脱，後人遂强相附合，並《序意》爲一篇，以補總數之缺。然《序意》篇首無‘六曰’二字，後人於目中專輒加之，以求合其數，而不知其跡有難掩也。”案盧説是也，泰伯事蓋正在《廉孝》篇中。盧氏又曰：“黄氏震云：《十二紀》終，而綴之以《序意》，主豫讓云，則宋時本已如此。”觀子玄此篇，則知所見本尚未佚奪也。

此篇於經學雖疏，然其論史眼光，自極精鋭，惜所據《山海經》、《汲冢紀年》等，皆非可信之書耳。予舊有《廣疑古》一篇，附録於後，以資參證。不徒爲劉氏張目，亦可見考據之法也。

## 附録　《廣疑古》篇

劉子玄疑古之説，後儒多訾之，此未有史識者也。彼衆人不知，則其論事，恆以大爲小。今有十室之邑，釀資而爲社，舉一人主其事，意有不樂，褰裳去之可也。假爲千室之邑，則其去之，有不若是其易者矣。受任於敗軍之際，奉命於危難之間，拂衣而去，在一人誠釋重負；然坐視繼任之無人，而國事遂至敗壞，衆民無所託命，必有蹙然不安者。古之居高位、當重任者，曷嘗不思息仔肩？然終不得去者，固未必無貪戀權力沉溺富貴之私；然念責任不得遽卸，不忍脱然而去，以壞大局，其情亦必有之，厚薄不同而已。非如世俗所測度，徒據高位，貪厚禄而不肯去；苟肯棄高位，舍厚禄，即無不可去，無不得去也。彼世俗之見，亦適自成其爲世俗之見而已。儒者之稱堯、舜禪讓，而譏後世篡奪，將毋同。

子玄曰：“魏文帝曰：舜、禹之事，吾知之矣；漢景帝曰：學者無言湯、武受命不爲愚；斯並曩賢精鑒，已有先覺，而拘於禮法，限以師訓，雖口不能言，而心知其不可者，蓋亦多矣。”案《汲冢紀年》，明係僞物。其所以爲僞，殆亦因口不能言，而託之於古與。夫書傳無説，而吾以臆度，以爲必然；書傳有説，而吾以臆度，以爲必不然，此學者之所深訾，亦恆情之所不服。然天下事固有臆度未必非，佐證完具未必是者。今謂自有地球，則天無二日，書傳無徵也。謂古者十日並出，則傳有其辭矣。二者果孰是乎？蓋治社會科學者，其視人之行爲與物同，今夫無生之物，其變動最易逆測者也；植物、動物猶可逆測也；惟人則不然。雖甚聖智，不能必得之於至愚者矣。雖然，人人而觀之，其舉動殆不可測；而合全社會而觀之，則仍有其必至之符。懦夫見弱，稽顙搏顙，壯士則有不膚撓、不目逃者，其勇怯之相去，若莛與楹。國民則未有見侮而不鬥者也。且即人人而觀之，其度量之相越，亦自有其限界，不能一爲神而一爲禽也。宋之田舍翁，其雄略孰與唐之太宗？然宋太祖與唐太宗，則相去初不甚遠。明之賣菜傭，其智力孰與漢之鄭康成？然以顧亭林與鄭康成比，則度長絜大，殆有過之。

謂古今人不相及，姑以是砭末俗而寄其思古之情則可矣。以是爲實，始不然也。然則謂後世惟有王莽、曹操、司馬懿、劉裕、楊堅、李淵、朱温、趙匡胤，古獨有堯、舜、禹、湯、文武，無有是處。

子玄疑古，頗據《汲冢書》及《山海經》，此皆僞物不足據，亦其所以不見信於世也。百家之言堯、舜、湯、武者多矣，非儒之於儒，猶儒之於非儒也。舉其説，猶不足以服儒者之心。今試以儒攻儒，則其可疑者，亦有六焉。

《書》曰：“無若丹朱傲，惟慢游是好，傲虐是作，罔晝夜頟頟，罔水行舟。朋淫於家，用殄厥世。”《釋文》：“傲字又作奡。”《説文》奡下，引《虞書》“若丹朱奡”。又引《論語》“奡蕩舟”。俞理初《癸巳類稿》曰：“奡與丹朱，各爲一人，皆是堯子。”《莊子·盜跖篇》曰：“堯殺長子。”《釋文》引崔云：“長子考監明。”又《韓非子·説疑篇》云：《記》曰“堯誅丹朱”，堯時書稱允子朱，史稱嗣子丹朱。朱至虞時封丹，則堯未誅丹朱。又據《呂氏春秋·去私篇》云“堯有子十人”，高誘注云：“孟子言九男事舜，而此云十子，殆丹朱爲胤子，不在數中。”其説蓋未詳。考《呂氏春秋·求人篇》云“妻以二女，臣以十子”，呂氏實連丹朱數之。而孟子止言九男，《淮南子·泰族訓》亦云堯屬舜以九子。合五書，知堯失一子。《書》又云“殄厥世”，是堯十子必絶其一，而又必非丹朱也。《管子·宙合篇》云“若覺卧，若晦明，若敖之在堯也”，即《史記·夏本紀》若丹朱敖。《漢書·楚元王傳》劉向引《書》，無若丹朱敖之敖，房喬注云“敖，堯子丹朱”，謂取敖名朱，若舉其謐者，尤不成辭。案《説文》言丹朱奡，《論語》已偏舉奡。司馬遷、劉向言丹朱敖，管子已偏舉敖，則奡與朱各爲一人，有三代古文爲證，無疑也。《漢書·鄒陽傳》云不合則骨肉爲仇敵，朱象管蔡是已，漢初必有師説，朱與奡以傲虐朋淫相惡，亦無疑也。故《經》曰“奡頟頟，罔水行舟”，則《論語》云“奡蕩舟”也。《經》曰“奡朋淫於家”，則鄒陽云：“骨肉爲仇敵也。”《經》曰奡殄厥世，則《論語》云“不得其死”。《孟子》、《呂氏》、《淮南》十子、九男之不同；《莊子》言殺長子，《韓非子》言誅丹朱，皆可明其傳聞不同之故。又得《管子》、《論語》偏舉之文，定知言奡者不是丹朱矣。趙耘崧《陔餘叢考》曰：“羿善射，奡蕩舟，解以有窮后羿及寒浞之子，其説始於孔安國，而《朱注》因之，寒浞之子名澆，《左傳》並不言奡。澆之蕩舟，不見所出，陸德明《音義》於丹朱傲云：字又作奡，宋人吳斗南，因悟即此蕩舟之奡，與丹朱爲兩人。蓋禹之規戒，若但作傲慢之傲，則既云無若丹朱傲矣，何必又曰傲虐是作乎？以此知丹朱與奡爲兩人也。曰罔水行舟，正此陸地行舟之明證也。曰朋淫子家，則丹朱與奡二人同淫樂也。吳氏之説，真可謂鐵板注脚矣。”予案：奡能罔水行舟，則其人必有勇力，似與舜抗而不勝，而堯其餘九男，乃往事舜者，此可疑者一也。

太史公曰："夫學者載籍極博，猶考信於六藝。詩書雖缺，然虞夏之文可知也。堯將遜位，讓於虞舜，舜禹之間，岳牧咸薦。乃試之於位；典職數十年，功用既興，然後授政。示天下重器，王者大統，傳天下若斯之難也。而說者曰：堯讓天下於許由，許由不受，恥之，逃隱；及夏之時，有卞隨、務光者，此何以稱焉？太史公曰：余登箕山，其上蓋有許由冢云。孔子序列古之仁聖賢人，如吳太伯、伯夷之倫，詳矣，余以所聞，由光義至高，其文辭不少概見，何哉？"史公此文，蓋深慨載籍所傳之說，與《書》義不符，欲考信而無從也。案宋于庭《尚書略說》曰："《周禮》疏序引鄭尚書《注》云：四岳，四時之官，主四岳之事。始羲和之時，主四岳者謂之四伯。至其死，分岳事置八伯，皆王官。其八伯，惟驩兜、共工、放齊、鯀四人而已。其餘四人，無文可知矣。案上文羲和四子，分掌四時，即是四岳，故云四時之官也。云八伯者，《尚書大傳》稱陽伯、儀伯、夏伯、羲伯、秋伯、和伯、冬伯，其一闕焉。鄭注以陽伯爲伯夷掌之，夏伯棄掌之，秋伯咎繇掌之，冬伯垂掌之，餘則羲和仲叔之後。《堯典注》言驩兜四人者，鄭以《大傳》所言，在舜即真之年，此在堯時，當別自有人，而經無所見，故舉四人例之。案唐虞四岳有三：其始爲羲和之四子，爲四伯。其後共、驩等爲八伯，其後伯夷諸人爲之。《白虎通・王者不臣篇》：先王老臣不名，親與先王戮力共治國，同功於天下，故尊而不名也。《尚書》曰咨爾伯，不言名也。案班氏說《尚書》知伯夷逮事堯，故居八伯之首，而稱太岳。《春秋左氏》隱十一年：夫許，太岳之胤也。申、呂、齊、許同祖，故呂侯訓刑，稱伯夷、禹、稷爲三后，知太岳定是伯夷也。《墨子・所染篇》、《呂氏春秋・當染篇》，并去舜染於許由、伯陽。由與夷，夷與陽，并聲之轉，《大傳》之陽伯，《墨》、《呂》之許由、伯陽，與書之伯夷，正是一人。伯夷封許，故曰許由。《史記》堯讓天下於許由，正傳會咨四岳巽朕位之語，百家之言，自有所出。《周語》：太子晉稱共之從孫四岳佐禹。又云：胙四岳國，命爲侯伯，賜姓曰姜，氏曰有呂。《史記・齊太公世家》云：呂尚，其先祖，嘗爲四岳，佐禹平水土。虞夏之際，封於呂，姓姜氏。此云四岳，皆指伯夷。蓋伯夷稱太岳，遂號爲四岳，其實四岳非伯一人也。"據此，則孔子於許由未嘗無辭，史公偶未悟耳。而如宋氏之說，則四岳之三，即在四罪之中，豈不可駭？又神農姜姓，黃帝姬姓。《史記・五帝本紀》謂黃帝與炎帝戰於阪泉之野，又謂黃帝與蚩尤戰於涿鹿之野，其實阪泉、涿鹿即是一役；蚩尤、炎帝正是一人，予別有考。自黃帝滅炎帝後，至於周，有天下者，皆黃帝之子孫，而共工、三苗則皆姜姓也。伯夷雖得免患，卒亦不能踐大位。唐虞之際，其殆姬、姜之爭乎？此可疑者二也。

《小戴記·檀弓》："舜葬於蒼梧之野。"各書皆同。惟孟子謂"舜生於諸馮，遷於負夏，卒於鳴條"，未知何據。案《史記·五帝本紀》："舜耕於歷山，漁雷澤，陶河濱，作什器於壽丘，就時於負夏。"《索隱》引《尚書大傳》："販於頓丘，就時負夏。"則史公、孟子同用今文書説。《史記》下文又云："南巡狩，崩於蒼梧之野，葬於江南九疑，是爲零陵。"蓋又一説也。古衡山或以爲在今湖南，或謂實今安徽之霍山。竊疑古代命山，所包甚廣。衡、霍峰嶺相接，實通名爲衡山；衡者，對縱而言，以其脈東西綿亘而名之也。而唐虞之世，所祀爲南岳主峰者，則實爲今之霍山。何者？禹會諸侯於塗山，又會諸侯於會稽，皆在淮南北、浙東西之地；而三苗之國，衡山在南，岐山在北，至禹時猶勤兵力以征之，舜未必能巡守至北也。自秦以前，戡定天下者，皆成功於今安徽，桀奔鳴條；武庚之叛，淮夷徐戎並興；楚之亡，亦遷壽春是也。竊疑舜卒於鳴條，實近當時之南岳。後人誤以唐虞時南岳亦今衡山，乃並舜之葬處，而移之零陵耳。然無論其爲鳴條，爲蒼梧，其有敗逃之嫌則一。鳴條桀之所放；蒼梧、九疑，則近乎舜放象之有庳矣。果其雍容揖讓，何爲而至於此乎？此可疑者三也。

《史記·秦本紀》："秦之先，帝顓頊之苗裔，孫曰女脩。女脩織，玄鳥隕卵，女脩吞之，生子大業。大業取少典之子曰女華。女華生大費，與禹平水土。已成，帝錫玄圭，禹受，曰：'非予能成，亦大費爲輔。'帝舜曰：'咨爾費，贊禹功。其賜爾皂游。爾後嗣將大出。'乃妻之姚姓之玉女。大費拜受，佐舜調馴鳥獸，鳥獸多馴服，是爲柏翳。"《正義》："《列女傳》云：陶子生五歲而佐禹。曹大家注云：'陶子者，皋陶之子伯益也。'按此，即知大業是皋陶。"《索隱》曰："尋檢《史記》上下諸文，伯翳與伯益是一人不疑。而《陳杞世家》，即叙伯翳與伯益爲二。未知太史公疑而未決邪？抑亦繆誤爾？"案《陳杞世家》，叙唐虞之際，有功德之臣十一人：曰舜，曰禹，曰契，曰后稷，曰皋陶，曰伯夷，曰伯翳，曰垂、益、夔、龍。《索隱》曰："秦祖伯翳，解者以翳、益則爲一人。今言十一人，叙伯翳，而又別言垂、益，則是二人也。且按《舜本紀》叙十人，無翳，而有彭祖。彭祖亦墳典不載。未知太史公意如何，恐多是誤。然據《秦本紀》叙翳之功，云佐舜馴調鳥獸，與《舜典》命益作虞，若予上下草木鳥獸文同，則爲一人必矣。今未詳其所以。"案《陳杞世家》之文，蓋漏彭祖。所以叙翳又別言益者，以垂、益、夔、龍四字爲句，雖並舉益，實但指垂，此古人行文足句之例，詳見予所撰《章句論》，十一人去舜得十，加十二牧，凡二十二人。《五帝本紀》上文云："禹、皋陶、契、后稷、伯夷、夔、龍、垂、益、彭祖，自堯時而皆舉用，未有分職。"次云："命十二牧。"下乃備載命禹、棄、契、皋陶、垂、益、伯夷、夔、龍之辭。

而終之曰：嗟女二十有二人。明二十二人，即指十二牧，及前所舉十人，特失命彭祖之辭耳。然則翳、益爲一人不疑也。《夏本紀》曰："帝禹立，而舉皋陶薦之，且授政焉，而皋陶卒，而後舉益，任之政。"禹行禪讓，而所傳者反父子相繼，何邪？ 此可疑者四也。

《孟子》："萬章問曰：人有言，至於禹而德衰，不傳於賢，而傳於子，有諸？孟子曰：否，不然也。天與賢，則與賢；天與子，則與子。丹朱之不肖，舜之子亦不肖。舜之相堯，禹之相舜也，歷年多，施澤於民久；啓賢，能敬承繼禹之道；益之相禹也，歷年少，施澤於民未久，舜、禹、益相去久遠；其子之賢不肖，皆天也，非人之所能爲也。莫之爲而爲者，天也；莫之致而致者，命也。"辨矣。然《淮南子》曰："有扈氏爲義而亡。"注"有扈，夏啓之庶兄也。以堯舜舉賢，禹獨與子，故伐啓。啓亡之。"《齊俗訓》。《新序》曰："禹問伯成子高曰：'昔者堯治天下，吾子立爲諸侯。堯授舜，吾子猶存焉。及吾在位，子辭諸侯而耕。何故？'伯成子高曰：'昔堯之治天下，舉天下而傳之他人，至無欲也；擇賢而與之其位，至公也；……舜亦猶然。今……君之所懷者私也，百姓知之，貪争之端，自此始矣。德自此衰，刑自此繁矣。吾不忍見，以是野處也。'"《節士》。《淮南》世以爲雜家而主於道，其實多儒家言，予別有考，今姑勿論。《新序》之爲儒家言，則無疑矣。而其言如此。又《書‧甘誓序疏》曰"自堯舜受禪相承，啓獨見繼父，以此不服"，故伐之。義疏所本，亦必儒家言也。然則夏之世繼，儒家傳説，亦有異辭矣。得毋三皇之事，或隱或顯，姑以意言之邪？ 此可疑者五也。

周公攝政，亦今古文之説不同，今文家謂武王克殷二年，天下未集，有疾，周公乃自以爲質，告於大王、王季、文王，藏其策金縢匱中。武王崩，成王少，周公恐天下聞而畔，乃踐阼，代成王攝行政，當國。管叔及其羣弟流言於國，周公告太公望、召公奭曰："我之所以弗辟而攝行政者，恐天下畔周，無以告我先王大王、王季、文王。"於是卒相成王。管、蔡、武庚等果率淮夷而反，周公乃奉成王命，興師東伐，誅管叔，殺武庚，放蔡叔，寧淮夷東土，二年而畢定。周公歸報成王，乃爲詩貽王，命之曰《鴟鴞》。成王七年，成王長，能聽政，周公乃還政於成王。初，成王少時，病，周公乃自揃其蚤，沉之河，以祝於神，曰：王少，未有識，奸神命者，乃旦也。亦藏其策於府。成王病有瘳。及成王用事，人或譖周公。周公奔楚。成王發府，見周公禱書，乃泣，反周公。《史記‧魯世家》、《蒙恬列傳》。周公死，成王狐疑：欲以天子禮葬公，公人臣也；欲以人臣禮葬公，公有王功。天雷雨，禾偃，木拔，及成王寤金縢之策，改周公之葬，申命魯郊，而天立復風雨，禾盡起。《論衡·感類篇》《後漢書·周舉傳注》引《尚書·洪範五行傳》。古文家則以爲武王崩，成王年十歲。年十二，喪畢，稱己小求攝，周公將代之。管、蔡流言，周公懼，明年，出居東國待罪，以須君之察己。周公之屬黨與知居攝者，周公出，皆奔。又明年，盡爲成王所得。周公傷其屬黨無罪將死，恐其刑濫，又破其家，而不敢正言，乃作《鴟鴞》之詩以貽王。明年，有雷風之異，王乃改先時之心，更自新，以迎周公於東，周公反，則居攝之元年。時成王年十五，《書傳》所謂一年救亂。明年，誅武庚、管、蔡等，《書傳》所謂二年克殷。明年，自奄而還，《書傳》所謂三年踐奄。四年，封康叔，《書傳》所謂四年建侯衛。時成王年十八。明年，營洛邑，故《書傳》云五年營成周。六年，制禮作樂。七年，致政成王。成王年二十一。明年乃即政，年二十二也。《禮記·明堂位》《詩·七月》《鴟鴞》《東山》《疏》義。《疏》所引雖鄭氏一家之言，然《論衡·感類篇》曰：“古文家以武王崩，周公居攝，管、蔡流言，王意狐疑周公，周公奔楚，故天雷雨，以悟成王。”則鄭所用，乃古文家之公言也。案周公既以成王幼，而欲攝政，而又出居東國，待罪，以須君之察己，不合情理，自當以今文說爲是。古文之說，蓋誤居東與奔楚爲一談也。周初之楚，在今丹、淅二水入漢之處。宋翔鳳《過庭錄·楚鬻熊居丹陽武王徙郢考》。文王化行江漢，實得此以震蕩中原。迨穆王南巡守，不反，則自武關東南出之道絕，而王室之威靈稍替矣。《左氏》昭公七年：“公將適楚，夢襄公祖。梓慎曰：襄公之適楚也，夢周公祖而行。子服惠伯曰：先君未嘗適楚，故周公祖以道之；襄公適楚矣，而祖以道君。”可見周公奔楚，確有其事。此事自當如今文說，在成王親政之後，謂屬黨之執，亦在斯時，則怡然冰釋，渙然理順矣。丹、淅形勝之地，周公據之，意欲何爲，殊不易測。其如何復反於周，亦不可考。發府見書之說，乃諱飾之辭，不足信也。雷風示變，因以王禮改葬，申命魯郊，其事亦殊可異。《漢書·匈奴列傳》：“貳師在匈奴歲餘，衛律害其寵。會母閼氏病，律飭胡巫言先單于怒曰：‘胡故時祠兵，常言得貳師以社，今何故不用？’於是收貳師，貳師罵曰：‘我死，必滅匈奴。’遂屠貳師以祠。會連雨雪數月，畜產死，人民疫病，穀稼不熟。單于恐，爲貳師立祠室。”生則虐之，死又諛之，巫鬼之世，常有之矣，不足怪也。然則周公其果以功名終邪？此可疑者六也。

此等疑竇，一一搜剔，實不知凡幾，今特就其較顯著者言之耳。然儒家所傳，是否事實，固已不能無疑，則亦無怪子玄之疑之矣。近人有孔子託古改制之說，其甚者，至謂三代以前，皆榛狂之世；堯、舜、禹、湯、文、武爲不知誰何之人，皆孔子造作，以寄其意，此亦太過。無徵不信，豈能以一手掩盡天下目邪？且孔子固曰“我欲託之空言，不如見之行事之深切著明”矣。立說而蘄爲世之所信,固莫如即其所信者而增飾之。然則儒家之言,仍是當日流傳之說,儒家特加以張皇,爲之彌縫耳。仲任謂"聖人重疑,因不復定",其說最允矣。《論衡·奇怪篇》。

　　然當時雖有流傳之說,而爲之張皇其辭,彌縫其闕者,則固儒家爲之,則亦足以考見儒家之主張矣。儒家之書,言禪繼之義者,莫備於《孟子·萬章上篇》。今試就其言考之,其第一步,實在破天下爲一人所私有之說,故曰:"天子不能以天下與人。"然則孰與之? 曰:"天與之。"天與之者,諄諄然命之乎? 曰:非也。"天視自我民視,天聽自我民聽"。故舜、禹之王,必以朝覲、訟獄之歸,益之繼世亦然也。此所謂"天與賢,則與賢;天與子,則與子"也,故曰:"唐虞禪,夏后、殷、周繼,其義一也。"設詰之曰:德若舜、禹,必天之所生,欲命以爲天子者也,而何以仲尼不有天下? 則曰:無天子薦之也。設又詰之曰:啓、太甲、成王之德,不必如益、伊尹、周公也,而何以益、伊尹、周公不有天下? 則曰:"繼世而有天下,天之所廢,必若桀紂者也。"如常山蛇,擊首則尾應,擊尾則首應,其立說可謂完密矣。當時雖未能行,卒賴其說,深入於民心,而二千年後,遂成國爲民有之局,爲儒家言者,尊孔子爲制法王,宜哉!

　　於史事不諦,而以意爲說,不獨儒家然也。《韓非子·忠孝》曰:"瞽叟爲舜父,而舜放之;象爲舜弟,而舜殺之。放父殺弟,不可爲仁;妻帝二女,而取天下,不可謂義。"《外儲說》曰:"燕王欲傳國於子之也,問之潘壽。對曰:'禹愛益而任天下於益,已而以啓人爲吏。及老,而以啓爲不足任天下,故傳天下於益,而勢重盡在啓也。已而啓與友黨攻益而奪之天下。'"舜、禹曾操、懿之不若矣。然《五蠹》則曰:"堯之王天下也。茅茨不剪,采椽不斲,糲粢之食,藜藿之羹,冬日麑裘,夏日葛衣,雖監門之服養,不虧於此矣。禹之王天下也,身執耒臿,以爲民先;股無胈,脛不生毛;雖臣虜之勞,不苦於此矣。以是言之,夫古之讓天子者,是去監門之養。"則説又大異,何哉? 一以明讓,非定位、一教之道;一以明爭,讓由於養之厚薄也,皆取明義而已,事之實不實,非所問也。子玄所謂"輕事重言"者也。

　　或曰:古之讓國者亦多矣。許由、務光、王子搜《莊子·讓王》《呂覽·貴生》。等姑勿論,其見於故書雅記者,若伯夷、叔齊,若吳泰伯,若魯隱公,若宋宣公,《春秋》隱公三年。若曹公子喜時,成公十六年。若吳季札,襄公二十九年。若邾婁叔術,昭公三十一年。若楚公子啓,哀公八年。皆是也,盡子虛邪? 曰:夷齊之事,殊不近情;周大王之爲人,何其與晉獻公類也? 此外苟察其實,有一如儒家所傳堯、舜、禹授受之事者邪?

## 惑經第四

此篇宗旨與前篇同，而不如前篇之可取。蓋前篇論經所載事之不足信，雖乖經義，有裨史識。此篇專攻《春秋》體例之不合，而又不達《春秋》之例，則悉成妄語矣。

《春秋》之作，所以明義。故曰："其事則齊桓、晉文，其文則史，其義則丘竊取之矣。"《公羊》曰："君子曷爲爲《春秋》？撥亂世，反諸正，莫近諸《春秋》。"又曰："制《春秋》之義，以俟後聖。"太史公曰："余聞董生曰：周道衰廢，孔子爲司寇，諸侯害之，大夫壅之。孔子知言之不用，道之不行也，是非二百四十二年之中，以爲天下儀表。貶天子，退諸侯，討大夫，以達王事而已矣。"凡漢人之言，無不如此者。知《春秋》之作，本非史書，不爲記事。若論史事，則不脩《春秋》俱在，自可觀覽而得也。莊公七年，"夏，四月，辛卯，夜，恆星不見。夜中，星貫如雨"。《公羊》曰："不修《春秋》曰：雨星，不及地尺而復。君子修之曰：星貫如雨。"此作《公羊》者及見《魯春秋》原文之明證。孔子之脩《春秋》，乃自著一書，非將原書毀滅也。後世不脩《春秋》既亡，《春秋》爲經不爲史之義復晦，學者多以《春秋》作史讀，遂覺其齟齬疏漏而不可通，乃有斷爛朝報之譏矣。須知孔子非編輯朝報，固無所謂斷爛。孔子因魯史修《春秋》，魯史所記之事，必不止如今之《春秋》，孔子只取此若干條者，取足明吾之義耳。且如《春秋》所記，隱桓之世，會盟征伐之國甚少，五霸桓公爲盛，葵丘之會，則周、魯、宋、衛、鄭、許、曹七國耳。《公羊》曰"葵丘之會，桓公震而矜之，叛者九國"，經所記國，不逮九也。召陵之役，晉可謂衰矣。而與于會者，有周、魯、宋、蔡、衛、陳、鄭、許、曹、莒、邾婁、頓、胡、滕、薛、杞、小邾婁、齊十八國，豈是時之晉，強於齊桓哉？所以見據亂、升平、太平之世，所治遠近之不同也。此等處，魯史原文，必不如是。故以《春秋》作史讀，非徒闕略其事，抑且每事皆改易失真，正不徒斷爛朝報而已。若其編輯朝報，而斷爛至是，而猶爲衆所歸美，如劉氏所舉者，則古之人無一非喪心病狂者矣，有是理邪？

太史公曰："《春秋》文成數萬，其旨數千。"董生曰："《詩》無達詁，《易》無達占，《春秋》無達例。"①必無達例，數萬之文，乃得有數千之旨。後人好以例言《春秋》，凡書法相同者，其義亦必相同，則《春秋》之旨，乃僅數十百耳，安得有數千？知此，則此篇之誤，不待辯而可明矣。

本書所攻各條，《春秋》皆自有其義，檢閱《公羊》可知，今不暇具辯也。

---

① 董仲舒《春秋繁露》卷三《精華》作"《春秋》無達辭"。"《春秋》無達例"之語，似出宋陸佃《陶山集》卷十二《答崔子方秀才書》。

《汲冢書》亦僞物,據之以疑《春秋》,則更誤矣。

　　"仲尼没而微言絶,七十子喪而大義乖",語出《漢書·藝文志》。微言,"李奇曰:隱微不顯之言也。"對大義言,非謂微婉其辭,隱晦其説,此篇譏虚美之五,乃誤解也。

# 申 左 第 五

　　此篇申《左氏》而攻《公》、《穀》,亦以史家之眼光論三傳也;若論經學,則不如是。

　　所稱《左氏》三長,一爲凡例用周典,此説出於杜預,原注已自言之。案《漢書·楚元王傳》曰:"初《左氏傳》多古字古言,學者傳訓故而已。及歆治《左氏》,引傳文以解經,由是章句義理備焉。"此語實歆作僞顯證。傳本解經,何待歆引? 曰歆引以解,則傳之本不解經明矣。《後漢書·鄭興傳》曰:"晚善《左氏》,遂積精深思,通達其旨,同學者皆師之。天鳳中,將門人從劉歆講正大義。歆美興才,使撰《條例》、《章句》、《訓詁》。"則僞造《左氏傳》者,尚不止劉歆一人,然此書仍爲未成之稿。何者? 人之思想,不能無爲風氣所囿,《漢書·藝文志》謂孔子作《春秋》,"有所褒諱貶損,不可書見,口授弟子;弟子退而異言。丘明恐弟子各安其意,以失其真,故論本事而作傳,明夫子不以空言説經也"。此《左氏》既行之後,古文家攻擊今文之説也。其實《春秋》本爲明義,史事別有成書,作《公羊》者,且親見之,已見前篇評,安有以空言説經之事? 故此説不足辯也。使劉歆等之思想亦係如此,則但將《國語》拆散,取其所記之事與《春秋》同者,成一編年之書,已足困《公羊》而有餘矣。無如當時風氣,習以《春秋》爲明義之書,造僞傳而但能微引本事,實不足奪今文之席,乃不得不先造《穀梁》,體例一如《公羊》,而立説與之歧異,以淆亂耳目。繼又造一《左氏》,於備詳本事之外,曲撰解經之文,以示其學有師承焉。於是造端宏大,條例滋繁,而其書遂非一二人之力所能成矣。今之《左氏》,解經處甚少,與經無涉處極多,即其書未成之鐵證也。於是後之儒生,治《左氏》者,不得不爲之彌縫匡救。以《左氏》釋經之文之寥寥,條例之不備,乃不得不借資於《公》、《穀》。夫謂丘明作傳,專爲明本事以免失真,則解經之文一字不著可矣;無如又爲劉歆、鄭興輩造出數十條,不能脱然無累,此實作僞者之作繭自縛也,然欲以傳解經,而條例必借資於《公》、《穀》,則《左氏》之成,其爲《春秋》之傳者,尚幾何哉? 直至杜預出,乃穿穴本書,自立凡例,不必乞靈於二傳,《左氏》至此,始可謂之獨立矣。杜預信《左氏》之功臣也。然因此而信其真得周公之舊典，則爲古人所欺矣。

　　要之《左氏》之可貴，在其能備《春秋》之本事；其所記之事，雖不必皆確，而在今日，欲考《春秋》之本事者，要以此記爲最優。則雖篤信《公羊》者，亦不容有異議也。然此在今日則爾，在孔子時決無此事，以其時史籍具存，無待《左氏》之論次也。即造《左氏》者之所重，亦不專在本事；以其時習以《春秋》爲明義之書，其重本事，不若後世之甚也。故以《左氏》作史讀，則爲希世之珍；以之作經讀，則不免紫之奪朱，鄭之亂雅也。三長中之第二第三兩條，宜本此義，分別觀之。

　　此篇之攻《公》、《穀》，謂其語地則與魯産相違，論時則與宣尼不接，此即《漢志》以“口説流行”詆《公》、《穀》之見。殊不知以經學論，則所貴者，孔門之口説；師師相傳，雖有闕誤，究之微言大義，猶有存者，非如《左氏》解經處，純出後人臆造也。其第二條謂《左氏》所載當時辭令多史官原文，而《公》、《穀》則僅憑口説，取諸胸臆，故豐儉不同，文野各異。案以文辭論，《左氏》誠美於《公》、《穀》，然《左氏》文字清麗排比處甚多，酷類西京末造東京初年手筆，竊疑《左氏》奧澀難解處，駿快排奡類《國策》處，皆係真古書；獨其辭令之美，爲後人稱道不置者，轉有出漢人潤飾處。其究與漢人文字不同者，則既以古書爲據，自與純然自作者不同。猶僞古文《尚書》雖氣體卑弱，亦自與魏晉人文字不同也。此論頗創，深於文者，苟能平心思之，自不以爲河漢。至於豐儉之不同，則《公羊》之作本爲明義，不爲記事，其涉及本事處，但取足明經義而止；而《穀梁》則純模仿《公羊》者也。第四條病《公》、《穀》重述經文，無所發明。案《春秋》與《公羊》乃一書，不得分爲經傳，已具前評。《春秋》本應每條有義，所以無義者，則相傳失之，諸經本皆有闕佚也。第五條譏《公羊》是非之不當，此又涉及經學，可以勿論。

　　今日將三傳作史讀，《左氏》優於《公》、《穀》，自無待言；然亦有宜參考二傳者，不得一筆抹殺，作十成之論也。今試舉二事爲例：邲之戰，據《公羊》所載楚莊幾於堂堂之陣、正正之旗，而據《左氏》則始以和誤晉，繼又乘其不備而夜襲之，蓋未嘗不用詐。揆度事理，自以《左氏》所記爲真。《公羊》蓋專爲説經，故其記事有不備。然《左氏》記邲戰之事云：“晉人或以廣隊不能進。楚人惎之，脱扃。少進，馬還。又惎之，拔旆投衡，乃出。顧曰：吾不如大國之數奔也。”當交戰之時，而教敵人遁逃，以致反爲所笑，殊不近情。故有以“惎之”，“又惎之”斷句，訓惎爲毒者。然如此，則顧曰云云，殊不可解。讀《公羊》“令之還師而佚晉寇”之文，乃知楚莊當未戰時，雖不恤用詭道求勝，而既勝之後，則又下令不必蹵敵，以示寬仁。《左氏》此文，及下文"晉之餘師不能軍，宵濟，亦終夜有聲"，蓋亦以見莊王之還師而佚寇。杜氏釋"宵濟，亦終夜有聲"曰"言其兵衆，將不能用"，實未得《左氏》之意矣。季友之獲莒挐也，《穀梁》記其事曰："公子友謂莒挐曰：吾二人不相説，士卒何罪？屏去左右而相搏，公子友處下。左右曰：孟勞。孟者勞，魯之寶刀也，公子友以殺之。"此事范注疑之。案《史記》：漢王與項王臨廣武間而語，項王謂漢王曰："天下匈匈數歲者，徒以吾兩人耳。願與漢王挑戰，決雌雄，毋徒苦天下之民父子爲也。"即季友謂莒挐之言。使當時漢王應之，則劉、項亦季友、莒挐也。蓋古自有此俗。《左氏》城濮之戰，"晉侯夢與楚子搏，楚子伏己，而盬其腦，是以懼。子犯曰：'吉。我得天；楚伏其罪，吾且柔之矣'"。杜注謂："子犯審見事宜，故權言以答夢。"以夢兆爲不吉，究得《左》意與否，讀者不能無疑，證以《穀梁》季友、莒挐之事，則知當時手搏自以處下者爲負，此晉侯之所以懼，杜注自不誤也。此皆《左氏》記事，以《公》、《穀》參證，而益明者也。以大體論之，《左氏》記事，自較《公》、《穀》爲詳確；然《公》、《穀》反詳，《左氏》反略，《公》、《穀》得實，《左氏》�851誤之處，亦非無之。如黃池之會，《公羊》謂先吳，《左氏》謂先晉，以理度之，《公羊》爲信。《左氏》所採，《晉語》獨多也。處今古書闕佚之時，苟有異同，一字皆寶。要在平情靜氣，以求其真，固不得如劉氏之偏主一書也。

劉氏佞《左》，可謂成癖，故凡《左氏》與他書歧異處，盡以他書爲僞，《左氏》爲真，其中《左氏》確而他書誤者誠有之。如云"秦繆居春秋之始，而云其女爲荆平夫人；韓魏處戰國之時，而云其君陪楚莊葬馬；欒書仕於周子，而云以晉文如獵，犯顏直言；荀息死於奚齊，而云觀晉靈作臺，累碁申誡"是也。於此可悟編年之長，及其宜於爲長編之理。然他書實不誤，而劉氏武斷處亦有之。如乘丘之戰，莊公敗績，事見《檀弓》，原文曰："魯莊公及宋人戰於乘丘，縣賁父御，卜國爲右，馬驚敗績。公隊，佐車授綏，公曰：末之卜也。縣賁父曰：他日不敗績，而今敗績，是無勇也，遂死之。圉人浴馬，有流矢在白肉。公曰非其罪也，遂誄之。士之有誄，自此始也。"所謂敗績，蓋專指莊公之車，與全軍得雋，各不相妨。"末之卜也"，注曰："末之，猶微哉，言卜國無勇。"案此注誤也。古未有呼臣之姓者。若咎卜國，當云"末之國也"，不當云"末之卜也"。且馬驚何與車右，而咎之乎？"末之卜也"，與《論語》"末之難矣"，句法相同。蓋指馬言，言乘此馬未嘗卜，故有敗績之咎。縣賁父曰"他日不敗績，而今敗績，是無勇也"，則引咎責躬，而不以歸咎於馬也。案此説出自前人，不能記爲誰某矣。楚、晉相遇，置師兩棠，事見《新書・先醒篇》。原文云："莊王圍宋，伐鄭，鄭伯肉袒牽羊，奉簪而獻國，莊王曰：'古之伐者，亂則整之，服則舍之，非利之也。'

遂弗受。乃南與晉人戰於兩棠，大克。”所述與《公羊》相合，安知郲不又名兩棠乎？晉人覘宋，亦見《檀弓》。案司城子罕殺宋君而奪其政，見《韓非子·外儲說右下》。或云：宋實有兩子罕，即謂不然，《左氏》記事，未必皆備，安知子罕相宋之時，晉人無將伐宋之事？且外爲和輯，内將窺伺者，列國多有之矣，又焉保國交方睦、遂無間諜覘察之舉乎？其疑《穀梁》雞澤之會大夫皆執國權之言，蔽亦同此；至於項之滅，《公羊》謂齊桓爲之，《左氏》謂魯僖爲之，彼此皆無他證，又安得是此而非彼也。今之《列子》，本係僞書，據其論尼父之文，譏《七略》推校生年之誤，亦不中理；至扁鵲醫療虢公，而云時當趙簡子之日者，扁鵲乃治此術者之號，非一人之名，《史記》列傳所叙，實非一人之事也，詳見予所撰《章句論》。

# 點　煩　第　六[①]

古書多兼用朱墨，又有於朱墨之外，更用他色者，傳鈔既多訛誤；刊板時苟簡，又多去之，詳見予所撰《章句論》。此篇亦其一也。

古人文煩，自由其時口語如此，不容據後世文法，妄加譏議，前評已言之矣。然以此譏古人則非；謂作文當求簡净，理自不誤。古人口語煩，後世能易之以簡，即文字之進步也。劉氏所點，已不可見，今就所引，以鄙意點之。所去之字，以〇爲識，聊以示作文之法耳。非敢謂有當於前賢也。

《孔子家語》：魯公索氏將祭，而亡其牲。孔子聞之曰：〔公索氏〕不及二年矣。一年而亡。門人問：〔曰昔公索氏亡其祭牲，而夫子曰：不及二年，必亡。今果如期而亡，夫子何以知然？〕原除二十四字；蓋留“公索氏”及“曰夫子何以知然”十字也。其實去“公索氏”三字，則語氣愈簡截。《左氏》多有此例。門人問下，必有孔子答辭，有答辭，則問語可知矣。《論語》多有此例。

《家語》：晉將伐宋，使覘之。宋陽門之介夫死，司城子罕哭之哀。覘者反，言於晉侯曰：“〔宋陽門之介夫死，而司城子罕哭之哀，〕〔民咸悦〕〔矣〕。宋殆未可伐也。”原除二十一字，移三字，疑首句作“晉侯將伐宋”，下作“覘者反曰”，更節“民咸悦”之“咸”字，或“宋殆未可伐也”之“殆”字。

《史記·五帝本紀》：諸侯之朝覲者，不之丹朱而之舜，百姓之獄訟者，不

---

① 《史通點煩篇補》，曾刊於1929年的《光華期刊》，卷首一段文字稍有不同，現摘録如下：文字各有時代，西漢以前散文，冗長最甚，由其去口語近也。此篇以己意議古人，非是。然謂文字當求簡净，理自不誤。點處已不可見。輒以鄙意補之。豈敢謂有當於前賢，亦聊以藥今人文字枝蔓之病耳。

之丹朱而之舜，謳歌者，皆不謳歌丹朱而謳歌舜。案"諸侯之朝覲者"，今本《史記》無"之"字。"百姓之獄訟者"，今本《史記》無"百姓之"三字，此今本《史記》奪漏，劉氏所據本不誤也。"皆不謳歌丹朱而謳歌舜"，《史記》無"皆"字，上"謳歌"二字，一作"之"。浦氏云："當是除獄訟句內'不之'七字，加'皆'字以該之。其下之'謳歌'二字，亦當作'之'字也。"案《史記》不得有"皆"字，浦氏之説近是。然"謳歌"不可云"之"仍可疑也。此數語除一"皆"字係衍文外，餘實無字可節，不知劉氏如何節法。"諸侯之朝覲者"之"之"字，"百姓之獄訟者"之"百姓之"三字，浦氏疑爲劉氏所加；案劉氏最好簡，《史記》所無，未必加之。況"百姓之"三字，設非《史記》原文，劉氏何由知獄訟謳歌，不屬諸侯而屬百姓乎？古無刻板時，書皆傳寫。傳寫率由鈔胥，鈔胥最好節去虛字。故知此四字，《史記》原本有之，而今本奪也。

　　又：〔舜年二十以孝聞，三十而〕帝堯問可用者，四岳咸薦〔虞〕舜。堯老，使舜攝行天子政，巡狩，〔舜得舉用事二十年，而堯使攝政，攝政八年而〕堯崩。三年喪畢，讓丹朱，天下歸舜。舜年二十以孝聞，年三十，堯舉之，年五十攝行天子事，年五十八堯崩，年六十一代堯踐帝位，踐帝位三十九年，南巡狩，崩於蒼梧之野。原本奪漏太甚，今以意定《史記》原文如此，此處欲圖刪削，必合此百十六字，乃可著手也。此條合上條，原本云："除二十九字，加七字。"今但此一條，適除二十九字。此條刪法，可有多種，而以此種刪法爲最清楚。否則刪下"年二十以孝聞"至"堯崩"二十六字亦可，然較此似少晦。

　　《夏本紀》：〔禹之父曰鯀，鯀之父曰帝顓頊，顓頊之父曰昌意，昌意之父曰黃帝。禹者〕黃帝之玄孫，而帝顓頊之孫也。〔禹之〕曾大父昌意〔及〕父鯀，皆不得在帝位，爲人臣。除三十一字。原本云除五十七字，加五字。案除五十七字，疑太多，如再除"而帝顓頊之孫"之"而"字及"不得在帝位"五字，則得三十七字，疑五十七或三十七之譌也。然不得在帝位是一事，爲人臣又是一事，不得在帝位者，不必定爲人臣，此兩語實不復言。又案顓頊以前世系，已見《五帝本紀》，此處但曰父鯀，鯀之父曰帝顓頊亦可，則除五十三字。

　　《項羽本紀》：項籍者，下相人也；字羽，初起時年二十四，其季父〔項〕梁，梁父〔即楚將項〕燕，爲秦將王翦所戮〔者也〕。項氏世世爲楚將；封於項，故姓項氏。〔項〕籍少時，學書不成。去學劍，又不成，〔項〕梁怒之。籍曰："書足以記名姓而已，劍一人敵，不足學，學萬人敵。"〔於是項〕梁乃教籍兵法。籍大喜。略知其意，又不肯竟學。〔項〕梁嘗爲櫟陽逮捕，〔乃〕請蘄獄掾曹咎書抵櫟陽獄掾司馬欣〔以故〕，事得已。〔項〕梁殺人，與籍避仇〔於〕吳中，吳中賢士大夫，皆出〔項〕梁下。〔每吳中〕有大繇役，及喪，〔項〕梁嘗爲主辦，陰以兵法部勒賓客及子弟，以是知其能。秦始皇帝游會稽，渡浙江，梁與籍俱觀。籍曰："彼可取而代也。"梁掩其口，曰："毋妄言！族矣。"梁以此奇籍。籍長八尺餘，力能扛鼎，才氣過人。雖吳中子弟，皆已憚籍矣。秦二世元年七月，陳涉等起大澤中。其九月，會稽守通謂梁曰："江西皆反，此亦天亡秦之時也；吾聞先即制人，後則爲人所制。吾欲發兵，使公及桓楚將。"是時桓楚亡在澤中。

梁曰：“桓楚亡，人莫知其處，獨籍知之耳。”梁乃出，誡籍持劍居外待。梁復入，與守坐。〔曰：〕請召籍，使受命召桓楚，守曰：“諾。”梁召籍入。須臾，梁眴籍曰：“可行矣！”〔於是〕籍遂拔劍斬守頭。〔項〕梁持守頭，佩其印綬。門下大驚，擾亂，籍所擊殺數十百人。一府中皆懾伏，莫敢起。梁乃召故所知豪傑吏，諭以所爲起大事，遂舉吳中兵。使人收下縣，得精兵八千人。梁部署吳中豪傑，爲校尉，候司馬。有一人不得用，自言於梁。梁曰：“前時某喪，使公主某事，不能辦，以此不任用公。”衆乃〔皆〕伏。於是梁爲會稽守，籍爲裨將，徇下縣。原本僅至“故姓項氏”止，云“除三十二字，加二十四字，厘革其次序”。案自“故姓項氏”以上，決無三十二字可除。浦氏疑“此條原本全失，但存《項羽本紀》四字，後人聊寫篇首數語當之”。予案“初起時年二十四”一句，可移至“籍爲裨將，徇下縣”之下，云“時籍年二十四”，因疑原本實當至此爲止。又自“故姓項氏”以上，劉氏當尚有移易其先後處；今既不可考見，亦無庸唐突古人矣。《史記》原文，近於口語。以後世文法律之，其可刪削處，略爲刪削，凡得二十八字。原文“三十二”，三或二與五之訛。至於加二十四字，則必加入一事，方可足此數。竊疑會稽守通無姓，《集解》曰：“《楚漢春秋》曰：會稽假守殷通。”《史記》亦不言假。劉氏當加一“假”字，一“殷”字；又“逮捕”，《索隱》曰：“逮訓及，謂有罪相連及，爲櫟陽縣所逮錄也，故漢史制獄有逮捕。”“逮捕”二字，在漢時人人知之，後人或不知爲“連及”，劉氏或當加數語以明之也。

《呂后本紀》：呂太后者，高祖微時妃也，生孝惠帝、魯元公主。〔及〕高祖爲漢王，得定陶戚姬，愛幸，生趙隱王如意。〔高祖嫌〕孝惠爲人仁弱，高祖以爲不類我。〔常欲廢太子，立戚姬子如意，如意類我；又〕戚姬幸，常獨從上之關東，日夜啼泣，欲立其子〔如意以代太子〕。呂后年長，常留守，希見，上益疏。如意立爲趙王後，幾代太子者數矣。賴大臣諍之，及留侯策，太子得無廢。原注曰“此事見高惠二紀，及諸王、叔孫通、張良等傳，過爲重疊矣。今又見於《呂后紀》，固可略而不言”。浦氏曰“劉意蓋謂並可不點矣”。案《史記》無《惠帝紀》、《趙隱王傳》。留侯稱《世家》，不稱《列傳》；高帝欲廢太子，立趙王，事見《留侯世家》及《周昌》、《叔孫通傳》中，亦與《呂后記》語不複，此注殊可疑。惟原文云“除七十五字”，則非將高祖欲易太子事盡去之不可，疑《史通》原文，又爲後人所亂矣。今就原文點之。“高祖嫌孝惠爲人仁弱”，今本《史記》無“高祖嫌”三字；“又戚姬幸，常獨從上之關東”，今本無“又”字、“獨”字，“欲立其子如意以代太子”，今本無“如意以”三字，此等字決非後人所加，亦今本《史記》奪也。

《宋世家》：景公卒，宋公子特攻殺太子而自立，是爲昭公。昭公者，元公之曾庶孫也。昭公父公孫糾，糾父公子亹秦，亹秦即元公少子也。景公殺昭公父糾，故昭公怨，攻殺太子而自立。案《史通》此文之前，多“初元公之孫糾，景公殺之”十字，“景公卒”下無“宋”字，而有“糾之”二字，浦氏謂“皆劉氏所加，宋公子特之‘公’字亦應有。‘昭公者’以下，大半在所點除”是也。案原文云：“除三十六字，加十三字”，今所加者已十二字，只能更加一字。而自“昭公者”以下，大抵皆應删除，於《史記》原文，事實必有漏落，實爲未妥。予意當易爲“景公卒,元公少子公子褍秦,生公孫糾。糾生公子特。景公殺糾,故特怨,攻殺景公太子而自立。是爲昭公"。凡四十字。較《史記》省二十六字,而於事實一無遺漏,似較劉氏點法爲佳也。

《三王世家》:大司馬臣去病昧死,再拜上疏皇帝陛下:陛下過聽,使臣去病待罪行間,宜專邊塞之思慮,暴骸中野,無以報,乃敢惟他議以干用事者。誠見陛下憂勞天下,哀憐百姓以自忘,虧膳,貶樂,損郎員。皇子賴天,能勝衣趨拜。至今無號位,師傅官,陛下恭讓不卹。羣臣私望,不敢越職而言。臣竊不勝犬馬之心,昧死,願陛下詔有司,因盛夏吉時,定皇子位。惟陛下幸察。臣去病昧死再拜以聞皇帝陛下。三月,乙亥,御史臣光,守尚書令,奏未央宮,制曰:下御史。六年三月,戊申朔,乙亥,御史臣光,守尚書令丞非下御史書到,言丞相臣青翟、御史大夫臣湯、太常臣充、大行令臣息、太子少傅臣安,行宗正事,昧死上言。〔大司馬臣去病上疏曰:陛下過聽,使臣去病待罪行間,宜專邊塞之思慮,暴骸中野,無以報,乃敢惟他議以於用事者。誠見陛下憂勞天下,哀憐百姓以自忘,虧膳,貶樂,損郎員。皇子賴天,能勝衣趨拜。至今無號位,師傅官,陛下恭讓不卹。羣臣私望,不敢越職而言。臣竊不勝犬馬之心,昧死,願陛下詔有司,因盛夏吉時,定皇子位。惟陛下幸察。制曰:下御史。〕臣謹與中二千石,二千石臣賀等議曰:古者裂地立國,並建諸侯,以承天子,所以尊宗廟,重社稷也。〔今臣去病上疏不忘其職,因以宣恩,乃道天子卑讓自貶,以勞天下。慮皇子未有號位。臣青翟、臣湯等,宜奉義遵職,愚蠢不逮事。〕方今盛夏吉時,臣青翟、臣湯等昧死,請立皇子臣閎、臣旦、臣胥爲諸侯王。昧死請所立國名。案《史記》原文,乃即當時案牘錄存之。古時書少,不甚以文煩爲慮,故於覆奏時仍錄原奏之文,亦未加删節也。若後世日以史文繁重爲慮,欲求節省閱者之精力,則豈徒重複之辭可去,即不重複處,亦無關弘旨,可以不載。誠如劉氏所云,全宜削除也。此篇原除一百八十四字,今所删適與合。

《魏公子傳》:高祖始微少時,數聞公子賢。及即〔天子〕位,每過大梁,嘗祠公子。〔高祖〕十二年,〔從〕擊黥布還,爲公子置守冢五家,世世,歲以四時奉祠〔公子。〕太史公曰:吾過大梁之墟,求問其所謂夷門,〔以徵信陵君故事,〕説者云:當戰國之時,夷門者,城之東門也。天下諸公子,亦有喜士者矣。然而信陵君之接巖穴隱者,不恥下交,名冠諸侯,有以也。〔高祖每過之,祠奉不絕也。〕案今本《史記》無"以徵信陵君故事,説者云:當戰國之時"十五字;又"有以也"三字在"名冠諸侯"上,其下有"不虛耳"三字,又"高祖每過之"下多"而令民"三字,揆諸文義,俱不如《史通》所錄之長,疑亦今本誤也。

《魯仲連傳》:魯仲連者,齊人也,好奇偉俶儻之畫策,而不肯仕官任職,好持高節。〔游於趙。〕趙孝成王時,〔而〕秦〔王使白起〕破趙長平〔之〕軍,〔前後四十餘萬,秦兵遂〕東圍邯鄲。〔趙王恐,〕諸侯之救兵,莫敢擊〔秦軍;〕魏〔安釐王使〕將軍晉鄙救趙,〔畏秦,〕止於蕩陰,〔不進;〕魏王使客將軍新垣衍間入邯鄲,因平原君謂趙王曰:"秦所爲急圍趙者,前與齊〔湣王〕爭强爲帝,已而復歸帝。今齊〔湣王已〕益弱,〔方今〕惟秦雄天下,此非必貪邯鄲,〔其意欲復求爲帝。〕趙誠發使尊秦〔昭王〕爲帝,秦必喜,罷兵去。"平原君猶豫未有所決。〔此〕時魯仲連適游趙,〔會秦圍趙,聞魏將欲令趙尊秦爲帝,〕乃見平原君,曰:"事將奈何?"平原君曰:"勝也何敢言事。前亡四十萬之衆於外,今又内圍邯鄲而不能去。魏王使客將軍新垣衍令趙帝秦,今其人在是。勝也何敢言事。"魯仲連曰:"吾始以君爲天下之賢公子也,吾乃今〔然後〕知君非天下之賢公子也。梁客新垣衍安在? 吾請爲君責而歸之。"平原君曰:"勝請爲紹介而見之於先生。"平原君遂見新垣衍曰:"東國有魯仲連先生者,今其人在此,勝請爲紹介,交之於將軍。"新垣衍曰:"吾聞魯仲連先生,齊國之高士也;衍人臣也,使事有職,吾不願見魯仲連先生。"平原君曰:"勝既已泄之矣。"新垣衍許諾。魯連見新垣衍而無言,新垣衍曰:"吾視居此圍城之中者,皆有求於平原君者也;今吾觀先生之玉貌,非有求平原君者也;曷爲久居此圍城之中而不去?"魯仲連曰:"世以鮑焦爲無從頌而死者,皆非也,衆人不知,則爲一身。彼秦者,棄禮義而上首功之國也;權使其士,虜使其民。彼即肆然而爲帝,過而爲政於天下,則連有蹈東海而死耳,〔吾〕不忍爲之民也。所爲見將軍者,欲以助趙也。"新垣衍曰:"先生助之將奈何?"魯連曰:"吾將使梁及燕助之,齊楚則固助之矣。"新垣衍曰:"燕則吾請以從矣。若〔乃〕梁〔者〕,則吾乃梁人也,先生惡能使梁助之?"魯連曰:"梁未睹秦稱帝之害故耳! 使梁睹秦稱帝之害,則必助趙矣。"新垣衍曰:"秦稱帝之害何如?"魯連曰:"昔者齊威王嘗爲仁義矣,率天下諸侯而朝周。周貧且微,諸侯莫朝,而齊獨朝之。居歲餘,周烈王崩,齊后往,周怒,赴於齊,曰:'天崩地坼,天子下席。東藩之臣因齊后至則斫。'〔齊〕威王勃然怒曰:'叱嗟,而母婢也。'卒爲天下笑! 故生則朝周,死則叱之,誠不忍其求也。彼天子固然,其無足怪。"新垣衍曰:"先生獨不見夫僕乎? 十人而從一人者,寧力不勝〔而〕智不若邪? 畏之也。"魯仲連曰:"嗚呼! 梁之比於秦若僕邪?"新垣衍曰:"然。"魯仲連曰:"吾將使秦王烹醢梁王。"新垣衍怏然不悦,曰:"噫嘻! 亦太甚矣,先生之言也。先生又惡能使秦王烹醢梁王?"魯仲連曰:"固也。吾將言之,昔者九侯、鄂侯、文王,紂之三公也,九侯有子而好,獻之於紂。紂以爲惡,醢九侯;鄂侯争之强,辯之疾,故脯鄂侯;文王聞之,喟然而嘆,故拘之羑里之庫百日,欲令之死,曷爲與人俱稱王,卒就脯醢之地?

289

齊湣王之魯，夷維子〔爲〕執策而從，謂魯人曰：'子將何以待吾君？'魯人曰：'吾將以十太牢待子之君。'夷維子曰：'子安取禮而來待吾君？彼吾君者，天子也。天子巡狩，諸侯辟舍，納筦籥，攝衽抱機，視膳於堂下，天下已食，乃退而聽朝也。'魯人投其筦，不果納，不得入於魯。將之薛，假途於鄒；當是時，鄒君死，湣王欲入弔。夷維子謂鄒之孤曰：'天子弔，主人必將倍殯棺，設北面於南方，然後天子南面弔也。'鄒之羣臣曰：'必若此，吾將伏劍而死。'故不敢入於鄒。鄒、魯之臣，生則不得事養，死則不得賻襚，然且欲行天子之禮於鄒、魯，〔鄒、魯之臣〕不果納。今秦萬乘之國也，梁亦萬乘之國也；俱據萬乘之國，各有稱王之名，睹其一戰而勝，欲從而帝之，是使三晉之大臣，不如鄒、魯之僕妾也。且秦無已而帝，則且變易諸侯之大臣；彼將奪其所不肖，而與其所賢；奪其所憎，而與其所愛；彼又將使其子女讒妾，爲諸侯妃姬，處梁之宮：梁王安得晏然而已乎？而將軍又何以得故寵乎？"於是新垣衍起，再拜謝曰："始以先生爲庸人，〔吾〕乃今〔日〕知先生爲天下之士也。吾請出，不敢復言帝秦。"秦將聞之，爲卻軍五十里。適會魏公子無忌奪晉鄙軍以救趙，擊秦〔軍〕，秦軍遂引而去。於是平原君欲封魯連，魯連辭讓，使者三，終不肯受。平原君乃置酒，酒酣，起前，以千金爲魯連壽，魯連笑曰："所〔謂〕貴於天下之士者，爲人排患、釋難、解紛亂而無取也；即有取者，是商賈之事也，〔而〕連不忍爲也。"遂辭平原君而去，終身不復見。此篇可點除者，不過五六十字，原載除數，一本云"二百七十五字"，一本云"三百七十五字"，必有省去其語言之處。而不知此篇之語言，斷不可省也。何也？此文出於《戰國策》。《戰國策》本縱橫家之書，其記此事，特以見魯連説術之妙。作《魯連傳》，自未便加以删削也。所謂説術之妙者，新垣衍挾帝秦之説而來，成見頗不易破，所以動之者，只在"將軍何以得故寵"一語。然此言非可徑直陳之，而新垣衍見且深閉固拒，並魯連而不願見，可見魯連進説之難。"魯連見新垣衍而無言"者，戰國策士之游説，必視人之所言如何，而因之以進吾説，較之直陳吾説者爲易入，此正進説之術，故此語看似空文，實全篇緊要關鍵也。新垣衍之拒平原君，謂"魯連高士，衍人臣，使事有職"，此猶言外交自有使命，不樂聞局外不負責任之言，可見其相距之深。其問魯連之語，看似居圍城中相慰藉之詞，實乃譏其無益於平原君，何故不去也。當此情勢，直是無從開口。然戰國策士，他人不開口則已，一開口，必能因之以進吾説，此可見其説術之工矣。魯連既以不爲一身之意，酬其曷爲不去之問；即進申助趙之旨，使其不得不問。自此以下，新垣衍問其如何助趙，則答語拉定一梁，使其不得不駁。新垣衍自承梁之比於秦若僕，則激之以烹醢梁王之言，使其不得不怒，曲曲折折，引入吾説，至於圖窮而匕首見，而新垣衍爲其所動矣。全篇緊要之語，原只"且秦無已而帝"以下數十字，然使僅存此數十字，而將上文曲曲折折引出此數十字處悉數删除，則何以見魯連説術之妙乎？故古人文字，有看似冗蔓，而實非冗蔓者，正未可率爾置議也。魯連見平原君後，必有與之熟籌利害，及論帝秦可否之語，平原君必已心折其説，故欲見之於新垣衍；否則魯連安得貿然譏平原君以爲非天下之賢公子，而平原君亦安得貿然爲之介紹乎？此等處史文皆略之者，以此篇之作，意在記魯連説術之妙，此等處無關宏旨故也。平原君曰"勝既已泄之矣"者，新垣衍不見魯連，必有其託辭，如云有疾或他出之類，泄之者，謂已將無疾或未嘗他出等實情告魯連也，此等處，史文皆極簡省。"前與齊湣王爭强爲帝"，"湣王"二字乃注語，混入正文。"尊秦昭王爲帝"之"昭王"同。下文之"齊湣王"，則涉上文而衍者也。

《屈原賈生傳》：〔自屈原沈汨羅後百有餘年，漢有賈生爲長沙王太傅，過湘水投書以弔屈原。〕賈生名誼，洛陽人也云云。乃以賈生爲長沙王太傅，〔賈生既辭往〕，行聞長沙卑濕，自以壽不得長，又以謫去，意不自得，及度湘水，爲賦以弔屈原。其辭曰。賈生爲長沙王〔太〕傅，三年有鵩飛入〔賈生〕舍，止於坐隅，楚人命鵩曰鵩，賈生〔既以謫居長沙，長沙卑濕，自恐壽不得長，傷〕悼之乃爲賦以自廣，其辭曰云云。懷王騎，墮馬而死，無後。賈生自傷爲傅無狀，哭泣。歲餘，亦死。〔時〕年三十三〔矣〕。"漢有賈生"云云，蓋劉氏所除；然既除此語，則"自屈原沈汨羅後百有餘年"十一字，亦宜并除；原云除七十六字，無論如何，不能盈其數，必有誤。

《扁鵲倉公傳》：太倉公者，齊太倉長，臨菑人也。姓淳于氏，名意，〔少而喜醫方術。高后八年，更受師同郡元里公乘陽慶；慶年七十餘，無子，使意盡去其故方，更悉以禁方予之，傳黃帝扁鵲之脈書，五色診病。知人死生，決嫌疑，定可治，及藥論甚精，受之三年，爲人治病決死生多驗〕。詔召問〔所爲治病死生驗者幾何人？主名爲誰？詔問故太倉長臣意〕方伎所長，及所能治病者，有其書無有？皆安受學？受學幾何歲？嘗有所驗，何縣里人也？何病？醫藥已，其病之狀皆何如？〔具悉而對。臣意對曰："自意少時，喜醫藥。〔醫藥〕方試之，多不驗〔者，〕至高皇后八年〔中〕，得見師臨淄元里公乘陽慶，慶年七十餘，〔意得見事之。〕謂意曰：'盡去而方書，非是也。慶有古先道遺傳黃帝、扁鵲之脈書，五色診病。知人生死，決嫌疑，定可治，及藥論書，甚精。我家給富，心愛公，欲盡以我禁方書〔悉〕教公。'臣意即曰：'幸甚，非意之所敢望也。'〔臣意即〕避席再拜謁，受其脈書上下經，五色診、奇咳術，揆度陰陽外變、藥論、石神、接陰陽禁書，受讀解驗之，可一年所。明歲即驗之，有驗，然尚未精也。要事之三年所。即常已爲人治，診病決死生，有驗，精良。今慶已死十年所。臣意年盡三年，年三十九歲也。"此文首節蓋採時人所傳倉公事，自"詔召問"以下，亦直錄當時文牘也。時人所傳倉公事，亦採自倉公對辭，然下文倉公對辭，陽慶有子男殷，而此云無子，則倉公受業時，殷已死矣。此又對辭所不備，而傳倉公事者別有所採者。若刪之，則此事當於下文補入。

《漢書·龔遂傳》：上遣使者征遂。議曹王生願從。功曹以爲王生素耆酒，亡節度，不可使，遂不忍逆，〔從〕至京師，王生日飲酒，不視太守。〔會〕遂引入宮。王生醉，從後呼曰："明府且止，願有所白。"遂還問其故，王生曰："天子即問君何以治渤海？君不可有所陳對，宜曰：'皆聖主之德，非小臣之力也。'"遂〔受其言，既至前，上果問以治狀，遂對〕如〔王生〕言。天子悅其有讓，笑曰："君安得長者之言而稱之?"遂〔因前〕曰："臣非知此,乃臣議曹教戒臣也。"上以遂年老,不任公卿,拜爲水衡都尉。〔議曹〕王生爲〔水衡〕丞。

《新晉書・袁宏傳》:袁宏〔有逸才,文章絶美,曾爲詠史詩,是其風情所寄〕。少孤貧,以運租自業。謝尚〔時〕鎮牛渚。秋夜乘月,〔率爾與左右〕微服泛江。會宏在舫中,諷〔其所作詠史詩,〕詠聲既清,會詞又藻麗,〔遂〕駐聽久之,遣問焉,答云:"是袁臨汝郎誦詩,即其咏史之作也。"尚〔傾率有勝致,〕即迎升舟,〔與之〕談論,申旦〔不寐。〕自此名譽日茂。從桓溫北伐,〔作《北征賦》,皆其文之高者,嘗〕與王珣、伏滔,同在〔桓〕溫坐,溫令滔讀其《北征賦》,至〔"聞所傳於相傳,云獲麟於此野。誕靈物以瑞德,奚受體於虞者。疚尼父之慟泣,似實慟而非假,豈一性之足傷〕,乃致傷於天下"。〔其本至此〕便改韻,珣云:"〔此賦方傳千載,無容率爾。今於天下之後,移韻徙事,然於〕寫送之致,似爲未盡。"滔云:"得益寫韻一句,或爲小勝。"〔溫曰:"卿思益之。"宏應聲〔答〕曰:"感不絶於予心,愬流風而獨寫。"謝安〔嘗〕賞其機〔對〕辯〔速〕。後安爲揚州刺史。宏自吏部郎出爲東陽郡。〔乃〕祖道〔於〕冶亭。時賢皆集。〔謝〕安欲以卒迫試之,臨別,執其手,顧就左右,以一扇而授之,曰:"聊以贈行。"宏應聲〔答〕曰:"輒當奉揚仁風,慰彼黎庶。"〔觀者無不嘆服。〕時人嘆其卒而能要焉。原云:除一百十四字。今除一百四十字。

《十六國春秋》:郭瑀有女始笄,〔妙〕選〔良〕偶,有心於劉昞,遂別設一席於座前,謂諸弟子曰:"吾〔有一女,年向成長,〕欲覓一快女婿,誰坐此席者,〔吾當婿焉。〕昞遂奮衣來坐,神志湛然,曰:"〔向聞先生欲求快女婿,〕昞其人也。"此條除二十二字,與原載除數合。此條與《三王世家》所除,雖不敢謂必與劉氏合,然必頗近之也。

# 雜説上第七

雜説三篇,議論皆已見他篇中。此蓋其初時札記之稿,正論成後,仍未删除;或劉氏已删之,而後人掇拾存之也。其議論有待發明及應矯正處,亦多見他篇評中;今惟補其所未及者數事,餘不更贅。上篇中攻《公羊》兩條最謬,《曲禮》曰:"君有疾飲藥,臣先嘗之;父有疾飲藥,子先嘗之。"蓋當時事君事父之禮如此。《公羊》引樂正子春之侍親疾,加一衣一飯,損一衣一飯,則脱然愈,以譏許世子之不嘗藥,此例可謂極切。又古以魚爲庶人之食,故孟子以"數罟不入汙池",與"不違農時"並言,《詩》亦以"衆惟魚矣"爲豐年之兆也。劉氏昧於古禮,而轉譏《公羊》之囿於齊俗,誤矣。

人不可有所偏，有所偏，則美而不知其惡。劉氏譽《左》，可謂成癖；獨其與《汲冢紀年》有異，則又非《左氏》而取《紀年》，由其過尊目擊而賤傳聞，遂使作僞者得售其欺也。今人亦好言實物而賤書史；然其所謂實物者，實未必皆可信，不可不猛省也。

劉氏論事，每失之刻核。如《太史公自序》意不重在己之受刑，故但云"遭李陵之禍，幽於縲紲"，以渾括之辭出之。其曰"不韋遷蜀，世傳《呂覽》"，亦但取身廢而書行之意耳。此語本非叙不韋之著書，記《呂覽》之流傳；正不必斤斤於遷蜀與傳書之先後也。而皆吹毛求疵，將尋常述意達情之語，一一作叙事文看；則世間除叙事文外，他種文字更何從下筆乎？

史家之論，義各有當。叙事兩説並存，更足以昭謹慎。此篇以《漢書·孝成紀贊》與《五行志》之不同，而譏其自相矛盾，孝成即《左氏》所謂知儀而不知禮者，贊與志實並不矛盾也。已傷刻核，又以班氏論項羽、于公之語，與其《幽通賦》對勘，則幾於不知文矣。

古書標題，多有脱落，如《禮記·樂記》，據《疏》，實包含十一篇，今舊標題之存於其中者，僅"子貢問樂"一語而已。參看予所撰《章句論》。相如、方朔兩傳，獨無表，其自叙之文，亦由於此。此乃傳寫之失，不可以議作者。

## 雜説中第八

此篇譏《新晉書·劉伶》、《畢卓傳》一段頗謬。史以記事，非以垂法也。劉、畢沉湎，姑無論其爲是爲非；當時既有此一種人，自不容不爲立傳。若一概删除，但傳守禮拘謹之士，不將如劉氏所譏無以見"古往今來質文屢變"，而使人疑前代風氣，"亘兩儀而並存，經千載其如一"乎？劉説見《言語篇》。

## 雜説下第九

《列女傳》記事之誤，不足爲病，已見《申左篇》評。此篇既知劉向之識多才足，而其著書，猶沿訛襲謬如此，其故正可深長思矣。乃劉氏竟不細思，而武斷爲向之有心欺世，何其刻核而不衷情實邪？《列女傳》稱會績之女爲徐吾、李吾，吾即《管子》之"吾子"，蓋幼小之稱，非名也。邦里氏族，安知非傳説如此，何以斷爲向所僞造乎？

《漁父》之辭，《高唐》之賦，自非事實，昔賢採此，或亦以人人知爲辭賦之流，使人作辭賦觀，非使人作叙事文觀也。

## 《漢書・五行志》錯誤第十

## 《五行志》雜駁第十一

五行所志，乃當時一種學問，作志者特總攬諸家之説，疏舛不能責之。至於文句疵累，古書多是如此，以其甄録他家之説，大都仍其原文，不加改竄也。

就事論事，此兩篇所駁，亦有不中理者，如謂：《太史公書》春秋以前災眚占候，皆出《左氏》、《國語》；《班志》惟稱《史記》，豈非忘本逐末。夫安知太史公不别有所據？又何以斷此史記二字，非史籍通名，必指太史公書乎？史事傳者少，不傳者多；就載籍之所存，斷不足見當時之真相。此在後世尚然，況於古代？劉氏執乘丘、鄑之捷，而謂魯人不至愁怨；執《春秋》權臣惟有三桓、六卿、田氏，而以溴梁之盟，君若綴旒爲虚言，皆坐武斷之病也。

## 暗　惑　第十二

此篇根據事理，以駁傳説之虚誣，必能有此識解，乃不至爲讕言所惑，實讀史之要法也。惟所謂事理，必極客觀者乃可耳。

此篇有二條誤駁：一《史記・滑稽列傳》，欲以孫叔敖爲相之楚王，乃優人所象，非真楚王也。"歸乎田成子"之歌，則古書述人語，例不入其人口氣，多以我之辭述彼之意耳。此係古人語法如此，不容執後世文例相難。

## 忤　時　第十三

此篇當與《自叙》參看，可見唐時史館之弊，其發憤求官，則唐人風氣如此，不足爲劉氏病也。

# 附録一 評校《史通》序

《史通》行世，久無善本，(《四庫提要》謂《永樂大典》亦無此書，可見其傳本之罕。何義門云觀《玉海》所引《史通》，亦有訛字脱文。乃知宋時即其少，則又無論明代矣。)明世刻本有三：一陸儼齋(嘉靖十四年)，一張元超(萬曆五年)，一張慎吾(萬曆三十年)。陸本最先出，《補注》、《因習》、《曲筆》、《鑒識》四篇，訛奪不可讀。慎吾言家有鈔本，宦轍所經，必先購求，復得二三鈔本，用校陸本，《曲筆篇》增四百餘字，《鑒識篇》增三百餘字，而去其自他篇羼入者六十餘字。《四庫提要》謂不知其所增益果據何本，然自是言是書者，皆以此本爲主云。李本寧、郭孔延之評釋，即其一也。王損仲因李、郭本而作訓詁，又以張元超本參校，增《曲筆篇》百十九字。(《提要》謂卷端題識稱除增《因習》一篇及更定《直書》、《曲筆》二篇外，共校正一千一百四十二字，然以二本相校，將《曲筆篇》增入一百一十九字，其《因習》、《直書》二篇，並與郭本相同，無增入之語，不知何以云然也。)清黄崑圃又因王書而補之，浦二田《通釋》略與黄氏同時，而成書前之一年，得黄書參校，故其書之成最後，今世通行者唯浦本，蓋以其書成最後，能奄有諸家之長，而去其短也。浦注採摭頗勤，而體例未善，評語間有可採，然十八皆陋儒評文之見也。涵芬樓藏張慎吾刻本，爲孫潛夫、顧千里所校，印入四部叢刊，司其事者爲無錫孫毓修，得江安傅氏所藏何義門校本及録顧千里校本；又上元鄧氏所藏千里別一校本及不知姓名者一家(校勘記稱爲鄧本)，據以作校勘記附於後。取與浦本相校，大體不如浦本，然間有勝之者，又有足正浦氏臆改之失者，刻本之舊而不必善者，固多如此。予嘗欲博求諸本，用相參校寫定，補正舊注之闕違而改其體例，商藏書家未能。十七年秋，講此書於上海光華大學，乃姑以四部叢刊與浦本相較而寫定爲一本焉。改正舊注，亦苦未暇，而於諸篇之後，皆附評語，抉劉氏思想之所由來，揚榷其得失，並著其與今日之異同，特所以示諸生，非足語於述作，然視浦氏之評，則固有間矣。寫既竟，以今日是書善本之罕，姑刊以問世焉。《四庫提要》評浦書謂使評注厘爲二書，庶乎離離雙美。予之注未成而先以評行世，竊取是語以解嘲焉。

# 附録二　《史通》習問

六家篇（《六家》、《二體》兩篇，與《外篇·古今正史》篇參看）

（一）《書》皆典、謨、訓、誥、誓、命，（記言）雜以《堯》、《舜典》、《禹貢》、《洪範》，爲例不純，其説如何？

（二）《漢尚書》、《隋書》等，何以不行於世？

（三）《周書》果《尚書》之類否？

（四）《竹書》是否可信？

（五）晏子、虞卿、呂不韋、陸賈等書，并無年月，何以亦名春秋？

（六）本紀法春秋，列傳爲之傳，其説當否？

（七）《春秋》、《左氏》，同爲編年，何以劉氏列爲兩體？

（八）《左氏》是否《春秋》之傳，《國語》是否外傳？

（九）《九州春秋》等，何以不行於世？

（十）史記二字，在漢代是否專指太史公書？

（十一）梁武《通史》，元暉《科録》，何以不行於世？《南》、《北史》何以能行？

（十二）劉氏稱《史記》之失，（1）論家國一政，而胡、越相懸；叙君臣一時，而參、商是隔；（2）事罕異聞，語饒重出。果可爲史公咎否？

（十三）劉氏於六家中，認可何家之體爲可祖述？

二體篇

（十四）春秋、史記二體，互有長短，試言之。

載言篇

（十五）劉氏既稱《左氏》合記言、記事爲一書，何以又欲於表志之外，別立制册章表書？別立制册章表書之議可行否？包文章於制册章表書中，其議可行否？

本紀篇

（十六）劉氏謂（1）《史記·周本紀》當自西伯莊王以上，別爲世家；（2）又謂項羽不當列於本紀，其説然否？

（十七）本紀是否必須編年，陳壽《國志》假用漢年，陸機《晉書》不編年，二者孰得？

（十八）劉氏議魏、齊帝紀，全爲傳體，有異紀文。果如所言，本紀僅爲列傳提綱，君主個人之事，入之何處？若盡從删削，君主個性，何以顯見？

世家

（十九）陳涉何以稱世家？

（二十）三晉、田氏，可否稱世家？

（二十一）漢世諸王，應否稱世家？

（二十二）吳、蜀應否列爲世家？

列傳篇

（二十三）劉氏謂紀、傳不同，猶詩、賦有别，其别安在？

（二十四）合傳、附傳之别？

表曆篇

（二十五）表是否果無用？且與紀傳犯復？

（二十六）班氏《人表》，既屬無謂，且乖限斷，《漢書》列此，意果何居？

書志篇

（二十七）劉氏謂馬、班書志多效《禮經》，其説然否？

（二十八）劉氏謂《天文》、《藝文》二志所載皆當時爲限，其説然否？

（二十九）劉氏謂《五行志》不必附以災祥，其説然否？

（三十）劉氏欲創下列各志：人形、方言、都邑、氏族、方物，其當否如何？

論贊篇

（三十一）論贊之本意若何？

（三十二）劉氏謂馬遷限以篇，各書一論，理有非要，强生其文。《史記》果有此弊否？

（三十三）《晉書》用儷語作論，得失若何？

（三十四）劉氏謂范曄作贊，誤學《史》、《漢》，其説然否？

序列篇

（三十五）劉氏之意謂序可省、例必立，其説如何？

（三十六）古書率多無例，研究者何以處之？

題目篇

（三十七）《史記》傳皇后，何故以外戚名篇？

（三十八）載記之名，始於何時？《晉書》施諸十六國，是否得當？

（三十九）列傳標題以簡爲貴，抑宜全録姓名？

斷限篇

（四十）史於前後朝之事，不涉及則不明；所涉太多，則失之濫。應如何方爲適當？

編次篇

（四十一）《史記·龜策》究應列傳，抑應入志？

（四十二）一姓有傳附出餘親，事迹尤異分入他部，得失若何？ 向、歆事迹應否從《楚元王傳》中析出？

（四十三）陳壽《蜀書》首表二牧，得失若何？

（四十四）漢代宗廟制度是否應入《韋玄成傳》？

稱謂篇

（四十五）古書稱謂何以多錯誤（如《左氏》）雜不正（如《史記》稱頌籍爲項王）？

（四十六）帝皇尊號由追稱者，書法應如何？

（四十七）史傳稱謂應否有例？ 若云應有其例，當如何？

採撰篇

（四十八）（1）小説、（2）郡國之記、（3）譜牒、（4）傳説應否採取，採取之法宜如何？

載文篇

（四十九）辭賦率多虛矯，《史》、《漢》載之，其意何居？

（五十）魏、晉以下之文，何以與兩漢之世大異？

補注篇

（五十一）此篇所謂注者，可分幾種？

（五十二）裴注《國志》，後人多善其傳，此篇獨病其蕪，其故何歟？

（五十三）陸澄《班注》多引遷書，此缺一言，彼增半句，皆標爲異説，其得失若何？

因習篇

（五十四）因習之失，可分幾種？

邑里篇

（五十五）經子人物，何以惟書氏族，史公既草兹體，何以東晉以後仍復舊觀？

言語篇

（五十六）誤學古言之弊若何？

（五十七）已古者即謂之文，猶今者乃驚其質，何以古今通有此習？

（五十八）昔人論作史，貴於“直書其事而是非自見”，與此篇之説，有足相發明者否？

叙事篇

（五十九）此篇所論“尚簡”、“用晦”、“妄飾”三端，足否得當？

品藻篇

（六十）現今論作史者，惟貴客觀叙述，此篇所論是否尚有參考之價值？

直書篇　曲筆篇

（六十一）史求真實，作史者苟甘心曲筆，真實二字即將無從説起。然欲求直筆，其事極難。今日史學界難於直書易於曲筆之情勢，與劉氏所述，同異若何？試推論之。

鑒識篇

（六十二）古書中每有極幼稚可笑之處，如“虞舜見厄，匿空而出”，“宣尼既殂，門人推舉有若”等，其故何與？

探賾篇

（六十三）此篇所論，皆推論古人著書之意而失之者，必如何方可免於斯弊？

模擬篇

（六十四）此篇所論，以文學眼光觀之，得失如何？

（六十五）《左氏》稱一人，名字號諡錯出，果足法否？

書事篇

（六十六）劉氏所論“書事之標準”如何？試以今日之眼光評之。

人物篇

（六十七）立傳與否，當以何爲標準？當傳不傳，是否可盡爲作史者之咎？不當傳而傳，吾儕讀之，是否仍有用？

覈才篇

（六十八）文史何故異途？修史何故忌用文士？試言其原理。

序傳篇

（六十九）古人自叙，何以好侈陳先業？今人是否可效爲？

（七十）自叙之體，如何方爲得當？

煩省篇

（七十一）後世之史籍，必繁於古代，其故安在？

（七十二）略則事實不具，詳則不可觀覽，此問題如何解決？

雜述篇

（七十三）此篇乃劉氏所謂非正史者，正史非正史之別，今日是否需要？大抵昔人所謂非正史者，所記之事，恒不如正史之可信，吾人當如何別擇？

辨職篇　自叙篇

（七十四）此兩篇可見官置史官之弊，何以後世之史，卒不能復於私修？私修既不能復，如何可救官修之弊？

史官建置篇

（七十五）古代天文，何故屬於史官？後世何以須分爲兩職？

（七十六）史事是否必須專設機關？專設機關，是否必須由國家設官？

（七十七）“書事記言”，“勒成删定”，是否當分爲兩事？兩者之標準當如何？

古今正史篇

（七十八）何以表志紀傳體之史，歷代皆有；編年之史，則或付闕如？何以修史者側重表志紀傳體？

疑古篇　惑經篇

（七十九）此兩篇，昔人何以多加訾議？以今日眼光觀之，此兩篇之議論，是否得當？

（八十）此兩篇係指何經言之，以經學之眼光觀之，是否與以史學之眼光觀之有別？

（八十一）古人何以輕事重言？

申左篇

（八十二）此篇是否以史學之眼光立論？如以經學眼光論之，當如何？即以文學眼光論，《左氏》亦有可疑之處否？

點煩篇

（八十三）點煩之論，是否得當？古人文字，何以多煩？

文史通義評

# 前　言

　　《〈文史通義〉評》是二十世紀二十、三十年代吕思勉先生在上海光華大學歷史系開設"史學名著選讀"課而寫的二種講義之一,①後修訂成書,但一直没有刊印。上世紀八十年代初,《〈文史通義〉評》先後收入《史學四種》②(上海人民出版社"中國當代史學家叢書",一九八一年十二月出版)和《吕著史學與史籍》③(華東師範大學出版社,二○○二年六月出版),這兩種版本都有一些删節。二○○八年十二月,上海古籍出版社出版"世紀文庫"收入章學誠撰、吕思勉評《文史通義》,將吕先生的評語刊于《文史通義》的相關諸篇内,以便於讀者的閱讀理解。《〈文史通義〉評》也收入上海古籍出版社"吕思勉文集"《史學與史籍七種》④(二○○九年十一月出版)。

　　《〈文史通義〉評》現存有先生的手稿,此次我們將其收入《吕思勉全集》重印,按先生的手稿做了整理校對,原文中的注釋爲文中單行夾注,編者的按語均作頁下注,除糾正錯字勘誤之外,其餘均按原稿刊印。先生還寫有《章學誠之史學思想》和《〈文史通義〉選讀提要》二篇,現都以附録的方式,附在正文之後。

李永圻　張耕華

二○一四年七月

---

　　①　另一種講義是《〈史通〉評》。

　　②　即吕先生的《歷史研究法》、《中國史籍讀法》、《〈史通〉評》和《〈文史通義〉評》的合刊。

　　③　即吕先生的《歷史研究法》、《史籍與史學》、《中國史籍讀法》、《史籍選文述評》、《〈史通〉評》和《〈文史通義〉評》的合刊。

　　④　收入吕先生的《歷史研究法》、《史籍與史學》、《中國史籍讀法》、《〈史通〉評》、《〈文史通義〉評》、《古史家傳紀文選》、《史籍選文評述》及《〈新唐書〉選注》之序、選目及注釋。

# 目　　録

# 序

　　章學誠(實齋)爲近代之思想家。其學説見於《文史通義》、《校讎通義》二書。其説不必盡合於今;然精深透闢,足以矯前此之失,而爲後人導其先路者甚多。讀其書,既可知前此思想之轉變;又可知新説未輸入前,吾國史學家之思想如何,實治國學者所不可不留意也。兹先述其思想之大概,然後逐篇加以評論:或解釋其思想之所由來,或引申其所未盡,或補苴其所不足,或訂正其違失、偏激之處,冀爲讀是書者之一助焉。

　　章氏爲一既反對宋學,而又反對漢學之人。其反對宋學也,反對其空言無實;其反對漢學也,反對其徒事襞積補苴,而不知其所襞積補苴者之果爲何用。

　　宋學之弊也,人人談心説性,空疏無具,既不能有所作爲,並無復切實學問。起而矯其弊者乃有兩派:一如顧亭林之講究實學,清代之講考據者承之,遂成所謂漢學,此所以救宋學荒蕪之弊者也。明末大儒,如亭林等,皆非僅講學問之人;其於學問,亦非僅講考據之人,但清儒只承其考據之學。一則如顏習齋之力主實行,此所以救宋學空虛之弊,承其流者殊罕,章氏之思想頗近之。故亦謂必習於事而後可以言學,亦謂空言不可以教人。章氏之思想如是,故其所想望之境爲政教合一,官師不分;既主政教合一,官師不分,則不得不謂六經皆先王之政典;既主六經皆先王之政典,則不得不以集大成者爲周公,而謂孔子僅學周公而盡其道。章氏此等説,其根本皆自其崇實行、戒空言之一念來也。

　　章氏好深湛之思,故凡作一事,必先問此事何以須作,既乃考其如何作法,與徒事考據、而不問其所以然者大不相同。章氏謂道存於事,求道者必於事,故最重史,既重史,而其作事又必問其何以須作、當如何作,則於史事何者須記、何者不須記,必有辨之甚嚴者矣。本此以觀前史,乃覺其所載者,多不必載之事;而所當載者轉或闕焉。故章氏於前史幾無當意者,其稱《尚書》、《春秋》,乃舊時風氣,率舉其所謂最善之境,託之於古,傅之於經,非真有取於此兩書也。事實之當記、不當記,非一時所能定,故取之不可不謹嚴,而儲之不可不充足。職是故,章氏乃分保存史材、編輯史材與作史爲兩事:保存、編輯史材者,章氏之所謂記注,所謂比次之事;作史則章氏所謂撰述,所謂獨斷之學也。此爲章氏思想突過前人之處。前人於此理,雖不能謂其未嘗見及;而其言之斷不如章氏之明備。章氏論史之學,幾全以此二語爲歸宿。其注重方志,即其保存、編輯史料之苦心;其稱紀事本末,善通志,皆其作史意見之一斑也。此等思想,看似與漢學無涉,實則與漢學家大相反對;章氏反對漢學之論,皆與此等見解消息相通。

古者文與學不分;離文與學而言道,尤絶無其事。老子謂爲學日益,爲道日損,乃謂見道愈深,則其所謂道者,愈足以該貫萬事,非謂冥心求道也。徒見萬殊,而不知其一本,則學焉而日益矣。自魏之三祖崇尚文辭;兩晉至唐,扇而彌盛;儒林、文苑,始漸分途。宋儒出,以學問爲玩物喪志,以文辭爲浮華害道;而義理與考據、辭章,又若格不相入矣。此固社會演進,由渾趨畫,不得不然之勢;然源遠而流益分,往而不反,而遂忘其朔,亦是一病。故姚姬傳有義理、考據、詞章三者不可闕一之論,平心論之,固不能謂其無理也。章氏之見與姚氏相同,就此而論,章、姚亦可稱爲調和漢、宋學及文學之人。故雖重義理,講考據,而亦不廢文事。其所爲之文無足觀,其論文則多通達及獨到之處,深足矯正世俗之失,由其思想刻摯,而又能持綜核之論也。章氏思想之大概如此。

# 易 教 上

此篇爲章氏發揮其六經皆史之見之作，謂古人不著書，古人未嘗離事而言理，則不得不以六經爲先王之政典，以六經爲先王之政典，則不得不謂六經皆史矣。以先王之政典必爲史官所記也。

六經之中：《詩》、《書》、《禮》、《樂》、《春秋》爲政典，説均易通；惟《易》爲講哲學之書，以爲政典，較難取信。故章氏作《易教》上、中兩篇以發揮之：上篇之證據，爲歷代所用之《易》不同，及《易象》亦稱《周禮》兩端；中篇之證據，則謂曆法未發明時，即以卦畫爲憲象也。

三易見《周官・太卜》，鄭注引杜子春謂："《連山》伏羲，《歸藏》黄帝。"康成《易贊》及《易論》則謂："夏曰《連山》，殷曰《歸藏》，周曰《周易》。"案《世譜》等書謂黄帝一曰歸藏氏，《易緯》謂《周易》因代以題周，則以《歸藏》屬黄帝，《周易》屬周代，説自可通。惟連山—作列山，亦作屬山。係神農之號，以爲伏羲，未知何據。然縱謂子春以《連山》屬伏羲爲不誤，連山必爲帝王之號，則可以歸藏爲黄帝之號，《周易》因周代而題，比例以推。《禮記・禮運》："孔子曰：我欲觀殷道，是故之宋，而不足徵也，吾得坤乾焉。"鄭注："得殷陰陽之書也，其書存者有《歸藏》。"康成又釋《連山》之義曰："象山之出雲，連連不絶。"釋《歸藏》之義曰："萬物莫不歸藏於其中。"後儒因謂：周易首乾，殷易首坤，夏易首艮，實與通三統之義相合，則以三易分屬三代，亦非無據。以上徵引，據《禮記》、《周官正義》及《周易正義・八論》釋三代易名。然必以此爲三代法憲，與改正朔、易服色同科，苟或擬之，即蹈僭竊王章之罪，則未免失之太拘。《易》爲占筮之書，乃古代迷信之物。迷信必因社會之習尚，謂社會固有此物，而古帝王仍之則可；謂其爲古帝王所創造，則不然也。《春秋》舊例，皆出周公，乃杜預一人之私言。其實當爲古代史官記事成法。《易象》爲周代之書，自亦可稱周禮，然必謂一字不可改易，則亦章氏拘虛之見矣。

章氏謂聖人不以空言立教，故謂《易》爲周代政典。《易》爲周代政典，自非孔子所著之書；《易》非孔子所著之書，則聖人不以空言立教審矣。"非聖人一己之心思，離事物而特著一書，以謂明道也"，實篇中最要之語也。然欲證明六經非孔子所自作，其事甚易，正不必如章氏之迂曲也。何則？孔子曰"我欲託之空言，不如見諸行事之深切著明"，即此一語，已足證《春秋》非孔子所自著矣。以此推之：《易》爲占筮之書，《書》爲記言之史，《詩》爲太史所採，

《禮》、《樂》亦當時所行。六經皆固有之書，正不俟煩言而解也。然六經雖固有之書，而既經孔子刪修，則自有孔子所取之義。爲孔子之學者之重六經，亦重孔子所寓之義，而非重其固有之書也。非謂固有之書不足重，不可誤會。不然，自古相傳之書多矣，何以儒家獨尊此六種邪？此義也，昔辯梁任公《陰陽五行說之來歷》，嘗發明之，今節錄其辭如下：原文見《東方雜志》二十卷二十號。原文曰："在孔子當日所親身鑒定其文辭者，固經而非傳，而後人諷籀，則傳之爲用，且較大於經。何則？經猶今學校之教科書，傳則學生筆錄教員口講之語，教科書死物，教員所講則活物也。今日若有經無傳，經之意義何在，將人人莫名其妙；若有傳無經，猶可得許多義理。請言《詩》：《詩》究係何語？讀之究有何義？恐徒讀經文者必不能解，而一讀《韓詩外傳》則可得許多義理矣。請言《書》：《書》者，乾燥無味之古史耳，然《孟子》與《大傳》多相復緟，趙邠卿謂孟子通五經，尤長於《詩》、《書》，今《萬章》一篇，論禪讓之理，雖多託古之談，亦或重疑之義，《論衡・奇怪篇》辟感生之說曰："聖人重疑，因不復定。"《史通・疑古篇》亦同斯意。然民主之大義存焉，蓋皆誦述書說也。請言《禮》：《禮》尤乾燥無味之書也，然一讀《戴記》中《冠義》、《昏義》諸篇，則冠昏諸禮其義固極淵永矣。請言《易》：《易》之哲理，存於《繫辭》；然今《繫辭》中繫辭字及辭字甚多，似皆指《卦》、《爻》、《彖》、《象》之辭言之；而今《繫辭》，據釋文，王肅本實作《繫辭傳》，司馬談《論六家之要指》引今《繫辭》之文，謂之《易大傳》，則今《繫辭》蓋《易》之傳，與伏生之書《大傳》等也。《公羊春秋》非常異義尤多，無待深論，若但讀今所謂經文，則真斷爛朝報矣。"觀此可知六經雖皆舊書，而孔子刪修，自別有所取義，不得謂義即盡於舊書之內也。

　　《太玄》、《元包》、《潛虛》亦皆言哲學之書，其中《元包》一種不足道，此書稱北周衛元嵩撰，而出於宋張行成，前有楊楫序，謂"大觀中，前進士張升景，初携《元包》見遺，曰：自後周歷隋、唐迄今，五百餘載，世莫得聞。頃因楊公元素內翰傳秘閣本，俾鏤板以傳"。《四庫提要》："此書《唐志》、《崇文總目》並著錄，何以云五百餘年世莫得聞？王世貞疑爲依託，似非無見。"案楊氏所謂世莫得聞者，謂其書藏於秘閣，民間莫得見，非謂無其書；《提要》之言，似屬誤會。然其書仍八卦而以坤爲首，明係附會《歸藏》；全書故爲艱深，實無深義，蓋又效《太玄》而失之者也，殊不似南北朝物，以爲依託，仍非無見。《太玄》、《潛虛》則亦不能謂其絕無所見。吾昔撰《理學綱要》，嘗論數術之學曰："理事不違，欲明一理者，不得不遍究萬事，其說然矣。然事物之紛紜，卒非人所能盡究，乃不得不即已經研究之事，姑定爲一理，而執之以推其餘，此蓋凡治學術者所不能免。《史記》述鄒衍之學，謂其先驗小物，推而大之，至於無垠，所用者即此術。《太玄》爲揚雄最得意之作，其書起冬至，迄大雪之末，備詳一年之變遷，亦以宇宙久大，不可得而知，以爲宇宙一期之變遷，必與一年之變遷相類，故欲據此以測彼耳。邵子之元會運世,亦此意也。"觀此知各書所用之象數不同,而皆不過一種推測,亦皆不失爲一種推測。章氏必謂其理與數,無以出於《易》之外,可以不作;則《易》之理亦可謂其無以出於《太玄》、《潛虛》之外,數則二書所用,明明與《易》不同。亦得謂《太玄》、《潛虛》既作,而《易》可廢邪? 至謂其蹈僭竊王章之罪,則觀前文所論,其失已不辯自明矣。

# 易 教 中

此篇亦申《易》爲先王政典之説。其所立證,則《易》有易歲之義,卦氣與曆法有關,而卦序、卦位已隱含其義。卦位見《易》帝出乎巽一節。其位離南坎北,震東兌西,坤西南,乾西北,巽東南,艮東北,坎離當子午,震兌當卯酉,艮在丑寅,巽在辰巳,坤在未申,乾在戌亥之間。附以大一行九宮之説,遂成所謂卦序。大一行九宮之説,見《後漢書·張衡傳》注引鄭注《乾鑿度》,其説曰:"大一者,北辰神名。下行八卦之宮,每四乃還於中央。中央者,北辰之所居,故謂之九宮。天數大分,以陽出,以陰入。陽起於子,陰起於午。是以大一下行九宮,從坎宮始,自此而從於坤宮,自此而從於震宮,自此而從於巽宮,所行半矣,還息於中央之宮;既又自此而從於乾宮,又自此而從於兌宮,又自此而從於艮宮,又自此而從於離宮,行則周矣,上游息於大一之星,而反紫宮。"依其所行之序,以定九宮之次,與《大藏記》明堂九室之數合,即宋儒劉長民以爲河圖,蔡西山以爲洛書者也。卦氣之説,出於京房。以五日爲一候,三候爲一氣;以坎、離、震、兌四正卦,分管二十四氣;餘六十卦,當周天三百六十五又四分度之一,則每卦得六日七分,略以一爻當一日,觀其風雨、寒温,以爲占候。此皆曆法既精以後,通其術者,以此附會《易》説,未必《易》之初即如是也。章氏顧謂曆法即包含於卦畫之中,未免後先倒置矣。因疑曆法未立以前,卦畫與曆象即係一事也。然古代哲學,無不與天象有關。因其與天象有關,遂謂與曆法是一,並謂非無位者所得容喙,則亦未免早計矣。

|  | 亥 | 子 | 丑 |  |
|---|---|---|---|---|
| 戌 | 乾 六 | 坎 一 | 艮 八 | 寅 |
| 酉 | 兌 七 | 五 | 震 三 | 卯 |
| 申 | 坤 二 | 離 九 | 巽 四 | 辰 |
|  | 未 | 午 | 巳 |  |

謂《連山》、《歸藏》不必名《易》,《易》之名由後人所追命,其説甚通。古書此類極多,必知斯義,乃不致妄起疑竇也。謂《易》之名與易歲之義有關,因以牽合曆法,則不免於穿鑿。易爲"變化之總名,改換之殊稱",所包甚廣,不能拘定一端也。《易》名初立,義果何取,今難質言;後人解釋,當以《乾鑿度》之

説爲最賅、最善。《周易正義·八論》論《易》之三名曰:"易緯《乾鑿度》云:易
一名而含三義:所謂易也,變易也,不易也。又云:易者其德也。光明四通,
簡易立節。天以爛明。日月星辰,佈設張列。通精無門,藏神無穴。不煩不
擾,澹泊不失。此其易也。變易者其氣也。天地不變,不能通氣。五行迭終,
四時更廢。君臣取象,變節相移。能消者息,必專者敗。此其變易也。不易
者其位也。天在上,地在下。君南面,臣北面。父坐,子伏。此其不易也。鄭
玄依此義作《易贊》及《易論》云:易一名而含三義:易簡一也,變易二也,不易
三也。"案所謂變易者,謂人所見之現象,無一息而不變;所謂不易者,謂現象
雖變,而仍有其不變之則;所謂易簡者,謂自然現象,振古如斯,不見有司之
者,而曾不見其差忒,即老子所謂"綿綿若存,用之不勤",亦即佛教之所謂無
爲者也。此三義以哲學言之,極爲賅括,蓋今文家相傳之義也。緯書多用今文説。

　　要而言之,章氏謂空言不可以教人,必習於事而後可以言學。因之主政
教合一,官師不分,雖稍失之偏,自亦不失爲一種見解,尤足箴宋學末流空言
無實之弊。然必欲牽古事以合之,則未免失之於鑿矣。然此亦非章氏故爲矯
誣之説以欺人,以吾所設想盡美、盡善之境,託之於古,傅之於經,昔時固有此
風氣,人生其時,自不免爲所囿也。

# 易　教　下

　　此篇文字頗晦。其大意謂天地間事物雖各各不同,然自有其相似之處,
夫是之謂類。兩物相類,此物即爲彼物之象。如名花之與美女,其爲物判然
不同,而其悦於目則同,於是見名花者可思美女,見美女者亦或憶名花。人心
之靈明,往往由此而生悟。如見鳥獸蹏迒之跡,而制文字;聞鼓鼙之聲,則思
將帥之臣是也。物既畢同、畢異,則雖實無其物,亦可以假想造之,如有毛之
龜,有角之兔是。此等幻想,有得有失,故章氏謂宜察天地自然之象,而衷之
以理。

　　人心之營構所以不盡善者,章氏謂由於情之變易;而情之變易,則外由事
物之接構,内由陰陽之消息。此爲理學家之説。理學家謂萬物皆氣之所成,
氣有自然之屈伸,人爲萬物之一,自亦不能免此。屈伸而得其當則爲善,不得
其當則爲不善矣。此説頗深奧,欲知其概,須讀張横渠之《正蒙》。

　　世間實無其物而人以爲有之者,皆出於其心之設想,設想即章氏所謂營
構也。佛説之詭誕,蓋沿自印度,此爲印度人心所營構,與中國人心所營構見

於《易》者相同，與耶教天堂、地獄、上帝、魔鬼之說出於希伯來人心所營構者，亦無不同也。此爲神教所由成，亦其所以維持於不敝，章氏能見及此，其思力可謂深沉矣。惟謂佛之異於聖人者，乃舍事物而別見有所謂道，則亦沿宋儒之說，未爲得當。宋時佛學，諸宗皆衰，惟禪宗獨盛。學禪之人，習靜既久，往往別有所見，此爲變態心理，在佛學中亦爲魔境。宋儒自謂深於佛說，能入其室而操其戈，實則於佛學入之不深，遂以此等禪宗之末失概佛教，謂其本來如此。其實世間無離乎事物之道，佛教之所說，亦皆歸納事物而得之者也。

# 書　教　上

《書教》三篇，爲章氏論史最要之作。蓋作史之最難者，在於詳略之得宜，自今日觀之，若仍沿舊史之體，則此事真是無策。何則？史所以記事者也，天下之事繁矣，安能盡記？無論如何詳博，總只能就吾所認爲有關係者，從而記之；而不然者，則删之。删之，勢也。然事之當記、不當記，至難定也：有此人以爲不當記，而易一人觀之，則以爲極要者矣；有今日以爲不足記，而易一時觀之，則以爲極要者矣。蓋天下事原無大小、輕重之分，所謂大小、輕重者，特人之意有所偏主，見爲如此耳。故有自此方面觀之，以爲無關係；而自彼方面觀之，則覺其極有關係者，此各人之意見所以不同。有今日以爲無關係，而時異勢殊，忽有一有關係之事生，而追溯其源，乃即在此無關係之事，則今所以爲無關係者，一變而極有關係矣，此一人之意見所以前後不同也。然則天下事更無無關係者，亦無大小、輕重之分，欲求因果之盡明，勢非舉一切事盡記之不可，此爲辦不到之事。欲求詳備，亦惟有即力所能及者，廣爲搜羅而已。然以今日記載未及萬分一之史書，已覺其汗牛充棟，老死不可勝讀；設使更求詳備，更復誰能翻閱，史書不將成爲廢紙乎？則必有以濟其窮而後可。濟其窮之策惟何？曰：將記載與研究，分爲兩事；研究之中，復分爲若干門類而已。記載之作，本以供研究者之取材，非以備普通人之閱覽，則雖多而不厭其煩。研究之士，可以就性之所近，各專一門；研究愈精，則分別愈細，則其所去取，必能當乎大小、輕重，而謬誤較少。如是分工協力，則可以成多種專門史；而性喜綜攬者，乃復合專門之士研究所得，以成一普通史焉。記載無論如何詳備，總不能無所遺漏，則殫心考據之士，可以搜其逸而補其遺；研究無論如何精詳，總不能無所差誤，則好學深思之徒，可以繩其愆而糾其謬。一門有新說，可以波及於他門；分著之日新，益以裨補夫總著。時時搜輯，時時研究，看似分道揚鑣，實則相資爲用，此則今後史學演進必由之途也。章氏之時，尚未知史當分爲若干專門，然後綜合之以成一普通史，而於記載、撰述當分爲二，則言之甚瑩，其思力可謂深沉矣。

記言、記事之別，特以大略言之，固不能十分精確，亦不當以此駁古人也，見《史通·六家篇》評。

# 書　教　中

此篇申論記言、記事之不可分，而譏後世之擬《尚書》者之不得其當也。古史體例粗略，記言者但粗陳其事，記事者或不備其言，自後人觀之，則以爲無當矣。然欲求言、事之兼備，其間又有一難：蓋至後世而文字愈多，載之不可勝載，然其言皆與事有關係，或事之辦法，有取於其人之言；或當時未行，而後卒行之；或事迄未行，而其言甚善，足資鑒戒；又或議論之中，述及當時情形，實兼叙事之用。删之，則事又不全也。於是劉知幾出，欲將詔令奏議，別爲一書，編入本書之內，此誠可以濟舊史體例之窮。然至章氏時，而文字又繁於唐代，如劉氏之法，又覺其不能容矣，於是章氏又別出一策，以濟劉氏之説之窮。其策維何？一則極有關係之文字，附入正史之後，如杜氏《通典·禮門》，附以博士、經生之議；一則關係較淺之文，別爲一編，與正史相輔而行，如《唐文粹》、《宋文鑒》、《元文類》之例，章氏修志，所以欲立文徵也。章氏之論，自較劉氏爲可行，此非章氏之知過於劉氏，亦其時有不同耳。

議論與叙事，實不可分。删之則無以見事之全，然文字既繁，欲隱括之於叙事之內，其事已不可行。章氏之説，實爲最便，今後撰各種專門史者，皆可用其説，輯有關係之文字，或附本書之後，或與本書並行也。

文既與史相輔而行，則每篇皆當略叙其事，以備所言之本末，此説實爲最要：如是則借言以考事者，可以省力；而讀其言者，亦益明白矣。清賀耦庚輯《經世文編》，較之《唐文粹》等，益得與史相輔而行之妙，惜於此亦有所未遑也。

# 書　教　下

此篇暢發撰述、記注當分爲二之義，其精意尤在"史爲例拘，當求無例之始"一語。蓋史之作，所以舉一時代中重要之事，以告後人，俾後人明於其時之真相也。重要之事，歷代不一：有在此時代極爲重要，而在他時代則不然者；如發明曆法，在古代爲極重要之事；而後世曆法之小小改變，則非專門之士，不必詳知。亦有今日視爲極要，而前世則並無其事者。如輪船、火車、電報、電話等，與西洋交通以前，皆無之。作史者當深察一時代之事，孰爲重要，孰不重要，而後分別記載之、刊落之，以貽後人；所謂事萬變而不齊，史文當屈曲而適如其事也。不當如填表格然，以前史之門類爲門類，其所有者則搜輯記載之，其所無者則任其蓋闕也，此則章氏所譏“同於科舉之程式，官府之簿書者”矣。歷代史籍，體例雖有不同，然大體因襲前人，實不免章氏所言之弊，故章氏深惡而欲改革之。其改革之宗旨，則“因事命篇，不拘常格”；其所擬之體裁，則去世家、列傳、表、志之分，但擇其重要者，則作一篇，名之曰傳，與提挈大綱之紀，相輔而行；此紀亦用以提挈全史之大綱耳，非復舊史之本紀也。果如章氏之例以作史，則舊史本紀體例之當改革，自不待言。傳之體例，亦無一定，圖表等靡不該焉。果用此例，歷代史籍之繁文，可以刊落許多；其所不備者，又可補入許多，復緟之弊，自亦可減少許多。誠最便於觀覽者也。正史固不便觀覽，《通鑒》、《通考》等，在今日亦已不甚適宜。如有博通之士，能用章氏之例，撰一通史，以資誦習，實於承學之士大有裨益也。

《尚書》究係史官撰述，抑出後人追記，已難質言。但無論其爲當時所撰，抑出後人追記，其體例皆不可考。在今日，只可謂書缺有間，存者只此數篇耳。謂其人實有特識，能取史事之重且大者，筆而著之，以示經世之大略，而其餘則在所棄，其言羌無證據也。章氏之説，只是舊時風氣，將理想中盡美、盡善之境，託之於古，附之於經耳，不可泥看。

《太史公書》體例之不劃一，亦其所本者然。《史記》之作，只是史公取所見古書，鈔録排比成之耳，以後世史例，議其未當，固屬妄説，謂其有圓神之妙，亦羌無證據之談也，此言亦不可泥看。

歷代紀傳編年之史，皆爲古人成例所拘，不免有不當載而載者。惟袁樞之《紀事本末》，體例爲其所自創，但取重要之事，浮文悉歸刊落，故章氏亟稱之。然袁氏此書，不過就《通鑒》一書加以删削編纂耳，與章氏所謂“深思古今大體、天下經綸、網羅隱括，無遺無濫”者，固不同物，故章氏又謂袁氏初無此意，其學亦未足以語此也。章氏以紀爲綱，盡泯世家、列傳、表、志之別，重要者即撰爲傳之説，即師紀事本末之意，而又推廣其例者也。

古人本無作史以詔後人之意，其所謂史者，只是將當時視爲奇異之事筆之以備遺忘，或必須參考之件，保存之以備將來復核耳，説見《史通·史官建置篇》評。章氏謂諸史皆掌記注，未嘗有撰述之官，以見撰述之非可易言，亦將自己理想附合古人也。在古則本無其事耳，非有其事而難其人也。然其説與今日非有專門知識不能作史之理，却極相合。要之章氏舉理想中盡美、盡善之境，附之古人，與古事不必相合，然其思力則可謂極沉摯也。

# 詩　教　上

《詩教》兩篇，章氏所以溯文學之源者也。著述之事，或屬於情，或屬於智，純理應用之學，皆屬於智者也；文學屬於情者也。文學之形式雖殊，其本質則一。本質惟何？曰：以美動人之情而已。章氏謂“文其言以達旨者，皆屬於詩”，可謂卓識。以今語譯之，即謂言之主於美者，皆可謂之文學也。章氏所謂詩，非就詩之形式言，而主詩之本質言也，觀下篇自明。

近人謂文學有純雜之別。意非主於有用而純出於情之不自已者，純文學也；而不然者，則雜文學也。中國學問素主實用，故純文學較少；而言之無文，行而不遠，自古即有此風尚，故雜文學特盛。大而經國、載道，小而敘事、述懷，凡著之簡牘者，未有不求其言之美者也。雜文學之本意，雖與純文學異，然既文其辭以達之，則其中亦既有文學之成分矣，章氏謂文其言以達旨者，皆可謂之文學，其説實極包括也。

昔人每以其所謂盡善、盡美之境，託之於古，或附之於經，非所謂經與古者，果如是其盡美而盡善也，人自以其盡美、盡善之境，託之、附之耳。章氏謂諸子之學，皆出六藝，立説自屬牽强。然又云：“道體無所不該，六藝足以盡之。諸子之爲書，其持之有故而言之成理者，必有得於道體之一端……所謂一端者，無非六藝之所該，故推之而皆得其所本，非謂諸子果能服六藝之教，而出辭必衷於是也。”則非六藝足以該諸子，實章氏自以其所謂道者傅之於六藝，章章明矣。凡昔之則古，昔稱先王以爲盡美、盡善者，皆可作如是觀。人之思想必有所託，其所謂盡美、盡善之境者，亦必有所附，所以使空言變爲實像也。徒舉一理而使人遵從甚難；舉一物焉以實之，而曰：此實如是，汝當效之，則聽者覺其較有把握矣。每一時代必有其所企慕之境，則恆舉其所謂盡美、盡善者而一以附之。昔人開口輒曰三代以上如何如何，今人開口輒曰東西列强如何如何，皆是道也，其實所謂如何如何者，核諸三代以上東西列强，乃十九不然也。此自人之心理如此，無足爲怪。

文體古少而後世多，多由進化之理，始簡單而後複雜。後世雜多之體制，皆自古代數種文體中分化而出，必知此，乃能知文體之源。然古代簡單之文體，自有其不得不化爲多種文體之勢，必知此，乃可以盡文字之用。欲明於文體者：每一種文體皆當求其始於何時；更求諸未有此體以前，觀其從何種文體變化而出；而又深思其不得不變之故；更博觀之以明其遞變之勢，如此則於文體之源流可以洞明。洞明文體之源流，則持以觀他人之文字，可瞭然於其得失；而其所自爲亦必無差謬矣。此篇追溯各種文體之源，極有見地；試如其言翻閱之，亦求通文體入門之一道也。

昔人謂周末文勝，文勝者，過求形式之美，而情實不足相副之謂也。吾國自周至今，可謂迄未能改文勝之習。凡事但求表面，而不講實在，如建築不曰以資居處，而曰以壯觀瞻；練兵不曰以求克敵，而曰以壯軍容，皆是此等思想之流露。彼此以浮文相欺，明知其實非如此，而恬不爲怪，不但公事如此，即私人交際之間，亦復如此。皆是此弊，崇尚文辭，特其一端耳。然崇尚文辭，雖不足以盡文勝之弊；而文勝之弊，亦可於此見之。自魏、晉以後，隋李諤《論選舉疏》曰：自“魏之三祖，更尚文辭，下之從上，有同影響，競騁浮華，遂成風俗；江左齊、梁，其弊彌甚，世俗以此相高，朝廷據茲擢士，祿利之路既開，愛尚之情愈篤”。案唐、宋以後所尚之文，與魏、晉、南北朝不盡同，然其爲尚文則一也；兩漢之世，此風尚未大甚。言之無文者，其道恆不能大行；文士之浮華，明知其無實，而世爭尚焉；事之不傳之以文辭，而須籍器物者，多失其傳，惟空言闊論，則盈天地間皆是。今日名崇科學，實亦惟發爲空論者最足譁世而取寵，皆是道也。此篇謂“後人著述，惟逐文辭”，下篇謂“後世之文，不過自抒其情意”，皆謂其偏於求美也，可謂能見及此弊。尚文之弊亦由社會進化而來。蓋程度高則愛美之心盛，凡事不徒求其足敷實用而止，章氏所謂“質當其用，必有以文之”是也。然文勝則無實之弊起，其後遂至虛僞百出，不可究詰焉。故昔人貴文質彬彬，又求歸真返樸；昔人此等見解，自是顛撲不破。

論至戰國而著述始專一節，亦極有見。近人創九流不出於王官之論，自謂獨到之見；而不知如此則九流之學，前無所承，何以突然而生乎？即就文字觀之：諸子之文有極明暢，可證其出於散文已盛之世者；亦有極簡質整齊，可證其尚在韻文時代者，亦足明其不出於一時也。王官之學，所以散爲九流者：自緣東周以後，社會之變動劇烈，舊制之改易者多；諸侯大夫又互相兼并，官失其守者日衆；而世變既劇，思想彌以發皇，平民之事學問者亦日多，前此在官之學遂一變而爲私家之業耳。諸子之學同本於古代之哲學，加以各守其官之經驗，故其源同而流異，莊生《天下篇》論此最爲諦當。九流之學可分家，而不可分人，所謂某子某子云者，特取其學派中最著名之人以名其書耳，實不謂書即其人所著也。此篇謂古人不自著書，《管子》稱桓公之謚不足疑，尤足箴近人摭拾諸子中涉及其人身後之事者，便指爲僞之失。惟謂諸子之學，盡出古代，亦爲非是。諸子之學，其源雖出於古，而加以後來之恢弘，自有非前人所能盡者。章太炎謂“官人守要，而九流究宣其義，及其發抒，王官所弗能與”，其説自最持平也。

# 詩　教　下

文字有其質，亦有其形。拘其形而昧其質，固不可；重其質而蔑其形，亦不可。昔人之弊，在太拘形式，凡文字體制不同者，即不甚注意其理之相通，故往往昧於文字之原。近人之弊，則又在太重文字之質，而不能細辨其形。且如詩當重感情，當以美動人，固也，然謂凡重情感、能以美動人者，皆可爲詩，則詩何以別於他種文學乎？是明於詩與他種文學之同，而昧於其所異也。章氏此篇亦注重於文之質，故謂“言情達志、敷陳諷諭、抑揚涵泳之文，皆本於詩教”，而譏學者惟拘聲韻之爲詩。乍觀之，似爲新詩張目者，然章氏所謂詩教者，自爲文學之代名，故謂之詩教，而不謂之詩觀。下文論有韻之文，不皆可以謂之詩，並不可皆謂之賦，可見非謂無聲韻亦可謂之詩也。今之新詩，或可自成一種文體，然與舊詩必非同物。謂此爲詩則必改舊詩之名而後可，何則？其實異其名不得同也。今之新詩特言語之較有抑揚頓挫者，舊詩則出於歌謠，其原固不同也。論必有所當，古人之言，大抵爲救弊補偏而發，章氏之論，發於太拘文字形式之時，故導人以求其質。使生今日覩主張新詩者之決裂其所言，必適相反矣。

文之敷張揚厲者，皆賦之變體，此説最通。試取《淮南子》讀之，其《説山》、《説林》兩篇，文之以簡截爲貴者也，非賦也；其餘則皆敷張揚厲者也，皆賦也，便可知二體之別。

謂談天雕龍、堅白異同，皆《樂》之變，此説殊誤，此乃名家之學。名家之學，乃純粹之哲學，非情感之談也。章氏之時，此學暗晦，皆以爲故爲恢詭，不衷情實之言，故章氏亦視爲其人適情肆意之説耳。

文字之分類，莫謬於《文選》，此直是隨手立名，不足以云分類也。後世文字分類，當以姚姬傳氏之《古文辭類纂》爲最精，當試取其序目觀之，自見其源流貫澈之妙，此論文者之公言，非偏主桐城之論也。

## 經解上、中、下

《經解》三篇：上篇論儒家之書所由名爲經。中篇論諸家之書以經名者。下篇論後人之擬經也。

經之名蓋對傳而立。古人著書，傳之師者，説分詳略，其提挈大綱者稱經，詳其委曲者爲傳，上篇所論諸家之書，自分經、傳者是也。傳所以釋經，故亦謂之解。如《管子》書有《牧民》、《形勢》諸篇，即有《牧民》、《形勢》諸解是也。《禮記》有《經解篇》，蓋所以總釋六經之義者也，篇中只首一節爲經解；"天子者"以下，與經解無涉，蓋雜録諸篇，以首篇之名爲全篇之名，而亡其以下諸篇之名也。其輯録舊聞、補經所不備者，則謂之記，《儀禮正義》謂凡記皆補經所不備，今之大、小《戴記》多出《禮經》之外，比物此志也。《禮記》中《冠》、《昏》、《燕》、《射》諸義當與《儀禮》合，即《儀禮》之傳也；其不與《儀禮》相附者，乃可謂之記。其以已意推衍之者，則謂之説，如《漢志·老子》於《鄰氏經傳》外，又有《傅氏經説》、《徐氏經説》、《劉向説》是也。傅氏、徐氏蓋仍全録經文，劉向則否。章氏謂劉、班著録諸子不稱經，失考。《尚書》有《歐陽説》，《詩》有《韓説》，《禮》有《中庸説》。記與説非必有，傳則一家之學皆有之。蓋古者簡牘用希，學問皆口耳相傳，撰爲簡要包括之語，以資誦習，是之爲經；其委曲解釋之辭，則但求明瞭其義而止，無復一定字句，是之爲傳。經傳之分如此。其後筆之於書，亦仍沿其例焉。經爲對緯之稱，舉經已該緯之義。古人辭尚簡要也，以相傳誦習之辭爲經，義蓋取於經綸；以委曲解釋之辭爲傳，義蓋主於傳習，立名各有取義，初不必爲相對之辭。漢世異學既興，乃謂經之外，別有所謂緯，足知其爲誣説也。經傳必出本師説，或不免各安其意，故韓非謂苦獲之屬皆誦《墨經》，而倍譎不同，相謂別墨也。《法經》稱經者，《晉書·刑法志》謂：李悝撰次諸國法，著《法經》六篇；商君受之以相秦；漢承秦法，蕭何益以事律《興》、《厩》、《户》三篇，爲九篇；叔孫通益以律所不及旁章爲十八篇，其後張湯、趙禹之屬，遞有增益，合六十篇；又有令及比等，都目凡九百六篇。漢去戰國不遠，文繁如此；六篇之法，秦、晉安能足用？則亦僅詳其大綱而已，故謂之經也。韓非《定法篇》曰："韓者，晉之別國也，晉之故法未息，而韓之新法又生，先君之令未收，而後君之令又下。"可見當時法令之錯雜。魏亦晉之別國也，安得但有六篇之法乎？《離騷》稱經者，《漢書》謂淮南王安"且受詔爲《離騷傳》，日食時上"，今《史記》之《屈原列傳》與安所作傳大同，非必相襲，蓋當時自有此等文字，與《離騷》並行，爲二人所同本，猶《伯夷列傳》所引逸詩之傳矣。合此諸事觀之，經傳爲相輔而行之書可知。章氏謂諸子之書，皆有經傳之分，其説甚通；而謂儒家者流，因有諸子之書，乃自尊其書而謂之經，則未必然也。章氏謂孔子不著書，六經皆先王之政典，與諸子之自著書者不同，故謂儒家之書，體例與諸子不同。

漢世學重傳授，猶存古意，故除孔子手定之五經外，皆但稱爲傳，而不名爲經；後世古義既亡，但以經爲儒家所傳古籍之稱，則並傳記之屬而亦稱爲經矣。

章氏懲宋學末流之弊，力主政教合一，官師不分，空言不可以教人，亦自有其獨到之處。然因此謂孔子之書皆係古代之政典,孔子於此之外,一無所說,則實不免於偏,因此又墮入尊王之謬見。當代制度無論善否,皆欲强人遵守而弗渝,則尤爲拘墟矣。如下篇謂六藝皆周公政典,故可立爲經,夫子雖聖,而非政典,則不可稱經,揚子作《太玄》,不但有擬聖之愆,並蹈僭竊王章之罪;中篇謂制度之經,時王之法,既爲當代臣民,自當率由不越,即服膺六經,亦出王制之一端是也。然則孔子之時,只有桀、紂之法,孔子亦當修明之以立教,而不敢自有所作與? 不知古代之民所以服膺時王之教而別無異議者,一由其時之人智識程度之淺,一亦其時之人尊君親上之情之深。後世智識感情皆異於古而猶欲强之惟上是從,並言思擬議而有所不許,豈真將如秦始皇之欲學法令以吏爲師邪? 章氏謂始皇此舉,不悖於古,誠然,蓋亦思古之聖王,能行之於古者,何以秦皇不能行之於秦也? 秦皇且不能行之於秦,況又欲行之於秦之後邪?

## 原道上、中、下

此三篇爲章氏排斥宋學末流之弊而自伸其離事不可以言道之說之作,其要旨有四:(一)道者,事物之所以然,人當求合之,所謂不得不然也。惟聖人能之。(二)世運日進,事物愈繁,道之因事物而見者亦愈顯,所謂漸形漸著也。道之漸著,必有聖人能知之。故道愈著,則聖人合乎道之製作亦愈多,後聖因而法之。(三)道之著至周而極,故周公爲集大成,孔子僅學周公而盡其道。非孔子之聖不如周公也,道之著已至乎其極,無俟更有作爲也。(四)道必因器而明。離器而言道,則變爲人人之私見而道晦,以人各有其受性之偏也。此說與今所謂爲學當重客觀,頗有相會處。故孔子不著書,但即器以示教。六經皆器。諸子離器而言道,道遂分而不合。此等見解,實自病宋學之憑空以求道來,固亦有理,然亦有所偏,試即其說以折之。章氏既知道之漸形漸著矣,則世運愈進,立說愈繁,實勢之不得不然者也。夫道亘古如茲,所以愈進而其說愈繁者,則以人之求道愈精耳。古人立說所以渾淪而其時亦無分歧角立之說者,正由其時求道之法尚粗,未知多其途以測之也。至於多其途以測之,則人各專一門,而其說勢不能盡合,固事之無可如何者矣。然分者各致其精,又有人焉,合諸專家之所發明以求其所謂一體者,亦未嘗非計之得;此今之言哲學者,所以必合諸科學家所得之原理而更求其原理也。舊時不知此義,徒見研究愈深,立說愈紛,以爲道之不明,實由衆說紛歧而然,遂轉慨想於古代立說渾淪、衆說未興之世。其言固亦有一面之理,然與學術演進之路,實相背馳。莊子《天下》之篇,與章氏《原

道》之説,同一蔽也。然章氏謂義理、博學、文章三者必合於一,乃可見道,已
有綜合衆説、以求其真理之機。特言之不如今日之人之瑩澈耳。事勢所趨,
有思想者固皆能見到也。

言宋學者,有理氣是一是二之争。主理氣是一者,謂理即氣之條貫,實乃
即氣而名之耳;主理氣是二者,則謂氣爲然而理爲使之然者。故謂氣到强横時,理
亦無如之何。如是則理亦自爲一物,而不足以物物矣,謂統馭衆原理之理,當兼包衆原
理;不可出於衆理之外,而自成一理。故當以前説爲是。此篇謂理附於氣,似亦墮入理
氣是二之見也。

凡尊之甚者,必以己所謂盡美盡善之境附之,其極遂至出學術而入乎神
教。中國人之尊聖人,往往如是,《論衡·實知篇》之所辟即是也。此篇謂“尊
聖者莫若切近人情,不知其實,而但務推崇,則玄之又玄,聖人一神天之通號
耳,世教何補焉”,意與仲任同,固亦一理。然神教之爲物,不徒理智,實兼情
感。此等情感固亦須有以滿足之,非盡作此等説者之愚昧也。又宋學家盛推
孔子,過於堯舜,因之重性命而薄事功,固亦有所偏,然與漢儒論聖人,以爲
“前知千歲,後知萬世,有獨見之明,獨聽之聰,事來則名,不學則知,不問自
曉”,純乎神教之談者,究有區别。性命之學自有其至精之境,以此附諸古聖,
或失其真,然究未嘗離人事而人於語怪也。


## 原學上、中、下

此三篇:上篇自述爲學之準,頗近程朱,實亦調和漢、宋學之見也。中篇
謂必習於事而後可以言學,近顏習齋。其謂極思而未習於事,雖持之有故,言
之成理,而行之不能無病,可見學與行不能分立之理。下篇攻漢學家之弊,不
訾其博學,而訾其以誦習爲學之究竟,亦諒其攻取之難,倍於古人,殊爲持平。
末謂天下不能無風氣,風氣不能無循環,所貴君子之學,爲能持世而救偏;譏
世之言學者,“不知持風氣,而惟知徇風氣”,由於“趨時而好名,徇末不知本”,
可謂洞見學者之弊、卓然能自立之論。


## 博約上、中、下

此三篇乃辟漢學之流弊也,其説極通。

古之學簡,後世之學繁,此由後人之研究,較古人爲博且精,故不得不如

是，下篇所論今人之學不能同於古人者是也。此實學術之進步也。顧天下事利弊恆相隨，分科既密，遂至於他事太疏，則亦不能無弊，何則？宇宙現象本爲一體，分而治之，乃以人知有限，不得不然，而非其現象之本各離立也。於全體所知太疏，則於其所治之科見解亦不能無誤，此普通知識所由與專門並重也。故承學者非有所專精，不足以言學；以其不能深入。而非有普通知識，亦不足以言學。不自知其不足以言學，而囂囂然排斥他人，則不合不公，又增一糾紛矣，此則《原道下篇》所由引莊生之言，嘆百家之往而不反也。

爲學必專精一類。一類之外，固不必如昔時學者之妄求遍物：而一類之中，則不可以有所歉，上篇所謂市布者不可闕於衣材，市藥者不可闕於方劑也。分類之法無定，研究愈精，則分析愈密。若貪多務得，則看似博洽，而實皆無所心得，此則上篇所譏類纂策括之學也。世之以此欺人者不少，惟真知學問者不爲所惑耳。如中篇所論，則清儒之考據，章氏且不許其足爲學問，彼皆實有心得，非徒鈔撮、排比之爲也，而況於類纂策括之類乎？此以知學問之貴自得矣。近人鈔撮翻譯，看似洋洋大篇，而實則自己未說一句者，當深思此言。

章氏所以不認考據爲學者，以其徒能考據事實，而未能綜合之以立一原理也。學問之所研究者爲事，而其所求者爲理。徒考據事實，而未能因之以見理，則其考據爲無謂，此章氏所由判纂輯與著述爲二事，異求知之功力於成家之學術也。平心論之，學問愈精，分工愈密，專力纂輯亦未嘗不足名家，秫黍固不可爲酒，然種秫黍者亦不可謂非一業，不能責其必兼釀酒也。特不當沉溺偏端，而於全局茫如耳。此則章氏所謂道欲通方、業須專一並行不悖者也。

考證固視其功力，亦與眼光有關，眼光由於天賦。中篇所謂"學有天性……有入識最初，而終身不可變易"者是也。下篇云"高明者由大略而切求"，謂先有眼光，更求證據以實之也；"沈潛者循度數而徐達"，謂先從事於多識，終乃綜合之而得其原理者也。固貴不爲喜、怒、愛、惡所移，而己饑己溺之懷亦不可無；所謂"功力有餘而性情不足"，未可謂之學問者也。如睹貧富之不平、漠然無所動於其中者，必不可以治社會學。此皆非深於學問者不能道。

下篇云義理、制數、文辭爲道之一端，當致力其一，而不偏棄其二。即義理、考據、辭章三者不可闕一之說，當與《原道下篇》參看。

中國爲大國，又爲古國：學術之發達，不爲不早；資料不爲不多；數千年以文爲治，致力亦不可謂不深，卒之所造不如近世西人之精確者，由分科不密也。分科不密，故不能精別專門與普通：於是材力不足者，不免於陋；材力大者，亦以貪多務得，而所造不深，此實學術演進之大阻力也。此篇所論之理，今日人人知之,在當日則極通而難得之論也。

# 言公上、中、下

此三篇辨著述者之自私其言與否,爲古今之一大界。著述者之自私其言,蓋自好名之一念來。崇尚文辭,始於魏之三祖,而文帝《典論·論文》之言曰:"年壽有時而盡,榮樂止乎其身,二者必至之常期,未若文章之無窮。"其意皎然若揭矣。下篇云:"富貴願足,則慕神仙;黃白之術既絀,文章之尚斯專;度生人之不朽,久視弗若名傳。"真能洞燭其情也。果出於我,私據有之,似亦未足爲害。然既有爭名之心,勢必至於欺世而後已。作始也簡,將畢也鉅,君子於弊之所生,所以常防其漸也。

諸子之書,皆非自著,讀其書者只可別其爲某家之學,而不當鑿求爲某人之作。不知此義,則近人疑諸子之僞者紛紛矣,此實自生葛藤也。詳見予所撰《論讀子之法》,在《經子解題》中。

古人引用他人之言,不必著其所出;然治某家之學者,其所引則無非此一家之言,此由古代學有專門,使之然也。參看《文集篇》。後人輯佚,因此而得所藉手不少。又引用書籍,古人亦多不著明,此由書少,人人知之故也;在今日則自以著明並詳其卷第、篇目爲宜,以便讀者按核,非以避抄襲之嫌也。學有心得,用前人之説,而不爲嫌;苟其無之,縱力避古人之形貌,仍不免於盜襲之誚,章氏固已言之矣。

古人輯佚,與後世體例亦有不同:後人之輯佚,大抵仍其單辭只句,而著其所自出;古人則不然,既不著所自出,又或以意聯屬,使成一篇文字。如今所傳司馬法,以爲真,則決非先秦之文;以爲僞,則析而觀之,又無可斷爲作僞之語,且其文多錯見他書,蓋即此類。此法最易失真,自不如後來之善。然見今輯佚之法,亦仍有未盡善者。蓋佚文皆借引用而存,然昔人引用,不施符號,孰爲引用之文,孰爲自著之語,辨別頗難,又引用多有删節、改易,有非並引用者之辭録之,則原文之意,亦不可見者。予意當並引用者之辭全録之:吾意以爲原文者,則用白文示別,如此則原文存於引用中之情狀,爲衆所共見,吾所定爲原文者,得當與否,讀吾書者亦易於推校矣。詳見予所撰《章句論》。

文學別是一事,必借載道或述事以自重,自屬舊見,然亦必有其實。文主情感,實有其情,而非無病之呻即實也。中篇所謂非徒文具,乃足以語於誠,當如是解。至謂:文可明道,亦可叛道;工於文者,譬彼舟車之良,適燕與粵,猶未可知，則又有辨。文之工者，其情必實，實則無不於世道有裨；若實無其情，而如鸚鵡之學爲人語，則未有能真工者也。然世事降而彌繁，專工纂組，亦不能不認爲文學之一派，特非其至者耳。

<h2 style="text-align:center">史　德</h2>

此篇所論，極爲入微。今人論學，莫不知重客觀；然所謂客觀，亦難言之矣。心有所偏，曲立一説，固不足論；即誠不雜以好惡之私，然史事如物，吾心如衡，衡之正久失於平時，臨事致謹，又惡足用哉？欲爲良史，當盡天而不益以人，從來論史學之求真，未有若此之入微者也。

謂《史記》爲謗書，可謂無目之論，此篇辨之，可謂暢快。且《史記》之文，皆删取舊籍爲之，所自作者甚少，何所用其謗哉？《封禪》、《平準》兩書非舊物，久有定論；即《游俠》、《貨殖》列傳，亦當時固有此文，而史公輯録之耳。

<h2 style="text-align:center">史　釋</h2>

此篇亦即道存於器之見。其謂《周官》府史之史，亦即後世書吏，能備存掌故之委折，則恐非。古代文字用少，當時諸官之史所記、所守，必極簡略，其較繁者，當總存於史官耳。

章氏懲宋學末流之弊，力主道器無二，未免於偏。此篇謂學者但誦先聖遺言，而不達時王制度，則爲鑿枘之文，射覆之學，其言却有至理。昔日所謂經世之學，本期見諸施行；欲求見諸施行，而不通當代之典故，則誠所謂"考西陵之蠶桑，講神農之樹藝"者矣。論秦人以吏爲師爲合古，李斯之禁詩書爲悖道，説亦平允。欲禁異説，在求政事之能厭人心；而欲求政事之能厭人心，則必博觀於古而後可協時宜，未有私心自用而能合乎道者也。況人智日開，學術日進，政治之得失，端借學者之評論以見之，並未可責當代之學悉合於時王之政邪？

<h2 style="text-align:center">史　注</h2>

此篇論作史者必著其所取，且必明著其去取之由也。史法愈後而愈密，

即愈後而愈趨於客觀。古人之於史材，直以己意去取之耳；去取或有未當，當並存其去取之由，以待後人別擇，此義古人不甚知之，《史》、《漢》等書之所以能簡也。《史記》必傳之外孫，《漢書》必授以女弟，特以其時學術之傳未廣，不得不然耳。章氏謂"必有法外傳心，筆削之功所不及"，誤矣。後人考證漸精，漸知客觀事實之可貴，其所作之史乃不得不詳。於是文誥案牘之類次，日月記注之先後，皆不能不兢兢致謹，而其文遂不得不繁蕪復沓，此乃勢之自然：與其主觀而武斷，毋寧客觀而多存前說。此則《史》、《漢》之簡，《唐書》、《宋史》之繁，初不容盲從昔人薄今愛古者也。惟是繁猥至《唐書》、《宋史》，已非尋常學者所能遍讀；讀亦不易得其要領。而以言保存史料，則猶病其闕略，此則修史與作史，所由必當分爲兩事也。

史注有補正文之不足者，如裴松之《三國志注》是。後世史籍繁猥，治斯學者貴能分別部居，不貴兼收并蓄。若如裴《注》之例，勢將不可勝采，故此類之注，尚非所急。而考異之作，既可自明去取之由，並可考定史事真偽，實於讀者大有裨益，章氏稱爲近代良法，洵不誣也。

凡史文，重修之稿，恆不如原稿之可信，以苟非有所訂正，則異同之處，其誤必在重修之稿也。然原稿能入學者之目者甚鮮，以其太繁猥也；然則重修之稿，不徒無心之誤不可知，即其專輒附會、剽竊成書、因陋就簡，亦莫得而正之矣。此篇欲借自注以祛其弊，固是一說，然仍未必足恃，何則？其人而苟矯黠，斷不肯於注中自暴其短；讀者未見原文，亦斷無以知其心術之不誠、聞見之狹、功力之疏也。自注如此；得人爲之校注，亦不過一二人之智，未必能極公極密。予謂一書之作當否，應由學者公同考校，隨時復核，其大體不善者，並可毀之而重作，然則史雖修成，仍當保存其長編，其說固確不可易矣。

# 傳　記

此篇辟世俗拘泥之非，與《古文十弊篇》參看。

# 習　固

此篇爲不真知而襲人之論者發：所謂"告主家之酒酸"，乃譏淺學者以人人知之之事矜爲創獲；所謂"真知是非者，不能遽言是非"，乃譏高談闊論者，惟於學問所造不深，故覺其言之之易也。所言皆確有至理，亦閱歷有得之談也。

## 朱　陸

此篇兼攻當時治漢、宋學者。其説曰“高明沈潛之殊致，譬則寒暑晝夜，……交相爲功”；又曰“宋儒有朱、陸千古不可合之同異，亦千古不可無之同異”；又曰“攻朱者固偏陸、王，……攻陸、王者亦偏陸、王”；又曰“務爲實學，則自無暇及於門户異同之見，亦自不致隨於消長盛衰之風氣”；又謂清儒考據之學實出於朱子之數傳，皆卓然不刊之論。

大抵一種學問，有其利必有其弊：利必出於公心，弊必出於私心，此百變而不能易者也。弊之徵爲好名，好名者或藉名以求利，或即以名爲利，要皆不越於好利，仍是一義利之辨而已。宋儒最嚴義利之辨，貌附其學者，猶不免於好利，況於漢學之本不致謹於是者乎？本篇攻漢學家之弊，可謂窮形盡相，與《感遇》、《辨似》、《説林》等篇參看，可知宋學之未可輕詆也。且此猶謂漢學家言行不符，其爲人不足取耳。抑知漢學之功，只在考證，若言主義，則初無可取。後來講今文者，頗有瑰奇之論，然此乃漢人所傳非常異義，非其所自得也。大抵清人所長，只在考證，身心性命之學實無所得，此其風俗之所以弊也。近人最尊其説，以爲足矯宋學之弊，於哲學中自樹一幟者，莫如戴東原。其實戴氏之駁宋儒，初未得其肯綮，自立之義膚淺，而亦未安，舊有《訂戴》一篇正之，參看自可曉然也。

## 文　德

文必中理。不中理之文，不足爲文也，而多爲世所貴者：一則科舉餘習，本不求其中理；一則俗士無識，不能辨其中理不中理也。此篇所論，足爲箴砭，而一歸之於治心、養氣之功，則尤非深於理學者不能道也。

## 文　理

論文家之語，所以不可奉爲標準者：一以其不得古人之意，本篇所謂“起古人而問之，乃曰予之所命不在是”者也。一以其不能喻諸人人。本篇所謂“一時心之所會”者也。古今語法不同，後人所指妙處，往往當時語法如是。初非有意求工；其所謂似起非起、似結非結、似連非連、似斷非斷等，往往古書本各爲段落，後人傳寫，失其原式，以致溷淆不明，參看予所撰《章句論》。而世俗評騭之徒，一一指爲古人極意經營之處，由考據家觀之，實可發一大噱。惟文章與考據不同；古人此等處雖非有意求工，後人以爲工而效之，固亦未爲不可，特不當以是爲公言，强欲喻諸人人耳。苟其如是，奉吾之説者將不免舍康莊而趨荆棘矣。章氏謂此等皆不可揭以告人，真是通論。

　　文有其本，本者質也。質立而後形可以具，而後可以論其形之美惡；否則形且不存，更何美惡之可言！抑質之既立，形之美惡有不煩言而可解者，此篇所謂詩之音節，文之法度，可以不學而能也。自文學不明，乃多譏中國爲無文法，乃有執文法以論通不通，並有執修辭之學以論美不美者。其究也，法愈繁，而文之不通愈甚。設正告之，彼且將反唇相譏曰：天下豈有無法之事歟？誠哉其無無法之事也。然事必有法，是一事；人之求習此事，是否當執法以授之，又是一事。文固有法，然欲通文者，決非徒授之以法而即能，此侯官嚴氏所以謂文法者所以資已通者之印證，而非謂未通乎文者可執此以求通也。此其所以者何？則以文法至繁，不可勝授、不可勝習也。今夫弈之爲數，小數也，一一按數而演之，其數固可盡也，然從古有爲弈譜之人，無思盡演弈數之人，非特謂其不可盡，即能盡之，亦必無人能省，與無等爾。文法猶是也。執一句一節而言之，其通不通，似有定法。然一句必在一節之中，一節必在全篇之中，合一節而觀之，而句之通不通，其式驟繁；合全篇而觀之，而節之通不通，其式驟繁，而句之通不通，字之妥不妥，巧曆不能算矣。此所以欲使人通文字者，只有授以成文，迎機牖啓，使之漸悟，決無授以死法之理也。

　　文學之美，必由直覺。此篇所謂甘旨、輕暖，衣且食者自知之，難以告人者也。牖啓人者，亦牖啓之使能領略其美而已，非能以我所覺之美，授之於彼也。

# 文　集

　　專門之學，迄於西漢；東京已無之，後世更不必論矣。此亦各有短長。專門名家之書，決無浮而不實之語；後世則應酬牽率之作，決科俳優之文，泛濫橫決，不知所謂。此古專門之學精，而後世之學蕪也。然古專門名家之書，皆如章氏所云語無旁出，後世則不然，此亦可謂後世之學通，古專門之學隘也。

此篇當與《校讎通義》參看。

## 篇　　卷

此篇考證精確,議論亦通。

後人分卷,亦有計文義起訖者,此猶古人之分篇册;專計短長,則猶古人之分卷也。篇爲大成,章爲分闋,予所撰《章句論》亦嘗考之,可以參看。近人引書,往往注頁數,然篇章隨文義不易變,頁數因版式而有不同,似不如注篇章之爲善也。

## 天　　喻

朱子曰:教學者如扶醉人,扶得東來西又倒。一人如是,一國亦然,一世亦然。大抵風氣不能無偏重,偏之所在,弊即隨之。古今學者所以大聲疾呼,曉音瘏口,皆爲是耳。夏葛而冬裘,其事殊,其所以裘葛之理則一。裘葛之名殊,所以裘葛之理不能有異名也。然則天下無不可通之同異矣,而同異卒如是紛紛者:一則識有不及,執其事之異而不知其理之同;一則中於名利之私,明知其非而唯風氣之鶩也。此篇謂名皆起於補偏救弊,非深明本原者,不能爲是論;又譏好名之士趨風氣而爲學,非卓然能自樹立者亦不能爲是言也。

末節所論,乃爲當時漢、宋之爭作平亭也。無極、太極,先天、後天,河圖、洛書,義理、氣質:皆尊奉宋學者所殫心考辨,而詆毁宋學者所用爲口實者也。其實此自是一時之説;以爲萬古不易之理,以爲真得古人之意,皆非。爲漢學者力攻之,亦攻其不與古合耳;其説如何不合於理,不能言也。此諸説者,以爲宋儒之説自有其相當之價值焉,可也。此篇所論,至爲持平。

## 師　　説

古代社會組織,有與今大異者。今重平等,古重服從;今重自由,古重紀律。國無二君,家無二尊;羣居五人,則長者必異席;此等風氣,隨處可見。此自由今古異宜,不盡關於師道也。本篇於今古之師之異已能知之,而於古代尊師之理,尚未能知其本原。

師之不可易者二：一學有專門。此篇所謂"竹帛之外，別有心傳，口耳轉授，必明所自"者也，西漢經師皆然。一學有獨得。此篇所謂隱微獨喻，不論學問、技藝，精者皆然；否則皆所謂人所共知、共能，彼偶得而教我者也。

身心性命之學確能謂我以爲人之道者，師之宜尊者也；學問技藝雖有獨得之微，亦不容與之並而偶得夫，人所共知共能之事，不必論矣。

末節所論即孟子所謂尚友之理，亦可謂之能自得師於千載之上也，至行獨學之士，並世不必皆有，有之不必能與我相遇。能知此義，然後能得第一等師，而敬愛古人之情深，則過去之社會與今日之社會聯結益密，國性之堅凝，文化根柢之深厚，恆必由之，正不當以崇古太過譏之也。

## 假　　年

此篇亦譏流俗務博而不知分科之理，與《博學篇》可以參看，而此篇又有進焉者。此篇所述客説，其蔽有二：一則不知聞見雖博，知識不必隨之而增。一則不知知識生於認識，以爲隨外物而有盡期，因欲畢吾力以窮之，此則所謂形與影競走也，章氏譏之宜矣。然遂欲絕聖棄知，頹廢自甘，則又非是。何者？人既有生，當順其性：固不當縱欲而求盡物，亦不當窒欲而務絕物也。子曰："發憤忘食，樂以忘憂，不知老之將至。"又曰："俛焉，日有孳孳，斃而後已。"君子之學如是而已。

## 感　　遇

社會愈複雜，則人之所以自處者愈難。莊子曰："榮辱立然後睹所病，貨財聚然後睹所爭；今立人之所病，聚人之所爭，窮困人之身，使無休時。"又曰："匿爲物而愚不識，大爲難而罪不敢，重爲任而罰不勝，民知力竭，則以僞繼之，日出多僞，士民安取不僞。"其感慨已如此矣。立乎二十世紀之初，追溯春秋、戰國之世，不又如四十五十者追念成童舞勺之時乎？

讀此篇當知古今事勢不同，欲知人，必先論世，不可徒薄今而愛古。一則改革社會是一回事，謀自處之道又是一回事。今日之社會固較古昔爲難處，固當謀所以改革之。然既生今之世，即宜並謀所以自處之道，不能縱恣而一切歸罪於社會也。

此篇不屑屑於考證，而議論之通，援據之確，雖專門名家不能過，抑非僅從事偏端末節者所能逮也。今人論學問，每謂研究當窄而深，此固是一理；然通貫之識，往往非徒事窄而深之研究者所知，故論學貴知異己之美，不可偏於一端也。

世事所貴者誠，所惡者僞。然能作僞者，名與利必歸焉，欲人之卓然自立，也難矣。章氏於趨時之士，皆痛加駁斥，無所容隱，可以見其識力。

## 辨　似

此篇亦斥當時騖名趨利之士也，可謂窮形盡相矣，與《博約》、《朱陸》等篇參看。

## 說　林

此篇乃章氏雜述所見，中多見道之言。

其曰“道公而學私”，即《原道中篇》道不因人而名之說也。其曰“合兩渥窪之力，終不可致二千里”，即《假年篇》質性不可變之說也；又曰“合兩渥窪之力，未始不可負二百鈞而各致千里”，則分科駢進之理也。譏使人潤飾其文爲欺世，謂所定者當與原文並存；又謂取資於人無足諱，入他人之代言亦無傷，即《言公》之旨也。志識足以自立，則可以語於著述，所引者並懸天壤，而不病其重見，即《辨似》之旨也。並懸天壤而不病重見者：一則所謂理自不得不同；一則下節所謂李廣入程不識之軍而壁壘一新，似同而實異矣。

所謂“好古者，非謂古之必勝乎今也；正以今不殊古，而於因革異同，求其折衷也”。此數語可藥泥古之病，亦可箴蔑古之失。求糟粕者，意在想見其菁華；求疵病者，意在想見其典型，則謂徒事襞積補苴不足爲學，意亦與譏漢學家之說通也。

著述之以質貴者固不以文辭爲尚，然愛美亦人之天性，其質同，斯其傳不傳、行不行，決之於其辭之工不工矣。且辭之美亦非專以悅人，修飾則使人易曉，美妙則感人益深，固亦有裨於其實也。此篇謂“諸子百家未有鄙於辭而傳者”，由“妍媸好惡之公心亦未嘗不出於理”，可謂明於人類愛美之性，足箴理學、樸學二家過輕文辭之失。

人心之觀念愈析愈精，而口所能發之音有限；故文字所含之義，遞降而滋多。不知其然而妄事牽引，則辯說愈多，真理愈晦矣；此科學中每用一名，所以必先定其界説也。此篇謂諸子書中文字各有主義，彼此不必相通，已能見及此理。

天下之論，大抵起於一時之弊。言如相反，理實相同，知體道，則諸家皆可存，當與《天喻篇》參看。

學術之興，各因時會，不必相非，惟雷同附和者則必無可取。此篇譏徇風氣者爲"既飽而進粱肉，既暖而增狐貉"；以風會自矜者爲"五穀不熟，不如荑稗"，爲"王公僕圉"；譏"妄援著作之義，以自文剽竊之私"；譏"私心據之，惟恐名之不自我擅"；譏"强不知以爲知，否則大言欺人，以爲此外皆不足道"。而其自述宗旨，則曰"拯弊而處中"，曰"知所偏之中亦有不得而廢者"。又譏矯枉過正者爲"倍用偏枯之藥而思起死人"，可謂卓然不惑而又能廓然大公者矣。兩種相反之學問各趨極端時，繼起者自易有處中之思想，此人心趨向之自然。不論何種學問，甲乙兩派之後，必有調和之之第三派出以此也。

## 知　　難

此篇論相知之難，大抵有三：一由度量之相越，所謂無夫子之憂，則不能知文王之憂；無馬遷之志，則不能知屈原之志也。一由趨向不同，所謂"耳、目、鼻、口，皆有所明，而不能相通"也。一由嫉忌之私，所謂挾恐見破，而相詆毀者也。度量之相越，趨向之不同，皆無足憂；惟起於私見者爲足憂。何者？苟無私見，則度量相越者，自將敬謝不敏，不敢置議；趨向不同者，亦必以不相爲謀，而不妄置議。惟私心一起，則無所不至矣。故曰：是非之不明，亦人心之不正爲之。程子曰：人心不同各如其面，只是私心，殊有至理。

## 釋　　通

劉知幾非通史，善斷代；鄭漁仲、章實齋則皆抑斷代而揚通史；此乃時勢爲之。蓋劉之時，史籍尚少，所求在精詳；鄭、章之時，則史籍浸繁，所難在鈎玄提要，而重複牴牾之處，尤覺其考不勝考也。説已見前。

本篇以自有創制者爲專門之學；並省凡目，取便檢閲者，爲記誦之陋，論史識固然。然亦有未可概論者，蓋弘識通裁，亦不能廢鈎稽纂輯；而學術愈精，分工愈細，鈎稽纂輯亦不能謂非一業也。

# 橫　通

兼覽之博，與橫通極相似，然而不容溷者：一有心得，一無心得也。學者讀書眼光，或專注於一隅，或綜覽乎全局，此爲專門之精與兼覽之博所由分，二者不可偏廢。而論其道，實以綜覽全局爲較難；論其人，亦能綜覽全局者較少。所惡者，纂類策括之士，以僞亂真耳；若其不然，則其人實景星慶雲、鳳毛麟角，學者所當馨香尸祝者也。近日論學偏重專精，而承學者多無普通知識，其所謂專精者，逐多入旁門左道，語以綜覽全局議，且瞠目而不知所謂，亦一弊也。

所謂橫通，謂徒多識而不足以語於知識者。中國初講西學，舉社會科學、自然科學，一切包舉，其時纂類策括之士，試以西學，無不能言其大概者，其實則無一真知。此尚不足以語於橫通，而其所由，則橫通之途轍也。今既知其不然矣，更有標西學二字爲一名者，人必聞而笑之矣。乃又創國學、國故之名，治是學者，幾自謂於中國之事無所不曉，而衆皆説之，何其有類衆狙之喜怒顛倒於朝暮三四之間也。

# 繁　稱

世事皆由質入文，由簡趨繁，此無可如何者也。上古有名不諱，有號無謚；而後世謚號之外，繁稱錯出。古人著書，僅以其學派中最著之人爲書名，諸子書皆是。篇名則或取篇首二字；而後世矜奇吊詭百出，而未有已，皆此之由。繁稱誠屬可厭，然欲復反於古，勢必有所不能。試觀今人厭名字之繁，羣效西人之有名無字，及其著述題署，則離奇之號更甚於前可知。予謂反繁文爲簡質，逆於勢而難行，正不必生今之世，返古之道，惟如此篇有傷大雅者，則不當效之耳。

稱名之例，古書錯雜，而後世整齊。《左氏》稱人，名字謚號錯出，由其書成於纂輯，非出一手；《太史公書》亦然。此本不當效，所謂食肉不食馬肝，未爲不知味也。

書名及文字篇名，皆宜雅正，此篇已言之。近日書名詭異者尚少，篇名則極多。大抵篇名不外兩種：一觀其名即可知其實者。一不然者，其中又分爲二：（一）名取簡短，故不能盡表篇中之意；（二）故爲此以動人，此亦各有其用，予意則以能備括篇中之意者爲最善也。

# 匡　謬

此篇攻流俗之失，極爲痛快。惟有兩端須辨：一、史公以莊襄以前爲《秦紀》，始皇別爲《本紀》，蓋其所據者然；其作《漢武本紀》，則其書本訖於麟止，非有意足十二之數。二、《國策》所記，多非實事；古書所記問答之語，亦不必真出其人，此自古人義例如此，不容以後世藉其人以自重者同類，而並譏之也。

# 質　性

此篇攻世之有文而無質者也。不滿所處之境之情，人所共有，然非偶寓感慨，遂足爲文。稽古説詩曰：不得已，譽韓必曰明道，頌杜必曰愛國。夫固有病且近門面，然惡衣惡食之恥，所識窮乏者之德，意有不足，形之詠歌，遂足爲詩人已乎？今之所謂文學者，大抵怨天尤人之意多，悲天憫人之衷少。滿紙牢騷若有大不得已者，究其實則飲食男女之欲有所未遂耳，以此遷怒及於社會而詆訶之，寧不可恥？章氏曰：才情不離乎血氣，不可無學以持之，可以猛省矣。

# 黜　陋

此篇砭求名者之弊。

# 俗　嫌

此篇辟流俗不知文者之謬論，與《古文十弊篇》參看。近人有創八不之説者，所攻皆此等人也。此等皆不知文之人，章氏攻之而名之曰俗，是也。近人乃直以此等爲中國文學之弊而攻之則謬矣。

# 鍼　名

此篇論浮名之不足信，極爲刻摯。浮名者利用社會之弱點而成。浮氣息，風尚移，則社會之弱點，轉移於他方；在此一方面，無可利用，而一聽諸秉公心，具真鑒者之批評矣，此沽名之技所以終有窮時也。孟子以同乎流俗合乎汙世爲鄉愿，舍己而求合乎一時之風尚則鄉愿之尤也。吾儕當引爲深戒。

## 砭　異

此篇亦鍼好名之弊，其曰"求異者何嘗異人哉？特異於坦蕩之君子耳"，可以發人深省。

## 砭　俗

文出於質一語，爲萬變不離之宗。泥古者往往以古無其體而擱筆不敢爲，有爲之者，則斥爲俗；誇多鬥靡者，則又無其質而强爲之辭，皆繆也。此篇謂"事萬變，文亦萬變；事不變，文亦不變"，可謂通論。

## 申　鄭

此與《答客問》三篇，爲章氏宗旨所在，所謂劉議館閣纂修，吾議一家著述也。與《書教篇》參看。

## 答客問上、中、下

作史之功，當分三步：搜集材料，其始也；考訂之，整齊之，其中也；《浙東學術篇》曰："整輯排比，謂之史纂；參互搜討，謂之史考。"皆此步中事。善用之以成一書，其終也，即此篇所謂比次之業，考索之功，獨斷之學也，與今日史學家之言，若合符節。

昔時科學未明，所謂原理者，往往虛而無薄，如上篇所謂"綱紀天人，推明大道，通古今之變，成一家之言"。而易爲似是者所託，此閎識孤懷，所以不見重於世，轉不若考據徵實之學易使人信從也。今科學之格律既嚴，又得邏輯以堅其壁壘，著述者苟能善自爲之，以開執室塞不通者之口，不難矣。

高明者爲獨斷之學，沉潛者深考索之功：學問之殊途，實由稟賦之各異，與其論朱、陸爲千古不可泯之同異，亦千古不可無之同異同意，真通論也。惟比次之功，實亦足卓然自立，初無慚於考據，而通則原理亦必自茲而出焉。學問之家，所以或事比次、或專考據、或則獨斷者，固由才性之殊，亦或以所值時勢之不同從事於其時之所當務也。章氏視比次之業過輕，似亦有偏，且如馬氏《通考》，考索之功頗深，立論亦多能綜貫今古，豈得儕諸策括之流邪？

# 答　問

此篇當與《言公篇》參看。

清代改前人之文者，於古文有方、劉，於時文有路潤生。名德，其所改明人之時文，曰《明文明》。路大爲人所譏訕，然時文取便場屋，猶之可也；若古文，則誠有如章氏所譏者矣。或曰：文惟其是，前人所見，果不逮後人，改之何妨？此有三義：（一）文辭不當斷斷於一字一句之得失，章氏所謂無關大義者是也；（二）古人之所見，或有爲我所未見及者，章氏所謂不知有不盡然者也；（三）文字源於語言，古代言語，與今不同，不容以我法繩之。此則予於評《史通》時言之詳矣。

# 古 文 公 式

作文有二要義：一曰存真，一曰求雅。記事之文當以真爲尚，而雅次之；文學則二者當並重，但能無損於真，不妨盡力求雅也。《表忠觀碑》，後人必不泥之以求當時章奏之式，用"臣抃言"、"制曰可"等語，實屬無妨。章氏録巡撫奏議，亦但存其事可矣，篇首之"崇禎九年"云云，篇末之"奉旨覽奏"云云，亦何必直録其辭哉？若謂此不可改，則中間辭句雖無定體，亦必與秦、漢文字不同，又安可點竄邪？

李蒓客與譚仲修書曰："章氏嚴核稱謂，誠文章之要義；然其中亦自有辨，執而求之，則不能通。蓋稱謂莫嚴於碑、志、傳、狀，不容一字出入。郡縣官名，一參古俗，皆乖史法；降而至序記，則可稍寬矣；又降而至書問箋啓，則更可稍寬矣。今名稱之古而失實者，有如生員爲秀才、舉人爲孝廉者乎？然與士友通書問，而必稱之曰某生員、某舉人，則嘩然駭矣。名稱之俗而不典者，有如知縣爲大令、同知爲司馬乎？唐之長史，乃今同知之職；司馬秩在別駕下，略仿漢之都尉而非是。然與當路通箋啓，而必目之曰某知縣、某同知，則色然慍矣。是惟求其不大戾乎古，以病吾文，而因文體之所宜，擇近焉者以不駭乎俗，古人於此，蓋亦有所不得已也。故大令不可稱也,不得已而曰明府;司馬不可稱也,不得已而曰郡丞;生員則秀才之可也;舉人則孝廉之可也。若碑版記載,則確守不可易。此僕為文之旨,而亦嘗取以裁量古今者也。"此論足箴章氏之失。

或謂文無雅俗,今日衆所稱為古雅之文,在當時亦俗語耳;則今日之俗語,安知異代不以為古雅,而何必改邪? 此亦有説:語之雅俗,存於人讀此語所生之想像。古語久廢,存於今者,惟有一義,人讀之者,不能因此而起惡濁之想像;今語則不然,此歷代所以恆視當時之語言為俗,已廢之語言為雅也。天下降而彌繁,文學亦然,有宜通俗之處,亦有宜求雅飭之處。執謂爾雅之文當廢,與執謂通俗之文不可行,同一失也。又古語不盡傳於今;其傳於今者,大抵文家所常用。文家於一時代之語言,所以或用或不用者,其所以然,固難悉數;然視其雅俗,以定去取,亦必其中之一事也。故古語之傳於今而為文家所常用者,實已經過雅俗之別擇矣。

物之美者必純,説本國話而忽雜以外國話,説官話而忽雜以土語,豈必其不可通,然人多笑之者,為其不純而不美也。此文言引用俗語,不得不加改竄之由。即白話中引用文言亦然,不能改者,必須加以解釋,非必讀白話者皆不解文言,為其累於純也。《表忠觀碑》只能用"臣抃言"、"制曰可",必不能用"都俞吁咈"之辭,亦以全篇皆學秦、漢文,不能忽作《尚書》體也。

# 古 文 十 弊

作文字者,雖不必存載道之見,然道德實不可無。本篇所舉"八面求圓"、"私署頭銜"、"同里銘旌"等弊,皆人心世道之憂也。孔子曰:"斯民也三代之所以直道而行也。"自誇也,闒然媚於世也,直道之亡失久矣。

近數百年來,文字之壞,時文實為其大原因。時文之弊,在求速化,於是本未能為文者,亦强之為文,為文者遂多不明事理之徒。而"刳肉為瘡"、"削趾適履"、"不達時勢"、"畫蛇添足"、"優伶演劇"等弊起矣。文以述事,故文法必源於事理;不明事理,而欲講文法,則穿鑿之弊起,此則"井底天文"、"誤學邯鄲"兩病之所由來也。予謂今日欲通文字,必舉向者陋劣之選本盡棄之而後可,無如舉世滔滔奉此等物為圭臬者仍不乏也。干祿之文之流弊則可謂深矣。

"井底天文"之弊,稍博洽者不為;"誤學邯鄲",則雖通人時或不免,由古書章句失傳,有以致之也。參看拙撰《章句論》自明。

# 浙　東　學　術

此篇亦箴宋學末流空言無實之弊，而欲以史學救之也，可覘章氏對理學、史學之意見。

## 婦學、婦學篇書後

此兩篇見解之迂腐，自不待言，惟亦有宜節取者。兩篇之作，皆所以攻袁枚，枚在當日聲名甚盛，依附者極多，而實齋嚴斥之不少恕，其卓然不爲流俗所移可見，一也。靜近於學，男女皆然，擾擾者皆《俗嫌篇》所謂澆漓其實者也，二也。長文學者，胸次必高，胸次最忌者爲“俗”，同乎“流俗”，合乎“汙世”，則文學之本質先漓矣，“好名之士未有不俗”，實爲見道之言，三也。

近人於文學好言《詩經》，其實《詩》去今遠，作者之意已不可知，領略其美亦殊不易，苟其能之，必深於古文辭者也。今之好講《詩經》者，偏在自命爲新文學家之徒，異矣。盲從附和之徒，大抵皆盲從附和耳，非有真知灼見也。作者之意既不可知，故三家所傳寡本事而多“誦義”，《小序》作於漢代，篇篇皆具作義，後人已病其誣，況生於今日而自謂能得作者之意乎？《采蘭》、《贈芍》等篇，章氏謂以爲自述則徑直無味，作爲擬託文情自深，此亦難質言。我以爲如是固無不可耳。要之詩歌之作，即作者亦有得之偶然不能自言其意者，主誦義則見仁見智，存乎其人，路路皆通，不必鑿求而意味自覺深厚，必求作義則舍康莊趨荆棘而意反索然矣。此讀今古之詩皆然，抑且讀一切文學皆然，正不獨三百篇也。今人日攻昔之言詩者穿鑿，而其所爲顧變本加厲，如謂《月出皎兮》明明爲一首情歌之類。時過境遷必成笑柄矣。

古代人民畏神服教之念甚深，後世則不然。此自社會之進化，學求踏實，其道正自多端，不必返之於政教合一也。章氏此見，本不甚妥，處處借國家法令壓人，尤爲可笑，近人譏爲紹興師爺口吻，宜矣。

## 詩　　話

此篇亦攻袁枚也。謂詩話通於傳記、小學、雜家，自是洞明流別之言。學問前後不相襲，而淵源必有所自，云能溯流別爲有本之學，亦不誣也。

　　古所謂小説者，非後世之小説；唐、宋時之小説，又非今日之平話。其説甚長，當別考。

　　以上爲内篇，已逐篇加以平論。其外篇多論方志，實齋之學特小試之，於是耳其綱領，見於《方志立三書議》、《州縣請立志科議》；其所創之例，則見於《答甄秀才論修志》兩書，《修志十議》、《與石首王明府論志例》、《報廣濟黄大尹論修志》、《覆崔荆州書》記與戴東原論修志一篇專爲排斥戴氏而作。及所爲諸志序。自《書武功志》以下，爲評論舊史之作，綱領既明，披覽易曉，不復逐篇加平也。

# 附錄一　章學誠之史學思想

(一) 章實齋所值之時代

(1) 爲宋學已敝,漢學弊端肇見之世。

宋學之弊在空疏,反對之者:(甲) 如顧亭林主博學,兼主事功,後人但承襲其考據之法,遂轉變而成清代之漢學;(乙) 如顏習齋注重實事,反對空談心性。章氏思想頗與(乙)爲近。

漢學之弊在於破碎支離,專講考據,而不知其所考據者果有何用。且排斥義理及文辭,皆失之過當。反對之者,以桐城派爲最有力,主張義理、考據、辭章三者不可闕一。章氏之思想,與桐城派亦頗接近。

(2) 爲史學窮而思變之世。

(甲)(A) 時代累積,(B) 史學愈進步,則史家覺須記載保存之材料日多,於是史學增多,有讀不勝讀之患。

(乙) 因此故,讀史者乃須從事別擇——提要鈎玄,於是覺前此之史當載而不載,不當載而載者甚多。

(丙) 歷代史書非一次編成,又其編纂不能盡善,故其中復緟矛盾、待刪待考之處甚多。

(二) 章實齋之性質,爲好深湛之思,而能綜核名實之人。故凡事必問其:

(1) 何以須作,(2) 是否值得作,(3) 當如何作法。

(三) 章實齋之學說

(1) 章氏主張道因事而見,不能以臆想推測。故必事日積而後道日備。故主張至周公之時而進化達於極點——故以周公爲集大成,謂孔子僅學周公而得其道。其重要之思想,見於《原道》上、中、下三篇。此爲章氏對宋學空疏之反響,而亦其所以注重史學之根源。

(2) 章氏主張道不可憑虛測度,故主爲學者必習於事;故主政教合一,官師不分;故主六經皆先王之政典。其思想見於《易教》上、中、下三篇,《經解》

上、中、下三篇及《史釋》篇。

（3）章氏對於作史，主張自立體例：存其有用者，而删其無用者。反對前此作史按照前人成例：前人所有者亦有之，前人所無者亦無之。故謂"史爲例拘，當求無例之始"；謂"事萬變而不窮，史文當屈曲而適如其事"；譏前此作史者"同於科舉之程式，官府之簿書"；而善紀事本末："因事命篇，不拘常格"。舉其理想中盡善盡美之境，悉附之於《尚書》，謂自《春秋》、《史》、《漢》而下，逐步漸趨於拘滯。其自創之體，則爲合表、志、世家、列傳，而統名之曰傳——仍以本紀爲綱。其重要之思想，見於《書教》上、中、下三篇。

（4）史家之著作，爲能提要鈎玄：（甲）使人可讀；（乙）授人以智識起見，必須有所刊落；而其所儲蓄之材料，則不可不多。故章氏分作史與儲備史材爲兩事：於前者謂之撰述，後者謂之記注。舉其理想中盡美盡善之境，傅之於古：謂三代以上，記注有成法，而撰述無定名——惟記注有成法，故撰述可以無定名；三代以下撰述有定名，而記注無成法——撰述有定名，故成書易；記注無成法，故取材難。保存史材，非但隨時記載，如記流水帳然；隔若干年代，亦須加以編輯，章氏謂之比次。作史：（子）既須抉擇去取，（丑）又須加以考證。章氏於（子）謂之獨斷之學，於（丑）謂之考索之功。謂比次之書欲其愚；獨斷之學、考索之功欲其智。其重要之思想，見於《書教》上、中、下三篇，《答客問》上、中、下三篇。

（5）章氏對於作史，最主提要鈎玄，挈其綱領。又史本宜時時加以改纂——（甲）改前人之誤繆；（乙）補前人之不足；（丙）言前人之所不能言、不敢言；（丁）去前人所需要，而今日不需要者；（戊）删除重複；（己）考定牴牾；（庚）合前此之分，而齊一其體例——故主通史，而反斷代。作通史必從大處着眼，不能求小節之完備，小節或有誤謬，亦勢所不免，章氏謂此不能以考據家之眼光吹求。其重要之思想，見於《釋通》、《申鄭》兩篇。

（6）章氏重獨斷之學，故善私家撰述，而反對集衆纂修——章氏取《孟子》"其事"、"其文"、"其義"之文，謂必斷之以文，而書始成家，此非衆修所能有，故認衆修只爲比次之業。其重要之思想，見於《答客問篇》。

（7）對於儲備史材：章氏謂有一人之史，有一家之史，有一國之史，有天下之史。一人一家之史，私而難信，散而難稽；主以一國之史詳其分，以天下之史合其要，故最重方志。方志之纂修，爲比次之業；比次之材料，又必預儲之於平時：故欲於州縣立志科。方志須其具國史——章氏所謂天下之史——之雛形，且此爲比次之業，須略有成式可循，故最致謹於方志之體例。其欲於方志立三書——志、掌故、文徵——則所以備國史之雛形也。一地方對於史材，平時謹於儲備；隔若干時，則加以編輯：既可爲國史儲備材料；又可合一人一家之史，而稽其信否；且代爲保存勿失。其重要之思想，見於《州縣請立志科議》、《方志立三書議》及《論修志》各書，自爲各志序及各舊志書後。

（8）作史須求眞實，而如何乃能眞實，事極難言。章氏對此之意見，見《史德篇》，其言極爲精深，雖今日之史學家，亦有所不逮，此由章氏明於理學——宋學——故也。

（四）吾人對於章實齋之批評

（1）章實齋時代，史學上積弊——因因習而來之弊害——甚深，章氏能發現之，且能提出改革之方法，其思力之沈鷙，爲不可及。

（2）章氏最重要之思想爲分作史與儲備史材爲兩事。其論作史之法，在今日不盡可用：（甲）今日之趨勢，當將昔日之歷史析爲各種專門史；然後合各專家考索之結果，而成爲一普通史。章氏欲以一人之意，抉擇去取，其事爲不可能。（乙）今日供普通人閱讀之史，宜由多數史學家撰述，聽其同時並行，徐圖抉擇去取；且本應有若干部並行，不必有勒成一書立諸學官之舉。如此撰述乃易，且易於改善。章氏於此點未能見及，此自時代爲之，不足爲章氏咎——今日史學之趨勢，全受科學發達分科精密之影響——然吾人則不可不知此理也。

其論儲史材之法，雖：（A）不必盡合於今，（B）今日亦不能以此爲足，然可供參考之處甚多。

（3）章氏謂古代如何如何，於實際不必相合。此由昔人每以其理想中盡美盡善之境，傅之於古，而古書荒略，無論何種思想，皆可傅會故——非必有心傅會，帶着色眼鏡，自易見合於己意之證據故也。吾人今日取其思想，不必信其此等説；亦並不必加以攻擊也——因其不合顯而易見，無待攻擊。

以上所論，以章氏關於史學之思想爲限。然其論漢、宋學之處，説極公允，且多精到，亦不可不注意，章氏自爲之文殊不見佳，其鍼砭俗弊處則極好。

# 附録二 《文史通義》選讀提要

《原道上》：此篇言道因事見，隨世運之進化而漸著，至周公而集大成。

《原道中》：言道器不可分，空言不可以爲教。

《原道下》：論離器言道之非。此三篇爲章氏對宋學之意見。

《博約上》：言各專一門之理。

《博約中》：此篇論考索，言學與識非一事。

《博約下》：辨博與雜，約與漏。此爲章氏對漢學之意見，參考《假年篇》。

《原學上》：言學必取於往事，此章氏之所以重史學，又言學不盡於往事，其論極通。

《原學中》：此篇申其六經皆政典之説，言諸子之病起於學而不盡，亦自其對宋學之意見也。章氏視諸子宋學佛學皆同病，其論佛之説，見《易教下篇》。

《原學下》：言世儒之病，起於學而不思，攻漢學。

《易教上》、《中》：論六經皆政典。

《朱陸》：攻宋學末流之弊，言漢學亦出宋學。

《浙東學術》：論宋學中治史一派。參看《天喻篇》。

《書教上》：論記注有成法，撰述無定名。

《書教中》：論記言當別爲專書，此其所以欲別立文徵也。章氏主記言記事，本不可分。

《書教下》：申論撰述無定名，有取於紀事本末體，並論傳志之別可泯。

《史釋》：論史本於掌故，其論政教合一，官師不分，爲其攻宋學之口實。

《釋通》：泛論通之可貴及史學之通，其辨通與類書之别，即著述與比次之别也。

《橫通》：辨通與雜博之别。

《申鄭》：辨鄭之可貴在義例，不能以其闕考索之功而訾之。

《答客問上》：論著述比次考索之異。

343

《答客問下》：論比次之業。

《方志立三書議》、《州縣請立志科議》：此兩篇論記注之法。

《史注》：此篇論考索，其言作史，當以自注，詳去取則兼涉義例。

《言公上》：言古人書非自著，可矯令人辨僞之失。

《言公中》：論輯佚勝於僞造，知僞書與輯佚同源，其識甚卓。論同源者，其流不能無異，於辨章學術源流，尤爲有用。

《言公下》：論撰作假託等，亦有裨於辨僞。參看《辨似篇》。

《匡謬》：論妄效古書體例，及穿鑿爲説之非。

《史德》：論作史當求客觀，而其能否客觀，與道德有關，其説極精。